パチンコ産業史

周縁経済から巨大市場へ

韓載香［著］
Han Jaehyang

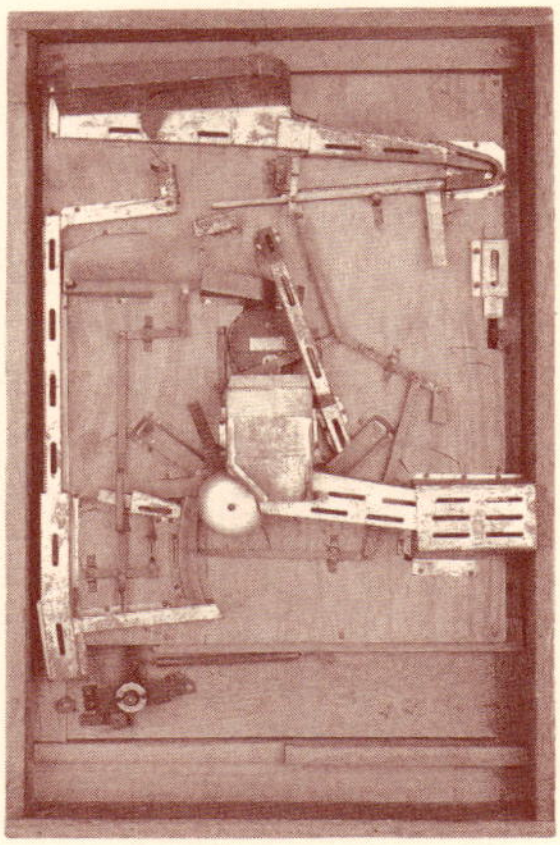

名古屋大学出版会

パチンコ産業史　目　次

序章　存続可能性をかけて

『パチンコ産業史』と題した本書は、パチンコ産業が発展してきた軌跡をテーマとするものである。ストレートなタイトルで歴史的アプローチに拘ったのには理由がある。パチンコを論じた書籍はすでに数多く出版されてきたが、これらの多くは視点が著しく偏っており、抜け落ちてきた史実を新しい視点から拾い上げることが必要だと感じたからである。

周知のように、近年縮小する傾向にあるとはいえ、二〇兆円の市場規模を持つパチンコ産業の巨大さを否定する人はいないだろう。この点については、多数の論者が言及し、またその要因の説明に挑戦してきた。代表的なものとして、地下経済の成長を強調する立場がある。脱税、暴力団の資金源、民族マイノリティの関わりや外国への送金など、裏世界につながる資金の流れが水面下にあり、その経済規模の氷山の一角が表の市場として知られているだけというお馴染みの論調は、枚挙にいとまがない。社会的弊害を憂慮して批判する立場や課題を突きつける改革派たちの論理には説得力があるが、現状のみに関心を持つ風潮には問題がある。パチンコホールが日本のどこでも見られること自体を吟味せず、否定的な側面だけで捉えると、市民の生活がアンダーグラウンドの経済に支配されているという結論になってしまう。本書は、改革派が唱える課題を否定することに目的があるわけではないが、地下経済によってではなく、そこから脱皮できた変化に焦点を当てることによってパチンコ産業の発展のプロセスを検証する。

偏った語りのもう一つの傾向として、上記の見方とは真逆の、パチンコ産業の担い手の七転び八起きの取り組みを賞賛するものがある。この産業の重要な担い手とされる民族マイノリティの反骨精神や辛抱強い努力に注目する場合もある。論者には業界のことをよく知る関係者が多く、警察からの規制を強く受けつつも、社会の批判に対応したイメージアップのための活動を強調して語る傾向がある。本書もこのような取り組みを評価するが、パチンコ産業の発展プロセスのなかに脱税問題、暴力団の資金源などの陰の部分がつきまとってきたことも、また事実である。説明されていない重要な点として、陰の部分をいかなる局面で誰が問題と認識し、どのような取り組みがなされ、産業の発展に結びつけられたのか、またそれは現在も課題として残っているのか、それらの関わり方がいかに変化してきたかについて、看過すべきではない。

それ以外に、学術研究の関心は、日本の特殊性を示す文化としてパチンコを意味づけることに向けられてきた。外国には存在しない文化・風俗としてのパチンコを、民俗史や風俗史の手法で捉える視点は産業史の分析においても大いに有効である。ただ、巨大市場へと至る過程についての経済の論理に即した説明はなお欠如している。本書は、この学術上の空白を埋める、新たなアプローチでの説明を目指している。

パチンコを取り上げる意義は、日常性、その歴史的成立、巨大市場への成長の三つの現象に関連して存在する。一つは、パチンコの持つ「日常性」である。アメリカのネイティブアメリカン自治区（Indian Reservation）のカジノのように、他国ではこのような施設は特定の場所に限定して立地しており、そこに行かなければ賭博を楽しむことはできない。カジノは、ラスベガスのビジネスモデルが代表するように「非」日常的な体験であり、旅行のような特別なイベントなのである。日本に目を向けると、駅周辺、繁華街、商店街、ときには郊外型ショッピングモールなどにパチンコホールがあり、それは自然な生活空間の風景として受け止められている。パチンコは、生活の一要素として組み込まれ、「日常」になっているのである。外国と比較したときに浮かび上がるこの性質は、何を意味するのだろうか。

他方で、この日常性は、遊びの歴史に照らし合わせてみると、不思議な現象といえる。図序−1は、戦前のパチンコの光景である。今とは異なって移動式の露店として営業されている。この時代のパチンコは、主に祭りなどに出される「ハレ」の非日常的経験に含まれ、「ケ」の日常的な世界に属する実践とはみなされなかった。パチンコはどのように「ハレ」の範疇から解き放たれて生活空間にデビューし、現在のような姿へと形成されてきたのであろうか。

また、市場規模に注目すると、パチンコ産業は予想を大きく越えて成長した。「ハレ」に含まれる「賭博」行為は伝統的に厳しく規制が加えられ[1]、戦前以来一貫して警察による監視下にあった。戦後華ひらくパチンコ産業も例外ではない。にもかかわらず巨大市場に成長したのは、なぜであろうか。規制のなかで巨大産業化したダイナミズムは、日常性の獲得にも関連づけて解明すべき点である。

図序−1　パチンコをする人々（戦前）

資料）「ペンニュース　パチンコ詮義」『朝日新聞』1933年11月1日，6頁。

本書では、以上の点を総合的に理解するため、この産業を長期にわたって規定してきた二つの特徴に留意したい。第一に規制産業という点である。規制については、行政が経済活動を一方的に抑制するという狭義の理解ではなく、市場のプレイヤーが自ら参加者の行為を律するために設定したルールまで含めて捉える。主体や対象範囲を広げることにより、規制が成長のための基盤整備として消費や経済活動に正の影響を与えた側面が浮き彫りになる。

第二に、複雑な要因によってパチンコ機械の開発リスクが非常に高く、企業側にとって制約条件が厳しい点である。このことが機械メーカーの行動をいかに特徴づけたかに焦点を当てる。開発にリスクがつきまとうことは特にパチンコ産業に限ったことではないが、規制や激しい流行の変化による制約と企業行動の関連性から産業のダイナミズムを解明する作業は充分に行われてこなかった。巨大市場化を単純な需要拡大の結果として理解すると見逃してしまうこの側面については、本書では特に丁寧に追跡していく。

パチンコ産業が歩んできた道は混沌としており、時代ごとに陰と光の部分が交錯する複雑な岐路があった。また戦後の輝かしい経済発展のもとにあっては、規制（政策）主体は、パチンコ産業を、周縁的な領域とみなしてきた。本書は、規制や産業発展の行き過ぎと揺り戻しを生んだ選択の積み重ねを、長期の文脈のなかで理解することにより、パチンコ産業史の道筋を多少なりとも鮮明にすることを目指す。序章ではまず、パチンコが産業として生まれようとした瞬間へと視点を移し、規制との関係性が浮き彫りになった最初の危機を示す。そこに端を発するパチンコ産業の「存続可能性」という課題をキーワードとして、本書が対象とする時代を通貫する視座を提示し、課題と分析方法について説明する。

一　存続可能性とは

（1）パチンコ廃止論

今や日々の生活空間に溶け込んでいるパチンコであるが、一九五〇年頃に遡ると、それは簡単に受け入れられたわけではないことが分かる。一九五一年一一月一五日に行われた参議院予算委員会では、パチンコの存続を危機にさらす問題が提起されていた[2]。戦前の子供向けの縁日娯楽から脱し、本格的な成長の緒についた、ちょうどその時であった。多少冗長な叙述になるが、パチンコがその後歩んでいく道を方向づける当時の認識を伝えておきたい。

復興期の地方自治体は、深刻な財政問題を抱えており、敗戦後疲弊した国土復興のために乏しい財源を拡充する必要があった。その一つの方策として、競輪、競馬、競艇など、公営ギャンブルの運営が有効とされた[3]。公営ギャンブルについては、当初は財政上の理由から受け入れられたとしても、それを臨時の措置と見る人も多く、その後議会で廃止論がいくども論じられることになる[4]。その背後には、ギャンブルの公認が悪習を蔓延させ、労働意欲の減退による生活破壊、犯罪者の増加、青少年への悪影響などの問題を引き起こすという批判的見解があった[5]。国会にあっても、同様の視点に立った民主党の深川タマエの指摘が、パチンコ流行を否定的に見る世論が広がる引き金となった。答弁に立った大蔵大臣の池田勇人が、流行り始めていたパチンコについて、それを賭博に含むかたちで触れたからである。

「街の路々山の中に至るまでパチンコの音を聞かないところはなく」、「弊害が多いばかりで利益が殆どない」とした発言には、明言は避けられたものの放置できない状況という池田蔵相の考えがにじみ出ている。パチンコについて、「これを認める」としながらも、「百害あって一利なし」と繰り返し、「私個人としてはやめたい気持ち」であると、個人的意見としての廃止論を仄めかした[6]。

この指摘は反響を呼び、パチンコを社会悪とする声が一気に噴出した。例えば、『毎日新聞』が行った池田蔵相の発言への意見を問う世論調査によると、約六割が各種のギャンブルに対して廃止論者という結果になった[7]。ただパチンコについては、現状維持という意見が、一〇パーセントに過ぎなかった競輪より高く（比率は不明）、六大都市や二〇歳代においてこの傾向は目立った。一部ではあるが、パチンコを娯楽として受け入れる支持基盤があったのである。『時事通信　時事解説版』も、当時のパチンコをめぐる賛否両論の声について簡潔にまとめている[8]。一一月一七日付の『毎日新聞』の「余録」は池田蔵相の廃止論に賛同し、国会での議論と同様に、パチンコを宝くじや競馬のギャンブルと同一視した上で、労働意欲の喪失、子供への悪影響を問題としていた。

とはいえ、別の見方も強かった。実害がないパチンコは公営ギャンブルと区別して認識されるから、法令に基づいた強制的禁止ではなく自然に廃れていくのを待つ方がよいというものである。『読売新聞』の社説は、池田蔵相

図序-2　パチンコをする人々（1950年代）

資料）六浦光雄「パチンコ談義」『ファイナンス・ダイジェスト』5 (16), 1951年, 98頁。

の所見に対して「政府が強権をもって市民生活に干渉を行うのは良くない」という意見を提示した。合法的なものとして認められている営業の持続は営業者の権利であり、廃止は生存権を奪うことになるというのである。『週刊朝日』は、パチンコの爆発的人気の理由として、「しょせんミミッチイ……賭けであり……一般の大衆はむしろパチンコのナンセンスに時を忘れている……パチンコは孤独の遊び……ここに現代の小市民の自慰がある[9]」（傍点、……の中略は引用者による。以下同様）と、賭博性が低いことを評価した。

このような肯定的な意見は、一九五〇年代初めにパチンコが社会のなかで部分的には受容されていたことの一つの表現であろう。前掲図序-1のイラストが示すように、一九三〇年代において、パチンコに集まる人々には、子供や年配の男性、若旦那と赤ちゃんをおんぶした母親という家族と見られる姿もある。一九五一年に描かれた挿絵（図序-2）は、戦前の風景（図序-1）に似ているが、お馴染みのスーツ姿の中年男性だけでなく、婦人や買い物帰りの若い母親まで描かれ、パチンコは多様な層に広がっていた[10]。

以上のように、一九五〇年代初頭に全国的人気のもとパチンコが注目を浴びはじめた際には、賭博を社会悪として厳しく規制していたそれまでの歴史を背負って社会の強い非難にさらされることとなった[11]。他方で、パチンコを「戦後」まもない時代の世情に結びつけて、国民の娯楽、小市民の慰み、などのささやかなギャンブルとして受容する見方や、パチンコはいずれ消え去っていく一時的な流行に過ぎないという見通しなど、多様な見解も生み、また許容の根拠となる低い使用額という実態があった。

ところが、この時の認識や予測は、その後パチンコの人気と機械の射幸性が相互作用的に高まる展開を見せるなかで裏切られていく。看過できない副作用の発生については第1章以下で検討するが、パチンコを取り巻く状況は、反対論が強まり、産業としての将来の見通しが明確でないほど複雑化していった。

パチンコは、「風俗営業取締法」（一九四八年制定）により「設備を設けて客に射幸心をそそる虞のある遊技をさせる営業」として規制対象となっており、射幸心の程度という曖昧な基準によって同法への違反如何が決定される。その法の範囲内であれば賭博ではなく娯楽となり、営業が認められる。射幸心とは「偶然の利益を労せずに得ようとする欲心」[12]を指す。今日のパチンコ機は射幸性を抑制するために一分間の発射数は一〇〇発以内と定められているが、一九五二年以降パチンコ人気を主導していくいわゆる連発式機械は、一分間に二〇〇発も玉が打てるものであった。「ミミッチイ」「賭け」とはいいがたいほどギャンブル性の高い水準になっていたのである。このような状況を受け、一九五四年一一月一六日には東京都公安委員会が連発式を禁止する「連発式機械の禁止措置令」（一九五五年四月実施。以下、連発式禁止令または禁止令）を発表するに至る。

東京都公安委員会が規制を発表した後の一九五四年一二月の『時事通信』[13]では、世論が同措置への賛成に傾いていること[14]を伝えている。従来に比べて三倍以上の金が使われるようになり、パチンコの賭博化が深刻になっていることは社会的問題と認識された。連発式機械の禁止にとどまらず、パチンコ自体、さらには競馬、競輪なども含めて廃止を主張する強硬論も登場した。

射幸性の高い機械を禁止した政府や警察の立場は風俗営業取締法で認められた営業に対して規制を行うものであった。それゆえにパチンコの全面的廃止に至らなかったとはいえ、規制の影響は甚だしかった。多数の「パチンコ屋」[15]や機械メーカーが廃業に追い込まれ、業界は深刻な不況に見舞われた。連発式禁止令の実施後の一九五七年、以前は「パチンコ屋」の繁盛で活気づいていた名古屋の町を観察した記事は、悲惨な結末を次のように描いている。「すっかり落葉の影をみせ始め、今ではわずかに市内のそこ、かしこで未だ滅びぬパチンコマニアの指先を慰めているにしか過ぎ」ず、「パチンコ屋」も機械メーカーも激減し、「さびれゆくパチンコの王国の昨今には人の情けも薄い」[16]。「未だ滅びぬ」との表現は、これからの不安な先行きを展望しているかのようである。

こうして行き過ぎた射幸性への代償は、一九五五年規制による営業不振のかたちで現れる。規制と強硬な批判的世論は、パチンコに関わる人々に対して生業の消滅という危機感を与えるには十分であった。その当時未来を予測できる人は、誰もいなかっただろう。その日暮らしを余儀なくされ、明日なくなるかもしれないという不安から自ら事業をたたむ者もいた[17]。残された事業者たちに可能な選択とはどのようなものであっただろうか。

規制に大きく左右されたことは、規制のあり方や、それに影響する社会の見方が変化すれば、パチンコホールの営業状態も変質しうる可能性を示唆している。また、その後目まぐるしく様子を変えていく社会経済のなかでパチンコの位置づけも変容していくことを暗示する[18]。しかしパチンコが風俗営業取締法によって営業状態を監督され、遵守範囲内に留め置かれることに変わりはない。規制のあり方や廃止の決定は、政治、行政および警察、そして世論に委ねられ、容認される射幸性の範囲が産業成長のための外枠を形成するなかで、パチンコに関わる人々は、世論を意識しつつ[19]、射幸性の適切さの程度を模索することによってパチンコの存続と成長の可能性を見出していくことになる。

（2）「存続」から巨大市場へ

一九七三年一月一七日から『朝日新聞』に「余暇」という連載記事が始まったとき、最初に取り上げられたのが、「まずは国技から」というキャッチフレーズが添えられたパチンコであった。パチンコへの認識の変化を象徴的に表現する全国紙が与えたキャッチフレーズは、広い範囲でパチンコが浸透したことを物語る。

さらに二〇年後の一九九〇年代になると、パチンコ産業の巨大な市場規模が社会的に注目された。一九九六年に総務庁が発表した『平成六年サービス業基本調査報告』は、客が玉一個四円で借りる玉貸料で推計した事業収入額を約三〇兆円とした。この規模は、当時の国家予算約七八兆円の四割弱をも占める大きさであり、当時のパチンコ人口約三〇〇〇万人――一年に一回以上パチンコをした経験のある人――で単純計算すると一人当たり年間一〇〇万円を使ったことになる。各種のマスコミで取り上げられたのはいうまでもない[20]。これは海外でも話題になり、例えば、一九九六年七月六日発売の *The Economist* 誌の"Pachinkoholism: Japan"という記事は、パチンコの売上高三〇兆円規模は日本の競争力ある産業で知られる自動車産業（国内市場）を上回ると、大々的に報道した。

谷岡一郎[21]をはじめ様々な論者が指摘したように、市場規模を三〇兆円とする推計法[22]や誤差の大きさ、そして貸玉料を市場規模とする計算方法を問題とする批判はある[23]。とはいえこれらを勘案しても、ささやかな国民的娯楽であった状況からかなり様子が変わってきたことは明らかであろう。

パチンコ産業の変貌は別の側面からも知ることができる。パチンコ機械は、一九五〇年代においてはほとんどが中小零細企業によって家内手工業的に製造されていた。今日のように部品の規格化によって大量の機械が組み立てられる生産体制は整っていなかったのである。一九四九年に群馬県桐生市で創業した平和は、約四〇年を経た九一年に東京証券取引所二部に上場（九七年に一部上場）する規模に成長した。在日韓国・朝鮮人の出自を持つ創業者の中島健吉は一九八九年に *Fortune* 誌が発表した世界長者番付の二七位に入り、日本人としては最も高いランク入りですでに話題になっていた[24]。平和の上場はパチンコ業界では初めてのものであり、これを皮切りに一九九五年にはＳＡＮＫＹＯが上場するなど、他企業も後を追った。

二〇一五年現在、全国のパチンコホールは一万一三一〇軒[25]、企業数は三五七二社であり[26]、〇六年から一〇年の間にいずれも約二八パーセント減少した。貸玉料で計算される市場規模でも、二〇〇五年に最大とされた三四兆八六二〇億円から縮小し続け、〇八年には三〇兆円を割り、一五年には二三兆二二九〇億円[27]になった。一一年前に比べて三分の二に縮小したことになる。二〇一二年の二七万一〇六六人[28]の雇用者（従業員数）――平均雇用者数は一事業所当たり二五人――は、〇六年の三〇万一八八人[29]から、約一〇パーセント減った。

最近一〇年ほどで市場規模がかなり縮小したとはいえ、存続すら危うかった一九五〇年代の状況からすれば、パチンコ産業のその後の成長は、想像を絶するものがある（後掲表序-3）。一九五〇年代以後の変貌は先進国の産業をキャッチアップするような予測可能な成長路線をひたすら走ってきた結果というわけではなかったから、パチンコ産業の五〇年代以降の成長は注目すべき一大事件といえる。

本書では、その日暮らしに見えた状態から巨大市場化までの二つの時点の間を埋めるため、一九五〇年代から九〇年代までの経過を歴史的に跡付ける。存続が危うかった一九五〇年代のパチンコ産業が置かれた状況に立つと、どうなるか分からない明日のために、直面する問題にひた向きに取り組んでいた当時の人たちの姿が浮かび上がる。存続のために切り開かれていく道は（どこまで意識されていたのかはともかく）、「事業安定化」を模索した結果として見出されたものである。本書はこの過程を検証するものであり、そのプロセスを「長期存続の模索」と呼ぶ。

（3）パチンコの誕生、存続、そして成長

パチンコの起源については、いくつかの研究と杉山一夫[30]の詳細な調査によって多くの部分が解明されている。横型のコリントゲーム起源説[31]は実証的問題から退けられ、チャンスマシン（マシン・ア・スー）やウォールマシンをルーツとする説明が定説になっている[32]。イギリス生まれの横型のバガテールが二〇世紀への転換期に直立型のウォールマシンに改良された後、欧州の各地に伝播する過程で独自のかたちが現れ、一九二〇年代には日本にも伝わった。杉山の分析によると、一九三〇年代に各地で人気を得てパチンコという名称として定着した。一九三七年に新規開店の許可が下りなくなり、戦争の影響により四一年からは製造や遊技場の営業が全面的に禁止となった[33]。戦後は、一九四五年にＧＨＱの娯楽施設として設置されることによって再開された[34]。

新しい財やサービスが時代とともに生まれてくるのはごく自然なことであろう。新製品が消費に刺激を与え、定着する過程で市場が形成され、需要が拡大するにしたがってさらに成長していく。生産のあり方も進化を遂げ、分業化とともに関連する分野の発展が促されていく。技術に着眼し、市場のあり方や競争条件のあり方に即して異な

るステージとして産業の歴史をモデル化した、製品（産業）ライフサイクル論[35]は、様々な製品の登場から産業としての発展、そして衰退までの流れを適切に説明してくれる。導入期、成長期、成熟期、衰退期[36]に分けて産業を分析した諸研究[37]に従えば、パチンコ産業の定着や巨大市場への発展を理解することもできよう。

もっとも、製品サイクル論は、次の段階への移行を自明な流れとして前提にしており――それゆえにステージの移行の要因や条件を積極的に論ずることがない――、各ステージを企業の外的環境とした上で適切な戦略、マーケティング、政策について議論する。しかし、本書のパチンコ産業に関する分析は、このようなかたちで一連のステージを与件とするものではない。誕生したパチンコ産業はその存続も、さらに成長への移行も、それぞれの時代の条件を含めて説明される必要があり、その過程は試行錯誤の連続であって直線的な変化ではなかったからである。技術変化が産業の有り様の変化をもたらしたのは間違いないが、それを実現するための条件の不備は持続的な技術発展を制約していた。賭博性という特殊な性格や盛衰が激しい娯楽産業ということもあり、パチンコ市場の存続は、繰り返しになるが、約束された道筋ではなかった。したがって、製品（産業）ライフサイクル論のように特定のステージに適合的な企業行動を見出すといった一方的な規定関係ではなく、外的な条件も含めた企業環境の変化と、これに対する企業の取り組みの結果として次の段階への移行が説明されるという往還関係として見ることが求められる。このような視点から、持続がいかに担保されるようになったかについて、産業に行きわたる制度整備を含めて解明しなければならない。

パチンコ産業の将来への不確実性を高めたのは、パチンコをグレーゾーンとする社会の評価や規制、制度不備に関わる問題であった。社会的見方に関連して、公営ギャンブルも批判の対象となるなかで、パチンコ産業に対しては「合法」という認識は薄く、過度にギャンブル性が高まることについて社会的合意は得にくいと考えられた。それゆえに厳しい規制がなされる可能性が常に存在していた。景品の種類や単価、景品交換はもちろん、機械の構造や出玉量などについても、パチンコが人気を呼べば呼ぶほど、厳格な監視下に置かれた。公安委員会や警察が関与する換金や景品に関わる規制は、パチンコに関連する問題がどのように展開するか予測不可能であっただけに、対応はどちらかといえば事後的で、最初から適切なものではなかった。そのなかでも景品の交換は、産業発展の初期に抱えていた組織暴力団の資金源となる問題を解決したり、顧客の期待に沿う制度として整備されるまで時間がかかった。規制主体である公安委員会や警察の分権的な性格が都道府県による差異性を生み出したため、機械の開発側にとっては、規制の地域差に配慮した機械の提供が必要であったし、パチンコホールの経営者も他都道府県への進出には、規制の違いに即した対応を求められるなどの制約もあった。規制する側も、される側も、産業発展の基礎となる制度整備について試行錯誤の連続であった。

そうした問題以外にも、事業活動の純粋に経済的な側面で、産業・企業の持続性に関わる計算可能性、技術的発展の範囲や方向性に不確実性がつきまとうことは、この産業に関わる人々や企業に多くの課題を突きつけることになった。パチンコ産業に限らず、産業発展という視点で見ると、市場が企業成長を促して安定的な事業基盤を保証するかたちで新しく形成されることは自明ではなかったし、競争は時として優良企業の存続を困難にするほど不当な低価格水準を強制することもあった。[38] サービスや財が市場の生成とともに産業として定着し、市場の機能に支えられて成長していくことが容易ではないことを、パチンコ産業が歩んだ軌跡は提示してくれる。市場機能がどのように維持され産業発展に結びついていくかについて、パチンコ産業における事業と市場の安定化を模索する組織化の過程から一つの解を発見することができるだろう。こうした産業の生成、発展に関連してより広い範囲の説明が可能になるいくつかの重要な点にスポットライトを当てたいと考えている。このような視点により、パチンコが置かれた一九五〇年代の状況から、七〇年代の広範囲の浸透を経て九〇年代の巨大市場化に至るまでの過程を、非連続的で偶然的な出来事の積み重ねではなく、方向づけられた一貫性のある取り組みの結果として理解できることを提示する。

二　パチンコへのまなざし

本書では、パチンコ産業を分析するにあたり、これまで日の当たらなかった部分まで射程に入れるため、一般に期待されるようなアプローチからは距離を置く。ここでいう期待とは、パチンコに関して決まって論じられる見方や、これまで行われてきたような説明を求める態度を指す。例えば、パチンコ産業が議論の俎上にのぼるとき、暴力団への資金源、脱税など、型にはまったイメージが登場するのは、パチンコにつきまとってきた見方を表現している。筆者の視点を鮮明にするため、これまでのパチンコに対する象徴的な見方を振り返る。

（1）周縁視された経済活動

パチンコに関する詳細な調査や学術的な研究が本格化するのは、一九八〇年代頃からである。一九五〇年代以後の同時代的な、経済活動の大きさや大衆性に注目したジャーナリズムからの関心に比べ、学術的な問いが発せられるまで相当のタイムラグがある。よく知られている理由の一つは、この産業に関する信頼性の高い統計の不備である。これは調査主体の行政機関にとってパチンコに関する政策上の重要度が相対的に低かったことを表す。

パチンコを含む娯楽産業など「遊び」に関する資料の問題は、レジャー産業が成長産業として行政や社会から注目されるようになった一九七〇年前後に指摘されたことがある。[39]この状況を改善すべく、余暇活動を政府や産業界が促すという見地から、通産省が主導し、経済企画庁と民間の参加を得て[40]余暇開発センターが設立された。[41]組織的取り組みのもとでようやく余暇問題に関する総合的シンクタンクの活動が開始され、同センターによって一九七七年から『レジャー白書』が刊行されることになった。

一九七〇年代まで、パチンコ関連の統計調査は限定的にしか行われていなかった。一九七〇年発行の浅野義光の

表序-1　レジャー産業のなかの賭け事・パチンコホールの売上高推計（名目）

（単位：億円，%）

業種	日本経済研究センター（名目）[1]				野村総合研究所	
	1955年	1960年	1965年	65年比率	1965年	1967年
スポーツ	363	711	2,132	5.2	2,963	
賭けるスポーツ[2]	262	455	1,344	3.3	1,348	2,159
	(1,048)	(1,822)	(5,375)			(8,636)
パチンコ						4,140[3]
出版物	1,552	2,587	4,781	11.6	3,064	
鑑賞娯楽・芸術	1,433	4,615	7,618	18.5	5,612	
趣味，玩具，ゲーム	172	280	760	1.9	686	
商業的娯楽	933	2,404	3,812	9.3	3,835	
旅行	1,329	2,582	6,169	15.0	4,213	
酒，たばこ	6,009	9,474	15,795	38.5	13,312	
合計	11,792	22,654	41,068	100.0	33,685	

注1）元のデータは，日本経済研究センターの「レジャー産業の売上高の推計又は予測」による。
2）競馬，競輪，競艇，オートレースの入場料および賭け金支出額。売上高の合計（括弧内は筆者推計）から，的中馬券などを持っている人に配当する5パーセントなどを差し引いた残余の25パーセント。
3）パチンコ市場の売上高推計が最初に公表されたのは1967年である。元のデータは，野村総合研究所『総合研究』4年（自治省全国パチンコ台数×1台当たり売上で算出）。

資料）パチンコを除く業種別の売上高は，浅野義光『システム産業シリーズ　レジャー産業』日本経済新聞社，1970年，209，214-215頁より作成。1967年のパチンコは，北原正夫著，日本長期信用銀行産業研究会編『未来産業5　レジャー産業』東洋経済新報社，1970年，168-170頁の表より。

『システム産業シリーズ　レジャー産業』（日本経済新聞社）に掲載されたレジャー産業の分類を見ると（表序-1の日本経済研究センター）パチンコは取り上げられてもいなかった。民間のシンクタンク（野村総合研究所）によって推計された一九六七年時点のパチンコの売上高が、「かけごと」の半分の規模であり、個別部門の競馬、競輪の三五〇七億円、三〇七五億円[42]を上回る規模であったにもかかわらずである。この推計を掲載した日本長期信用銀行産業研究会が同年に刊行した『未来産業5　レジャー産業』（東洋経済新報社）でも、産業の実態については簡単に概略を示した程度にとどまった。このようにパチンコ産業は注目すべき経済活動の外側に置かれてきた周縁的存在であった。

ただし、本書で分析対象に「周縁」という表現をあてたのには、以上のような、政策主体が重要な経済活動と認知する射程の周縁部に置かれたということに加え、もう一つの意味合いを込めている。一つの産業として定着するプロセス自体が、「周縁」の領域を漂うことから始まるという意味である。この点については再論することにし、パチンコに対する別の見方を取り上げる。

（2）パチンコと在日韓国・朝鮮人

パチンコはまた、民族マイノリティ集団との結びつきが負のイメージを形成する要素となり、それがお決まりの見方として定着した。この強固な関連づけにより、学術的問いが特定の関心へと方向づけられ、経済・産業研究領域としての探究が阻まれてきたと思われる。パチンコと在日韓国・朝鮮人の関係性を象徴する通念はどのようなものであったのだろうか。

Pachinko[43] と題される小説は、ベストセラーとなった *Free Food for Millionaire* で知られるリ・ミンジン（Min Jin Lee）の待望の作品として二〇一七年二月にアメリカで出版された。人気作家だけあって、この作品は出版前から熱い注目を浴びた[44]。ニューヨークを舞台とした在米韓国人移民の物語であった前作は、韓国人の典型的、代表的生業であるクリーニング店で働く移民一世の親のもとで育ち、アイビーリーグを卒業した二世が社会のなかで直面する葛藤を通して、アメリカに生きる移民の複雑な生き様を深い洞察力によって引き出したと讃えられた。

Pachinko の物語は、日本に併合される前の朝鮮半島の影島——今の釜山（プサン）広域市に含まれる島——という漁村で始まる。植民地時代に日本に移り住み、敗戦を迎えて残留し戦後を生き抜くある在日韓国・朝鮮人家族の四世代にわたる小説である。ストーリーは東京に実際に住んだ著者の経験と在日韓国・朝鮮人へのヒアリングに基づいて創作されたが、彼らの心情を理解するのに時間がかかり完成まで約三〇年もかかった[45]とされる。パチンコ自体、読者のアメリカ人には必ずしも馴染み深いとは思えないが、苦心の末に小説のタイトルが *Pachinko* になった意味はどこにあるのだろうか。外国で出版される際に在日韓国・朝鮮人のあり方を象徴的に示すために選び出されたのがパチンコであることや日本社会に占めるパチンコの位置づけを、物語のなかで果たしているパチンコの役割を通して、見出すことができる。

著者は、アメリカの公営ラジオ放送のインタビューのなかで、次のように説明している。「在日韓国・朝鮮人は一九七〇年から八〇年までの間、合法的な雇用によって職を探すことはできなかった。特定の分野では現在においても就業することが極めて難しい。彼らは仕方なくパチンコに仕事を求めるしかなかった」[46]。小説のなかでパチンコは、三世代目の主人公の兄弟の仕事として設定されており、一義的には、日本社会の最も底辺の階層として、日本社会に溶け込めない少数民族が行き着く職業としての意味合いがある。長男は、早稲田大学文学部に入学したものの中退する。日本人経営のパチンコホールで日本人として働いて出世し、のちに自分の店舗を持つようになる。中学校で中退に追い込まれた次男は、同胞が経営するパチンコホールで経験を積んだ後、何軒かのホールを運営するようになり、中流階層としての生活を享受する。二人のパチンコへの携わり方が、「在日」としての重苦しい社会的条件を体現していることはいうまでもない。経済的安定を得、成功を収める手段ではあったが、「日本で僕は一人の汚い在日に過ぎない。どれだけ金持ちであろうが、どれだけ素晴らしい人間であろうが、関係ない」（三九三頁）と次男が親友の日本人に吐露しているように、パチンコは日本社会の一員としての承認や社会的上昇をもたらす役割までは果たさなかった。

注目したいのは、在日韓国・朝鮮人とパチンコの結びつきであり、著者がアメリカ人読者を対象として日本の移民社会を典型的に描くために選んだシンボリックな概念装置が、パチンコであったことである。小説は、「歴史は我々を失望させてきた。が、そんなことは関係ない」と印象的な文章で始まる。移民集団がホスト社会から与えられた条件のなかで生き抜いていく際の心構えとともに、主人公たちの運命と彼らが切り開く未来の複雑な展開を予知させるものである。パチンコの打ち上げられた玉はゲージに打たれれどの方向に飛ぶか分からない。リ・ミンジンはパチンコの賭博性や釘に打たれてゲージ盤を飛び回る玉に、在日韓国・朝鮮人の自分たちでは決められない生き方を投影させているのかもしれない。

Pachinko で描かれた在日韓国・朝鮮人の経済活動とパチンコとのつながりは、在日韓国・朝鮮人への就職差別

表序-2　パチンコ産業と民族マイノリティに関するアンケート調査

（単位：%）

設問	回答数/サンプル数		
	世田谷市民大学	北海道大学	
		第1回（2012）	第2回（2014）
（1）パチンコに対するイメージ（複数回答可）			
①ギャンブルであり，なくしてほしい	24.5	17.6	24.5
②ギャンブルであるが，特別に悪いとは思わない	52.8	72.5	66.0
③パチンコと犯罪は深い関係がある	9.4	13.7	13.2
④暴力団と関係がある	41.5	23.5	17.0
⑤ネガティブで，暗いイメージを持っている	28.3	25.5	34.0
（2）自分で事業を起こしたいと考えたとき，パチンコホールが利益率の高い事業であり，とにかく儲かることを知った場合，次のどちらを選びますか			
①投資しても良い	9.4	45.1	54.7
②他の事業を選ぶ	73.6	52.9	45.3
（3）パチンコホール経営者に，在日韓国・朝鮮人が多いことについて			
①聞いたことがある	77.4	19.6	39.6
②ない	13.2	80.4	60.4
サンプル数	53	51	53

注）実施年月：世田谷市民大学（東京都内），2012 年 9 月／北海道大学（札幌市），第 1 回目は 2012 年 10 月，第 2 回目は 2014 年 9 月。年齢層：世田谷市民大学，退職後の人たちであり，全員 65 歳以上／北海道大学，学部 1〜2 年生，平均 20 歳前後と推測。男女比：両者とも不明。

や仕事としてのパチンコへの職業差別という社会条件のもとで形成され[47]、欧米での理解とほぼ一致している。この見解は日本での説明にも共通する[48]。長い間認識されてきた在日韓国・朝鮮人とパチンコとの関連性は、彼らが日本社会において置かれてきた環境を象徴している。もっとも、イメージ化されたこの結びつきは、一人歩きすることもある。変化した実態との間に齟齬はないだろうか。

（3）気付かざる変化

パチンコと在日韓国・朝鮮人に関する語られ方は歴史事実によって形成された時代の産物である[49]。それゆえ、パチンコに対する捉え方は変化しうる。この点を表序-2が示しているように思われる。筆者が二〇一二年と一四年に行った、日本におけるエスニック・マイノリティ・ビジネス関連の講義のなかで実施したパチンコ理解に関するアンケート調査[50]の結果である。東京都世田谷区が運営する市民大学と筆者の勤務校である北海道大学の二大学で、同じ項目について質問し、回答を集計した。限られた数のサンプルであり、任意に抽出されたものではないなど、データとして使用するには限界がある。結果の理解には慎重を期すべきであるが、二集団には大きな世代の差がある。表の注記にあるように、前者は平均年齢六五歳以上、後者は二〇歳と、年齢差は二世代に近い。パチンコ産業に対する認識に看過できない相違があることに注目したい。

まず、(1)のパチンコ産業に対するイメージを知るための質問に対する回答では、両者共通して、①の「なくしてほしい」と表明しているのは二五パーセント以下と、さほど高くないという結果が得られた。何とも思っていない(②)という無関心な態度は半分以上を占め、若い人においてはその傾向が強い。彼らにとっては、多様な娯楽のなかで、パチンコへの関心は低いと考えられる。依然としてネガティブなイメージを持っている(⑤)人は、両者とも三割前後といえそうである。他方で、犯罪と関連があると見ている人の比率(③)は概して低く、暴力団との関連(④)については、若い人における比率が年長の世代の半分程度にとどまっている。年長の世代にかつての暗いイメージが残っていることは事実のようであるが、パチンコ産業が社会的存在として認められていること、そして、二つの世代間に見られる変化が、特にネガティブなイメージを強めていた暴力団との関連づけが弱まったことに表れていることを指摘しておこう。

(2)は、(1)との関連も想定されているが、投資資金の制約条件がないという前提で、成長率という経済性を、投資分野を決定する際どの程度重視しているかについて知ることができる。上の世代では、パチンコ産業に参入するかどうかについて、成長性があるにもかかわらず七割以上が投資しないと答えている。それに対して若い世代は、成長率に反応して約五割の割合が起業しても良いと考えている。若い世代において、経済的要因が行動決定により影響することを表している。ただし、投資しないと回答した人も約五割あり、彼らは社会的にネガティブな評価やギャンブル性のある事業の特性を気にかけている。それでも、示された世代間の相違は大きいという意味で、興味深い結果といえよう。

最後に、(3)の民族マイノリティ集団との関連についても、世代間の認識の差異は歴然である。若い世代において、パチンコ産業と在日韓国・朝鮮人の関連づけは希薄になっている。[51] この産業に特有の民族集団を結びつけるような認識は、世代を超えて継承されてはいないようである。

以上のアンケート結果を一般化して論じることはできないし、その要因についても多様な解釈が可能であろう。しかし、程度の問題はあるものの、パチンコ産業に対する認識、イメージが世代を経て変わったと判断できる。それは、認識の変化の裏にあるパチンコ産業の経済実態の変容への関心を呼び起こす。[52]

人々の認識レベルの変化の兆しに関して、これまでの研究や報道は的確に捉えていないように思われる。それらにはパチンコとアンダーグラウンドとの関係といった決まった切り口があった。例えば、パチンコ産業や関連企業の成長というトピックでは、脱税などいかに巧妙に不正を行うかが語られる。[53] 実際に、パチンコは脱税をする代表的業種として一九七〇年代の新聞の見出しを飾っていたし、長期にわたって告発されてきた。[54] しかし、他に脱税リストに登場する業種として病院があり、一九七六年にパチンコを抜いて脱税業種の一位であったことを記憶している人はどの程度いるだろうか。従来のパチンコに対する語り方は、ある種のイメージを再生する要素になっているものの、巨大市場に成長したことについて十分な経済的説明を与えたとはいいがたい。一度視点を変えてみる必要性があろう。[55]

三　本書の視点——再び供給側から

(1) パチンコを消費する人、パチンコを供給する主体

巨大な市場に成長し、一時は三〇〇〇万人の遊技人口を抱えていたパチンコではあるが、他国には見られないこ

ともあって、日本人がなぜパチンコを好むかが幾度も問われてきた。ジャーナリズムの世界はもちろん、文化論、社会学、心理学のアプローチから消費者に注目した様々な説明が試みられ、学際的な議論が登場して久しい(56)。もっともこの本質的な問いに明快に答えるのは簡単ではない。

フランス文学者の多田道太郎は、『遊びと日本人』(57)においてパチンコを日本の急激な工業化と重ねて眺めた。パチンコはスチールやガラスなど軽工業の近代工場の生産素材でできており、その遊技行為は工業社会のなかに自分を同化させる手段であるとした。娯楽を社会のあり方との関係から考察した興味深い解釈であるが、一九七〇年代以降の産業構造の変化やホワイトカラーなど他の職業との関連性からも再考する必要があろう。

日本人の特殊性からアプローチしたものもある。加藤秀俊(58)は空白時間を好まない日本人にとってパチンコは隙間時間を埋めるための手段であり、「自我への没入」の時間であると説明する。石毛直道(59)は、運への依存度が高い欧米のギャンブルと比較し、努力によって勝てるパチンコは、自分の技術や判断力によって報酬が得られる仕事に近い性格を持っており、それが日本人に合っているとする。仕事からの完全な解放としての遊びではないのである。谷岡一郎(60)は、パチンコの流行を、機械のゲーム性やパチンコホールのサービスの「外部的要因」に対して、社会・コミュニティ・個人レベルにおける経済発展・文化の多様化、ギャンブルの受け入れ方、日本社会で個人が抱え込む問題からの解放など、多重のレイヤーの「内面的動機」が作用した結果と見る。

パチンコを消費する人々の動機を説明する以上の諸研究は、一人ひとりの個人的な趣向に注目しつつも、現代社会の特徴に関連づけた構造的分析を試みており、集団の行動パターンとして答えようとしたことは意義深い。ただ「パチンコ」という行為そのものの意義に関しては様々な解釈を与えているが、パチンコの機械や遊技というサービスを提供する企業行動に関しては、谷岡に代表されるように、需要側の立場から外部的誘因としてまとめられているのみである。

パチンコを消費する人への関心に比べて供給側については、産業存立を可能にした基盤など、なお不明な部分が多い。パチンコ産業の持つ経済的意義にいち早く関心を寄せたのは、日本長期信用銀行の調査部長であった竹内宏である。『中央公論経営問題』に掲載された記事[61]や座談会で独自の見解[62]を展開した竹内は、パチンコ機械開発のダイナミックさ、パチンコホールの営業から生まれた様々な技術革新、社会の底辺の人たちに経済的基盤を与える雇用の面での貢献を強調した。ただ、パチンコを「路地裏[63]」の経済活動として理解することは、立地条件や雇用面[64]での変化を踏まえると、限界がある。

一九九〇年代になると、巨大市場が社会的関心を集めるなかで様々な議論が登場した。主要な問いかけの一つが、「身近な業界について意外に我々が正確な知識を持っていない……〔アミューズメント産業の——引用者による。以下同様〕実態について体系的・正確に記述された著書や研究が意外にない[65]」と指摘しているように、巨大市場であるにもかかわらずあまり知られていない産業の実態を解明することを目的とする分析がある。様々な論者がいるが、成長が期待される分野としながら、さらなる発展のためアンダーグラウンドの側面に関する改革案を提示する視点が共通しており、例えば、間部洋一がいる[66]。このような産業実態の構造分析を踏まえ、有効な投資先としての分析を試みた数多くの文献が出版されたことは、当時のパチンコ産業への高い関心を表す現象である[67]。

二〇〇〇年代に入ると、一九九〇年代以降目立って活発化するパチンコホール企業の注目すべき改革と評価すべき展開を、歴史的に位置づけた鍛冶博之の精力的研究の登場を見た[68]。しかし近年においては、市場縮小やパチンコ人口が著しく減少するなか、一九九〇年代に比べると学問的関心は下火になっている。

（2）パチンコを提供するということ——本書の位置

以上をまとめると、未来予測のための産業分析を別にすれば、従来の議論は文化論、風俗史、心理学、賭博史などに見るようにパチンコが好まれる理由などの需要側に注目するきらいがあった。需要が供給を決定するという立場に立てば、消費する要因がそのまま産業実態のあり方として理解され、特に疑問も生まないだろう。しかしながら、需要は曖昧さを伴う抽象的なものであるが、供給は実態をもって日々変化するサービスや機械の財であり、同じレベルのものではない。パチンコホールやメーカーは曖昧な消費者の心理に対して、日常的に、具体的なサービスと機械によって接近しなければならない。

本書では主に供給側に関心を払うが、それには次のような積極的な理由がある。需要側がパチンコを消費するのは、比較的それが安価な消費であり、拘束する時間もフレキシブルであったためである。パチンコが消費される上での制約は、ギャンブルに対する社会的視線への意識[69]を除けば、さほど大きくなかった。しかも、高度成長期の所得が上昇するなかで長期にわたって機械の射幸性が抑制されたことは、安価であることのメリットを増幅したと考えられる。時間拘束に関しては、日本人の長時間労働が、個人の裁量の下で日常生活の範囲内に小刻みな遊技として組み込めるパチンコの有利性を際立たせた可能性もあった。

需要に対して、供給側には厳しい制約が作用し、企業側が選択しうる行動には制限があったと考える。この産業は規制と不可分な関係のなかで成り立っているし、常に世論を意識しなければならなかったからである。ダーティーな部分を強調するアプローチは、これらの点を成長に関連して理解することには成功しなかった。巨大市場への発展を理解するためには、限られた競争手段のもとでいかなる企業行動が選択できたかを明らかにする必要があろう。

パチンコ産業の歴史的考察に関連して、すでに触れた杉山一夫の論[70]は、掘り下げるべき論点を提示してくれる。杉山は、「パチンコはどのように始まったか」という問いに答えるため、機械そのものの起源とパチンコ営業の普及について追究した。ここでは、本書の問題関心に引き付け、パチンコの普及や営業形態に関して、戦前の香具師の営業と機械改良の関わりを取り上げる。

杉山の分析によると、特許取得に見られるパチンコ機械の技術は、日本での製造を意図し、欧米から輸入したウォールマシンを真似た類似性の高い設計であったという。しかし杉山は、日本のパチンコが露店という営業形態に結びついたことを見逃さなかった。それがパチンコ改良の方向性を決定したと指摘する。コインが自動的に払い出される欧州のウォールマシンとは異なり、手動式に転換する工夫が講じられた。香具師の営業に合わせるために行った技術的後退ともいえる改良こそが重要であった。機械の日本化は故障を少なくし、コストを抑える効果をもたらした。このようにウォールマシンが香具師の営業形態にマッチするようアレンジされて普及が可能になり、さらに日本独自のパチンコ台になっていく。具体的には、欧州の様々なウォールマシンのデザインから、パチンコは、最終的には戦後の出発点になる小物のバラ打ちの釘に収斂して定着した。しかし、なぜバラ打ち設計が選ばれたかの説明と証拠の提示は、杉山自ら課題として残している。香具師の営業自体についても不明なところが多く、全国的伝播の担い手として評価するには、なお実証的検討が待たれる。[71]

このバラ打ち設計への流れは、見逃せない動きである。多様な盤面のデザインから小物のバラ打ち釘に収斂したことによって、これに続いて考案された「正村ゲージ」（詳細は第1章を参照）の開発に道筋をつけ、顧客の関心をつなぎ止めつつ、パチンコホールが経営的に安定していく方向への進化の一つの階段を上がったと考えられるからである。そのような意味で、小物への収斂は、パチンコのビジネス化を実現する過程では重要な契機ではないかと思われる。

次に普及の問題については、一九三〇年代にかけて香具師によってパチンコが全国に広まったとする杉山の見解を認めるにしても、戦前の非日常的営業形態から戦後、さらには今日の固定的店舗を構えた営業へと直線的に結びつけることには疑問がある。一九三〇年代に全国に市場が形成されたという杉山の視点に立てば、戦争によっていったん全面禁止になったパチンコは、戦後機械の製造が再開されるだけで復活を成し遂げたことになる。つまり、消費の側面のみを意識すれば、戦後の営業も、戦前から連続的に捉えうる、という主張として理解することができる。

これに対して本書は、移動式から固定的な店舗経営への転換は利益の源泉、営業者同士の競争の発生、パチンコホール経営や収益のあり方への規定性に関する変容を伴っており、一直線の流れとしては理解できない飛躍が宿っていると考える。直接的な競争を回避しながら、低い勝率や景品の高い割引率を維持したまま移動しつつ営業することが、香具師による営業では可能である。縁日に立ち並び、その日限りの非日常的娯楽であれば、客には「インチキ」ともいえる高い割引率でも受け入れられる。しかし、固定店舗の場合、周辺の空間に職場や生活基盤を持った、繰り返して来店する客を対象としているので、同一商圏内のホール間で競争が発生する。事業者が容易に稼げる低い勝率や高い割引率での営業は、競争を介して客離れにつながる。投資額を回収し、固定費を償却するために、安定的収益の見通しが必要であったことはいうまでもない。日常娯楽に転換するためには、営業形態の外形だけではなく、経営のあり方自体が変容し、持続性に重点を置いたビジネスとして生まれ変わらなければならなかったであろう。

以上のように、固定的な店舗経営は、戦前の移動式とは根底から異なる営業の工夫を要するのである。都合の良い日にのみではなく、日常的に客に来てもらうための還元率の設定と機械の入替えをどのようにするのかを考慮する契機は、いかにして訪れたのだろうか。

四　課題と時期区分

(1)「周縁経済から」とは、またパチンコ産業の「発展」とは

本書では、以上述べたように、ビジネスとしてのパチンコ産業の形成・発展過程を考察する。本書の主題は、一見時代遅れの古めかしい問いに見えるかもしれない。パチンコ離れが叫ばれる現在、歴史的な分析が、どのような意義を持つと考えることができるだろうか。

パチンコ産業の成長自体が、説明されるべき重要な課題になるとは限らない。しかし、巨大市場に成長したことは自明なことでは決してなく、また日本社会のなかで一つの産業として無視できない規模に達した要因がどこにあるのかについて、これまで経済的説明が与えられてこなかったのも事実である。パチンコ産業は、一九五五年の規制による壊滅的不況期などを挟みながらも長期間にわたる成長を遂げ、地方の公営ギャンブルの衰退が問題とされ始めた一九八〇年代[72]においてもう一段上の規模拡大を成し遂げようとしていた。それを可能にしたのは、担い手であるパチンコ機械メーカーやパチンコホールによる、新しいサービスの提供を模索する持続的な試みといって良い。競馬、競輪、競艇など、公営ギャンブルすべての経営主体が公営企業であるのに対して、パチンコ産業は、ギャンブル性のあるサービスが、多数の民間企業によって担われている。風俗営業取締法のもとで規制されているとはいえ、財やサービスの提供は、基本的に、市場メカニズムや競争原理にさらされ、客のニーズに対応する新しいサービス提供への圧力が働く条件のもとでなされてきた。こうした客の獲得をめぐって競争するという視点から、パチンコ産業が持続的に成長し続けてきたことを捉える必要がある。

以上の動態を捉えるため、本書では「『周縁』経済から」という視点を提示する。産業とは、一般的に、財やサービスを提供する類似の経済活動をまとめたかたまりであり、実際には、それらの供給主体が事業所単位で括られ、分類される。家庭での調理というサービスが「産業」とはみなされないように、産業という視角で捕捉される経済活動は、私たちに必要な財やサービスを供給することと同義ではなく、それらの生産や交換がマーケットを通して一定の規模で持続的に行われることを要件とする。

日本産業標準分類は産業構造を適切に示すために一九四九年に設定されて以降、産業の生成や衰退を反映しながら改正が施されてきた（二〇〇七年まで一二回）。「パチンコ屋」は、最初の一九四九年には、最下位の細分類のなかでも「他に分類されない遊戯、娯楽場」に含まれるサービスに過ぎなかった。その後、一九五七年改定（第四回目）に伴う細分類上の区分「球戯場、射的場」を経て、六七年（第六回目）に「パチンコ屋」（七二年、第七回目の改正で「パチンコホール」という単独の産業細分類を得るに至った。このプロセスは、パチンコホール事業が独自の経済活動領域と認知されるほどに成長したことを反映している。

しかし、こうした成長の過程自体も、その持続も、同時代的に自明ではなかったはずである。一般的にいっても、ある範囲の経済活動が「産業」としての地歩を固めるまでには、それら経済活動の持続可能性に関わる様々な条件をクリアしなければならない。このような問題意識に立つとき、産業以前的な経済活動を、中心に対する周縁的存在、社会の限界的存在とのみ捉え、その不安定な状態を論じることの不十分さが明らかとなろう。中心―周縁という静態的な視角からは見落とされてしまう、動態的な、産業としての定着のプロセスを拾い上げる必要がある。「『周縁』経済から」というタイトルは、パチンコが、いわば産業界という島の沿岸にたどり着いた最初の段階を指している。島に定着するためには、風土になじまなければならないし、経済活動として求められる様々な条件（一定の生産性、納税、開発、雇用維持、持続的収益など）を満たさなければ、「市民権」を剝奪され、海に返されるかもしれない。このような状況からスタートするという意味を「周縁的存在から」という表現に込めつつ、財やサービスの供給が産業となっていくために乗り越えるべき、いくつもの段階を捉えたい。

他方で、発展をどのように把握するかは、実は、簡単ではない。発展の定義は多義的であり、先述したように、一九八〇年代に至るまで、企業や産業実態に関する一般的統計がこの産業に対しては取られていなかったため、実態の認識が困難だからである。ある産業の発展を捉える方法として、伝統的、あるいは経済学的アプローチでは、労働生産性・付加価値生産性の上昇や市場規模の拡大などの指標がある。その多くは、計測可能なデータの入手が比較的容易な製造業においては有効である。それに対して、遊技の提供というサービス業がメインであるパチンコホール事業にも労働生産性などを適用することが、実態面での発展を的確に測ることになるか、議論の余地がある。

本書では、パチンコ産業の発展を、第一に、存続が保証されなかった状態からそれを脅かした様々な問題を解決することによって定着し、第二に、新しい遊技機械という財を開発製造するメーカーと、遊技というサービスを提供するパチンコホールが、人々が満足する財やサービスを安定的に供給する体制を整え、その結果として持続的に市場が成長した過程、として理解する。この整理に基づき、これらが確立したのは、一九五〇年代から七〇年代までの長い年月をかけてであったと、本書では見ている。客が満足しうるニーズの潜在的需要を掘り起こすサービスと財の改善によってのみ、パチンコが娯楽産業として客を引き寄せ続け、長期的に市場が成長するなかで企業収益が安定的に拡大したのであろう。産業の持続性という視点から、各時代を貫いて現れる、パチンコホールおよびパチンコ機械メーカーの「事業として成り立つための基盤」の解明を通して、産業発展の要因を論じる。

（2）課題と方法

本書では、二つの課題設定のもとで議論を進めていきたい。

第一に、パチンコに関する潜在的需要に適合したサービスを持続的に提供するパチンコホール事業と、遊技の対象である機械を消費者の好みに合わせて開発するメーカーが、経済組織として成り立つ基盤を明らかにする。パチンコ産業は、規制のあり方の変更や人気の不確実性が大きいパチンコ機械の特性が事業を不安定にするため、不確実要素を経済組織としてコントロールできるようになるまで、様々な困難を抱えていた。産業の持続的発展をそれらの問題の解消過程として見ることは、有効な分析視点となる。パチンコホールについては収益基盤の安定化と計算可能性の高まりに加えて、競争手段を考察する。機械メーカーの行動としては、橋本寿朗・武田晴人[73]による、カルテル行為を「市場機能に対する部分的修正」とした視点を導入し、組織化と規律づけや制約などある種の規制が、機械市場の秩序化と競争につながったことに焦点を当てる。

消費者の需要側としての要因、例えば客一人当たりの投資額（玉の購入額）に関連して、所得、ライフスタイルなど生活上の変化との関わり、パチンコ人口の特性やその歴史的変化など、検討すべき様々な問題がある。このような顧客＝需要側の歴史的な変化をすべて検討することはできないが、消費者調査内容から女性客の登場がどのように機械の提供やパチンコホールの立地変化に結びついたかなど、規制によって制約された上でも競争手段を工夫する企業の経済的基盤や対応に注目したい。

第二の課題として、上記の点と異なる切り口を問題にする。パチンコ産業がエスニック・マイノリティ・ビジネスとして認識されてきたことが、産業発展および関連企業の成長をどの程度説明できるかという点である。迂回的アプローチになるが、パチンコ産業発展の要因を説明する上で、エスニック・マイノリティ・ビジネスとしてどのような要素がなければ説明できないか、ということを問いかけ、その観察からいかなる発見があるかを検討することにする。エスニック・マイノリティ・ビジネスであると見られてきたことは、在日韓国・朝鮮人がこの産業の担い手として高い比率で関わってきたことに関連している。実際に、彼らのコミュニティによる情報の蓄積と資金提供によってパチンコホール事業の起業が容易となり、非民族集団からの参入が敬遠されるなかで、結果として民族マイノリティ集団のプレゼンスが高まった[74]。しかし、それは特定の時代に生まれた歴史的条件が前提になっている。コミュニティの情報蓄積は民族固有の機能ではなく、偏った情報が濃密に蓄積されたところから企業が生まれやすいという普遍的原理から生じた結果であった。以上の見解から、歴史的条件が変化した場合の影響まで考える必要があり、コミュニティの機能も、起業段階においては重要であったが、個別企業の成長においては別の基盤が重視される必要がある。企業の成長にとってのエスニック・マイノリティ・ビジネスの意味を、産業発展の中心部分との関わりで改めて検討する。

（3）産業発展の時期区分

本書は、産業の長期存続が確立され、成長が見通されるようになるまでのプロセスを検証するため、主に一九五〇年代から九〇年代初めまでを分析する。このような時期設定を行うのは、パチンコ産業の構造が一九九〇年代半ば以降大きな転換を迎えたと考えているからである。その象徴的な出来事が、パチンコホール事業が一九九六年に三〇兆円市場として再認識されたこと、機械市場においては相互依存関係を支えていた日本遊技機特許運営連盟が九九年に解散したことである。

どのような意味で一つの時代の終わりであるかについては、終章で再論することにする。全体の内容は年代別に検討していく構成をとっている。その時期区分の基準をパチンコ産業の長期的概観に基づいて示しておこう。

まず、市場規模の趨勢について、表序-3に基づいて見てみる。売上高規模を、一九六三年を基準にして表して

表序-3　パチンコの貸玉料の推移

（単位：億円）

年度	売上高	倍率	年度	売上高	倍率
1952	700～800	0.2～0.3	1990	169,460	2,824
1954	2,500	0.8	1991	232,990	7,766
1963	3,000	1	1992	263,240	8,775
1965	3,804	1.27	1993	274,210	9,140
1967	4,140	138	1994	304,780	10,159
1969			1995	309,050	10,302
1970	5,372	179	1996	300,700	10,023
1971	6,016	201	1997	284,160	9,472
1972	6,852	228	1998	280,470	9,349
1973	8,394	187注)	1999	284,690	9,490
1974	9,930	221	2000	288,680	9,623
1975	10,751	239	2001	292,430	9,748
1976	11,384	253	2002	304,420	10,147
1977	13,499	300	2003	323,900	10,797
1978	14,233	316	2004	339,120	11,304
1979	13,977	233注)	2005	348,620	11,621
1980	13,678	228	2006	336,420	11,214
1981	22,134	369	2007	301,770	10,059
1982	43,044	717	2008	288,190	9,606
1983	52,503	875	2009	282,420	9,414
1984	64,335	1,072	2010	259,830	8,661
1985	61,247	1,021	2011	254,890	8,496
1986			2012	256,720	8,557
1987	116,020	1,934	2013	250,050	8,335
1988			2014	245,040	8,168
1989	152,710	2,545	2015	232,290	7,743

注）貸玉料は 1948 年から 2 円であったが，1972 年に 3 円に，78 年に 4 円になった。そのため，1973～79 年の売上高は，63 年を基準にそれぞれ 150 パーセント，200 パーセントの値上がりの影響を除して計算している。

資料）1952 年は，朝日新聞社編『朝日年鑑』1953 年，255 頁。1954 年は，経済企画庁編『国民生活白書』1957 年，114 頁。1963 年は，「パチンコもうけばなし　生産管理と統計学」『時計』16 (3)，1964 年（元のデータは，番組「孤独の遊戯　パチンコ」1963 年 12 月 28 日から）。1967 年は，表序-1 に同じ。1963 年，70～85 年までは，余暇開発センター編『レジャー白書　日本の余暇の現状』1980 年，29 頁，同編『レジャー白書　生活文化志向を強めるレジャー活動』1983 年，51 頁，「表 10　余暇市場の推移（小分類）(2)」，同編『レジャー白書　レジャーも「女性の時代」』1986 年，82 頁，「表 15　余暇市場の推移と現状（中分類）」，87 頁，「表 16（ハ）余暇活動の推移（小分類）」，86～88 年までは，同編『レジャー白書　連休新時代』1997 年，89～92 年は，日本生産性本部編『レジャー白書　進むレジャーの「デジタル」化』2011 年，84-85 頁。1993 年以降は，同編『レジャー白書　少子化時代のキッズレジャー』2016 年，118-119 頁より。

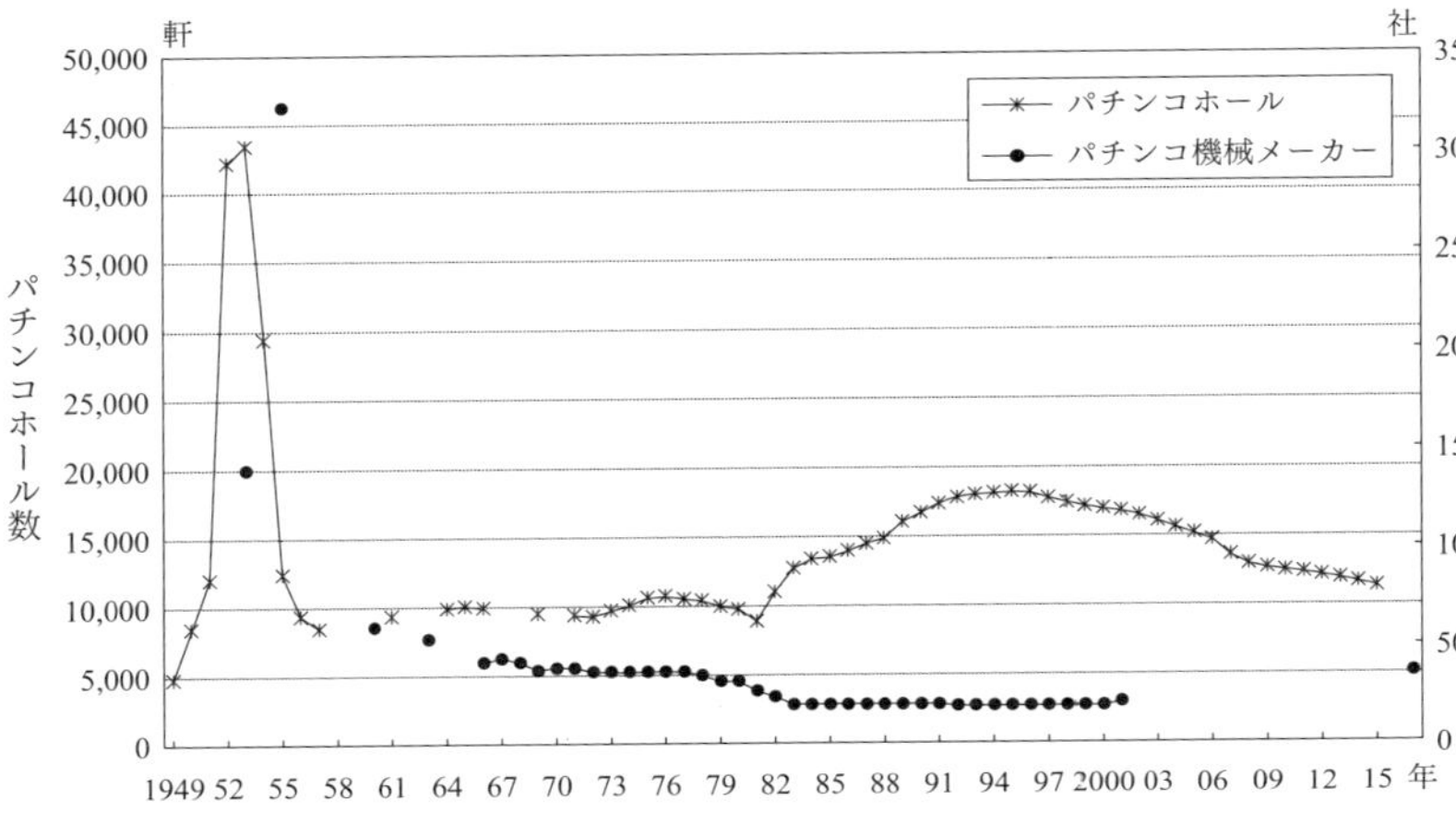

図序-3　パチンコホール数とメーカー数の推移（1949〜2017年）

注）メーカー数は，日本遊技機組合提供の同組合の組合員数。
資料）ホール数は警察調べおよび『警察白書』各年より作成。

いるが、市場は凄まじい成長ぶりを呈している。貸玉料が一九七二年の二円から三円になり、七八年に四円になったことの影響は除している。一九八〇年代以降の成長が際立っていることは明らかである。

パチンコ産業発展の戦後史を、本書では、次に検討する日本全国のパチンコホール数とメーカー数の動向から、三つの時代に分ける。警察庁によって最初の調査が行われた一九四九年から六〇年までが第一期、六一年から八〇年までが第二期、八一年以降が第三期である（図序-3）。

第一期の創成期では、一九五〇年代前半におけるパチンコホール数の激しい変動が見られる。一九四九年に全国で約四八〇〇軒に過ぎなかったパチンコホールが、ピーク時の五三年には四万軒以上に増えたものの、その後は一年も経たないうちに半減し、五七年に九〇〇〇軒を割ってようやく底を打った。メーカー数は最多と見られる一九五五年以降の様子が示されているが、同時期にホール数に連動する形で急減している。このような激しいアップダウンは、射幸性の高い連発式機械の開発と、その機械の禁止という警察庁の規制に関連している。

第二期は、一九八〇年までの約二〇年間である。この時期

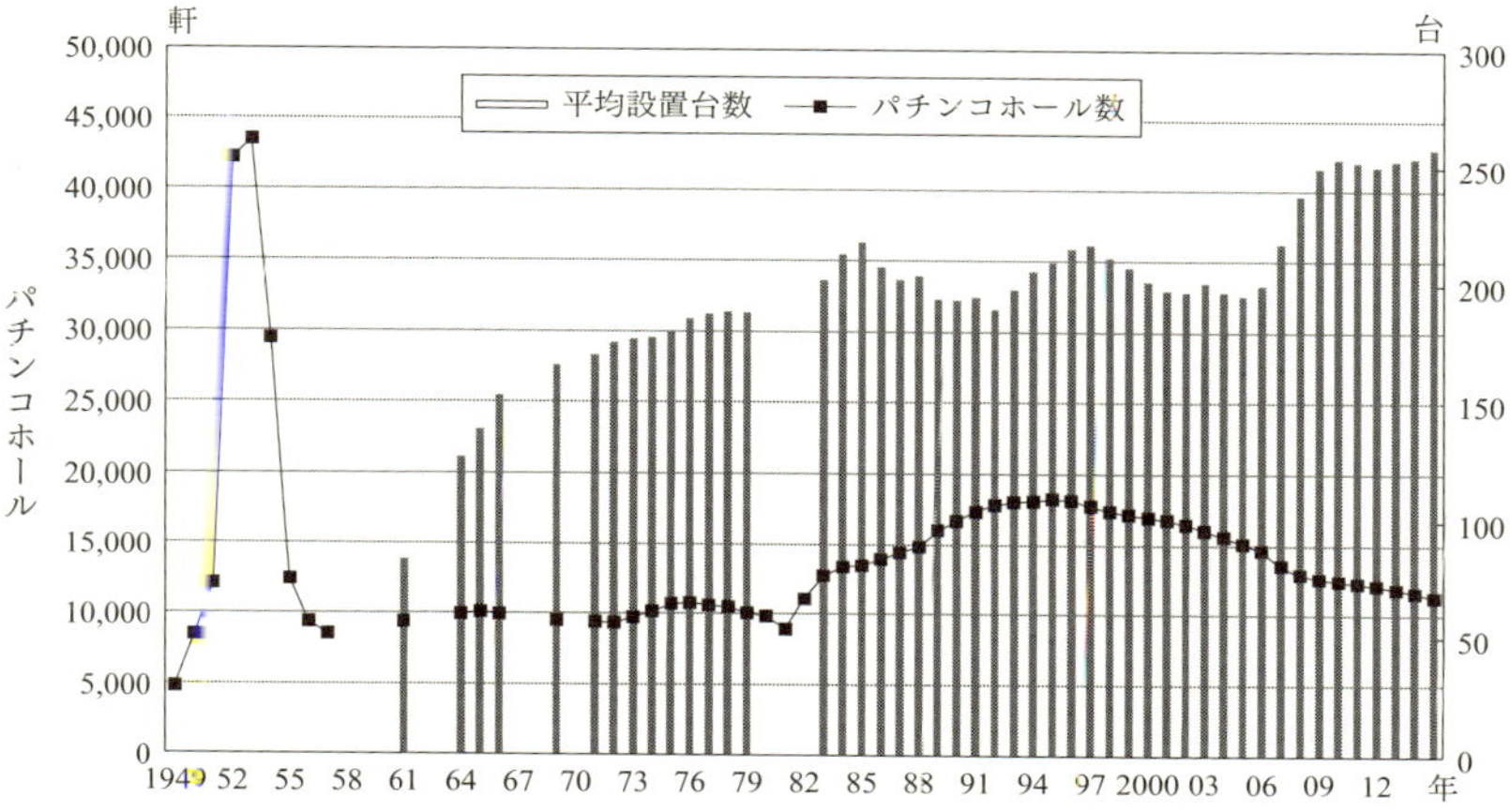

図序-4　パチンコホールの平均機械設置台数（1949〜2015年）

注）平均台数は，設置台数をホール数で除したもの。
資料）ホール数は図序-3に同じ。平均設置台数は，東京都遊技場組合連合会・東京都遊技業協同組合『凌宮』1999年，154頁，『全遊連弘報』昭和43年2月15日「パチンコ遊技機備付台数等比較表」，昭和43年9月15日「店舗数・備付台数前年度比較表」より作成。1990年からの設置台数は，各年12月末現在のパチンコのみであり，回胴式遊技機やその他の機械は除外（全日本遊技事業協同組合連合会ホームページ，「全国遊技場店舗数および機械台数」各年，http://www.zennichiyuren.or.jp/material/report.html/tenpoindex/tenpo_02.html，閲覧日2017年5月8日）。元のデータは，「警察庁発表」による。

のパチンコホール数は、減少に一応歯止めがかかったものの停滞しており、他方メーカーは、一九八〇年以降に安定期を迎えるまで退出が続いた。これは、産業発展の停滞期のように見える。しかし、図序-4の一ホール当たりの機械設置台数の規模から見れば、第二期においても市場は着実に成長していったことが分かる。図序-3と図序-4をあわせて見ると、一九六〇年代においては、ホールの規模拡大が急激である。パチンコ市場がホールの規模拡大に見合う成長を実現していたとすれば、それに比べて機械市場の成長は順調ではなく、退出を伴いながらのメーカー間での競争が激しかったことになる。それに対して、一九七〇年代は、ホールの規模拡大は緩慢ではあったが、メーカー数の退出の勢いが緩み、ゆっくりと成長したと思われる。このように、第二期は、一九六〇年代と七〇年代とでは、産業発展の内実を異にして成長した二つの時期が含まれていると考えられる。

第三期には、一九八〇年代以降パチンコホール

表序-4　市場成長率の比較

（単位：%）

年	1965〜75	1975〜76	1976〜77	1977〜78	1978〜79	1979〜80	1980〜81	1981〜82
余暇部門	15.9	21.0	9.7	6.1	8.1	14.4	11.7	6.9
パチンコホール	10.9	5.9	7.6	5.1	▲ 1.9	▲ 2.4	65.3	20.4

資料）余暇開発センター編前掲『レジャー白書』1983 年，56 頁，58 頁の「表 11　余暇市場伸び率の推移」(1)，(3) より作成。

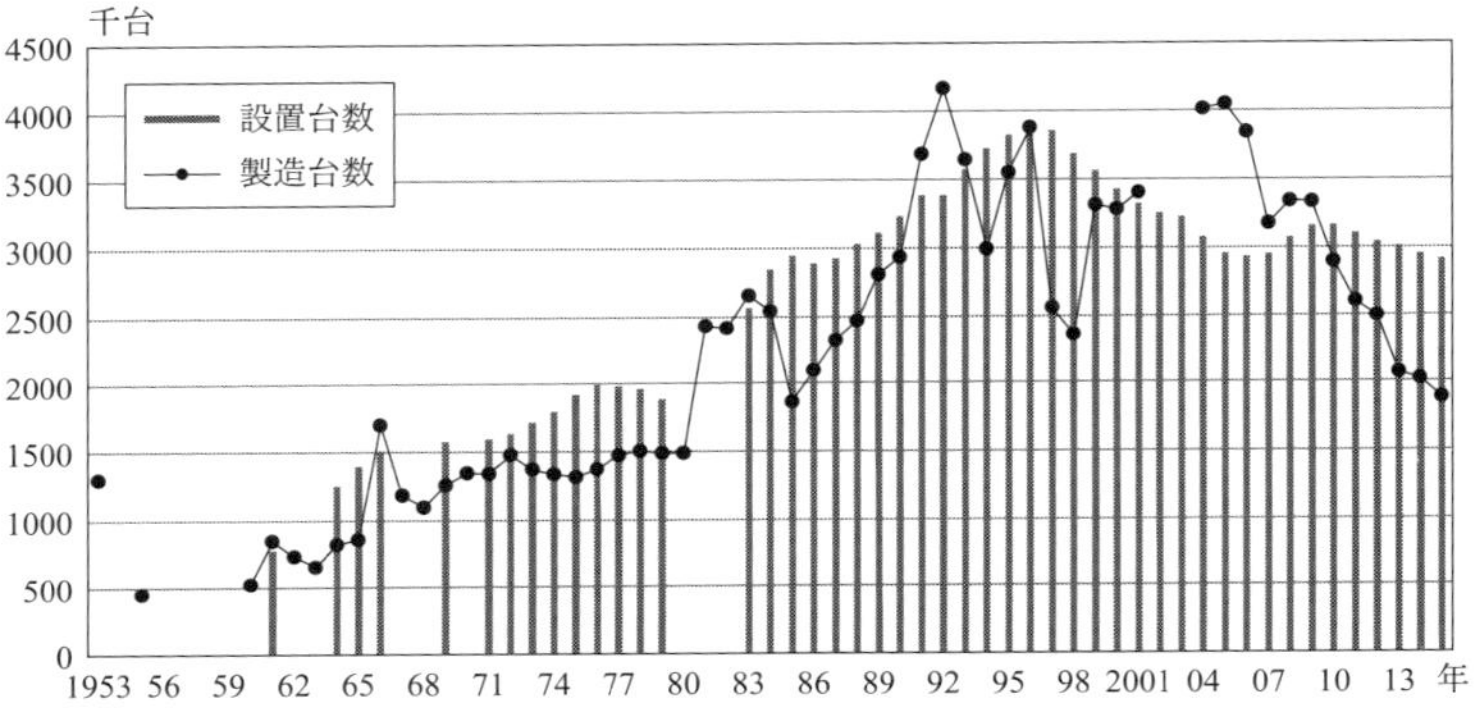

図序-5　パチンコ機械製造台数と設置台数（1953〜2015 年）

注）1960 年，62 年は，推定値（日本遊技機組合『経営実体調査』1963 年）。
資料）1960〜62 年の製造台数は，日本遊技機組合『昭和 35 年度決算（定期）総会』『昭和 36 年度決算（定期）総会』『昭和 37 年度決算（定期）総会』の損益決算表より算出。その他の製造台数は，日本遊技機組合提供データ。設置台数は，図序-4 に同じ。

数が著しい増加に転じるなかで、メーカーの減少もようやく終止符を打ち、二〇社体制が確立した。事業所や企業の数に示される一九八〇年代の成長は、フィーバー機の開発によってもたらされたものである。このフィーバー機の登場によって、第三期にパチンコ産業の構造は大きく変化したと思われる。レジャー関連の他の分野に比べても、一九八〇年代のパチンコ産業の著しい成長は眼を見張るものがあった。表序-4に見るように、一九七〇年代までのパチンコは、外食、旅行などの他の余暇関連産業の市場成長率に対してそれほど目立った拡張を見せていなかったが[75]、八〇年代に入ってからの成長率は顕著であった。

図序-5は、パチンコ機械製造台数と設置台数の推移を示したものである。製造台数が設置台数を超える三つの山に注目したい。これらは、人気機種の開発に関連していた。第一の一九六六年単年度の製造台数は、規制緩和で役物[76]が認可されたことを背景に、全国に広がったチューリップの人気を反映して増加した[77]。第二の一九八〇年代前半の製造台数の急増は、フィーバー機の登場によるものである。前掲図序-3でパチンコホール数が再び増加に転じた時期であり、市場が急拡大し、設置台数を大きく押し上げる結果をもたらした。もっともその後急減が認められ、それまでは見られなかった製造台数の激変をも招いた。これは、フィーバー機の需要が一巡したことと、人気をもたらした射幸性の高い機械に対する警察当局の取締りを先取りした業界の自主規制[78]によって、生産が抑えられた結果と見られる。このような対応を必要とさせたフィーバー機は、パチンコに体系的な確率プログラムを導入した革新的機械と評価されている。第三の一九九一～九三年はCR機の導入とともに射幸性が高い機械が登場した時期であるが、九三年一〇月からの販売自粛実施によって、九四年に製造台数は急減した[79]。このような製造台数の急増と急減、その後の揺り戻しは、設置台数の動きと異なっている。製造台数と設置台数の推移は、一九八〇年を境にして、それ以前には二つがほぼ連動していたのに対し、以後は、急激な市場拡大と自主規制のせめぎあいによる激しい変動を伴いながら乖離する傾向へと変化した。

以上を踏まえて、本書では、第一期から第三期までを、第二期に異なる二つの時代が含まれていることを考慮し、四つの時代に分け、第1章から第4章でそれぞれ検討を加え、第5章ではその後の産業のあり方を展望する。補論では、エスニック・マイノリティ・ビジネスとしての意義について論じる。

構成は単に時系列的に並べることを意図しているわけではない。パチンコ産業が存続可能になるために解決しなければならなかった課題は、時代ごとに異なっており、各章の分析は前の時代の到達点を踏まえた取り組みに光を当てて展開されている。とはいえ、各章はそれぞれ固有の課題を追究してもいる。第1章は規制と産業発展の関係、第2章は機械市場における組織化の意義、第3章は機械取引をめぐる競争のあり方とその基盤、第4章は新技術による市場成長と伝統的な営業方法に突きつけられた課題、第5章はパチンコホールの大規模経営の台頭、というように経済学や経営学で幅広く議論されてきた点に関心を向け、各分析は完結している。また第2章と第

3章では、特許プール組織の結成と運営に関して分析しており、そこで優先される経済合理性が何かという点は、技術刷新の激しい組立機械工業の開発や生産を支えるシステムとして示唆的である。

なお、本書が分析方法に関連して限界を有していることも認めざるをえない。構成からも明らかなように、考察する対象は、一九五〇年代から八〇年代を中心としたパチンコホールの経営と、パチンコ機械市場である。この設定には二つの疑問が予想されよう。第一に、この二つの領域の分析によってパチンコ産業の全貌が明らかになるのか、第二に、近年のパチンコの人気を支えている回胴式遊技機、いわゆるパチスロに関する分析が抜け落ちている、という批判である。

パチンコ産業に関しては、景品問屋、遊技球の補給システム業界、パチンコホール営業を管理するコンピュータシステム、監視システム、ホール設計・デザインなどの関連業界がある。なかでも、ホールの自動化に関連する補給機や管理コンピュータ分野は、必要とされる技術の先端性から重要性が高まっている。さらに、液晶に関わる電子工業やソフト開発、版権等のコンテンツ産業など他産業への波及効果の大きさは、これらの分野の分析をも不可欠なものにする経済現象である。本書では、交換システムなど景品に関する若干の考察を除けば、これらの分析に紙幅をさくことはできなかった。

しかし、本書の主要なテーマである産業の定着と成長の過程から見れば、主導的役割を果たしたパチンコホールの経営と機械開発の仕組みは、他の分野の技術開発を刺激し、促した先導役として位置づけることができる。例えば、遊技球の補給システムは機械の変化やホールの自動化要求という要因に牽引されながら対応する過程で進化した。本書は、産業を存立させ、成長を牽引した核心についての分析に絞ったという積極的意味がある。

第二のパチスロに関連しては、一九八〇年代以降設置台数を急激に増やしていき(80)、二〇〇六年には全設置台数の四割を占めるに至った歴史的経緯を問わなかったことは問題とされよう。近年の人気を考慮しても、今日のパチンコ産業を理解するためにはパチスロを分析することは不可欠である。しかし、本書は次の理由からこれを考察対象としない。

消極的には、表序-5に明らかなように、本書で検討する時代においては、パチスロの目立った重要性が認められないからである。パチスロは、一九九一年時点でも全台数の二割に満たなかった。パチンコ機械の分析を中心に据えた本書は、パチスロ市場の特徴を理解する歴史的前提としての意義がある。

より積極的な理由は、パチスロ市場の特殊性とパチンコホールの営業に関わる。高額であるという価格問題と大きさの規格に関わる技術上の要因から、パチスロは、一九八〇年まで、専門メーカーによって製造され、専門店あるいはパチンコホールのなかでもパチンコとは別の空間に仕切られて設置されていた歴史がある。そのため市場としても、技術史としても独自な分析が必要である。

しかし、パチンコとパチスロの差異性の背後にあるホール経営への一貫した視座は放棄されてはいない。本書にはパチスロを導入するホール事業の長期的変容を明らかにしたという意義がある。数百から千台程度を有する近年の大規模営業においては、多様な機械を選定することが営業上重要であり、この重大性が増したのは一九八〇年代以降である。ホールが機械構成の上でパチスロを選択することの意味やパチスロ市場の成長は、第4章および第5章で提示するホール事業の変容の延長線上にあると考えることができる。

表序-5　パチンコ機械設置台数

（単位：台，％）

年度	全台数（A）	回胴式遊技機（パチスロ，B）	パチスロの比率（B/A）	パチスロ専業店数
1956	553,458			
1961	961,946			
1966	1,394,822			
1971	1,614,775	9,549	0.6	
1976	1,989,914	10,574	0.5	
1981	2,052,021	34,000	1.6	284
1986	3,223,834	365,000	11.3	347
1991	4,233,005	790,000	18.7	871
1996	4,868,050	768,000	15.8	553
2001	4,786,255	1,459,000	30.5	1,095
2006	4,937,381	2,003,000	40.6	2,086
2010	4,554,430	1,390,000	30.5	903
2015	4,580,197	1,661,562	36.3	

資料）遊技通信編『創刊60周年特別記念号　遊技通信でみるパチンコ業界の60年 1951～2011』2011年，81頁，141頁，143頁より作成（元のデータは，警察庁調べによる）。1976年は10月末，その他は各年末の数値である。

第1章　パチンコ産業の胎動
——縁日娯楽の事業化への道

はじめに

本章では、一九四〇年代末から五〇年代までの一〇年余りを対象とし、パチンコの歴史において最も劇的な展開を見せたこの時代に、産業としての礎石が築かれたことを明らかにする。

パチンコが産業化するということを、本書では、法制度の整備と機械の改良がもたらしたパチンコ人気および市場形成によって産業発展のための条件が整い、パチンコホール（以下、ホール）と機械メーカーの分業化など、財やサービスを提供する主体が出そろったことで、社会的にパチンコが提供される基盤が確立されると捉える。ただ、これだけでは、パチンコの継続的な再生産——サービスの提供——は保証されなかったし、また、パチンコの流行が違法な景品交換や暴力団との関わりなど、社会的批判を呼び起こす問題を伴っていたことから見ても、安定的とはいえなかった。実際に、パチンコを提供する主体の営業の仕方と、パチンコを消費する際に発生する諸問題によって「規制」が加えられ、パチンコの存続を困難にする事態を迎える。本章の目的は、これら三者——産業主体、諸問題、規制——の関係性を、当時次々と起きた複雑な事件を通して見ることにより、パチンコが再生産可能な産業に向けて踏み出した一歩を捉えて、ホール事業の安定的収益の見通しの確立を検証する。

表 1-1　パチンコホール数

年度	ホール数（軒）	増　減
1949	4,818	
1950	8,450	3,632
1951	12,038	3,588
1952	42,168	30,130
1953	43,452	1,284
1954	29,416	▲ 14,036
1955	12,391	▲ 17,025
1956	9,365	▲ 3,026
1957	8,487	▲ 878
1958	8,792	305

注）警察庁調べによる 6 月時点の軒数。
資料）全国遊技業組合連合会編『全遊連（協）二十五年史』1977 年，307 頁より作成。

一九四八年七月一〇日に「風俗営業取締法[1]」が公布（九月一日施行、五九年に「風俗営業等取締法」、八五年に「風俗営業等の規制及び業務の適正化等に関する法律」に改称。以下、風俗営業取締法）され、パチンコを設置した営業所も規制の対象となった。同法が管理する三つの営業範疇のうち、ホール[2]は、「玉突場、まあじゃん屋その他設備を設けて客に射幸心をそそる虞のある遊技をさせる営業[3]」に該当するものとして、開設の場合は都道府県別の公安委員会の許認可を受けることが義務づけられた[4]。その他、定められた営業方法に基づいて当局の監視を受けることになった。ホール数が公式に判明するのは、法制度の管理下で許認可制度が導入された後の一九四九年以降（表1-1）である。

一九四八年の風俗営業取締法公布時の条文では、先述した定義のように、「パチンコホール」、あるいは当時の言い方の「パチンコ屋」と明示されていなかった。取り締まる側の立場では「まあじゃん屋」などの他の遊技（戯）場に比べて存在感の薄い業種であったことを意味する。「パチンコ屋」の字句が明文化したのは、一九五四年からである[5]。表1-1に見るように、一九五〇年からホール数が異常な勢いで増加したことに反応した結果ということになる。

関連法令における認知度の変化が象徴するように、パチンコは、一九五〇年頃に成長の緒についた。一九四九年から五一年まで、毎年三五〇〇軒以上増え、この期間で二・五倍に増加している。ところがホールが破竹の勢いで増えていく様子は、一九五〇年代初期という時代において、戦前から風俗営業を取り締まっていた警察にとってはもちろん、社会的に見ても歓迎されることではなかったようである。

一九五二年五月二六日の『朝日新聞』の「天声人語」は、学生、工員の本代や主婦のおかず代がパチンコの玉代で消えると嘆き[6]、パチンコに打ち込むことを退廃的行為と批判している。一九五二年に通商産業大臣に就任したばかりの池田勇人は、記者会見の場で「競輪もパチンコも一種の社会悪だし宝くじと共に一日も早く廃止すべきだという私の考えは今も変わらない[7]」と、半年前の国会での答弁で表明した見解[8]を再度強調した。空前の店舗数を記録した同年の状況を横目にしつつ投げかけられたこの発言からは、公式の政策方針ではないにしろ、経済復興についてまだ確信のなかった当時、パチンコを競輪などのギャンブルと同一線上で取り扱いながら規制の対象と見る行政側の立場をうかがい知ることができる。いわゆる「レジャー」を楽しむという実践が日常生活で定着したわけでもなく、個人の消費を手放しで奨励する社会的合意もまだなかった時代であった。

パチンコを楽しむ人々の特徴を網羅的に知る資料は限定的であるが、「パチンコ娘」といわれ、機械裏から手動で玉を供給、回収していた女子店員が書き残した手記[9]に、出入りしていた客の様子が描かれている。勤めていたホールの場所は不明であるが、ホール周辺の木材商で働く職人の出入りが多く、その他やくざ、インテリ客、夫婦、親子、「小母さん連中」、高校生、常連の刑事など、多様な客が観察されている。しかし、多彩な客層を引き付けて沸いているパチンコ人気を、消費生活のレベルで吟味しようとする態度は公的にはなお見られなかった。

社会から批判的意見があったにもかかわらず、一九五二年にはホール数が前年の三倍以上になっており（表1-1）、統計的問題は排除できないとはいえ、この時期に急増したことは間違いない。しかし、わずか五年の間に激減に転じた変化からも明らかなように、初期段階の道程はそれほど平坦ではなかった。大量の参入と退出は、パチンコを取り巻く環境の厳しさとともにホール事業の脆弱な収益基盤を示唆する。ホール数の急変については、一般的に、人気機種の登場と一九五五年に実施された「連発式機械の禁止措置令」（以下、禁止令）の規制の影響として理解されている[10]。例えば、機械メーカーによる日本遊技機工業組合の組合史では、次のように説明する。

連発ブームで昭和二八年当時、全国のパチンコ店は四万三千軒、台数は一五〇万台にはね上がった。このため事態を憂慮した警察庁では昭和二九年一一月、一年間の猶予つきで連発式を禁止した。パチンコ業界にとっては未曾有の大事件となり、禁止措置の取られた当時は全国に五万軒あったパチンコ店が一挙に九千軒に激減し、パチンコ台も五六万台に急落、受難時代を迎えることになった。

（『三十年のあゆみ』編集委員会編『三十年のあゆみ』日本遊技機工業組合、一九九〇年、二四頁）

「禁止措置の取られた当時」の五万軒については、管見の限り資料からは確認できない[11]。一九五四年四月に風俗営業取締法の改正によって納税を条件とする許可更新制が実施されており[12]、更新できなかったホールを含んでいる可能性がある。納税と許可更新については後述するが、急減について一九五五年の禁止令に関連づけた理解は、部分的には修正される必要がある。表1-1の公式統計を素直に受け止め、一九五三年にピークを迎えていたことに注意すると、規制だけでは減少に急転したことが説明できないからである。仮に、ホール数の最多の時点が一九五四年であり、規制こそがその後の激しい退出をもたらしたのであれば、統計上現れない二万軒以上のホールの存在についての説明が求められる。他方で、納税如何で営業許可を更新できなかった不可視のホールが関連しているとすれば、未納の理由やその意味するところも考察すべき論点となる。

本章では、この激しい変動の下でのホール営業と機械メーカーの経営実態を解明し、存続の可能性を不透明にしたいくつかの問題に光を当てる。統計上の問題を克服してホール数がピークを迎えた時点を確定することはできないが、ホールの営業実態から、ホール数の減少が見かけ上であった可能性や納税問題を理解する手がかりを提供することができるだろう。産業の内在的動きとしての経営と、風俗営業を管理する法制度の下で展開した規制との攻防を明らかにすることにより、ホール営業の収益基盤が「発見」されたことが以降の産業の存続を可能にしたことを提示する。加えてその後の産業の成長を規定する特徴を析出する。以下、具体的な論点と分析方法について述べる。

禁止に至った他国の事例[13]を考えれば、先述した風俗営業取締法による「規制」がパチンコ産業の存立において決定的であることはいうまでもない。実際に公安委員会による許認可事業であり、営業に関連する交換玉の料金、景品価値の上限、遊技方法、機械の検定基準など様々な規制が同産業に与えた影響は大きい。しかし、先述したように規制が産業のすべてを説明するわけではない。産業のあり方が規制によってどのように規定されたかはそれ自体として検討する意義があるが、さらに規制と事業として成立した諸条件に関する実態の両面を相互作用の視点から考察することが求められる。

産業のなかで起きた変化に目を向けてみると、戦前の移動式露店営業[14]に依存していたパチンコは、一九四〇年代後半から五〇年代初期にかけて、遊技というサービスを専門的に提供する常設の店舗営業に転換する。外形的には、風俗営業取締法によって新規開店を店舗営業に限るという規定が大きな契機ではあった。経営的観点から重要なのは、いわばパチンコという「非生産的」行為が単一の娯楽として行われる場が、人々の所得が上昇し続けるという確信がまだ持てなかった一九五〇年代前半において、一つの事業として順調に定着することができるかという問題である。その答えに関して、表1-1に見る限り、一九五五年、五六年時点では予測不可能であったように思われる。

本章では、パチンコ産業が成長の初期段階で抱えていた不安定さや社会に定着するため乗り越えなければならなかった最初の関門に光を当て、ホールがビジネスとして成り立っていく過程を明らかにする。一九五〇年代初期に激変するホール数の軌跡から、継続的事業になるための収益基盤がどこにあり、どのように発見されたかについて検討する。

ホールの安定的な利益確保に至る過程は、維持できるビジネスの仕方が発見されていくプロセスを意味する。これを本章では経営ノウハウの蓄積と呼ぶことにする。経営ノウハウとは、日々の営業において他ホールとの競争関係のなかで客を引き寄せ、稼働率を高めながらリピーターを確保するなど、収益に影響する様々な要素をコント

図 1-1　M 商会の城下町

資料）「変わった町・変わった村　パチンコのメッカ　名古屋訪問記」『オール生活』7（3），1952 年，78 頁。

ロールすることであり、その蓄積が、ホールを事業として存立させる条件であった。ノウハウの蓄積には機械の選定も関わっているが、本章では、諸要素を複合的に勘案して実行される「釘調整」に注目する。当時の機械生産は家内手工業的であったため品質の均一性に欠けており、各店における機械の状態に合わせた釘調整が営業に与える影響が大きかった。本書で釘調整を重視するのはこのような技術の時代的特性を考慮している。[15] その際、釘調整が修正されていった結果である一日ごとの売上高と収益率（粗利益率）のデータに基づいて、事業の長期的な安定化が模索されていく経緯を検討する。このことによって、初期のブームが規制によって強制的に終了させられたかに見える一九五〇年代後半に、事業として定着し、その後の発展の基礎が固められたことを明らかにする。

以上の課題を果たすために取り上げるのは、当時のパチンコ業界を代表するM商会の営業実績である。[16] 同社の事業再編が、パチンコ産業の変容を鮮やかに体現しているからである。

図1-1は、一九五二年頃、雑誌『オール生活』[17] に載ったイラストである。挿絵のなかに「M式パチンコ宣伝部」、「M商会直営」と掲げた看板が目立つ。本章の対象になっている名古屋市のM商会のことである。人々が求めていた機械が分かり、当時M社がパチンコの流行りを牽引していたことが表されている。

「パチンコ機械の販売業及び遊技場の経営」を事業内容として一九五一年に設立されたM商会は、OEMによる機械生産を含めると垂直統合型の企業であった。創業者であるM氏は、機械の元祖といわれるM式遊技機[18] を考案した後、一九四九年からその製品の外販に乗り出した。一九五〇年代半ば頃にはパチンコ機械の全国的な市場基盤を持ち、事業は最盛期を迎えていた。一九五五年の『帝国銀行会社要録』（帝国興信所）によると、M商会は「パチンコ機製造販売」[19]を事業目的とすると記載され、パチンコ産業関連の有力企業と考えられる六社（機械メーカー二社、メーカー・ホール兼業二社、機械販売会社一社、パチンコ玉製造会社一社）の一つとして採録されている。従業員数はメーカーのなかで最大規模の四〇〇人[20]、年商は最高の奥村産業に次ぐ四億八〇〇〇万円であった。代表的な企業、M商会の成長と「連発式機械の禁止措置令」の規制がもたらした挫折や経営の再編過程は、一九五〇年代の産業揺藍期の特性と、パチンコ産業の発展を規定し続けてきた規制の意味を明らかにする最適の素材ということができる。

一　パチンコブーム

（1）機械の改良

一九五〇年代前半にパチンコホールが急増する（前掲表1-1）原動力は、改良された機械の人気であった。[21]正村ゲージや連発式機械などの登場により、パチンコは、小物といわれた戦前以来の機械体系から、発展連鎖を呼び起こす出発点となる戦後の機械体系に飛躍した。この時期の新技術は改善の意味合いにとどまらず、産業の歩みに決定的な貢献をした。どのような意味でそうであったのだろうか。

一九四八年頃M商会の創業者M氏が考案した正村ゲージ[22]は、表盤面の釘の打ち方において新しい時代を切り開き、その後ほぼ五〇年にわたってデファクト・スタンダードであり続けた。ただし、正村ゲージが出現した当時から、差別化する試みも数多くあった。正村ゲージが登場して間もない一九五一年の業界紙では、新しい分野を開拓するために「正村式のゲージ板」から脱却することが求められると提案され、各メーカーも対策に苦心していることが伝えられている[23]。それが容易でなかったことは、自社内ではできず新基軸に関する懸賞募集広告まで出した名古屋市の大山商店の事例[24]が物語る。他社の脱正村ゲージの挑戦もむなしく、それに代わる設計が広範囲で広がることはなかった。つまり、正村ゲージは、客の絶大な支持――客が付く機械であること――に裏付けられ、標準型として絞られていったのである。

一九五三年発行の『パチンコ百科事典』(日本遊技新聞社編纂)という書物は代表的機械を紹介しているが、「元祖　正村式遊技機」について次のように説明する。「今日各社が制作している大部分の遊技機のゲージは一応正村式の流れをくんだもので云はば正村式は標準型とでもいうべきか。ともあれ続々として新型優秀機が誕生する現今の業界に、旧態依然とした正村式がなお圧倒的な勢力をもって、その名声が全国を席巻して譲らない」(同書、四〇頁)。このように、正村ゲージは、デファクト・スタンダード・デザインとして定着した。

人気の最大要因は、戦前以来の機械が持つ偶然性の要素に遊技の技術的介入を可能にしたことであった。また、スピード・アップした玉の循環速度によって営業の回転率が上がり、売り上げが伸びる可能性が生まれた。

約三四〇本の釘をほとんど同じ間隔で配置した小物(図1-2左)の場合、二五カ所の入賞口(⑦)に玉が入ることは偶然の結果であった。玉が高頻度で釘に当たるため、発射から入賞かファウルかの結果が出るまでは、時間も要した[25]。

それに対して、正村ゲージ(図1-2右)は、小物の釘より一〇〇本ほど抜いたことで玉の流れが速くなった。遊技は、①に玉を入れることから始まり、最終的に入賞口(⑦)に入れば(入賞)玉が出て引き続き玉を打つことができるし、アウトを繰り返して交換した玉がなくなれば終了となる。このゲージで遊技をする場合は、釘数を減らしたため、入賞(アウト)など結果が分かるまで、六秒の小物に比べ、約二分の一から三分の一の時間に短縮された。さらに玉の軌道に変化をもたらす風車(⑤)の取り付けによって意外性の要素が組み込まれる[26]など、娯楽性の

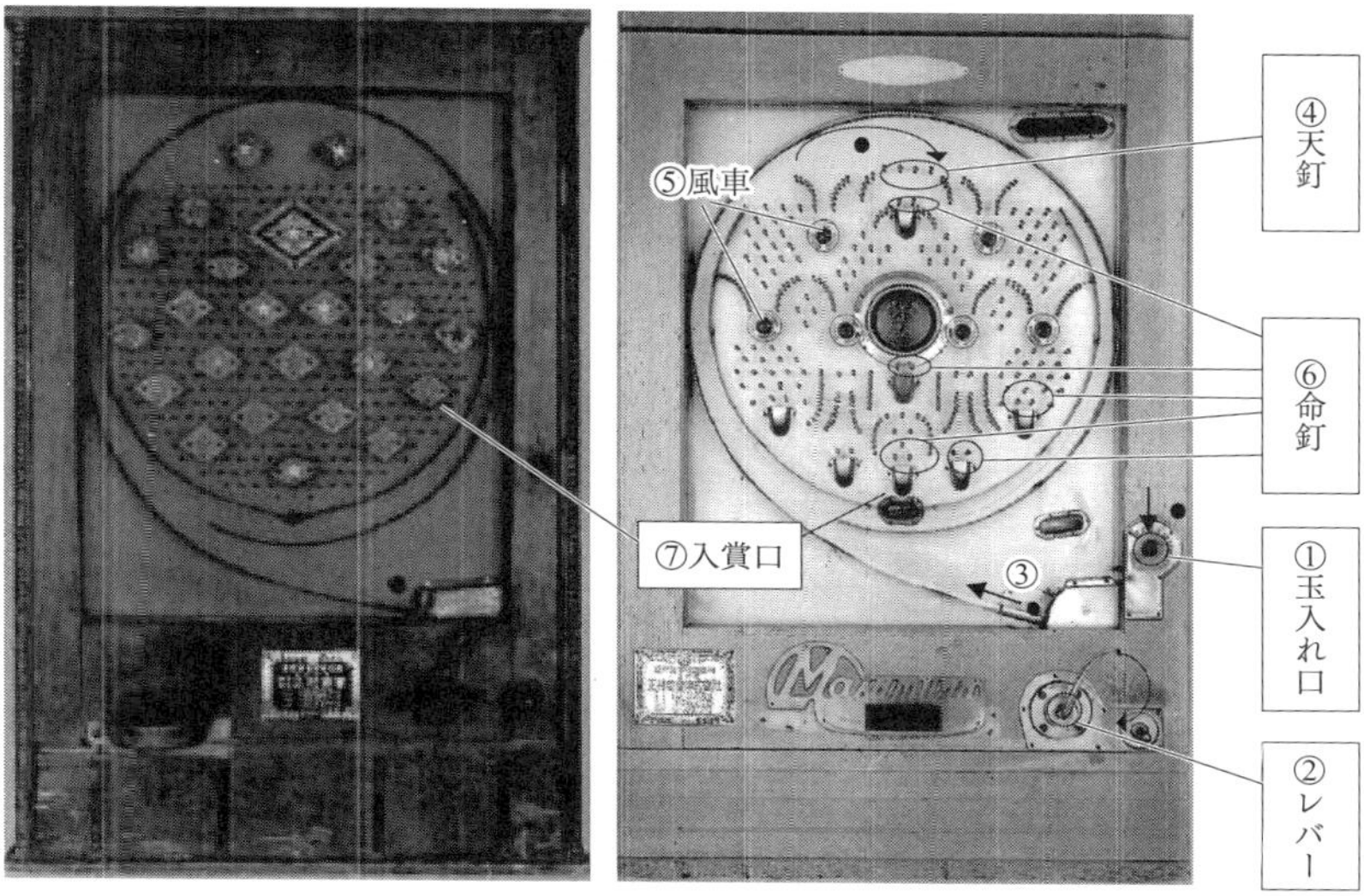

図 1-2　戦前以来の小物（1946 年）（左）と正村ゲージ，オール 15（1951 年）（右）

注）①～⑦は筆者による。
資料）巨巣編集室編『ザ・パチンコ――パチンコ台図鑑』リブロポート，1985 年，4 頁，7 頁より作成。

向上が図られた。

正村ゲージの最大の特徴は、客が技量を高めることができれば入賞率の上昇を期待できるようにした点である。遊技にテクニックが介在する余地は、次のようにして生まれた。遊技機盤面上の釘の並べ方にある種の設計がなされ、玉の流れる通り道が考案された。ホールは、入賞口（⑦）の上部に打たれている命釘（⑥）を中心に釘を調整し[27]、「出玉率」を決めておく。出玉率とは、客の打ち込んだ玉数に対するホールの放出する玉の比率を指す。ホールが一〇〇パーセント以上の出玉率になるように釘調整をした日――この場合、釘を開けるという。釘を締めた日の出玉率は低めになり、客は打ち込んだ玉数より少ない玉を得る――は、客は打ち込んだ玉より多くを獲得することができる。ホールは出玉率の設定によって客を呼び込む。客に求められる技量とは、勝率を上げたい客が、第一に意図されたゲージの設計や釘調整の具合を読み解き、どの台を選択するか、という点である。第二に、②の動作で③の玉を弾き出す際の打ち方に関わる。つまり、②のレバーを引いて玉を打ち上げる強弱によって、天上の四本の釘（天釘④）（図1-2右）のいずれかを定め打ちできた。玉がある道にたどりつけば入りやすくなり、定めた釘に当たるように正確に打てるテクニックを磨けば入賞率が上げられる。

以上のように、正村ゲージがもたらしたのは、客にとっては釘の読み方と弾き方の技量向上によって入賞の可能性が高められる、店にとっては玉の動きをスピード・アップしたことによって売上高に影響する時間当たりの発射玉数が増加する——従来に比べて機械の実質稼動時間の上限を引き上げる——というものであった。

次に、進化を遂げた裏構造を象徴する機械としてオール一〇、オール一五（一九五一年）などのオール物と、さらに改良された機関銃式速射機（五二年末）と循環式速射機（五三年）の連発式機械の考案に注目することができる。[28] 従来の機械は、入賞した場合一個からせいぜい三個までの玉が出せる素朴なものであった。大当たりといわれる特定の穴からしか複数の玉が出せないというメカニカルな限界があったのである。一九五〇年前後に長崎一男が開発したオール一〇、オール一五は、入賞口のすべてに対して一〇個（オール一〇）まで玉を供給できる技術的進歩を伴っていた。[29] どの入賞口に入れても、それまでの機械に比べて三倍から五倍以上の玉の獲得が可能になり、当時の客にとっては驚くべきことであった。玉を獲得した分だけ交換賞品の量的拡大がもたらされ、それは一発当たるかもしれないという期待感を膨らませ、当てたいという射幸心をくすぐるようになっていく。

この払い出しの構造に連発装置——玉皿にパチンコ玉をまとめて入れておくと発射の都度次の玉が自動的に発射位置に出る——を付け加えた連発式機械が豊国遊機製作所の菊池徳治によって開発され、連続発射と連続入賞が可能になった。[30] 連発式機械は、発射玉と入賞玉の増加に合わせた玉の供給と払い出し構造の改良などの技術的発展が不可欠であった。[31] その進歩とともに玉の循環機構（竹屋商会の竹内幸平が発明した「循環連打式パチンコ機」[32]）、さらにはモーター式パチンコまで[33]が続々と登場すると、時間当たりの発射数が飛躍的に増加した。[34] 一分間に最多で一六〇から一八〇発の発射ができるようになり、射幸性の向上はとどまるところを知らなかった。

一九五〇年を前後とした機械改良により、偶然的な要素がある程度制御されるようになっただけでなくスピードの向上がもたらされ、客とホールにとって、それぞれ娯楽と事業として裁量の幅が広がった。それまでは釘調整による低い出玉率と景品交換における高い割引率を設定することによってしか成り立たなかった縁日の娯楽業から、常設のサービス空間を事業とする必要条件が揃ったのである。これにパチンコ機械の玉の発射と払い出し構造の技術発展が加わり、さらに発射速度が早められる機械要素が突出して進化すると、客にとっては当たりを、ホールにとっては売上高を「際限なく」追い求めることができるようになった。

（2）専業的サービス営業の続出

一九五二年に問題になったM商会のニセ機械事件は、正村ゲージの人気を裏側から教えてくれる。[35] 一九五三年には、地元の名古屋はもちろん、M商会の機械の人気が絶大であった神戸や宮崎などの地方では、M商会のネームプレートが一枚一〇〇円で取引されていた。[36] 前掲図1-2に見るように正村ゲージと従来の機械との違いは歴然としており、その面白さが話題となると人々が正村ゲージの盤面の機械を目当てに（設置された）店に群がることは想像に難くない。真似は追随される製品の革新性を表す現象であり、客が付くM商会の機械をホールが求めていたことを物語るエピソードといえよう。

正村ゲージ、オール物がもたらしたパチンコの人気は、長蛇の列をつくる客の反応として直接表れた。それをビジネスチャンスと認識した人々、あるいは儲かることを知った人からの勧誘により、ホール営業への参入が促された。[37] 殺到する新規開店数は目をみはるものがあった。取締りが厳しかった東京都でも、ホール数は予測以上の勢いで増えていった。警視庁によると、一九五一年九月一〇日現在の都内の遊技場数は、一二九四軒のパチンコが、玉突一五五、スマート一四二はもちろん、すでに麻雀の一一四七をも抜いている。[38] 九月頃の開業の申請は一日三〇件に近い勢いであり、新規開業の申請は後を絶たなかった。遊技場開店数全体の約八割を占めるパチンコは、年末には三〇〇〇軒に迫ると見られた。結局、この予想もはるかに上回って「新規開業」四二三二軒、「廃業」四一六軒で、前年の三八五軒から一気に四二〇〇軒へと約一〇倍に急増した。なかには、一ホール当たり一〇〇台くらいの大規模のものも多かったという。[39]

パチンコの隆盛が持つ経済効果を知るための行政側の調査結果や正確な統計的情報は乏しい。しかし、異常な流行りに敏感に反応した同時代の観察がいくつもあり、大まかな市場規模を知ることができる。一九五二年度に景品として用いられた専売公社の煙草の売上増加に基づいて推定したところによると、ホールの売上高は年間七〇〇億ないし八〇〇億円であった。[40]これは、当時公営ギャンブル第一位であった競輪の同年売上高五七〇億円の一・二〜一・五倍の規模に相当する。[41]名古屋に集中していた機械メーカーにも注文が殺到した。愛知県の国鉄笹島貨物駅の取り扱い件数を見ると、一九五二年の筆頭はパチンコ機械であったという。[42]パチンコは、戦後復興期において、ギャンブル性を持つ最大の娯楽産業としてのし上がっていたのである。

二　M商会の成長

前節で明らかになったように、正村ゲージを持った機械とそれを作り出したM商会は、この時期のパチンコ人気の中核的位置にあった。M商会の組織は、製造部門と、販売およびホール事業を分離し、前者には下請工場も使用し、後者については親族などによる個人経営として独立させる体制をとっていた。この組織上の区分に対して、管理の面ではM氏を頂点とした密な人的つながりで結ばれ、製造から遊技サービスまで行う一種のグループとして統合されていた。とはいえ、このようなあり方は、最初から計画されたというより、正村ゲージの人気が予定されていたものではなかったように、パチンコブームに対応して後追い的に形作られていった結果のように映る。同社の組織編成や製造・販売の有り様に当時のパチンコ産業の成長を支えた基盤を見ることができる。

（1）組織基盤

創業者M氏は戦前、ガラス店運営の傍ら同店内に設置したパチンコを副業として営んでいた[43]。戦時下の禁止期間を経て終戦後パチンコを復活させ、さらに新しい体系の機械の試作に専念するようになった[44]。試作の段階にあわせて、一九四七年から、正村ゲージと正村手動式オール物が完成した四九年まで、単独経営二軒、共同経営の二軒（のちに相手方が引き受けて独立）のホールを開店している。共同経営のなかの一軒は、パートナーがパチンコに関して素人であったためM氏が釘調整など営業技術の面で協力したケースであった。一九五〇年に単独経営による五軒目の店を開業し、手動式の問題を克服した正村オール物の完成にあわせて、一五〇万円の出資金で株式会社M商会を設立した[45]。組織整備のもとで製造部門を第一工場として独立させ、五一年には、M商会は四ホールを経営しながらパチンコ機械販売に本格的に乗り出した[46]。

自作機械を設置したM商会のホールは連日客で賑わった。その繁盛振りはM商会の機械の広告となり、ホール経営を希望する人々が次々と訪ねてきた。一九五一年頃から、M商会の機械を求める人たちに各機械の玉の放出量を記録した「統計帳」を作成させ、それに基づいて創業者自ら釘の開け・締めの指導を行った[47]。釘調整の技術伝授を受けたいわゆる弟子たちのホールのなかには、M商会の機械の代理店の役割を果たしたものもあった[48]。M機械の宣伝部隊の役割を兼ねていたのはいうまでもない[49]。

M商会は各地で釘の講習会を開いていたが[50]、開業をサポートした教育の担い手として、代理店の弟子たちの役割にも注目することができる。彼らは、M商会の機械のみを設置したホールで作られたM会――鉄道線路沿線の駅周辺の要地に立地したホールを束ねる中央線組（千種から多治見を経て長野まで）、近鉄線組（名古屋から四日市、伊勢まで）――を指導していた[51]。「M遊技場」「Mホール」「パチンコM」など創業者の知らないところで名前が利用されていたことを考えると、「M」の使用を創業者から正式に認められるM会に入ることはホール側にとっても便益があっただろうが、弟子たちに教育を施したことは代理店として販売先の維持および拡大を図る上でも重要な活動であった。創業者と直接指導を受けた直系の弟子たちの間には密接な人的関係があったようだが、弟子たちによるホールの統括は、緩やかなつながりでありながらも、パチンコの人気を事業として実現させるより裾野の広い現実的基盤となったということができる。このような構図から、ホールの開業や営業に必要な釘調整の技術が作り手から広がっていくルート、担い手としてのメーカーや代理店の役割を理解することができる。

(2) 市場基盤

以上の様子は、M商会の販売においてどのような特徴につながっていたのだろうか。創業者の伝記によると、M商会の機械が異常な勢いで売れ出したのは一九五〇年夏以降であり(53)、それ以降全国に一七の営業所および出張所の販売拠点を構築した(54)。しかし、この説明に相応する販売網を資料から再現することはできなかった。取引先別の販売状況を確認できるのは、一九五四年八月以降であり、五五年後半からは販売実績が大幅に縮小するため、市場の特徴を知る上で有効な情報は約一年に限られる。得意先に関する「得意先元帳」という冊子から判明するのは、「東京の今西」などの地名と買い手の苗字、販売台数、単価、金額である。

このような限定された情報ではあるが、同社の販売状況における地域分布、つまり主要な市場の大まかな地理的特徴を知ることができる。販売網、言い換えればM商会の機械がどの程度地域的広がりをもって売られていたか(市場基盤)を明らかにするため集計したのが表1-2である。

得意先数に見る地域分布は、一九五四年時点で、M商会の所在地である愛知県が含まれる東海地域で四割以上の得意先を持っており、他の地域を大きく引き離している。大阪を含む近畿や四国がそれぞれ一〇パーセント強、七・八パーセントと、愛知県の取引先数の約四分の一に過ぎない。東京を含む関東は五パーセントを切っており、一見すると地元周辺のホールとの取引が中心である。しかし、得意先数は、愛知県内など近距離のホールとは直接取引、遠距離になるにつれて代理店との取引になっている可能性が高い。そのため、この表の結果は、前者は多数、後者は少数で示されると推測できる。その意味で、九州、北海道を含めて全国に一定の取引先があり、家内手工業的に生産される製品がこれだけの地域的広がりを持って売られていたことは、興味深い。M商会の名声を示していると考えて良いだろう。

以上を踏まえると、表の「売上高」の比率からより正確な地域的特徴を読み取ることができる。関東の比率が約四割を占めており、最大市場の東京を含む地域で中心的基盤になっている点は、M商会の機械の人気を物語る。東京では一九五四年八月から約一年の間に六〇〇〇万円以上が販売されており、この時点でM商会において最大の拠点市場であった。売上高で見ると、北海道、九州がそれぞれ含まれる地域では約二〜三パーセントと、東京、東海、近畿の代表的大都市圏を中心にして遠方に向かっていくと、比率を下げていく構図になっている。しかし売上高で見ても広範囲の地域における市場基盤を有していたことは明らかである。

ところで、最大規模の東京市場での実績は、先述のように地方で模造品が出現するバックグラウンドに

表 1-2　M 商会の販売網

（単位：店，%）

地　域	得意先数[1]	うち取引があった得意先（期平均）		売上高[2]	
		1954 年下〜55 年上	1955 年下〜57 年上	1954 年下〜55 年上	1955 年下〜57 年上
北海道・東北	16	4.6	4.7	2.7	2.3
関東	19	4.7	2.2	39.7	3.6
甲信越・北陸	19	7.2	5.0	3.0	1.0
東海	111	43.1	48.3	32.0	44.2
近畿	34	11.1	11.3	5.5	7.2
中国	20	4.8	7.0	1.3	28.5
四国	15	7.8	8.7	3.8	6.5
九州	18	5.4	6.2	2.0	3.1
不明	35	11.3	6.5	7.2	3.6
総　計[3]	287	100.0	100.0	97.2	100.0

注 1）元帳に記載のあった得意先（代理店を含む）数。
　2）毎期の売上高総額（注 3 を参照）に占める各地域の比率を取り，傾向の変化が明確な 1955 年下期以降と，その前とに分け，平均比率で示した。
　3）元帳記載の売上高の総額と，「決算報告書」のそれとは一致しないため，おおよその傾向である。
資料）M 商会「得意先元帳」1954〜57 年より作成。

なったのではないだろうか。東京で評判[55]を得た機械を真似する行為は、人気機種への地域的対応として考えられる。M商会の偏った販売構図は、機械の供給が十分行き届かなかった地域において機械を製作する地元のメーカーの存在を浮かび上がらせてくれる。その市場の空白の発生が、M商会が東京市場を優先したからなのか、地域市場に参入できない――地域特性など――別の理由があったためなのかは不明である。類似品の需要があったことを考慮すれば、次のようにいえる。ある地域の需要があったことは、一方では輸送距離に相応した流通コストを上乗せした価格の受け手（ホール）の負担力に、他方では作り手としてのM商会の生産能力に依存する。ここでは後者について検討してみよう。急激なブームに対応するM商会の生産体制はどのようなものであっただろうか。

（3）生産基盤

M商会では殺到する注文に対して本社工場のみの生産では間に合わず、六つの下請工場に製造協力を求めた。受注、七工場への生産発注、代理店への納期などすべてをM商会が管理することで対応した。[56]下請工場は本社のあった名古屋市西区内に立地し、[57]創業者の手の届く範囲内に置かれて徹底した技術指導が行われた。最終製品の品質に影響する部品にまで細心の注意が払われた。例えば、長時間動かしても手にまめができない柔らかいバネに拘り、[58]ベニヤ板の仕入れにおいても全品検査を行って不合格の物はすべて返品するなど万全を期した。[59]他社製品に比較して何より優れていた点は、特注された釘そのものと「勘」によるとしかいいようのない釘打ちの技術にあった。[60]山喜合板製作所は、特殊な品質を求めるM社の要望を受けて開発に挑んだが、製造までいかに苦難に満ちた過程であったのかに関する逸話を残している。[61]このように、目視では判別できない差別化や一つひとつの品質管理が評判を支える要因であった。

このような品質への拘りは、「Mさんの機械はどこが良くてこんなに売れるだろうか」、「どこでも同じような釘打ちもやっているのにどこがMさんのは違うんだろうか[62]」という当時の観察者の疑問に答えてくれる。一見他社製

表 1-3　M 商会の収益構造

	事業収益額（千円）				収益構成（%）			事業別売上高収益率（事業別収益/事業別売上高）（%）	
	機械販売	遊技場	旅館	合計	機械販売	遊技場	旅館	機械販売	遊技場
旧会社									
1952・8〜53・7	99,291	5,745		105,036	88.6	11.4		29.9	13.4
1953・8〜54・7	179,198	−5,151		174,047	88.1	11.6		32.1	−7.0
1954・8〜55・7	63,757	714		64,471	82.6	16.6		21.2	1.2
1955・8〜56・7	118	0		118					
新会社									
1955・9〜56・7	19,994	9,535		29,529				34.3	10.3
1956・8〜57・7	19,144	15,964	1,987	37,094	25.3	71.1	2.5	36.6	10.9
1957・8〜58・7	14,131	17,853	10,952	42,935	18.2	72.2	8.5	36.5	11.6
1958・8〜59・7	11,488	15,735	19,151	46,374	15.9	69.8	13.4	33.3	10.4
1959・8〜60・7	8,705	13,641	23,531	45,877	21.8	56.7	20.5	23.3	14.0
1960・8〜61・7	10,812	16,849	25,379	53,040	24.2	51.3	23.4	26.3	19.3
1961・8〜62・7	16,715	19,224	33,457	69,396	20.0	52.6	27.2	43.8	19.1
1962・8〜63・7	11,282	21,549	36,082	68,913	16.4	31.3	52.4	36.3	20.2
1963・8〜64・7	9,711	19,546	43,663	72,920	13.3	26.8	59.9	40.5	20.1
1964・8〜65・7	6,125	13,377	43,968	63,470	10.4	46.0	43.7	41.8	20.6
1965・8〜66・7	4,614	11,643	45,070	61,328	8.9	43.4	47.7	39.8	20.6

資料）M 商会「決算報告書」のうち，貸借対照表，損益計算書（旧会社第 2 期〔1952 年 8 月〕〜第 5 期，新会社第 1 期〔1955 年 9 月〕〜第 11 期まで）。

品との違いが識別できなかったから、一九五二年一〇月頃、一台七〇〇〇円の価格に不満の声もあった。しかし、実際のところ、あるホール営業者によると「客に喜ばれて非常に儲かる」と好成績を示唆しながら「なるほどMの機械は高いが然し使ってみれば結局は安いものだ」と満足している。[63] 生産における徹底した品質管理あっての評価であろう。一九五三年一二月時点でも、市場の最高級品の価格が七〇〇〇円から八〇〇〇円であるなか、[64] M商会機械の卸価格は七〇〇〇円水準（後掲表1-7）を維持しており、ブランドとしての名声は健在である。

以上のM商会の下請工場への指導、熟練的勘に依存した釘打ち技術、特注のベニヤ板などは、当時の機械の特徴と製造上の限界性を表している。すなわち、客の勝率に影響する出玉率が、釘調整のみならず釘打ちやベニヤ板の属性など台の物理的特性にも左右されていたのである。M氏の製造に関わる厳しい要求は、徹底した品質管理[65]によって出玉率を狂わせる変動要因の影響を小さくするための取り組みとして考えることができる。そのような取り組みが代表的な大都市市場での確かな評判を得ることを可能にし、しかしながらこのことは他方で、勘や拘りなどM氏に体化された資源に依存した管理が行われていたため、生産能力も個人のそれに規定されたものにしたと思われる。M商会の生産能力が限られていたがために発生した地方市場の空白は、地元のメーカーによって比較的安価な類似品によって埋められたのではないだろうか。

パチンコ人気がとどまるところを知らず、ホール数の増加に拍車をかけていたこの時期にM商会の製品は最高の機械として取引され、同商会の経営は絶頂期を迎えていた。この時点におけるM商会の事業の中心は、全売上高の八割以上を占める機械の製造・販売であった（表1-3）。同部門の収益率は、一九五二年から五四年まで変動が大きい（平均三パーセント弱）ホール事業に比べてはるかに高く、二〇パーセントを上回っていた。

三　射幸性の高い機械は儲かるのか

（1）消えた一万四〇〇〇軒

果たしてホール経営は儲けられる事業であったのだろうか。

前掲表1-1の一九五〇年代に起きた激しいホールの転廃業について、これまでパチンコ業界では、主に一九五五年四月施行の連発式機械の禁止令以降に注目してきた。一九五五年、ホール数は六月末時点で一万二三九一軒、前年同月のホール数の約半分まで減少した。同年のメーカー数の減少も劇的で、禁止令直前の四六六社から三八六社減少して八〇社（調査日は不明）になった。[66] 規制による打撃の大きさは一目瞭然である。深刻な状況が規制との関連で語られるのも頷ける。

しかし、禁止令実施以降の状況のみに注目し、規制という外在的要因に結びつけて理解するのでは、ホール経営の内実が見えにくくなってしまう。また、一九五三年から五四年の間に約一万四〇〇〇軒ものホールが減少したことが理解できなくなる。これらのホールはなぜ消えたのであろうか。

表1-1を素直に読めばホール数が最多を記録したのは一九五三年六月末であり、禁止令が発表される五四年の前年にはすでに下降傾向にあった。一九五〇年代前半の様子を丁寧に観察する必要がある。正確には、廃業（休業を含む）が開業を上回ってホール数が増加から純減に転じた分岐点は、一九五三年上半期（五二年一二月：四万五三一七軒、五三年六月：四万三四五二軒）と見られる。[67]したがって、禁止令は一九五三年に入ってからのホール数の減少傾向に追い討ちをかけるかたちで業界を不況に追い込んだと理解するのが妥当である。考察すべきは規制前からの減少とその要因についてであり、そうすることによって産業として成立するための条件を産業の内在的問題から抉り出すことができる。

ただし、問題はさほど簡単ではない。なぜ通説が禁止令実施前の状況に注意を払わないのか、なぜその延長線上で規制後の不況を読み直さないのかが謎として残るからである。連発式禁止令によってパチンコ産業が不況に陥ったと見るのは、それまで順調に成長してきたという実感に基づく評価であったように思われる。市場規模を正確に把握できる統計は見当たらないが、成長していた様子を間接的に裏付ける観察がある。一九五四年のホールの推定売上高が二年前の三倍を超える二五〇〇億円とされ、これは最大の公営ギャンブルである競輪の六倍にも及ぶ。[68]出荷されたパチンコ機械台数が判明しないため、代わりにパチンコ機械が含まれる「娯楽器及び販売機（パチンコ等）」の製造品出荷額を見ると一九五三年に九億二一七五万円であり、五四年にはその二倍にも達している。[69]国税庁調査によると、一九五四年の業者数は前年より減っているが、パチンコ台数は増え、売上高も増大したという。[70]M商会の販売台数は一九五四年に前年比六割増を記録し、機械単価も一割弱値上がりした（後掲表1-7）。機械の販売数量増加にもかかわらず、ホール数が減少傾向にあったから、この時期にはホールの平均規模の拡大を伴って産業成長が進んだことになる。

留意したいのは、このことから直ちに大ホールが競争上優位であったとはいえないことである。むしろ一九五二年、五三年のホール増加の背後で、経営は必ずしも安定的ではなかったことに注意すべきである。(71) 東京都では、一九五二年現在のホール数は、前年より一一〇七軒増の五一二六軒となったが、そのうち「承継」がわずか九八八軒で、「新規開業」三〇七五軒を上回る三二二五軒が「廃業」に追い込まれていたからである。(72) 激しい退出を伴って、参入者が殺到したのである。一九五三年をピークにホール数が急減に転じたことについて、このような経営の不安定さを抱えながら増加したこととの関連を吟味しなければならない。ホールの淘汰は、市場に浸透した射幸性の高い機械が持つある特徴が経営に影響を及ぼした結果であるように思われる。

(2) 開店ラッシュ

ホールが事業として成り立つ上で、毎日の釘調整は営業状況を決定する重要な要素であった。入賞口周辺の命釘(前掲図1-1右)などの釘を開ける、あるいは締める技術の調整によって決まる出玉率の設定は、その店を訪れる客数と収益率に影響する。出玉率は、営業現場で行われる実践的アクションである釘調整の結果であり、客が借りた玉数に対してホールが還元する玉数の割合によって計算される。勝ちたい客は当然ながら高い出玉率——釘が開いている——のホールに行くため、ホールにとっては客を呼び込む手段となる。周辺の他ホールに客を奪われないためには出玉率を高く設定することが求められるが、マイナス収益にはならないように適切に設定することも重要である。

釘調整は、正村ゲージによって遊技への技術的介入が高まったことと、台数の増加に伴って、ますます重要になった。これは釘を調整する単なるテクニックではない。営業主あるいは釘師は、釘調整にあたって、次のように営業上の総合的判断が求められる。すなわち、ホール全体の出玉率を実現する機械ごとの開け締めのバランス——

開ける台数と締める台数の比率――を決め、客の打った過去のデータを釘調整への反応として読み取って再調整を施すのみならず、競争ホールとの関係や評判作りのための戦術的要素を組み込むなど、営業実績に影響する様々な要因を考慮する。(73) そして客に選択される機械の稼働率によって変わってくる台当たりの売上と釘の調整にずれが生じた場合、その結果を翌日の調整に反映しなければならない。このように、本書では釘調整を客の遊技に対するホールの日々の対応、すなわち対話的な相互関係のなかで微調整されていくプロセスとして捉える。

一九五〇年代初頭まで急増したホールは、釘調整という営業上の技術的要素を焦点としながら、それを統合化する経営ノウハウを十分に習得することができただろうか。例えば、一九五〇年代半ばから代表的メーカーとなる平和の創業者、中島健吉は、パチンコブームに乗って四八年にホールに参入したが、釘調整が必要であることすら知らず、大損を被った。(74) 一九四九年頃、福岡市で開店したホール業界の重鎮、佐渡島匡男は、すでに闇市での露天商の経験を持っていたが、パチンコについては素人であった。共同経営者であった谷口という人物はパチンコ営業に詳しく、佐渡島が観察したその営業方法は中島が失敗した理由を教えてくれる。「初めの二週間ほどは、売り上げの二倍ほども景品を大放出する谷口氏の経営方針」に佐渡島は驚き、「こんなに赤字を出してどうしたのだと詰問せずにはいられないほど」で、新しい商売に対する不安を感じずにはいられなかったという。(75) その状態で確かに客は「商品を胸元にかかえて恵比須顔」で帰る、それが四週間目にはプラスマイナスゼロになり、一〇週間目には「笑いが止まらぬほどの儲け」となった。(76) この逸話はホール営業が他の商売と異なる独特な方法をとること、そのため現金商売で人だかりができるほど人気という表面的誘因に誘われて開業することの危険性を物語る。

この文脈から、前節で述べたM商会と弟子たちによる釘調整の指導を読み直してみることができる。営業方法が基本的に機械関連の知識を必要とし、その伝播がメーカーおよびホール営業の経験に依存的であったことは、開店が短期間に集中する場合、知識習得のニーズに供給が追いつかなかった可能性を暗示する。すなわち、一九五〇年代前半の急増には、特徴的な営業の見通しを理解しそれをコントロールできる釘調整のノウハウの修得という条件を欠いた開店が多く含まれていると見て良いだろう。パチンコの人気に誘導されて参入した結末が、オペレーションスキルもない状態での開業であったため短期間で廃業になったとしても不思議なことではない(77)。

このような予測を立てた上で、実際にどのような営業状態であったかについて実証的に迫ってみよう。M商会には、一九五四年八月から五七年四月まで、ホールの毎日の「売上高」と「景品売上高」(出玉の景品交換価値)、そしてその「差引」額を記載した「営業統計表」(78)が残されている。これを使用し、経営のノウハウ蓄積と収益安定化という視点から、M商会のホールの釘調整がもたらした結果について分析する。

(3) 収益基盤の「ギャンブル性」

M商会の事業別の売上高収益率(前掲表1-3)を見ると、一九五三年以降、機関銃式、循環式等の連発式機械が過熱といわれるほどの人気を呼んだ時期であったにもかかわらず、ホール収益率はむしろ悪化しており、五四年にかけては赤字を記録している。連発式機械の設置以降の売上高は単発式に比べて単位時間当たりの発射数の増加に伴い、三割程度伸びた。したがって、この収益の悪化は、発射数に占める出玉の比重(入賞率)の上昇に相応して景品交換が行われた結果と考えられる。釘調整の神様(79)といわれたM氏のホールでさえこのような状況であったことは、連発式機械の出玉率のコントロールの難しさを示唆する。

この釘調整の困難は、客の特性とも関連しているように思われる。M商会の客層や特徴についてはさだかではないが、一九五四年の客については次のような指摘がある。すなわち、「健全娯楽と名打って出発した頃とは打って変わり、完全にプロ、セミプロ化してしまった。昼休みや、お湯上りに、ちょっと一はじきなどと考える人は稀で、ほとんどのパチンコマンは、最初の頃興味本位に投じた馬鹿にならない出血が脳裏にしみついてるのと、景品が前にぶら下がっているため、みんなはじき方も入念になっている(80)」というから、今日の言い方でいう「ヘビーユーザー」のように、時間をかけてパチンコをする人、なかでもセミプロ級以上の腕前を持っている客が目立って

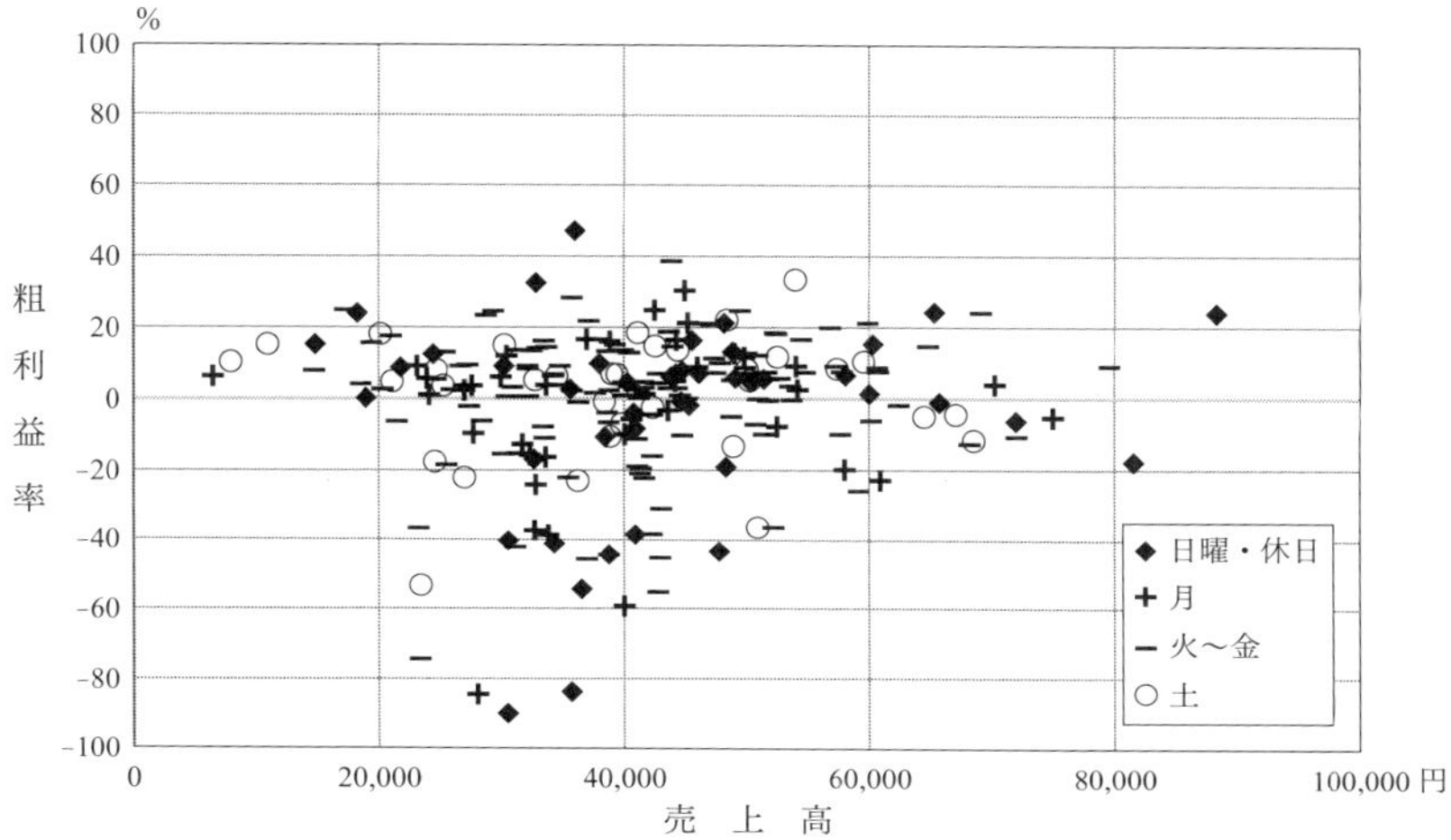

図1-3　M商会本店の連発式禁止令実施前の売上高・利益率（1954年8月〜55年4月）

注1）粗利益率＝(売上高－景品売上高)/売上高
　2）プロットは，1日の売上高と粗利益率。図1-4，図1-5，図1-7も同様。
　3）火曜日から金曜日までは曜日による違いが明確でないため，グルーピングした。
資料）M商会「営業統計表　本店」より作成。

いた。彼らの存在が出玉率を狂わせた要素であっただろう。

ただし、翌年の収益率は一・二パーセントとはいえプラスに転じ、大幅な改善が見られた。M商会の一九五三年から五五年にかけての二年間の変化は、機械体系の変化による収益の攪乱とそこから安定化に向かう道筋であったと思われる。この点を、釘調整と売上高・粗利益率の推移を手がかりとした、一ホール当たりの収益基盤の特徴から見ることにしよう。

図1-3には、一九五四年八月から連発式禁止令が施行される前の五五年四月までにおける、一日当たりの売上高と粗利益率[81]がプロットされている（以下、売上高、粗利益率のプロットの傾向を「収益構造」とする）。表1-3の事業別収益率によると、前年より好転した期間である。図1-3は、この時期の改善をもたらした収益構造を表しており、改善の方向が推測できる。M商会が経営する四ホールはほとんど同じ傾向を示しているので、代表として本店を取り上げる。

まず、図1-3に関して技術的な説明をしておこう。横軸の売上高は、客が購入した玉数に、当時の玉の価格二円（後述）を掛けた総額で、貸玉料ともいう。来店客数と一人当たりの投資額に規定される。縦軸の粗利益率は、売上高から景品売上高を引いた収益の売上高に対する比率であり、ホールがどの程度の出玉率でどの程度客を勝たせて利益を確保したかを示す。粗利益率は、釘調整によって決まる出玉率で変化するが、粗利益率の「〇パーセント以上」はホールが釘を締めた日であり、「〇パーセント以下」は開けた日であると理解しておくことができる。[82] 粗利益率〇パーセント以上の分布が右側に集中するほど、また〇パーセント以下が左側に集中するほど、期間中の差引合計のホール収益が大きくなる。

さて、図1-3を眺めると、まず、粗利益率〇パーセント以上のところでは、おおむね三〇パーセント以下で横に広く分布している。〇パーセント以下では、マイナス一〇〇パーセントほどまで広がっており、上下の格差が大きいかたちである。このような逆三角形の分布が、連発式禁止直前の黒字の結果をもたらしたことになる。釘の「締め」（粗利益率〇パーセント以上）と「開け」（〇パーセント以下）はホールの意図的な調整として考えられるから、そうしたホールの思惑と結果としての分布のあり方を照合することによって、この時期の経営状態の特徴を浮き彫りにすることができる。

このような視点から見ると、左上と、下のゾーンは、問題がある領域のように思われる。まず、左上は、ホールの期待ほど売上高が伸びなかったことを意味する。このゾーンのプロットは、客数、あるいは一人当たりの投資額のいずれかが少なかった結果である。そこで曜日別の売上高の分布で見ると、これといった傾向が読み取れない。客数が多いと考えられる日曜日を含む休日もこのゾーンに散見し、必ずしも売上高が高かったわけではない。売上高の大小は客数よりは、一人当たりの遊技投資額に依存する度合いが高いと見ておこう。従って、ホールが釘を締めた日（もちろん客にはそれが事前には分からない）に売上高が左の方に分布していることは、期待に反して一人当たりの遊技投資額が少なかったからであると考えられる。このような状態は、収益はプラスであるという点では一見ホールにとって何の問題もないが、「客離れ」につながるという意味では望ましいとはいえない。収益の絶対額が右上に比べて小さいだけでなく、出玉率が悪い店という評判によって客数が減少し、機械の稼働率が悪化してじり貧になるからである。

一方、釘を開けた日の粗利益率は、マイナス一〇〇パーセントまでの幅で推移している。上下振幅の広さは、平均粗利益率のポイントを下げる。客に勝たせるのは宣伝効果もあるためホールにとっては積極的な戦術となるが、それは収益分から差し引いた分が上限になる。その範囲内に、「そこそこ」勝たせて客を呼び寄せ、最大の宣伝効果が得られる出玉率を設定することが営業上のノウハウである。このような思惑に照らし合わせて考えれば、この時期の釘調整は、相当の幅を結果的にはもたらしていたことに特徴がある。

ちなみに、マイナス三〇パーセント以下の領域に出現した回数を曜日別に数えると、日曜・休日が八回、月曜三回、火曜～金曜八回（平均二回）、土曜二回になる。客が増えると期待された日曜・休日に釘を緩めていたこと、その結果収益の大きなマイナスを甘受した例があったことが知られる。マイナスが例えば客の呼び込みや隣接店との競争を意識した戦術的なものであったのか、予想外の失敗であったのかをこれ以上明らかにすることはできないが、暫定的に次のように理解しておくことは許されるであろう。すなわち、あまりに大きなマイナスの発生は、ホールが釘調整によって期待していた結果からは乖離した状態を表すということである。そこから、何かコントロールを攪乱する要素が存在していたのではないか、という疑問がわき上がってくる。

以上、この期間の本店の収益構造の特徴として、一人当たりの投資額には限界があり、収益性にバラツキが発生したことを指摘することができる。この有り様を釘調整に込めた意図に反した結果と理解をした上で、その背景として、射幸性の高い機械の導入によって、それまでの調整のノウハウでは対応しきれなくなったのではないか、という仮説的見解を提示したい。

正村ゲージにおける出玉をめぐる技術的要素の機械への組み込みという影響と対比すると、射幸性の高い機械は、偶然性を反対に高め、客とホール両方に、不確実な要素を与えたと想定することができる。機械の状態は、「連発」そのものによって物理的に出玉率を狂わせる度合いが大きくなる。発射されたすべての鉄の玉は、釘の間を飛びまわる。合板の盤面は、材木固有の性質から天気による湿度に影響され、打たれた釘の締め具合を微妙に変化させる。営業前に調整した釘の状態は、打たれる度合いによって時間の経過とともに変わっていき、ホールの期待範囲をも超える。(83) その結果、ホールにとっては、予想を超えて出玉が発生し、マイナス収益率の上下の幅を大きくしたと思われる。客にとっては射幸心が高まる(連発式機械で遊技する)と、限界投資額が大きくなるとはいえ、反対に期待入賞率は低下するため、追加的な投資をためらう場合もあるだろう。朝鮮戦争に触発された景気も消費への影響に関しては短命に終わっていたし、(84) 一九五〇年代前半の所得水準では娯楽に費やせる予算の天井も低かったはずである。このような消費を躊躇する人々はプラス粗利益率の左の分布を、セミプロ以上の腕の良い人たちや機械の状態による偶然の当たりはマイナス収益の下の分布を説明してくれる。

ところで、前期(一九五三年)の収益が大幅にマイナスであった状態と比べると、図1-3は収益が改善されたことを表している。最高の釘調整師を抱えるM商会ですら一九五三年から五四年にかけて赤字からなんとか脱却できたに過ぎなかったことは、そうした条件を欠いていた他のホールの経営の不安定さが増したことを示唆する。そして、以上の検討から明らかになったことは、M商会でさえも、収益が改善に向かっている一九五四年後半から五五年初めにかけて、客がより多くのカネをつぎ込むことにためらいがあり投資額に限界があったこと、そして粗利益率の変動幅の大きさからコントロールの難しさが残っていたことが分かる。多くの客を引き付けるためには追加投資を行っても大損はしないという手ごろなギャンブル化が求められ、ホール営業が存続するための持続的かつ安定的な収益基盤を確保する上で、経営ノウハウの習得に加えて機械の持つ物理的な変動を抑制することが必要であったと見ることができる。

一九五三年以降のホール数の減少は、以上のように、釘調整による事業の安定的な経営の難しさを、機械体系の特徴――様々な要因が機械の物理的状態に影響する――が増幅させるなかで生じた淘汰を意味したのではないだろうか。ただし、このホールの減少に関して、娯楽利用税が与えた影響を無視することはできない。

(4) 娯楽利用税

時期は一九四八年に遡る。戦前、国税として映画館や遊技場に課していた入場税が地方税に移譲され、ホールもその対象となった[85]。一九五〇年地方税制の改革に伴ってパチンコは第三種の施設に分類され、客は「利用料金」を課税標準として一〇〇／一〇〇の税率によって入場税を課せられ、ホール事業者は特別徴収義務者としてそれを申告納入する責任を負わされた[86]。ただし、この課税方法には徴税上の問題が孕まれていた。映画館のように入場券を購入する慣行がないホールでは、「利用料金」として貸玉料を基準に考える以外にはなかったはずである。が、これを「利用料金」と捉えるとホール収入の全額すべてが課税対象となり、税率からその全額が徴税されることになる。それが課税方法として受け入れられないのは当然のことであった。そのため、例えば広島県では貸玉料から客に還元する七〜八割(還元率)の景品代を控除した額を基準にする方法が取られていたと報告されている[87]。

しかし、この方法でも営業実態を把握できなければ現実的ではない。実際にはホールの業態の把握が容易でなかったため、徴収成績は芳しくなかった。各地域で調査を実施したにもかかわらず、正確な情報を得ることができなかったから、税額の査定も難しかったと思われる[88]。ホールの頻繁な名義変更も課税をより困難にした[89]。上述の広島県の事例では、一九五二年六月三〇日の自治庁通達による利用料金(貸玉料金)を対象とした課税額に比較して約一七分の一程度しか課税されていなかったし、客に還元する景品代を控除した後の想定される課税対象額(利用料金の二〜三割)にも満たなかったのである。課税対象となっているはずの二〜三割の利用料金が現実的には業者間の競争激化によって還元率が高まるなかでじり貧になり、このような営業の特徴が影響して結果的に低調な課税実績になったとも説明されている。

徴税の問題点を改善するために一九五二年六月地方税法の改正に伴って、坪数、台数、従業員数、利用料金など事業の規模や活動量を示す外形的基準に基づいた外形標準課税の方途が導入された。外形標準課税とは定められた基準に従って級別の課税を要求するもので、例えば、兵庫県では機械台数を基準に一台一級一八〇〇円一五段階、北海道では同七五〇円一〇段階までとなった[90]。この外形課税は、営業収入を把握する必要がないため、徴税方式としては明快であったが、それだけにホール経営に対しては税負担は免れ難いものとなった。予測された税負担額は「四倍から一二倍」になり、経営には甚だしい打撃を与えるものであって、ホール数は導入後から一九五三年三月まで「半減以下」と見積もられた[91]。

しかし、外形的基準の導入は地域間で足並みが揃わなかった。上記の広島県の事例が他地域の外形標準課税の導入後であったことは、地域ごとに徴税の方法や外形標準課税の設定に混乱があったことを示唆している。

制度と業態の間の齟齬を埋め合わせつつも、徴収業務の強化が図られていった。実際の影響を経営実態に即して検証することは難しい。少なくともその後の行政側の施策によって、滞納はホール数の減少の要因になったと考えられる。一九五四年には入場税が娯楽施設利用税に改められ、風俗営業取締法の改正によって営業許可の一カ月ごとの更新が義務づけられるようになったからである[92]。全国平均一五〇円となった利用税の滞納がある場合は更新不可（六月実施）の根拠にする（資料）という、厳しい取締りとなった。

【資料】風俗営業取締法昭和二三年七月一〇日施行昭和二九年五月一三日改正

……営業の許可第二条（三）パチンコやその他これに類する営業で都道府県が条例で指定するものについては一ヵ月ごとに……その更新を受けなければ……その効力を失う。（四）公安委員会は前事項の更新を求められた場合において、当該更新を求めたものに滞納の娯楽施設利用税があるときは、……その許可を更新しないものとする。（傍点は引用者による。資料編集委員会編『全遊協（連）資料昭和篇（I）二八年～三三年』全国遊技業

組合連合会・全国遊技業協同組合連合会、一九八九年に収録）

以上の入場税をめぐっては、ホール営業の内実を明らかにする本章の問題意識から、経営に関連するいくつかの点に注目しておくことが有効である。一九五五年連発式禁止令後、和歌山県税務課長中村三郎は過去の課税制度を振り返りながら、最初の特別徴収による申告納入方式に加え外形標準課税を導入した理由について、先述の広島県と同じく、特徴的な営業方法が影響した[93]と指摘する。例えば、本節(2)の佐渡島の経験が示すように、ホール経営では客の呼び寄せのため一カ月にわたって赤字営業をすることもあった。客に勝たせる営業法の時期や期間の設定自体が経営の秘訣であり[94]、ホール営業者は、意図的にこのような方法をとらなければならない。また近隣のホールとの競争のなかでは、より多くの景品を出そうとする。そこには採算が取れる範囲という制約がかかるはずだが、強いられた競争によって客への還元率が上昇するなかで納税分の確保は度外視され、「利潤追求が税法規に対する倫理観より優先する結果をもたらす」ということであった[95]。営業の特徴をつかんだ中村の分析は鋭く、このことから特別徴収による申告納入制度に加えて外形標準課税を導入したという。

朝令暮改のような制度変更には行政側の苦労がにじんでいるが、とはいえ思惑通り徴税できない問題を、倫理観の欠如がもたらした結果としてしか捉えていない側面もあったのではないか。もとより、当初の売上高を基準にした課税は、極めて徴税コストのかかる制度である。その限界が表れるのは時間の問題であった。制度上の欠陥を別にしても、中長期的な営業の見通しの上で赤字戦術を敢えてとらなければならないパチンコ営業の特殊な事情に、月ごとで計算され課税される入場税の徴収方式は馴染まなかった可能性もある。しかし何より、各自治体の財政事情の相異により税率の設定にも、徴税能力にも差異があり、全国的に歩調を合わせられない状態自体が徴税の円滑化を阻害すると[96]中村が認めるように、パチンコ営業に対する課税導入、制度変化、強化の流れからは当時の制度そのものが持っていた未熟な姿も露わになる。

娯楽施設利用税の制度上の徴収の強化がホール経営にどの程度影響したかは不明である。しかし、不安定な経営の下での徴税強化は、一時的に営業許可の更新を難しくした可能性がある。そうであるとすれば、前掲表1-1の一九五四年の登録数は、六月以降の更新未済のまま営業を継続しているホールを捕捉せず、過少に表しているかも知れない。

そのなかで一九五五年四月に施行されることになった、連発式機械の製造・設置の禁止は、パチンコ産業の発展において、質的変化をもたらす大きな影を落とすことになった。

四　行き過ぎた射幸性のゆくえ――パチンコと規制

（1）連発式機械の禁止措置令

一九四八年の風俗営業取締法の制定により、遊技場の新規営業は、移動式を禁止すること、店舗営業に限って都道府県条令に基づいて公安委員会が許認可することが決まった。この措置以降、ホールの営業は、既述のように「射幸心をそそる虞のある」事業として警察当局の管理下に置かれてきた。具体的に、玉一個一円（一九四九年に二円）、一回の遊技代二〇円、景品はその五倍以内とする、景品交換については玉三個を三円相当の飴に、玉六個を煙草「光」の一本（通常の価格は五円）に制定した東京都[97]のように、各都道府県別に遊技サービスに関わる料金が統制されるなど、ホール営業は規制の枠組みのなかで行われることとなった[98]。

一九五〇年前後のホールの急増は、開業・営業を管理する警察にとって、それが「賭博」に代わるものという認識ゆえに手を拱いてはいられなかった。実際に警視庁は、ホールが三八五軒から四二〇〇軒に激増した一九五一年に、「その射幸性及び児童に及ぼす心理的影響等により世の批判を受けるに至り他の遊技場とともにこれが取締りを一段と強化し[99]」た。ただし、規制は、開業自体を禁止するということではなく、「違反者の絶無を期」することに重点が置かれ、営業のあり方が対象となった。「……パチンコに代わるべきものとして新しいZゲーム（団体ゲーム）など申請もあるが、現在のところ認可の予定はない。……然も偶然性を持つものであり……[100]」というから、ホール側から見れば類似する他業種への転換はそれほど簡単ではなかった。団体ゲームが何を指すか判然としないが、店主と集団客の間の賭博的取引とされたビンゴ・飛行船・ヒットと呼ばれるものがあった[101]。団体ゲームを許可しない理由として挙げられた「偶然性」についてやや強引に解釈すれば、その要素の制御にパチンコ営業が存立する可能性があったとみることもできる。ここでの偶然性や風俗営業取締法に規定された「射幸心をそそる虞のある」、というのは曖昧な基準ではあるが、ホールを含む様々な遊技場の経営、産業発展にとって、これらをどのように織り込み、コントロールするかが重要であったといえよう。以降団体ゲーム場が姿を消していったのは、規制、あるいは客の人気が落ちたという需要側の要因に加えて「偶然性」に関する供給側の問題もあったことを吟味する必要がある。

　順調に成長しているように見えたパチンコ産業は、一九五四年一一月一六日東京都公安委員会の「連発式機械の禁止措置令」（実施は翌五五年四月[102]）が発表され、翌年から連発式機械が全国的に禁止されることになると[103]、産業が規制によって滅びるという絶望感に包まれた。パチンコ遊技が「射幸心を煽り、賭博化」しており[104]、都の風俗取締法施行条例に規定された賭博類似行為に抵触する、ということが取締りの理由であった。都内にある約三四〇〇軒の設置台数二〇万台のうち、九割五分が連発式であった[105]ため、深刻な影響が予想された。パチンコブームの主役でもあった連発式機械に代わるものは、まだ見出されていなかった時点であった。

　ところで、禁止令の目的は、「射幸性の高い機械」を禁ずるという、機械構造の規制によって射幸心を煽るゲームとしての性格を弱めることにとどまらなかったように思われる。そこには、パチンコが産業として発展するために乗り越えなければならない、固有の難問が内包されていた。パチンコを楽しむ客は、遊技だけが目当てではな

図 1-4　買人（1952 年）

資料）遊技通信社編『創刊 50 年特別記念号　パチンコの 80 年』2001 年，23 頁。

い。持ち帰りの景品に関わる要素もパチンコの動機であり、その面での制度の未整備とそれゆえに生じた陰の部分が問題となった。

（2）煽られる射幸性——バイ人（買人）と換金問題

パチンコ人気の上昇によって使われる金額が大きくなるにつれ、景品交換やその流れに関わる様々な問題が発生するようになった。一九五一年東京都の遊技場違反検挙実績を見ると、全一六六三件のうちパチンコ関連が一三八三件、その内訳は未成年入場が最も多かったとはいえ、これに次ぐのが二六三件の「景品違反」であった[106]。違反の詳細は不明であるが、一九五一年から問題とされたのが景品の買取り現象であった[107]。図 1−4 には、一九五二年頃、店の外で景品を獲得した客に近づいて買取り（換金）を勧誘する、当時の言い方で「買人」と呼ばれた女性の姿が写されている。買人こそ、パチンコ営業の法的定義にも関わって、射幸性の高まりを問題として認識させた実態であった。

連発式機械によって単位時間当たりの打玉数が増え、ホールの競争のなかで出玉率が最高八割、九割まで高まるにつれて、交換される景品の量的増加がもたらされた。景品は、各地域の公安委員会によって許可された品目と上限額が決まっていた。全国の全貌を明らかにすることはできないが、例えば広島県の場合、一九五四年現在、三六〇円以下の九品目の景品に限られており[108]、他地域においても大きな差異はなかったと思われる。当時の景品として、煙草（「ピース」の原価、三五円。一九五四年時点、以下同様）、ガム（三〇円）、カミソリ（九〇円）などが知られている[109]。アンパン一個で一〇円程度の時代であった。景品にさほどの多様性がなく、上限額が設定されている。このような規制のもとでは、客は、勝てば勝つほど、低額景品の量で満足するしかなかったであろう。客の不満につけ込むように買人による景品の換金問題という新たな問題が浮上した。

図1-4の買人による換金行為が問題視されたのは、「カネをかけてカネを得る」賭博行為に当たるとみなされたからである。換金が可能であれば、客のなかにはそれにのめり込んでいく者が出るだろうという予測から、射幸心助長に関わる重大な状況として認識された。実際、一九五四年一一月に連発式機械の禁止令が発表される直前に開かれた全国遊技場組合連合会の幹部会議では、各地の取締り強化が報告されている。[111]伝えられた関東地区の検挙状況によると、景品買取りのトラブルや換金に関連したと思われる違反は、東京四五件、群馬五三件、埼玉四六件、茨城三六件であった。[112]

買人の存在については、客の換金の潜在的欲求に加えて、ホールの経営的な側面からも考えてみる必要がある。換金によって買人に買い取られた景品はホールに売られて還流し、再び景品として提供されていた。ホールから見れば、買人が提示する景品の価格が通常の景品の仕入価格よりも低ければ、それだけ収支のバランスは改善される。一〇〇円分の出玉と交換された景品の（ホールの）仕入価格が八〇円だったとしよう。これを客が七〇円で買人に売り渡し、買人からホールが七五円で買い取れば、ホールは五円分だけ景品の仕入価格が下がったのと同じことになる。そして、この七五円で買い取った景品が再び一〇〇円分の出玉と交換されるようになれば、出玉と景品の交換率は、ホールにとって五対四から四対三に好転する。こうしたからくりがあるために、ホールが自ら買人を雇い違反行為を繰り返して摘発されることもあった。

しかも、前掲表1-1に見るように一九五二年以降ホール数が急増し、連発式機械によって出玉率競争が激化すると、「一軒のパチンコ屋でタマの売り上げが一日一〇万円あったとしたら、従来は八万円程度しか景品を出せなかったのが、近頃〔一九五四年〕は一〇万円のタマの売上に対して一〇万円の景品」を客に還元する状況となった。[113]「実際にはその品を九万円で買取屋〔買人〕から仕入れているので、パチンコで儲けなくても結構商売になる」ことから、経営の重点が釘調整より、景品を安く仕入れる方法に置かれるようになった。[114]

時期は少し後になるが、例えば、日本橋の武井商店のケースがある。[115] 同商店は「それぞれ支店ごとに管理人および景品買人数人と格別に結託させ、客の射幸心につけ込んで商品買い戻しにより、遊技客を吸引して利を図るため、昭和三二年五月一日ごろから同年八月一三日検挙されるまでの間、靴下、チック、白元、キャラメル、味の素等を買人に店舗裏口等にて買い集めさせ」ていたことで検挙された。買い集めた景品は、「同店倉庫に集積し、担当数量に達したところで本店に運搬して営業帳簿に仕分け記載整理の上再びこれを品目別に各支店に配荷する方法」で、合計「景品二百三五万四二三四個、金額一億六百一八万九〇〇〇円相当を買い戻」すという相当な規模で操作していた。

直接的にしろ、間接的にしろ、ホールの換金への関与に違法性があることから、暴力団などがそこにつけ込み、資金源を目的とした、買人の役割に相当する組織的行為が横行することにもなった。[116] 連発式機械の普及によって急成長する市場は、闇の資金源として恰好のターゲットであった。警察が換金問題に対していっそう厳しい姿勢をとったのはいうまでもない。

換金ルートが暴力団に狙われることは、業界においても傍観できる問題ではなかった。暴力団を排除すべく、一部の地域ではホールの組合や失業者団体など第三団体による買い上げを試みた。[117] このような事態のなかで、ホールの組合あげての全国的取り組みとして、連発式禁止令発表後の一九五四年一一月二八日幹部会では「全遊連自粛要綱」が策定され、一二月九日より実施された。[118] 内容は、「一、循環機〔連発式機械〕の機械制限に絶対反対する。一、業界の健全娯楽化推進のため景品売買業者の絶滅を期す」というものであった。

自主的取り組みは、次のような認識に基づいていた。すなわち、「考えなければならないのはバイ人とホールの関係を保っていること……。これによって射幸心をそそっている……連発機禁止を撤回させるためには、先ず以ってバイ人と手を切り健全娯楽とすべきでしょう……パチンコが狙われているのではなく、射幸心とトバク心をそそるバイ人が本来的に狙われているのであってこういったものとの繋りが（ママ）切り捨てない限り、パチンコの運命は縮まるであろう」というように、業界成長をもたらした連発式が禁止されたのは、買人による換金問題、さらには暴力団絡みの問題があるためであった[119]。このように業界は、規制の原因を換金や暴力団との関わりの問題とした上で、それを解決することが連発式禁止令の解除を実現するために不可欠であるとしたのである[120]。実際に地域ごとの主体的な取り組みが見られた。例えば東京都では「連発式の普及は景品買人の跳梁を呼」ぶという認識の下で、一九五五年一月から東京都遊技業協同組合は、「景品買人追放、暴力排除、自粛営業の徹底」などの指導を行った[121]。

規制主体の警視庁の意図は、禁止令実施後の反応から知りうる。東京都の警視庁保安課では「目の色を変え、むさぼりついている客が非常に減ったことと、平均五〇円、ときに一〇〇円という額で倍以上の時間、ノンビリ遊べるようになったことは事実だ。大衆の健全な娯楽に近づいたものと見られるがしかし、まだまだ店内に与太者の徘徊が多く、買人のたむろする店頭風景はさして減っていないようだ。勿論、この状態が続く場合、ホール、買人ともに自粛と反省なきものと認めて、強く取り締まっていく[122]」と禁止令実施後の状況を俯瞰している。買人らによる換金可能性によって射幸心が煽られたと認識されており、規制のターゲットが換金を助長する買人であったと見ることができよう。

そうだとすると、業界の営業存続にとって緊要なことは禁止令という規制によって、買人の取締りと射幸心の抑制が目的通り達成されたか否かであろう。規制とそれに対応した組合の取り組みが効果をもたらしたとはいえ、一度換金を経験した客の潜在的ニーズと暴力団の関与については根本的な解決にはならなかったようである。禁止令が実施された一年後には、「再び買人が目立ち始め春には城北地区にて買人同士による乱闘事件などが発生、景品買取が暴力団の資金源になっていると一般紙に取りあげられ、当局を刺激し重大」とされた[123]。

景品買いに関してはいくつかの検挙事件が報告されており[124]、関係者のなかには暴力団だけでなく武井商店のようなホールもあった。再び表面化するこのような問題が解決されない限り、連発式禁止令の発表が突然であったように、新たな規制がいつ、どのようなかたちでなされるか予想がつかず、業界にとってみれば、経営に関わる将来の不確実な要因をますます大きくさせることとして映ったに違いない。

五　連発式機械禁止令の影響――機械メーカー

一九五〇年代半ばのホール数の減少は、連発式機械の禁止以前からの傾向であったとはいえ、一九五五年四月の禁止令実施以降の打撃は甚だしく、しかも短期間で表面化した。ホールが含まれる「その他の遊戯、娯楽場」事業所は、禁止令を挟む一九五四年から五七年の間に四割強も減少（表1-4）[125]し、機械の五五年の生産額は前年比で約四分の一に減少した（表1-5）。こうした全体の動向を踏まえて、連発式禁止令が与えた影響を、メーカー、ホール（次節）の順に見ることにしよう。

（1）振るわなかった単発式機械需要

表1-6は、五月一日から規制を実施した福岡県のホールの状況を表している。約一カ月に限られるが、そのわずかな期間に浮かび上がった問題に注目しよう。

まず、ホール業者数（X）が減少したことを確認しておく。累積廃業者数七四は五月一日現在の全ホール数の約一〇パーセントを占めており、二〇日という短期間で影響が出始めている。ただし個別のメーカーの立場では、ホールの閉店による市場の喪失もさることながら、短期的には、ホールの投資意欲の減退が経営状況を脅かすという問題に直面していた。休業中の業者数と新規単発機・改造機設置台数の動向から見ると、新規単発機の需要が期待ほど大きくなかったと考えられるからである。

表 1-4　連発式禁止令前後のホール数の推移

	事業所数		従業者数	
	1954年	1957年	1954年	1957年
その他の遊戯，娯楽場	23,906	13,671	160,254	84,704
増減指数	100	57.2	100	52.9

資料）「産業（サービス業小分類）別の事業所及び従業者数（民営，公営）」，総理府統計局『わが国事業所の現状――昭和32年度事業所統計調査の解説』1959年，240-241頁より作成。

表 1-5　連発式禁止令前後の「娯楽器および販売機（パチンコ等）」の製造品出荷額の推移

（単位：千円）

年度	出荷額	年度	出荷額
1950	7,380	1953	921,747
51	236,276	54	1,871,809
52	459,663	55	470,847

資料）通商産業大臣官房調査統計部編『昭和30年　工業統計表　品目編』1958年，238-239頁より作成。

表 1-6　連発式禁止令直後における機械導入の状況（福岡県下）

調査期日	5月1日	5月5日	5月10日	5月20日
福岡県下における業者数（X）	734	727	715	684
休業中の業者数（X′）	451	207	143	107
廃業届を提出した業者数（X″）	12	13	14	35
新規単発機の設置台数（A）	3,639	9,733	13,065	18,258
前設置台数に占める比率（A/Y，%）	6.1	16.6	22.1	31.6
改造機の設置台数（B）	20,767	32,251	33,559	27,897
前設置台数に占める比率（B/Y，%）	34.7	54.9	56.8	48.3
休業中のものの台数（C）	34,546	16,732	11,310	8,574
廃業を届け出たものの台数（D）	973	844	1,142	3,076
総台数（Y＝A＋B＋C＋D）	59,925	58,716*	59,076	57,805
営業中ホールの平均設置台数	90.1	82.8	83.6	85.2
休業中ホールの平均設置台数（C/X′）	76.6	80.8	79.1	80.3
廃業ホールの平均設置台数（D/X″）	81.1	64.9	81.6	87.9

注）＊ 59,560台の間違いと思われる。
資料）「福岡県下における単発式パチンコ業態調査票（福岡県警察庁部調べ）」資料編集委員会編『全遊協（連）資料昭和編（I）』全国遊技業組合連合会・全国遊技業協同組合連合会，1989年，180頁より作成。

連発式禁止令が実施された一日現在、営業中の二七一ホールの約一・七倍が休業中である。初日は台の入替工事が間に合わなかった可能性があるが、五日時点でも約三割の店が開店できなかった[126]。現金商売であることを考えれば、一日の休業は経営者にとっては大きな打撃であるから、少なくない休業者数は、営業を困難にした問題があったことを示唆する。全国的に一斉に実施される禁止令を前にして、単発式機械の集中的な需要が発生することを想像すれば、家内手工業的な製造に依存する生産能力のため供給に問題が発生したかもしれない。しかし、M商会のホールが五月一日から九日まで休業していたことと、同社の販売台数から考えると、機械メーカーの生産能力が問題になったとは思えない。M商会では、販売価格から見て単発式と思われる需要は三月に始まっているが、四月の販売台数は約一〇〇〇台減になっており、五月は対前月比で半分に過ぎなかったからである。

生産能力不足による新規機種の供給の問題ではないとすれば、休業の存在はホール側の要因として考えられよう。三割以上を占める改造機需要はこのことを説明してくれる。ホールは単発式機械への投資を躊躇していたのである。ホールが一台一五〇円[127]の費用で済む改造機で対応した[128]ことは、第二節で見たように、連発式の導入が必ずしも安定的な収益にならなかったことと整合的である。すなわち、利益率が低いとすれば、全台の入替えが可能なほど内部留保が潤沢であったとは思えないし、収益の不安定な状況では新規投資を断行できなかった可能性が高い。単発式への転換によって売上高の低下が予測されるなど、将来への暗い見通しのもとで投資に二の足を踏むのはむしろ自然であろう。このようなホールの行動が、メーカーをして、新しい需要が発生しないなかで改造需要に対応しなければならない苦境に立たせたと考えられる。改造需要への対応に生産能力を割かなければならなかったとすれば、間接的に新規単発式の供給（開発を含む）に問題が発生した可能性がある。

ホールの慎重な投資行動は、改造機の設置比率をさらに高めたことに表れる。その一方で新規単発機の設置が徐々に増え始め、一〇日から二〇日の間では改造機が新規単発機に置き換わっていく様子がうかがえる。改造機でしばらく状況を見ながら凌いだホールのなかに、新投資に乗り出す選択が出始めたのである。

さらなる分析が必要であるが、[129] 平均設置台数の傾向から見て、ホールの規模によって投資行動も廃業の状況も異なっていた。五月一日から五日の間では、営業ホールは九〇台から八二台に規模の縮小が見られ一日の営業開始にあわせて単発式、改造機の準備ができた、あるいは投資に踏み切ったのは、相対的に規模の大きいところであった。他方で、廃業ホールの平均台数が、一〜五日間ではいったん減少した後拡大に転じており、小規模ホールの廃業は禁止令の実施直後の短期間に集中していたことが分かる。

（２）顕在化する生産の季節性——取替間隔の長期化

規制後のホールの急減は、市場の喪失や売掛金の貸し倒れのかたちでメーカー経営に致命的な打撃をもたらした。規制が与えた影響は、このような過渡的な調整にとどまらなかった。連発式禁止令は、長期的に、生産と開発においてそれ以前とは異なる環境をメーカーにもたらすことになる。

この点に関連して重要なのが、連発式から単発式へという、機械体系の転換であった。外形的な変化による機械寿命の引き延ばしは、ホールの機械の入替えの間隔を広げ、最終的にそれがメーカーの生産体系のあり方を規定するという連鎖的影響の端緒となった。ホールの新規開店が後を絶たなかった時代には、機械生産は持続的に高い稼働率が維持されていた。参入が途絶えると、ホールの機械需要は台の入替えが主要となり、メーカーはこれに対応を迫られたのである。以下、このプロセスを考察する。

一九五二年末の連発式機械の登場によって飛躍的成長を成し遂げていた時期に、ホール側は、次の問題を抱えていた。「循環器（機）の出現以来、機械の損耗が非常に激しくなってきた。従来六か月を目標に入替えをした遊技場が競争率の激化と前述の機械の損耗より四か月、三か月にせざれば営業ができなくなり、この機械代の消化に困難をきたしつつある[130]」とされ、機械の入替えの頻度が増えたため、その投資負担が経営をそれまで以上に圧迫していた。人気があるために機械の稼働率が高いことに加えて、時間当たり発射数が多いことが機械の損傷や摩耗に関係するとすれば、連発式は機械の寿命を短縮したと考えられる。他方で単発式から連発式は、一般的に、技術向上を反映して機械代の値上げを伴っていた。連発式から単発式への転換は、逆に、使用期間の長期化、価格の引き下げをもたらしうるものであった。

この点をM商会の機械販売の動向から確認してみよう。通常生産と販売のタイミングは一致しないが、パチンコ機械の売れ行きが流行りに左右されること、盤面のベニヤ板など部品の性質上作り置きには向かない製品であることを踏まえると、販売売上が記録された月に製造されたと見て大きな間違いはないだろう[131]。月別売上高について禁止令実施の前後一年間を比較すると、次のような違いが見出される。禁止令の前は、最高の一九五三年一二月・五四年一〇月は、最低であった五四年一月・八月の約三倍であった。それに対して、禁止令後は、一九五五年八月〜五六年七月の状況では、五五年九月が五六年五月の約一六倍と格差が広がった。ちなみに、禁止令の影響から抜け出したと思われる時期として、一九六二年八月〜六三年七月について見ると、六二年一二月が六三年の五月の約一一倍と、規制直後よりは小さいものの、連発式機械が主要であった時期に比べて高い。

連発式禁止令に前後して売上高全体が増加から減少に転じており——特にM商会の生産、販売は並々ならぬ打撃を受けた（次項参照）——、上記の販売（生産）の季節性の顕在化は割り引いて評価しなければならないが、次のような解釈は可能であろう。禁止令前に販売台数の月間の格差が小さかったのは、前掲の引用文に指摘されたように循環式による機械寿命の影響であった。連発式によって機械損耗が激しくなった結果、機械の寿命が短くなり、ホールにおいて取替シーズンが特定されずに機械投資が行われる。加えて新規参入が活発であったことがメーカーにとって販売（生産）台数の月別変動を小さくし、これらが年間を通して販売台数の伸長、市場拡大をもたらしたのである。

図1-5は、M商会の販売台数について、年を通しての推移を表したものである。連発式禁止令発表を挟む一九五二年八月から五六年八月までと六二年から六三年にかけて、月別の販売台数を示している。これらの動向は、

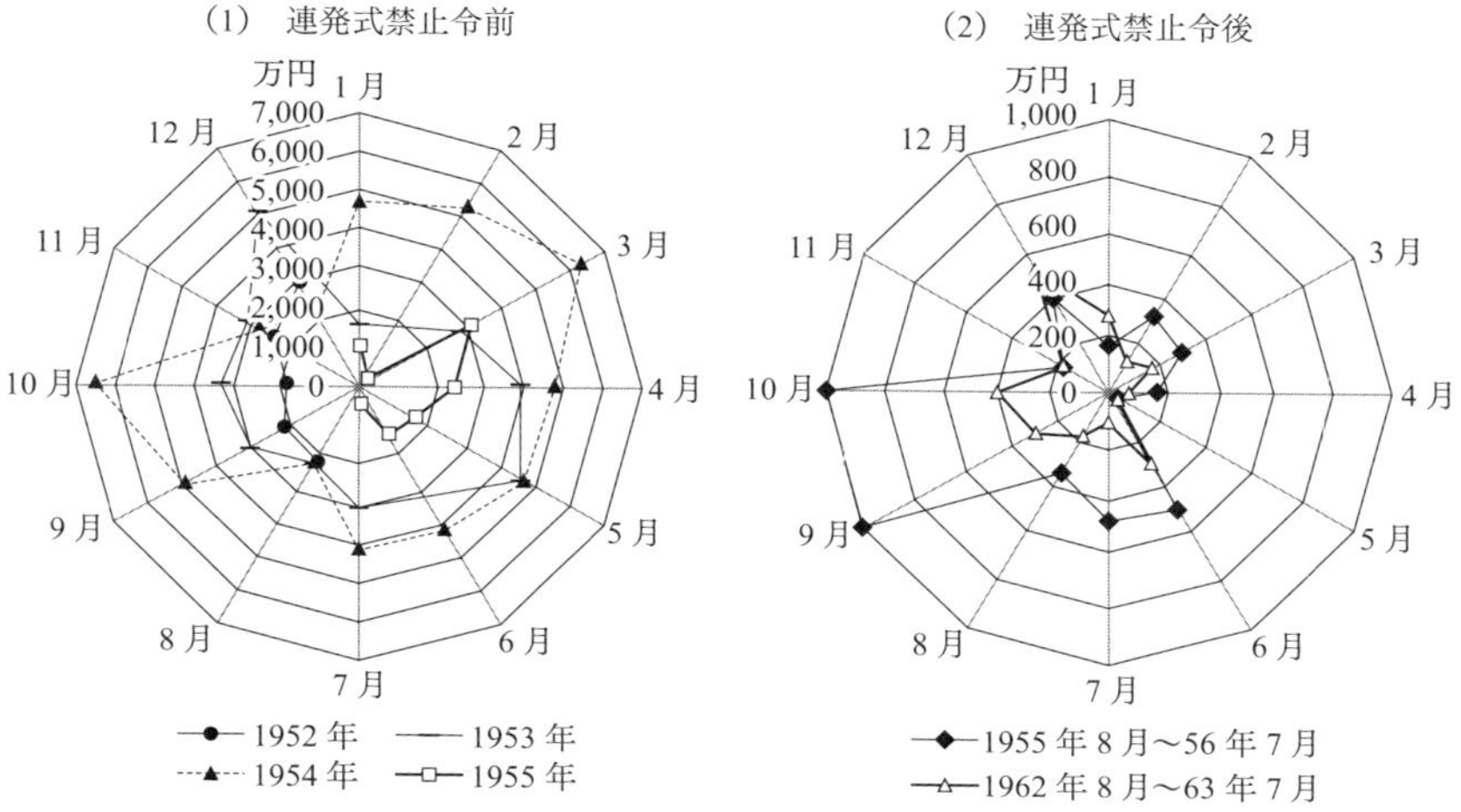

図1-5　M商会のパチンコ機械の生産（販売）の季節性（1952年8月～63年7月）

資料）M商会「決算報告書」1952年8月～53年7月，1953年8月～54年7月，1955年8月～56年7月（以上旧会社），1955年9月～56年7月，1962年8月～63年7月（以上新会社）より作成。

ホール側の機械の導入（新規開店および入替え）と、メーカー側のおおよその生産集中度を表す。連発式禁止令前の図1-5(1)は、ホールの新規参入が続くなかで年々売上高を伸ばしていた時期であったため、連発式が浸透し始める一九五三年以降とその前の明確な違いは読み取れない。好況から一転し、不況下の図1-5(2)から連発式禁止令後の季節性が一目瞭然である。

禁止令の実施後の機械の販売シーズン（ホールの機械の入替時期）は、春先、盆休み、正月前といわれている。M商会のホール営業について確認できる期間は限られるが、一九六二年から六三年までの場合、本店の入替えが行われたのは一月と六月、押切店の場合は七月と一〇月であった[132]。取替えは大体年二回に集中するようになり、一台当たりの寿命は、連発式が流行する前のように、平均六カ月から一年以上となったと思われる[133]。連発・単発式の持つ特徴に影響を受ける機械の損耗という物理的な寿命に対して、定期的な台の入替えは人気寿命に関わる。毎年連休となる祝日前に集中して新台を導入することによって「飽きる」という要素を克服しようとする意図として理解できる。

こうして禁止令の規制後、機械寿命の長期化によってホールの台を入れ替える期間が延長された。結果として機械生産における閑散・繁忙の格差は大きく、かつ鮮明になった。人気がなくなると数週間で終了となる今日の状況になるまで、生産の季節性は、長い歳月にわたってメーカーの経営を規定することになった。また、本章ではこれ以上検討しないが、寿命の引き延ばしは技術発展というより、規制による技術の強制的後退が招いた結果であったから、この変化が機械市場をどのように条件づけたかは、メーカーにとっては競争環境となる重大な問題であった。

（3）規制と機械市場の構造変化——M商会、地方メーカーへ

連発式禁止令は、どのようなかたちでM商会の製造部門に影響したのだろうか。一九五四年一一月連発式禁止令の発表後、M商会の受注の状況から推測する市場（ホール）の反応は比較的速かったように思われる。

表1-7によると、月別の販売台数は、一九五四年一〇月までは、（八月を除けば）浮き沈みを含みながらも前年を上回る伸張を見せていた。一九五三年四月はそれまでの月産では最高の成績を記録し、以降月産台数を塗り替えながら生産実績を伸ばし、五四年一一月直前には空前の販売台数となった。

ところが、連発式禁止令が発表された一一月以降は、前年を下回ってなかなか回復しない。受注から納入までの期間が不明であり、一一月の低迷を、発表の影響を受けた結果とするのは性急かもしれない。販売価格から判断すると、単発式の需要は三月以降主流になったと考えられる。減少はしているが、連発式禁止令が発表された一九五四年一一月から翌年二月までは、依然として連発式の需要があった。連発式の寿命期間が三～四カ月であることを考えれば、禁止前の三月までに設置できることを想定しての購入であっただろう。実施が近づくにつれて、販売台数が減少しているのもその理由から理解できる。ただし、連発式に取って代わるほどの単発式需要は発生しなかったようである。禁止令が実施される四月前後には、単発式機械の集中需要が予想されたにもかかわらず三月の販売台数は前年を約二〇〇〇台も下回り、その後さらに減少したからである。

表1-7　M商会のパチンコ機械の月産販売台数と売上高

年	月	販売台数	売上高	1台卸売価格	年	月	販売台数	売上高	1台卸売価格
1952	8	711	5,657,400	7,957	1954	2	7,595	53,709,630	7,071
	9	351	1,958,200	5,607		3	8,777	62,638,780	7,137
	10	1,020	6,297,100	6,174		4	6,386	47,880,620	7,498
	11	1,604	11,001,200	6,859		5	6,379	46,962,457	7,362
	12	2,799	17,858,100	6,380		6	5,577	41,815,525	7,498
1953	1	1,193	7,576,100	6,350		7	5,392	41,173,705	7,636
	小計	7,678	50,358,100	6,559		小計	40,107	294,180,717	7,335
	2	1,793	11,899,400	6,637		8	2,991	22,781,500	7,617
	3	2,262	14,857,400	6,568		9	6,580	49,768,850	7,564
	4	3,884	25,187,400	6,485		10	8,720	65,980,300	7,567
	5	4,696	30,840,500	6,567		11	3,847	28,745,000	7,472
	6	2,472	15,311,000	6,194		12	2,924	21,925,500	7,498
	7	3,425	21,595,400	6,305	1955	1	1,464	10,225,400	6,985
	小計	18,532	119,691,100	6,459		小計	26,526	199,426,550	7,518
	8	3,635	23,017,500	6,332		2	306	2,198,400	7,184
	9	4,403	31,511,470	7,157		3	6,889	30,978,800	4,497
	10	5,069	34,260,170	6,759		4	5,520	22,867,870	4,143
	11	4,539	31,959,600	7,041		5	2,942	15,335,600	5,213
	12	7,038	51,042,700	7,252		6	2,484	13,239,500	5,330
1954	1	6,821	47,573,265	6,975		7	849	4,600,500	5,419
	小計	31,505	219,364,705	6,963		小計	18,990	89,220,670	4,698

資料）図1-4に同じ。

連発式禁止令の実施は、福岡、名古屋のように五月の地域もあったが、M商会の最大市場であった東京を含め、ほぼ半数の二二都府県の地域は四月であった。禁止令によって連発式機械の全台取り外しが予定されていたにもかかわらず、三、四月に販売が低迷したことは、期待ほど需要が伸びなかったことを意味する。既述の福岡の機械導入（前掲表1-6）の様子から見たように、改造機需要の反面としての新規単発式販売高の低迷の問題が、時代を代表する企業、M商会の生産においても生じていたことになる。しかも、新規単発式の需要も三、四月で終わり、五月は前月の半分の販売実績にとどまった[134]。M商会の得意先が、連発式禁止令の実施が五月からの愛知県にも少なからず存在していたことを考えると、四月、五月の機械販売は芳しくなかった。

他方、メーカーにとって、機械一台当たりの価格が低下したことも経営を圧迫する要因となった。表1-7によると、単発式の設置期となる一九五五年七月時点の一台販売価格は、最高額であった前年同期に比べて約四割も低下した。

このように、得意先ホールの閉店による機械の販売総量の低下、機械単価の価格低下、そして取替間隔の長期化が、連発式禁止令後にM商会が抱えることになった困難であった。一九五六年決算では赤字となり、同社設立以降初めて融資を受けることになった[135]。

M商会の東京代理店の販売は、一九五五年二月から七月までの約三〇〇〇万円がほとんど売掛金の貸し倒れになった上に、五五年八月から五六年一月までにはわずか四万五〇〇〇円（前年同期は、約三二〇〇万円）にとどまった。最大規模であった東京市場を失い、得意先は愛知県と、代理店が残っていた中国地方中心になった（前掲表1-2）[136]。全国市場を基盤にしていた有力企業が地方企業に凋落したのである。この状況を受け、機械市場は、新しい技術体系のもとで主導権を握っていく別の企業の台頭を待つことになる。

六　ホールの収益基盤安定化の模索

（1）経過的な影響

連発式機械の禁止令はホールの営業状況を直撃し、その影響は短期間でかつ鮮烈なかたちで表れた。資料が残っているM商会の四ホールの禁止令実施を境とした収益構造の変化を観察してみよう。規制のホールへの影響について、二つの傾向を示す類型に分けて特徴を検討する。

ホール全体への打撃は、まず売上高の著しい減少として表れた。この要因として、射幸性の高い連発式機械に慣れた客が、単発式機械に満足せず来店しなくなったことがあるだろう[137]。このような影響を勘案した上でも、機械体

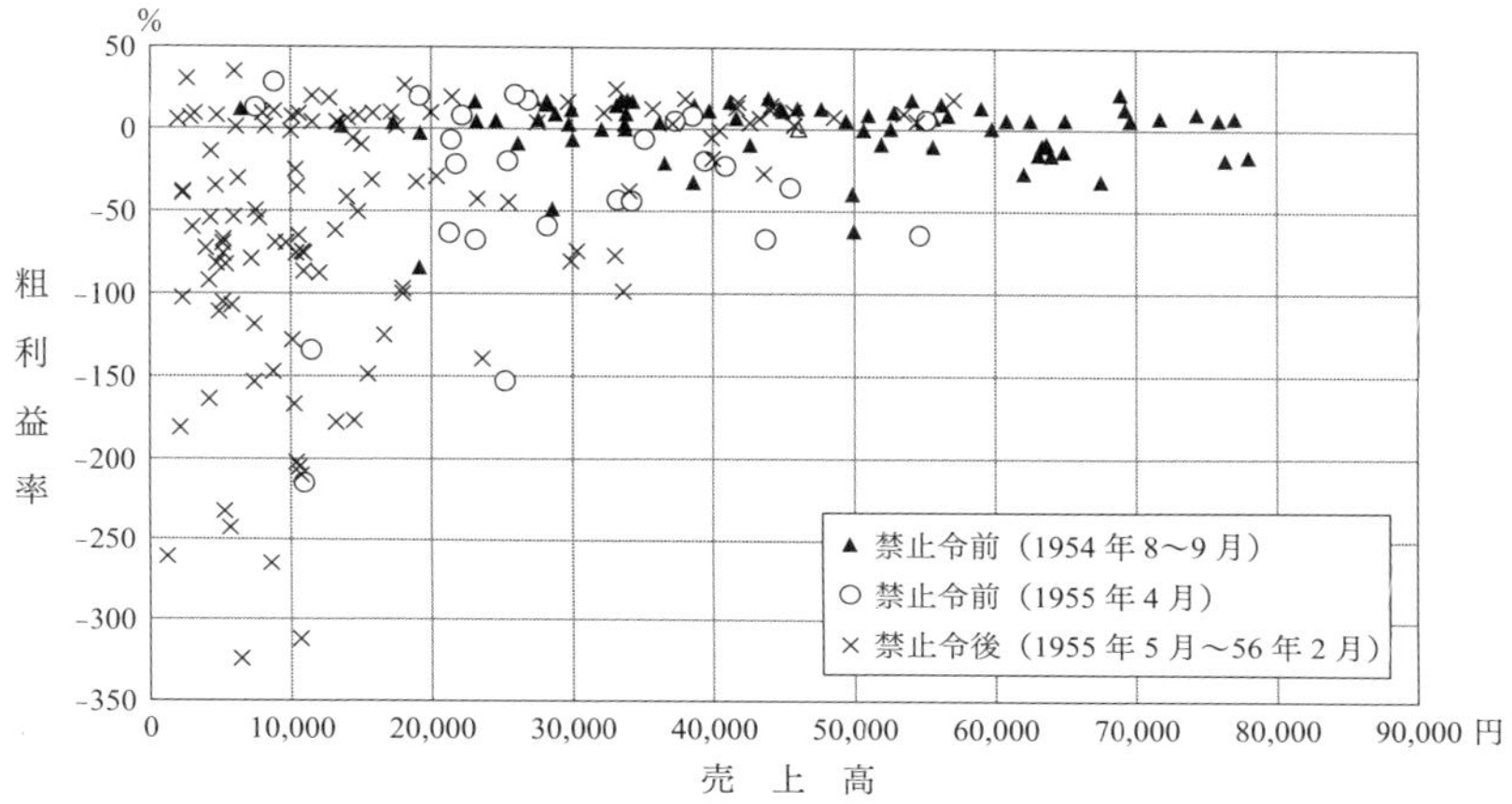

図1-6　連発式禁止令前後の収益構造（円頓寺店）（1954年8月〜56年2月）

資料）M商会「統計表　円頓寺店」1954年8月〜56年2月より作成。

系の変化による売上高への影響は無視できない。一分間一〇〇発以上を半自動的に打てる連発式に対して、単発式は、規制によって最大三〇発以下の制限が設けられており、一発ずつ発射し、打った玉がファウルか入賞かの結果を見ながら次の玉を発射するため、時間当たりの売上高が小さくなる。(138)

M商会の四つのホールにおいてもこの傾向は明確であった。ただし、そこには、収益率において異なる様相が示されている。第一の傾向として、円頓寺店（図1-6）のように、マイナス三五〇パーセントに届くまで収益率が悪化する日があるケースである。松原店もほぼ同様の傾向を示す。もっとも、円頓寺店の場合、規制の結果とすることには慎重を期したい。というのも、図1-6には禁止令実施の前に当たる一九五四年一〇月から翌五五年三月までのデータが欠如しているからである。この間は休業していたように思われ、五カ月後の四月にいったん営業再開を図ったものの、以前より売上高が低下し、粗利益率が悪化したことが判明する。このような営業状況で、連発式禁止令の影響を受けたことになる。禁止令が実施される五月に入り、単発式機械への入替えのためか、一日から九日まで営業を休んだ後、ようやく再開した一〇日以降の結果は、図1-6の示す通りである。しかし、その後、データが欠如した

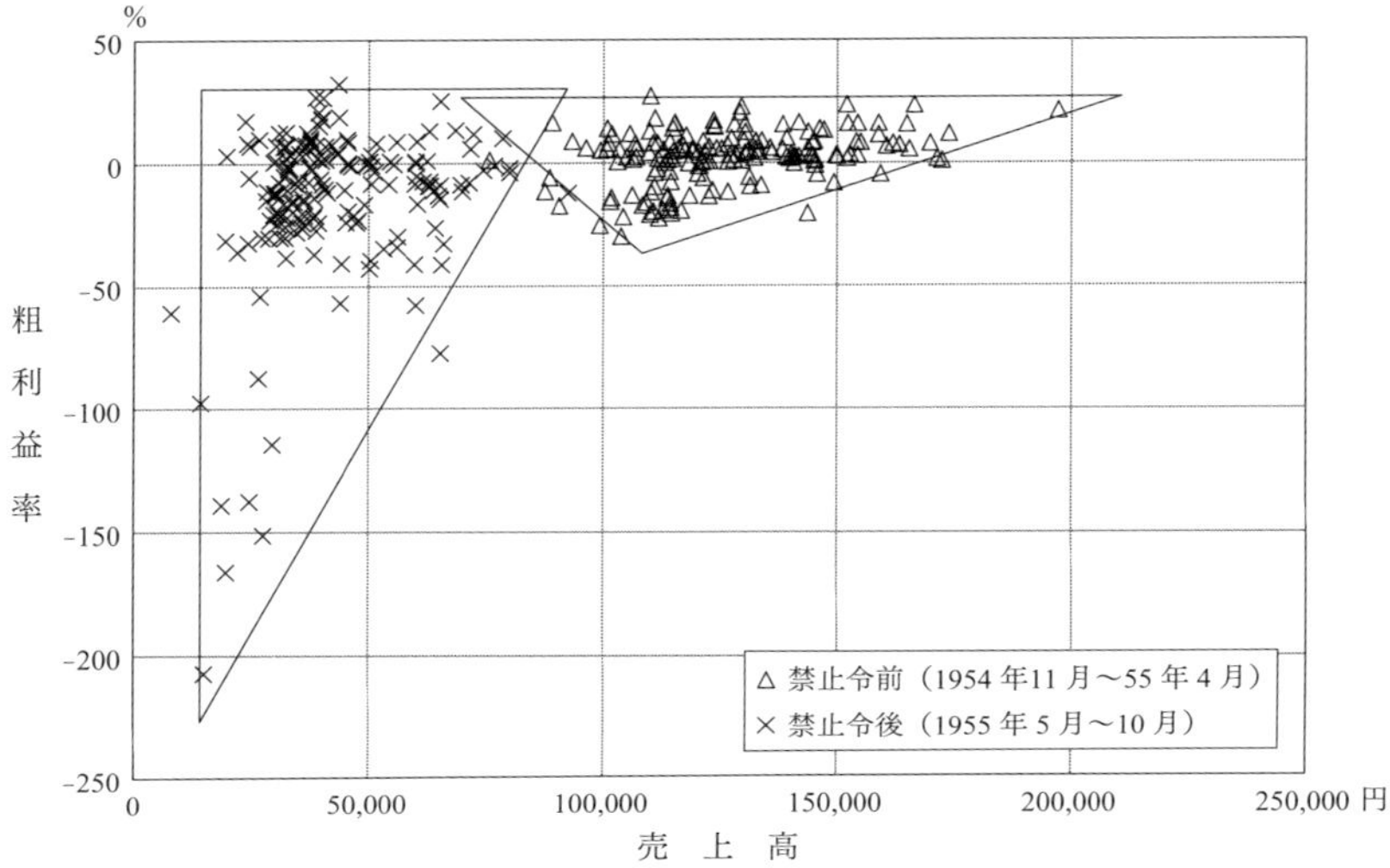

図 1-7　連発式禁止令前後の収益構造（押切店）（1954 年 11 月〜55 年 10 月）

資料）M 商会「統計表　押切店」1954 年 11 月〜55 年 10 月より作成。

期間がまた続く。つまり、一九五五年六月二六日〜七月七日、七月一五〜二七日、八月一六〜二四日、九月五日〜一一月一一日、一二月二二日〜五六年二月一〇日は休業と思われ、三月からは記録がない。同店関連のそれ以降のデータは残されていない。

これに比べて、もう一つの傾向を示す図1-7の押切店の収益率はマイナス五〇パーセント内に集中しており、最低マイナス二〇〇パーセント程度でとどまっている。データは省略するが、このような傾向は本店も同様であった。

相対的な評価であることはいうまでもないが、その後の回復において、収益率の悪化の違いによって、押切店と円頓寺店は異なる道を歩む結果となった。すなわち、収益構造の月平均を三カ月ごとの変化で示した図1-8によると、押切店（本店も同様）は、連発式禁止令後の八月から一〇月まで、平均座標が右上の方に移動し始め、改善する軌道に転じたからである。規制前のような売上規模まで回復することはなかったが、これは機械体系の違いによる結果であろう。

このような二つの傾向がなぜ生まれたかについて

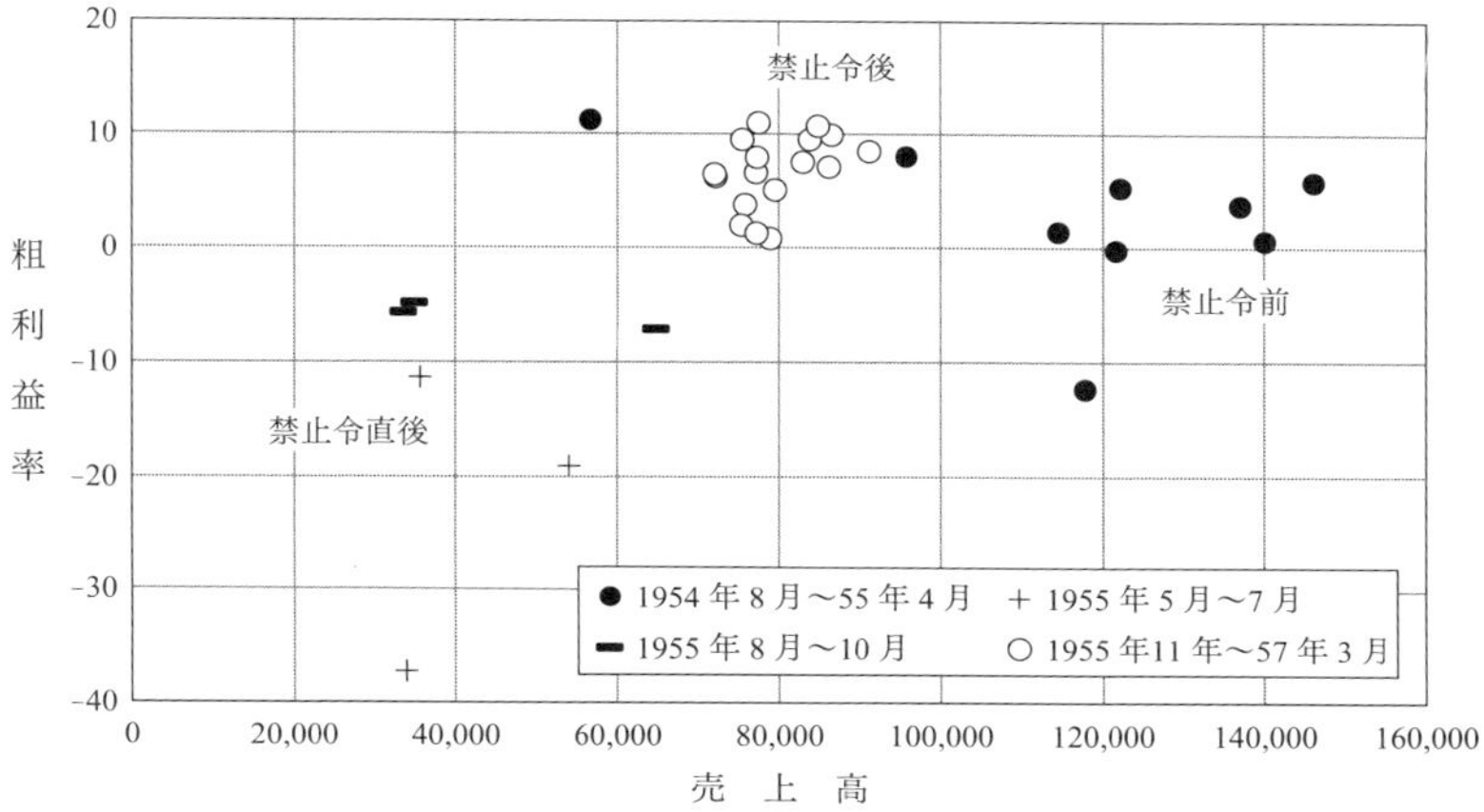

図1-8　経営ノウハウの蓄積（押切店）（1954年8月〜57年3月）

資料）図1-7に同じ。

は、創業者が釘師としてMホールの経営ノウハウで管理するという同一条件であることを考えれば、規模や立地条件などの外的要因が影響したと思われる[139]。このうち規模については、一九五四年七月時点の設置台数は、円頓寺店が九一台であり、その他のホールの約六一台を上回っていた[140]。にもかかわらず、同店の売上高が伸びなかったのは劣悪な立地条件が要因として考えられるが、その後の台数の変化を確認できる資料も残っておらず、回復の違いを規定した要因については再検討の余地がある。しかし、このような営業の状態は、M商会のホール経営の方向性と整合的である。著しい営業悪化を示していた松原店、円頓寺店については閉店の方向が模索され、回復基調にあった押切店と本店を維持するかたちで再編が図られることとなった。

（2）「発見」された収益基盤の安定化

図1-9は、一九五五年五月連発式禁止令後、収益が改善に向かった一一月以降の一日の売上高と粗利益率をプロットしたものである。連発式を基盤にした禁止令前の収益構造の特徴は、左右の幅の分だけ売上高の変動が大きく、粗利益も同様の傾向であった（前掲図1-3）。興味深いことに、図1-9の収益構造は、禁止令前に比べて変動幅が狭い範囲に収まっている。

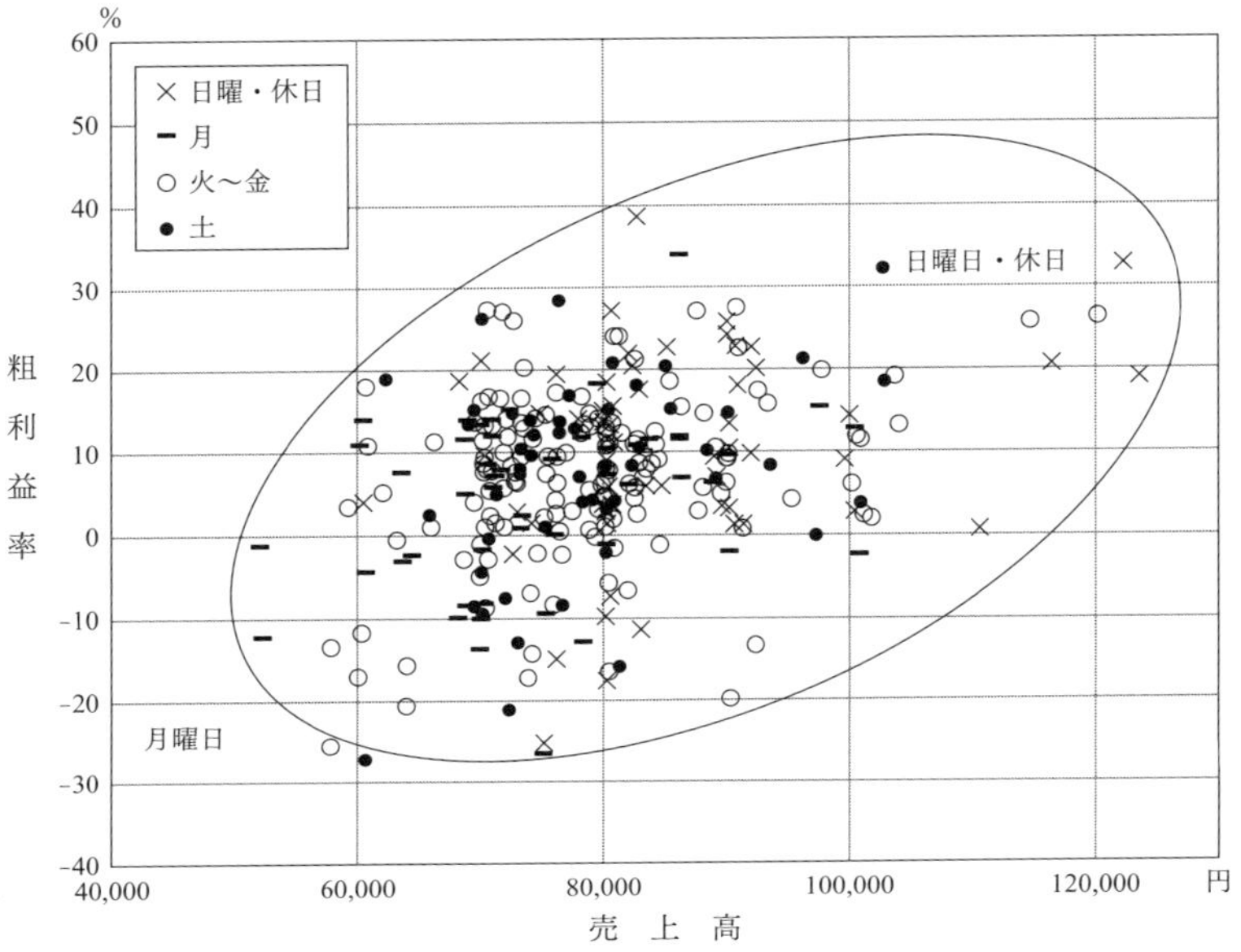

図 1-9 連発式禁止令後の収益構造（押切店）（1955 年 11 月～57 年 4 月）

資料）図 1-7 に同じ。

変動の縮小は営業上のコントロールがより容易になったことの現れとして理解することできる。M商会には変化した機械体系を条件として釘調整のノウハウが蓄積されていったのである。

図1-9で見逃せない点は、全体のプロットが右上と左下に集中する右肩上がりの楕円型になっていることである。ホールが確実に収益を上げられるように、出玉率調整に基づく営業全般のコントロールが可能になっていることを示唆する。この時期の釘調整の「開け」、「締め」の結果である売上と粗利益率の分布に見られる収益構造の特徴は、逆三角形分布の規制前に比べて右上と左下の方にプロットがシフトしたところにある。プラス収益のゾーンでは、〇パーセントに横幅広く分布していた規制前に対して、規制後には上下幅で厚い層となった。そしてマイナス収益では、マイナス三〇パーセントの範囲内に収まっていることが見て取れる。このような分布が総合的に平均ポイントを右上にシフトさせたことになる。

さらに図1-9が語りかける意義深い変化がある。右上の方向に向かって、日曜日・休日、つまり売上高の大きい曜日が分布している。日曜日に締めても、客一人当たりの投資額が上がっていて、客数も確保できていることが分かる。偶然性に依存する連発式に比べ、技量によっては投資すればある程度勝てる、あるいは単位投資額が限界的に小さければ負けても損害も少ないという思惑が働き、締められた休日でも来店し、投資することに躊躇する様子を見せていなかった、と考えられる。[141] マイナス収益のゾーンについていえば、売上高の少ない日が左寄りになっている。月曜など人が少ないと予想される日には釘を開けて良い評判を作り出す、というような調整の仕方も可能であろう。このように、右上がりの対角線上への集中型の分布を持っていることが差し引き分の収益を確実に大きくする。そして、収益率の平均ポイントを全体に押し上げたことが、この時期の安定的な経営を特徴づけているのである。

（3）景品仕入れの組織化の試み

安定的収益構造に関連して、ホール側の釘調整のノウハウの蓄積、営業コントロールの高まりを間接的に裏付けるもう一つの側面がある。景品仕入れのルートにおける変化は一見小さいが、収益を作り出すホール経営に関しては見逃せない動きである。

一九五〇年前後の時代の景品交換は、煙草や菓子など、物品の景品への交換が主流とされていた。しかし、射幸性の高まりとともに現金化を望む潜在的ニーズは次第に大きくなった。その欲望の実現が求められ、象徴的存在である買人が現れ、ついには取締りの対象となったことについてはすでに検討した。公営ギャンブルのように現金化が認められない法的枠組みのなかで、現在では「三店方式」という制度が、ホールが現金化に関わらないシステムとして定着している。

同方式の端緒となるアイデアは、先述したように一九五四年前後いくつかの地域で試験的に実践されていた。例えば、川崎市では失業者団体による買取りが行われ、栃木県では未亡人会が許可を得るため管理当局と折衝中であった。[142] 買取主体を含めて、景品交換のルートについては試行錯誤を重ねており、あとは認可などが未解決の課題として残されていた。

三店方式に関しては、一般的に、一九六一年に大阪府遊技業協同組合の代表であった水島年得会長の提案による大阪方式を起点とすると理解されている。[143] 景品を現金に交換するルートから資金源を確保しようとする暴力団の介入を排除するため、同年二月に大阪府身障者未亡人福祉事業協会を発足し、古物の鑑札を得て景品買い——煙草や塩などの専売品を除く——を行う、身障者や未亡人に仕事を与えながら、暴力団問題を解決することができるというものであった。[144] これが大阪府警察に認められることになり、[145] 先駆的事例となったと思われる。暴力団による闇の取引[146]および資金の流れは警察にとって憂慮すべきことであるが、徹底した取締りには限界がある。景品交換や仕入れのルートを可視化しておき、監視の対象と範囲を限定するという目的があったのではないだろうか。岐阜市でも類似の試みがある。一九六二年に県議会や福祉事業の関係者が集まり、客が得た商品を買い上げて、その利益金を福祉事業に寄贈することを事業目的として、岐阜市社会福祉事業協力会が設立された。[147] 暴力団を排除し、健全化を図りたいという試みであった。[148]

ほぼ同時期と推測されるが、景品買取りのルートに介在する暴力団の影響力を排除しようとする他の工夫もあった。例えば、元警察長官の努力によって景品の代わりに受取票を導入した三重方式[149]や愛知県の「三者方式」[150]がそれである。後者は、所管する警察署長のアドバイスのもとで八つの菓子屋が集まり会社を作って換金を行い、ホールに景品として仕入れるのは別組織の景品問屋であったという。[151] つまり、客がホールで交換した景品がホールから独立した換金所で割り引いて買い取られた後、選別など加工段階を経て新しい景品となり、設立された景品問屋を経由して手数料が上乗せされてホールに仕入れられる。このような公認に近い制度の登場や全国での定着は一九六〇年代とされる。[152]

さて、以上が業界全体で進んでいく景品仕入ルートにおける組織化であるが、同制度が定着していくまでの間、すなわち連発式禁止令後の景品交換においてホール経営のなかでどのようなことが起こっていたかに関して、分析を進めていきたい。このことによって、先述の組合あげての取り組みがなぜ進展したかについて、本章で主張したホールの収益構造の安定化から理解することができる。以下、M商会の景品仕入関連のデータを、主に経営安定化の関連から読み解いてみる。前述の名古屋の三者方式制度の浸透により、M商会の特殊景品の仕入先も最終的に愛産商会になっていく。その一社に絞られていく過程で起きたことを検討してみたい。

表1-8　M商会の景品仕入れ（1955年8月～56年7月）

景品ラベル	品　目	商社数	景品総額（円）	比率（%）
一般景品	生活（石鹸[1]など）	4	330,688	0.9
		富美屋	54.2 %	
		資生堂	24.8	
		その他	4.2	
		不明	9.2	
	タバコ（新生，憩[1]など）	4	11,404,500	31.1
		井谷商店	91.8 %	
		その他	8.2	
	食品（キャラメル，チョコレート[1]等お菓子）	8	2,845,097	7.8
		さくらや	66.5 %	
		山本	14.4	
		その他	17.2	
特殊景品[2]	ハンカチ，（角）ドロップ	35	22,115,953	60.3
		MT	47.1 %	
		三輪商店	22.8	
		その他	28.9	
総　額			36,696,238	100.0

注1）帳簿上の記載名。
　2）特殊景品としての分類は筆者の判断による。
資料）M商会「元帳」1955年8月～56年7月より作成。表1-9，表1-10のデータも同様。

M商会の元帳にある景品仕入れの記録には、いわゆる「特殊景品」という明確な用語はなく、「ハンカチ」、「角ドロップ」など、頻繁に、大量に仕入れられる景品が登場する。これらは、パチンコの代表的景品として知られる煙草など消費される嗜好品としての用途が明確な景品に対して、仕入ロットの大きさと景品の一般的効用が一致しない[153]。客が現金化を目的として交換を希望する「特殊景品」の機能を果たすものとして仕入れられたと思われる。ハンカチなどを、便宜上、特殊景品として分類し、一九五五年八月～五六年七月までの一年間の仕入れに関するデータを集計したのが、表1-8～表1-10である。

表 1-9　M 商会の特殊景品の仕入単価

年月	特殊景品　仕入単価傾向（件数）				計
	24 円	25 円	26 円	27 円	
1955 年	23	7	11	17	58
8 月				14	14
9 月	5	3	2		10
10 月	1	2		2	5
11 月	4	1			5
12 月	13	1	9	1	24
1956 年	27	1	22	396	446
1 月	17	1	21	3	42
2 月	10		1	62	73
3 月				68	68
4 月				60	60
5 月				64	64
6 月				63	63
7 月				76	76
総計	50	8	33	413	504

表1-8の一般景品と特殊景品の仕入金額の比率から、客が選好して交換した景品を知ることができる。一般景品が全体の四割、特殊景品は六割で後者が前者を上回っており、客の景品選好度を表している。景品の品目や上限額の規制がある限り、交換できる景品は獲得した玉量――交換総額――に比例して高額なものにはならない。景品は比較的低額の「量」的側面に重点が置かれるため、現金化が期待できる特殊景品への選好に連動して、仕入れの比率は上昇するであろう。一般景品については、食品、食品以外の生活用品、煙草の分類によると、生活関連はネグリジブルであった。煙草は約三割と単独景品としては最も高い比率を占めており、客の多くが男性であることを間接的に表している。

約六割を占める特殊景品については、さらに、仕入単価の変化の傾向を表す表1-9と、仕入方法の特徴を表す表1-10から経営関連の情報を読み取ることができる。月当たりの仕入れ総額（表1-10）は一九五五年には年末にかけて上昇し、五六年に入ってからは停滞しているように見える。売上高が機械の入替期にあたる一月と七月に上昇することに関連していると思われ、一年を通して仕入高が上昇したと見ることができる。[154]

経営関連で注目すべきは、景品の価格変動である。表1-9によると、単価が値上がりした。同時に、MTと三輪商店へと取引先が絞り込まれた（表1-10）。また、月当たりの平均仕入額が小さくなり、仕入れの回数が頻繁になった。[155]単価の上昇は、ホール側にとっては仕入れコストを上昇させ、その分利益の圧縮を意味する。一般的に考

表1-10　M商会の特殊景品の仕入方法

年度	月	仕入れ			取引先	
		回数	1回当たり仕入れ額平均（円）	月総額（円）	社数	主要商社（MT・三輪商店）の取引金額比率（%）
1955	8	14	75,141	1,051,974	11	
	9	10	92,826	928,260	9	
	10	5	175,830	879,150	5	
	11	5	221,182	1,105,908	4	三輪商店取引開始
	12	24	68,760	1,650,232	4	MT取引開始
1956	1	42	73,506	3,087,254	6	84.1
	2	73	31,176	2,275,830	10	82.8
	3	68	32,794	2,229,975	8	84.3
	4	60	32,907	1,974,446	6	90.6
	5	64	31,238	1,999,242	3	92.4
	6	63	31,492	1,983,986	5	91.9
	7	76	38,812	2,949,696	10	63.5
計		504	75,472	22,115,953	35	

えれば、取引先を多数持つことによって競争的に仕入単価を安く抑えることができそうだが、M商会では逆の選択がなされているのである。一見不利に見えるこの絞り込みや単価の引き上げはなぜ発生したのだろうか。

この謎は、客の選好を考慮に入れるとその理由が浮かび上がる。つまり、客は現金化の損得を考えて、複数の買取所のなかで有利な交換率を設定したところを選択するだろうから、Mホールはその買取所を経由した問屋から景品を仕入れた可能性がある。つまり、景品当たりの二四円に含まれている手数料が特殊景品問屋の利益になり、客はその問屋に景品を売り渡す買取所に売った値段で現金収入を得ることになるが、当然ながら、手数料が一定だとすると、二四円より、二七円の場合が客には経済的利得を与えた可能性が高いため、そのような交換率を保証する買取所に足を運ぶことになる。この結果として、Mホールは二七円の単価の選択を余儀なくされたと考えられる。

忘れてならないのは、それが、ホールの収益が安定化しつつあった時期に重なって起こった点である。そのため、二七円での仕入単価を受け入れることができたと考える。言い換えれば、収益の増額につなげられる出玉率の調整、釘調整のノウハウ、全体的営業のコントロールができたからこそ、ホールの特殊景品の仕入単価を引き上げることも可能だったのではないか。このようにこの時代に起こった景品仕入単価の上昇は、経営安定化、計画性の高まりを別の側面から物語るということになる。

景品問屋の絞り込みを含めて、以上の点は、後に定着していく景品交換ルートの制度化を見据えたときに重要な意味を持つと考える。先述した三者方式によって特殊景品の買取所と仕入先の景品問屋がそれぞれ一社として組織化されると(156)、一般的に複数の問屋による仕入単価をめぐる自由な競争は発生しなくなる。しかしながら、先述したように、自由な参加者を認めることによって発生しうる闇の取引や暴力団の資金源としての流用を防ぐため、三者方式という制度が定着していくのである。三者方式は、ホールによる買取所と景品問屋の囲い込みという意味で市場の組織化であるが、競争がもたらしてくれる仕入単価のコストの圧縮を享受できないとすれば、その限りで囲い込みのコストをホールが負担したことになる。M商会の分析は、ホールにとって不利に見える不思議な制度がどのような条件のもとで受け入れられるのか、また実際に選択できた基盤がどのように整えられたかを示しており、この時期の事業安定化の文脈で理解することができるのである。

七　M商会の事業再編

M商会のホールのような収益回復例は、業界全体の流れでもあった。「単発になって売上が減ったことは事実ですが、堅実な行き方なら、どうやらやって行けます」[157]とするホール経営者の発言が示唆するように、連発式禁止令がビジネスの存立自体を不可能にしたわけではなかった。「堅実な行き方」の詳細は不明瞭だが、釘調整に基づいた経営ノウハウが蓄積されてより安定的な収益構造を発見することができれば、明るい展望とまでいわなくとも、それなりの収益が期待できた。業界では、一年後には安定を取り戻したと評価している[158]。

連発式が禁止された後の一九五五年一二月に、M商会は、機械製造を本店工場のみに一本化する縮小再編を断行した[159]。これは禁止令の影響が短期的にではあれ、いかに激しかったかを示している。代表的なメーカーのM商会への影響は、他のメーカーにおいてよりも増幅して表れたであろう。

一方、ホールは、既存の押切店と本店を移転した浄心店の二店に集約された。毎日の売上高を記録した「営業統計書」や「統計表」によると、円頓寺店は一九五六年一月以降、松原店は五六年八月以降、「休」と記され、その後の記録は存在しない[160]。二店はその前から「休業」を繰り返しており、押切店・浄心店中心の再編は、前節で分析したように相対的な収益率の悪化に基づいた決定であったと思われる[161]。本店には本社機能のみを残し[162]、ホールを一九五六年七月に立地条件が整った場所に移転して浄心店として新開店した[163]。旧店舗から約二〇〇メートル離れた新しいホールが立地する場所は、市電の終着駅と車庫のあった浄心交差点であり、以前よりアクセスの便利なところであった。松原店の閉店は本店の移転が行われた後であり、M商会のホール事業は、最終的には、好調であった押切店とともに二ホールを中心に集約したことになる。

連発式禁止令を境にM商会の事業別収益の構成は、その変化が一目瞭然である（前掲表1-3）。禁止令前は機械販売が八割以上であったのに対して、一九五八年七月の決算では、ホール事業が全体の七割を占め、事業の地位が入れ替わった。そしてM商会の事業再編は、多角化の方向にも向かった。一九五五年八月新潟県に土地を購入し、赤倉ホテル太閤を五六年一二月に完成した。ホテル事業が一九五九年から安定するにつれて、同社の中心事業になった。

以上の全体の再編は、M商会の経営において、事業別の特徴から見て、次のような意味がある。三割以上の高い収益率を保っていた機械販売事業は、売上高が著しく低下した上に、前掲図1-5(2)のように季節性が著しくなったため、M商会の安定的な事業としての地位を弱めつつあった。一方、ホール事業は、収益が改善され、中核事業として台頭し、季節性もなく安定した収入源となった。他方で、ホテル事業は、売上高がホール業に次ぐ規模まで成長した。一九六〇年代にホール事業が停滞しているときにも成長し続け、もう一つの柱として定着した。M商会は、新事業としてのホテル事業への関与をますます強めることになった。

おわりに——歩み出した産業発展

一九五〇年前後のいわゆるパチンコの人気は、正村ゲージ、オール物、連発式など、機械に関する複合的な技術発展が発端であった。復興真っ只中の時代にパチンコにとびついた人々の反応は驚くべきものがあり、ホール、メーカー数が激増するブームにつながった。しかし、ブームという表現が象徴するように、パチンコの人気はいつの時代にも作り出される一時的流行りにとどまる可能性もあった。実際に、人気そのものが産業としての定着に直線的に結びついたわけではなく、規制以外にも様々な問題が発生していた。

本章では、人気や規制に翻弄される姿、事業の内実、産業を成り立たせる制度に焦点を当て、産業の存続を危機にさらした諸問題を明らかにしてきた。パチンコの産業としての定着は、供給側が抱えていた障害が取り除かれていくプロセスとして理解することができる。

パチンコ産業の存続を不透明にした困難とは、連発式機械によるホールの収益基盤の不安定さや換金の仕組みの問題などである。さらに射幸性の制限を名目にした規制後の環境変化が、ホールやメーカーのその後の発展に関わる重大な規定要素を準備することになった。諸問題の解決と残された課題という観点から、連発式禁止令がこの産業に及ぼした影響とその意味を、次章で分析する一九六〇年代以降の産業動向に関連づけながら、まとめることにする。

第一に、一九五五年の禁止令の一要因であった換金に関わる買人・暴力団関与の問題については、規制は一時的な効果にとどまった[164]。換金をどのようなかたちで行うか――廃止を含めて――という根本的な問題への対処までは至らなかった。連発式禁止令のような規制が再び行われるかどうかは、換金とそれにまつわる暴力団問題に業界がどのように対処するかにかかっていた。解決の兆しは、ホール事業者が換金に関わる不正への認識を深め、暴力団を排除するような換金の仕組みを模索するなかで現れた。社会福祉団体などを景品買い業者として合法的な取引関係のなかに取り込む、といった仕組みが一九六〇年代に各地に広がっていく。この結果を換金の制度化と呼ぶならば、それにはどの程度の成果があっただろうか。

一九六五年に警察庁保安局防犯少年課課長補佐、滝田一成がまとめた「風俗営業に関する一問題――ぱちんこ遊技の健全化について[165]」から、金をめぐる暴力団との関係の一端を知ることができる。某県の一九九軒を対象として行った遊技の賞品の買い戻しによる利益の実情についての調査結果は、「暴力団と結託し、賞品の買取所を設けていた」ホールが一〇軒、「暴力団が経営している賞品の買取所を設けていた」ホールが二〇軒、「以上を除く賞品買取業者と結託し、または便宜を与えて、賞品の買取を行い、または買取をさせていた」ホールが三四軒というものであった[166]。全店のうち約一五パーセントの三〇ホールを通じて暴力団に資金が流れていたことについては、他県の状況が不明であり、それ自体として評価することは難しい。しかし、大阪方式をはじめ、地域ごとでの類似した仕組みの構築に向けた動きは確かであり、一九六〇年代以降全国的に広がっていったことを考慮すれば、某県のこの時点の状況は改善に向かう過程として理解することができよう。古物を取り扱うビジネスとしての景品買取所という認められた経済組織として、暴力団がこの産業に関わる道は次第に狭められていったと思われる。暴力団との関連を断ち切ることは、換金の利益が産業内に再び取り込まれること、それがまたホール事業の経営ノウハウの蓄積や安定的収益の見通しの下で産業成長につながる投資が行われる基盤になることを意味するのではないか。

第二に、連発式禁止令は、多くの業者を廃業に追い込むというマイナスの影響を与えただけではなく、ホール事業において計画的に経営が見通せるように方向づけた。正村ゲージは機械が持っていた偶然性を抑制し収益確保の道を開いたが、射幸性の高い連発式は、売上高が釘調整で制御可能な範囲を超えて激しく変動するなど、経営を不安定にした。このような状態は、高まる射幸性に対して追加投資をためらう人を生み出す一方で、より高い射幸性を志向する人々の欲求を満足させるべく、メーカーやホールが、さらなる射幸性を果てなく追求した結果であった。規制はこの流れを押しとどめた。収益の不安定性という制約は、機械体系が単発式に変わったことによって取り除かれることになり、そのなかで安定的な収益が確保できるホールが出現した。釘調整が重要であったことに変わりはなかったが、こうした面での経営ノウハウが蓄積され、一ホール当たりの台数の増加、即ちホールの規模が拡大すれば、収益の安定的な上昇が期待できた。実際に、一九六〇年代は、パチンコ産業史のなかでホール規模の拡大が最も著しかった時期である。しかも、この経営ノウハウの蓄積となお未解決の買人や暴力団問題は、一九五〇年代初めのような新規参入の増加を事実上困難にする、障壁の存在を意味した。こうした状況が一九六〇年代の前史として、五〇年代に準備された。

第三に、警察による規制は、メーカーの競争のあり方を大きく変えた。M商会という全国市場を持つ有力メーカーを、地方メーカーの地位に突き落としただけにとどまらず、激しい季節性という条件をメーカーの経営にもたらした。この時期には、一九七〇年代までに有力企業にのし上がることになる、西陣と平和の台頭が著しい。二社は、正村ゲージが業界のデファクト・デザインとして定着したなかで、役物と呼ばれる盤面上の小装置の意匠・考案に基づく人気商品を開発し、業界トップに躍り出た。射幸性の低下により、「飽きられる」のを避けるべく、マイナーであっても何らかの変化を作り出し客の関心を引き付ける必要が生じた。そのような市場の変容に対して、

M商会が人気機種を打ち出すことができなかった点は、新しく生まれつつあった機械市場の特徴を理解する上では重要である。

こうして、連発式禁止令という規制によって作り出された機械体系の変化と、新しく導入された機械の許可制度は、流行の創造とそれへの対応が求められるパチンコ機械の開発において、規制をどのように織り込んでいくかという新しい課題を投げかけた。一ホール当たりの設置台数が拡大する一九六〇年代以降は、季節性という経営上の困難を内包しながら、定期的に行われる入替市場において、安定的な取引先を確保すれば、機械メーカーとしての成長が可能なはずであった。一方で、連発式禁止令がもたらした価格低下と技術的な後退により、模造品の続出と物品税の未納問題が浮上し、これらによる市場の不安定さへの対応も迫られることになった。機械の模倣は、正村ゲージが出現した時代には広い範囲でパチンコ市場を形成する面もあった。しかし、市場が縮小するなかで、無断でコピーする行為は、低価格化を進行させ、開発を指向するメーカーが充分な利益を確保することを困難にした。同時に物品税未納を拠りどころにした価格競争は機械の低価格化を助長し、開発のモチベーションを下げるのみならず、行政の脱税産業への規制を厳重化させうるものであった。射幸性低下のなかで娯楽的要素を高めた新規機種が提供できるようにメーカー経営の安定化を図ることが、持続的産業発展においては次なる課題となった。

本章で明らかにしたように、一九五〇年代初頭におけるホール事業の不安定さは、「産業化」のため最初に乗り越えるべき困難であった。それは皮肉にも規制という外的要因によって射幸性が抑制されるなかで実現した。パチンコ産業は、規制がもたらした射幸性の抑制と一人当たりの平均投資額の低下のもとで、縁日娯楽からテイクオフし、産業化への第一歩を踏み出した。次の産業発展のための問題は、ホールに導入する機械をメーカーが持続的に作り出せる基盤づくりであった。技術の後退の下で極めて短期間で進んだホール数の減小は、乱売を続ける限界的なメーカーを生み出し、機械市場は技術蓄積の可能な競争を促すことができなかった。これが有力メーカーの存続可能性まで脅かす問題として認識され、機械市場の組織化が叫ばれることになる。

第2章　パチンコ機械メーカーの組織化

――なぜ特許プールは成立したのか

はじめに

　本章では一九五五年の「連発式機械の禁止措置令」（以下、連発式禁止令または禁止令）以降混乱を極めていた機械市場が、秩序を取り戻していった過程を明らかにする。市場が機能不全に陥っていた状態とは、当時乱売や価格問題とされた現象からさしあたり次のように捉えておく。パチンコ機械メーカーとパチンコホール（以下、ホール）が機械の取引交渉を行う際、製造原価に物品税と特許料を加算した費用を積み上げた価格がホールに受け入れられず、乱売といわれる状況が続いた。技術の進歩や生産性の上昇が市場の競争によって促進され、その過程で実現される価格の引き下げは産業発展の結果でありプロセスである。しかし、一九五〇年代後半から六〇年代にかけてのパチンコ機械の低価格の常態化は投げ売りの蔓延が要因とされた。物品税と特許料が価格に転嫁できないまま原価割れの市場価格を強いられる限り、メーカーの存続は困難であった。この状況の打開を、本章では、市場秩序の回復とする。市場の混乱として認識された状態の要因は何であり、どのように解決されただろうか。これらを解明することにより、パチンコ産業の存続を可能にしたもう一つの条件を提示する。

　第1章で明らかにしたように、ホール事業は連発式禁止令による深刻な打撃を受けながらも、安定的収益基盤を見つけることにより、存続、さらには成長を見通せるようになった。実際に、一九六〇年代において、ホール数は安定的に推移し、一ホール当たりの台数規模も拡大した。それに対して、メーカーの方は一九七〇年代まで退出が止まらず（図序-3）、長期にわたる再編過程に突入する。

ホールとメーカーが直面した状況のコントラスト、とりわけメーカーの置かれた境遇は、産業規模の成長から見て注目すべきことである。この時代の市場規模を正確に捉えることは困難であるが、製造・設置台数の増加から見て市場は間違いなく拡大していた（図序-4、図序-5、表序-3）。産業が成長していたとはいえ、ホールはすでに禁止令後、短期間で急減するという再編を終えた後であり、メーカーの退出は、過剰な機械供給が是正される長い過程であったと考えることもできよう。その過程で競争力の弱い企業が倒産したのであれば、メーカーの減少は正常な市場機能としての競争による淘汰の結果であったかもしれない。

しかし、市場が成長していたことを踏まえれば、一九七〇年までの二〇年以上の期間を長期変動による一貫した再編過程とするのは適切ではない。それでは構造的問題や重要な変局の時点も見逃すことになる。市場競争によって優位な企業が生き残っていくプロセスと断定することも、営業を妨げる様々な問題がパチンコを存続の危機にさらしたことや、その解決のために取り組んだ組織化の意義を覆い隠すことになる。

以下、一九六〇年代の市場成長の傍証となる要因を探ることによってこの時代の発展の特徴を確定し、機械市場がどのような意味で問題になるか、その論点を明確にする。

（1）一九六〇年代の市場成長

一九五五年の連発式禁止令によって高い射幸性は抑制され、パチンコ遊技は技量への依存度が強められた。それまでは多様な客層を抱えていたパチンコであったが、一九六〇年代に入ると、圧倒的に男性に支持される娯楽となった。(1) 時代は高度成長期の真っ只中、パチンコの浸透は、経済規模の急激な膨張のなかで生み出されるサラリーマン集団の支持を受けて進んでいった。[2] 経済企画庁が一九六七年に独身勤労者を対象として行った、三月に「した」レジャーに関するアンケート調査によると、男性の第一位は、半分以上（五四・一パーセント）が挙げたパチンコであった。[3] 同年行われたある民間放送局の調査によると、管理職が楽しむ娯楽の一位は囲碁であったが、パチンコも三位に入っており、ホワイトカラー、職人・労務者、農漁民の一位はパチンコという結果が出ている。[4] サラリーマンといっても多様な業種や地位を含み、若い年齢層の働く男性[5]を主としながらも、幅広い範囲に受け入れられていたのである。男性サラリーマンを市場基盤とし、この時代、遊技人口は三〇〇〇万人に達するようになる。[6]

男性の生活の一部分となりえた経済的理由は、比較的低額の使用額であろう。これを裏付ける体系的な資料はないが、例えば歌舞伎町にあったホールの場合、「いい身なりの紳士たちが、一回五〇円ぽっきりでやめてしまう」ような客が圧倒的であった。[7] 平均使用額の代表性に問題は残るが、他のギャンブルより投資額が小さいことは間違いなかった。後年の観察によると、一九七二年のパチンコ「勝負の賭け金は……百円から千円どまり、勝った時の商品も、八〇円前後のタバコ一個から四十個どまり。競馬やバクチと違って一日の勝負に一身代かけるわけにはいかない……競馬やバクチと違って毎日演じる（ママ）こともできる。つまり、ひどく小市民的……」[8] であった。

手の届く範囲の勝率は、パチンコを日常生活のなかにとどめたもう一つの要素であった。パチンコ専門誌の『アド・サークル』が一九六八年に実施したファン調査では、回答二五二四件のうち、四五・八パーセントは会社員で、平均三・八回に一回の割合で景品を取り、標準的なファンは三回に一回程度で景品が獲得できたという。[9] 四度目、技術を磨けば三度目には勝てる、近い将来の勝ちが期待できた。

手ごろな投資ということと勝てるかもしれないという期待に引き込まれ、一九六〇年代末の「パチンコマニア」は、二日に一回と高い頻度でパチンコを楽しんでいた。遊技時間は二時間弱と一日の余暇としてはかなりの比重であったが、この点は頻繁に行う人々の特徴が影響したであろう。[10]

釘調整による経営安定の糸口を見つけ、以上のような男性客の市場拡大に成長の望みをかけたホール事業である

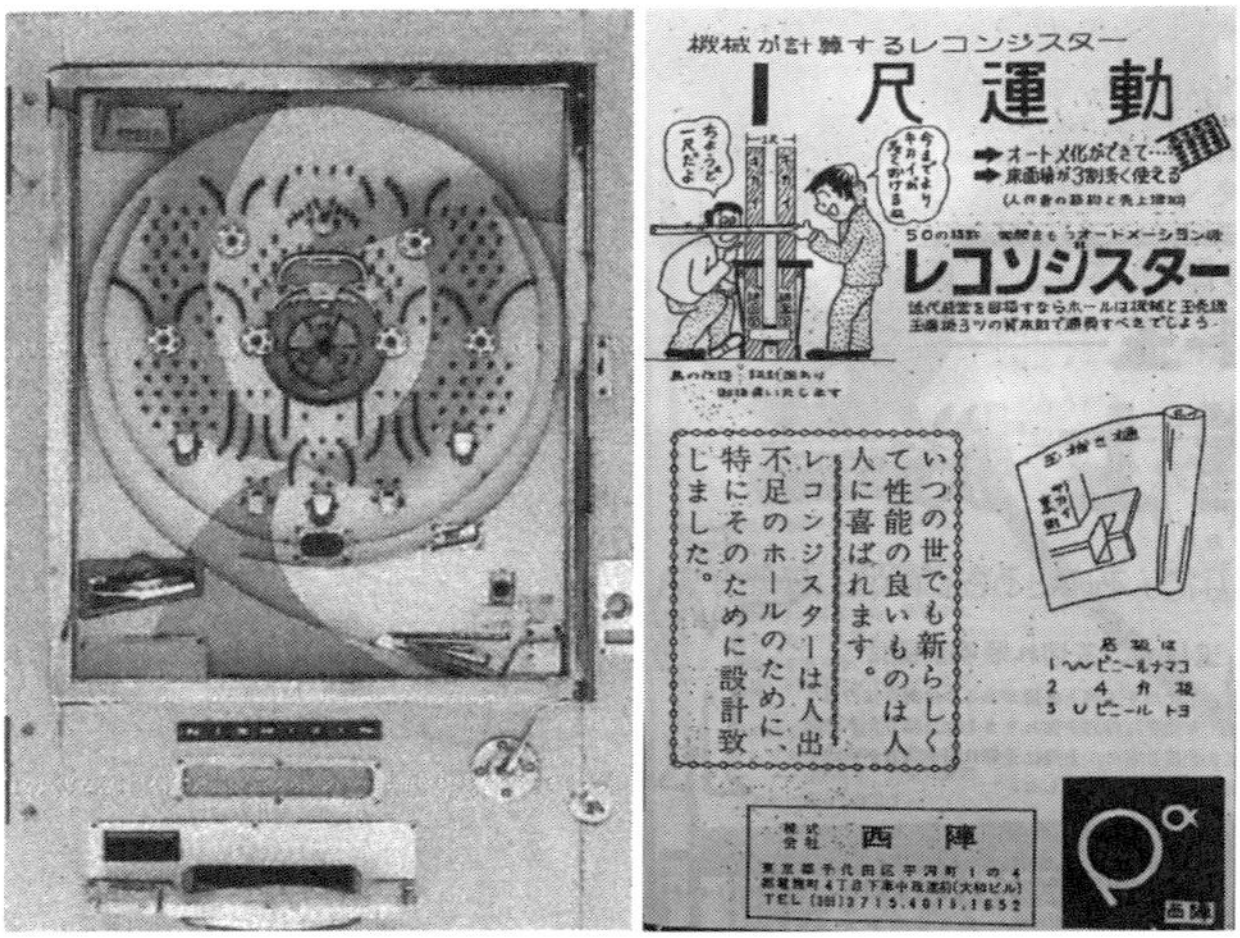

図 2-1　最初の無人機レコンジスター（1958 年）（左）と無人機による空間利用の効率化（右）

資料）左は創業 50 周年記念誌編纂委員会『株式会社ソフィア創業 50 周年記念誌 ROAD』2001 年，39 頁。右の㈱西陣の広告は『遊技通信』1961 年 10 月 15 日。

が、高度成長が進行すると人手のかかる営業のあり方の改善が次第に重要な課題となった。機械内部から玉が供給される仕組みを持つ図 2-1（左）の無人機は、この問題に応える野心作であった。この機械は連鎖的改善の取り組みを呼び込み、パチンコ玉の配給機構とホールの空間配置にイノベーションをもたらすことになる。これらのホールへの導入にまつわる一連の変化は、一九六〇年代のパチンコ産業の特徴的成長を作り出した。

図 2-2 は一九五五年当時のあるホールの光景である。連発式禁止令の前か後か定かではないが、立錐の余地もない繁盛ぶりを見せている。今日とは違って立って遊技を行っている姿は、当時の遊技時間がそれほど長くなかったことを物語る。狭い空間でも回転率の上昇によって面積当たりの収益率の向上が期待できるという意味で「立ち遊技」といえるこの形式は、一九七〇年代に椅子が導入されるまで続いた[11]。

注目したいのは機械の背面にいる女性たちである。パチンコ娘と呼ばれる女性店員[12]は、機械の裏側に設けられた細長くて窮屈な通路のような空間に一日中立ち、通路を絶えず行き来しながら機械一台一台の背面から手作業で玉を補給する。台数に比例して雇用され、最も人手の必要な部分であった。

図 2-2　有人機（無人機以前の玉の供給，1955 年）（左）と機械裏の空間（1956 年）（右）

資料）左は，百巣編集室編『ザ・パチンコ――パチンコ台図鑑』リブロポート，1985 年，23 頁。右は，遊技通信編集部『遊技通信 60 年記念号』2001 年，27 頁。

彼女たちが玉を供給しなければならなかったのは、パチンコの遊技方法に関連して当時の機械が一台で内蔵できる玉数に限界があったからである。ホールで使われる玉は、①客が投入して機械のなかを循環する「打ち玉」――結果は入賞かファウルかになる――と②入賞して機械から払い出される「入賞玉」に、機能的に分けられる。[13] 客は勝つことに夢中であり、最大の関心事は入賞玉が間違いなくスムーズに供給されることにある。しかし客から見て当然のこの期待は、当時の機械やホール内の設備では、叶わないことも珍しくなかった。今日のシステムのように入賞玉が自動的に、かつ無制限に補給されるのではなく、各機械の上部につけられたタンクに事前に貯蔵しておいた一定量の玉を使い切ると補充しなければならなかったからである。時間帯や客の付き具合によって機械ごとに補給の頻度が異なり、玉の追加供給は人の判断に基づいて手作業で行われた。裏側の狭い通路にいるパチンコ娘たちは、終始通路を移動しながら、必要に応じて入賞玉を補充していた。

もし補充するタイミングを逃して遊技が滞ると、それは客のクレームの原因となった。またホールにとっては、稼働時間のロスにつながり、売上にマイナスの影響を与えた。従業員の不正行為も付随し、玉の横流しなど[14]、経営側の利益損失に直結する問題が発生した。ホールの管理者側から見れば、遊技の進行を妨げないことで順調な売上増加に結びつくように、またトラブルを防止するために、人手を排除した玉補給の自動化の要求は高まっていったといえよう。

以上が図2-2が登場したときの状況であった。西陣の開発した無人機は、台の裏側に玉の自動補給機能を取り入れている。[15] もっとも、正確には無人化を完全に実現したわけではなく、機械の後方からの玉の補給作業をなくしたという限定的な意味であった。無人機は打ち玉のうちファウルになった玉を機械のなかに溜めて入賞玉として払い出せる機能を持っており、[16] その分、補給の頻度が少なくなった。機械裏の女性店員によるファウル玉の回収作業も不必要になり、入賞玉の供給を前方や横から可能にした。このように無人機は間違いなく払い出せる入賞玉の限界量を引き上げたが、補給能力にはなお限界があった。玉は機械ごとに供給されて一台のなかで循環しており、ファウル玉の量に規定され無制限補充ではなかったからである。[17] 依然として手作業による玉の補充は必要であった。

それでも、この機械の登場は、狭い通路での作業をなくして図2-2の女性たちをホールの光景から退場させ、完全な玉の自動補給・回収システムへの最初の一歩となった。この機械以降、一九六三年に中央から店内すべてに配給する宇宙パイプ（西陣）が開発されたのを皮切りに、六五年にさらに改良された月光ライン（西陣）、六八年に島ごとに玉が補給されるオールマイティ（竹屋）、六八〜六九年に空間的省力化を図ったサーキットなど（エース電研）の登場が続き、玉の補給装置は、機械とは独立したかたちで進化を遂げていく。[18]

産業のすそ野を広げながら生じた技術進歩による女性たちの退場は、ホール経営に重要な効果をもたらした。第一に、省力化による人件費の削減である。周知のように、一九六〇年代に入ると人手不足が深刻化する。「日本中が好況にみまわれている為、北海道、九州の一部を除いての遊技場は従業員の不足に悩み切っております。新規に店をもったが従業員が集まらないので開店できない店が増大しつつあります」[19]、「五〇〇台の機械裏に案山子の様な娘が一人でまにあいます」[20] とする西陣のキャッチコピーは、「人手不足」（図2-1右）に悩む経営者に訴えかけており、働く場として一般的に敬遠されていたホールの切実な問題の救世主となる機械の華々しいデビューを伝える。玉補給の自動化はこの解決策として期待されたであろう。

第二に、手作業であるために発生する補給の遅滞や店員の対応のまずさによって客との間で発生していたトラブルを未然に防げた。この問題は店員の怠慢や監督問題を解決し、経営側の事業に対する総体的なコントロール可能性を向上させた。

他方で、女性の退場による余剰空間の発生という効果は、隠れた成長の基盤になった。無人機導入により、図2-2（右）に見るような玉の補給・回収のための空間が必要でなくなった。図2-1（右）に説明されているように、島――パチンコ機械が並んでいる一塊の列、あるいは取り付けられている構造物の総称[21]――の幅は三尺から一尺（約三〇・三センチメートル）の約三分の一に縮小した。「ちょうど一尺だよ」、「床面積が三割多く使える（人件費の節約と売上増加）」とあり、「今までよりキカイが多くおける[22]」。すなわち、裏側の仕事に費やされていた通路の空間が余剰スペースとなり、同じ店舗面積でも設置できる機械台数が増加したのである。増えた台数の分だけ売上高アップの効果が期待できた。他方で、土地代、照明費などの間接費は据え置かれるから、省力化による人件費の削減という費用面での効率化と合わせて、ホール事業が成長し続けられた一つの要因となった。

実際に、図序-4のように一店舗当たりの平均台数規模は拡大した。一九六一年の八三台から六九年の一六六台を経て七九年の一八八台になり、六〇年代の平均台数の増加は七〇年代に比べても著しかった。一九六〇年代前半ではチューリップという役物を取り付けた機械の大流行によってホール数は増加――五七年八四八七軒から六五年一万七六軒へと一五八九軒増――し、パチンコ産業は第二の黄金期といわれる時代を迎えた。

（2）問題の所在――強いられた退出

ところが、パチンコ機械メーカーは、過酷な価格競争を強いられ、苦境に立たされていた。一九六〇年の約六〇社から、六六年四二社、七〇年三九社へと、一〇年の間に三分の二に減少した（図序-3）。淘汰は必ずしも競争力のない企業が市場原理によって消えていった結果ではなかった。のちに詳しく述べるように特許侵害や乱売など不公正な競争手段によって生ずる不安定な市場環境は、有力なメーカーの存続さえも脅かす要因になりえた。

本章では、パチンコ産業が成長軌道にあったにもかかわらず、機械市場の厳しい環境に呻吟するメーカーの姿に光を当てる。それは産業発展を制約しうる問題に照明を当て、最も困難な局面をあぶりだす作業になる。一九五〇年代後半から六〇年代までの市場の混乱のなか、機械メーカーの組織化が進んでいく。機械メーカーはなぜこの時期に組織化を推し進めなければならなかったか、それはどのような方向に向かってのことであり、どのような展開であったか、そしてその結果はいかなるものであったか、これらが論じられる諸点である。

組織化に集約される諸問題を克服するプロセスでは、特許プール組織である日本遊技機特許運営連盟（以下、日特連）の設立を中心とする動きが重要な意味を持っていた。日特連に期待された役割と機能を分析し、それらがパチンコ機械メーカーに与えた条件を展望することによって、一九六〇年代がその後の機械市場発展の起点となったことを検証する。

（3）特許プール

特許プールについては、言葉通りの意味としては「複数の特許を集めること」になるが、近年では、運用によって開かれる可能性が多様化したため、捉え方も多義的であるとされる[23]。法学の分野ではアメリカの判例を分析する際に用いた「複数の特許権者が互いに侵害責任を免除し合い、共同で複数の特許発明を実施することである[24]」とした捉え方がある。参加企業の比較的対等な関係性がうかがえる。所有者と使用者に関わる厳密な規定など、合意された定義があるわけではないため、本章では特許プールを日特連の目的や期待された機能に即して理解しておく。すなわち、パチンコ機械に関連する特許をプールし、実施権契約などの特許管理を行う組織である。

本章で規定している開発と特許の関連について予め述べておこう。パチンコ機械製造における開発とは、メーカーが毎年、毎期の販売に対応して、あるストーリー性や個性を持った新機種を作り出すことであり、その過程における一連の企業活動のことである。したがって、開発はパチンコ機械一台全体に関わっている。機械としての完成度には、この時期機械の物理的頑丈さや手工業に依存した製造技術も大きく影響する。

特許（実用新案もあるが、本書ではすべて特許とする）は、新規性を持ったある構造（部品）に付与されるものであって、一台全体が特許になるわけではない。特許部品等は、開発において、イメージされたアイデアやスペックを具現する手段になる。逆にあるストーリーを具体化するために、開発する過程で特許が生まれる（発案）こともある。特許は、日々メーカーが行っている開発の過程で、結果として生み出されるものである。その限りで特許は開発の成果を安易な模倣によって奪われないための有力な手段となる。

他方で、特許は構造（部品）に関わるために他社が自社製品の開発に利用することも可能であるから、画期的な特許が発生する場合にはその実施権取得が必要となる。その意味では特許や開発をめぐるメーカー間の関係は競争・対抗と相互依存との二面性を持っている。そうした事情から特許プールが生まれることは自然であろう。日特連もそうした意味での特許プールとして作られ、メーカーは、開発の結果として獲得した特許を、日特連を通して管理することになる。ただし、相互依存関係は自然発生的に実現されるわけではない。また、その方法とメーカーが日特連に期待していたことも時代的背景に規定されて一様ではなく、先験的に決まっていたものではなかった。

特許プールに関する研究は、独占禁止法との関連性の問題やイノベーションへの影響について関心が高く、形成に関する歴史分析は豊富ではない[25]。特許関連の法廷争いについてアメリカの事例[26]が知られているほか、日本では西村成弘の歴史研究が代表的である。西村は戦前日本の先駆的事例として、外国技術を導入した重電機、電球業界の特許プールが、権利調整上の有効な手段として、また特許および技術管理の能力蓄積の意義を持つ事例であることを明らかにした[27]。しかし利害関係者の多数が中小零細企業であったパチンコ業界の場合、調整は容易ではなく、産業の存立危機という状況のなかで調整プロセスがどのように収斂するか、別途検討が必要である。

日特連は、一九九七年に公正取引委員会からメーカー間の競争を制限し、新規参入を妨害しているなどの理由で排除勧告を受けた。(28) これを受けてから二年後の一九九九年に解散することになり、五九年に結成されて以来およそ四〇年間の役割を終えた。一九九〇年代半ばにおいて、日特連の活動と機能が果たして競争制限的であったかどうかは、検討を要するが、(29) まずは特許プールの存在がその創立以来パチンコ機械製造業における競争にどのような影響を与えてきたかについて明らかにする必要がある。日特連については、簡単な歴史的説明(30)がなされているが、結成されるプロセスについては明らかにされていない。本章では特許管理の機能のみに焦点を当てるのではなく、それをめぐるメーカーの企業活動の解明に重点を置くため、日特連については機械市場の状況——メーカー間の競争のあり方——、機械開発、取引先（ホール）の立場などの特許権利者以外の主体の関わりなど、より広い文脈との関連性を意識して分析を行う。

以上の課題に沿って、第一節では日特連の設立の背景や期待されたことを、第二節では組織化過程と日特連設立の関連性、第三節では日特連の仕組みを検討し、第四節では日特連が果たした機能について考察する。そして第五節では、日特連の設立がもたらした効果について展望する。

一　翻弄される市場——日特連設立の背景

パチンコ機械に関しては、戦前から地域別の警察による指導や許可が行われ、地域横断的に体系的な基準に即して明確に規定されることはなかった。(31) 戦後、一九四八年の「風俗営業取締法」では機械に関する具体的な規定条項は見当たらず、どのような機械を許可するかについては各地域別に警察が必要に応じて対応していたと思われる。機械に関する規制が具体的に提示されたのは、一九五五年の禁止令をもってであり、同措置はすべての機種について、公安委員会による認定を受けてから発売することが義務づけられたことに重要性があった。[32] さらに、第一式から第三式までの機械の詳細で厳格な基準が設けられ、[33] 以降、メーカーの開発はこの規定の遵守を徹底させられることになる。射幸性の抑制に重点を置いた基準は一九四九年頃、すなわちパチンコが全国的人気を得る以前の機械が想定されており、[34] 六九年に規制が緩和されるまでの期間は、メーカーの開発の範囲を制約するという意味で機械の多様さに関しては冬の時代であった。

一九五〇年代早々に起きた特許問題は、開発が厳格な規制に縛られていくなか、業界全体を揺さぶる事態を迎える。ここでパチンコと特許が結びつくことに意外性を感じるかもしれない。広く知られてはいないが、パチンコ機械は特許登録した技術を集約した多数の部品によって組み立てられている。特許の出願件数は、部品製造業者を除く機械メーカーに限っても年間約八〇〇〇件（二〇一四年）であり、そのうち約七五パーセントが採用される（同年）。[35] 年間出願件数は、機械メーカーの三六社（二〇一六年六月）[36] が約二日に一件の特許を開発した計算になる。二〇一六年一月現在特許数は業界全体で約四万件に上る。[37] メーカーの積極的な開発活動の証左である。

パチンコ機械メーカーによる特許開発の重要性への着目は、パチンコ産業の歴史において、比較的早い段階でなされた。ただし、積極的な特許取得の最初の契機は、メーカーの目指すべき当然の開発行為の手段として認識されたものではなかった。他社の特許権を尊重して、その利用に際して技術料を支払うという商習慣も定着していなかったから、競争優位を志向して特許開発に取り組む行為が生じたわけではなかった。特許への注目は、泥沼化していく紛争事件の経験から学習した歴史的産物であった。本節では、特許権が尊重されるようになる長い道のりを追い、特許プール誕生の背景となった時代特殊的な課題を明らかにする。

日特連は、先述したように、パチンコ関連の特許を集めて特許管理を行い、開発を促進する目的のもとで、一九五九年六月三日（一九六一年六月に法人化）に結成された。プールの形態は、日特連が参加企業や業界の特許を買い上げるか、あるいは自ら有力な特許を発掘・研究して特許権を取得するかなどによって「保有」することを基本にしていた。しかし、特許の取得や管理のみを日特連の目的と考えると、この時代のパチンコ産業の重要な局面を見落とすことになる。そこで、日特連の結成に至った背景として特許紛争や乱売問題を検討するとともに、特許プール結成を契機とする開発促進への期待など多面的な考察を進めることにしたい。

（1）特許紛争

業界全体を巻き込んで特許が問題となった時期は、パチンコ産業が急成長する一九五〇年代初頭まで遡る。ただし、偽物に悩まされていた正村ゲージは特許を取得しなかったことや、オール物を開発した長崎一男は特許権を保持しながらも行使しなかったことから見ると、特許による発明の排他的保護（権利行使）はそれほど重視されていなかった。業界に広く浸透し、パチンコ人気の火付け役でもあったこれらの技術に関連して、仮に後者の特許権が実行されたとすれば当時のホールに設置された機械のほとんどは使用禁止の仮処分となったであろう。[38]

ところが、当時の業界紙などから知ることのできる特許関係の事件を追跡すると、パチンコの流行によって市場の拡大が確実なものになってから、同業者間の特許をめぐる法的争いが起き、対立の度合いが激しさを増していったことが分かる。表2-1は、業界に大きな影響を及ぼした事件の経過を一覧表にしたものである。

一連の特許紛争の発端は、一九五三年に、当時最も注目されていたメーカー、豊国遊機製作所（六一年に豊国販売、以下、豊国）の菊池徳治がパチンコ機械の基本構造に関連する特許を主張した訴訟であった。豊国は、一九五二年から業界で注目されるような機械を開発し、一九五三年にはオール二〇連発式、いわゆる「機関銃」を売り出して業界に衝撃を与えていた。この機械は台の前面下部に遊技玉を載せる皿をつけ、ハンドルを引く度に次の玉を発射位置にセットする仕掛けを特徴とした。一度に負ける額が大きく、従来に比べて射幸性を著しく高めた機械であった。[39]パチンコ市場を急拡大させたとも、行き過ぎた射幸性の問題が連発式禁止令の引き金になったともいわれるほど画期的技術が集約されたものとして評価された。[40]

表2-1　特許をめぐる事件と解決（日特連の結成まで）

年度	事件・対応	経　　過	特許紛争の変遷
1953年	事件①　豊国号の偽物に対する特許・新案権利侵害事件	〈原告／被告〉　豊国[1]／中央製作所 〈経過〉　特許，新案の権利侵害に対する証拠保全の費用請求（5～6月）。豊国は，1953年に入ってから「豊国号のニセモノ」が横行したことへの対策として，特許権侵害について内容書面を発送し，工場の証拠保全などを行った。同社によると，豊国号機関銃式の偽物を買って困っている人々への擁護のためであった。 〈請求金額〉　証拠保全に要した78万円＋新案登録に対する数百万円請求。	始まり
1954年	事件②　逆行球排出装置の新案訴訟，豊国権利に異議申請	②-1事件 〈原告／被告〉　豊国産業株式会社／豊国 〈審決〉　豊国の勝訴「注文　申請人の申し立ては成立たない。審判費用は請求人の負担とする」（1954年3月24日）。 ②-2事件 〈原告／被告〉　関西遊技機株式会社／豊国 〈審決〉　豊国の勝訴「注文　この豊国の異議の申し立ては理由がないものと決定する。証拠調べの費用は異議申し立て人関西遊技機株式会社の負担とする」（1954年5月15日）。	
	事件③　東京遊技器製造工業組合，豊国権利に対して，対抗訴訟の異議申請	〈内容〉　循環皿にまで範囲を及ぼす豊国の特許，第210472号（1952年2月19日提出，1954年2月19日広告）に対する無効審判訴訟。 〈経過〉　東京遊技機製造工業組合の対応，この特許が登録になったときに，全メーカーが現在の循環機を作れなくなるという危機意識（1954年4月16日，石原組合長，異議の申請を提出）。 →取り下げ	激化
1955年	事件④　豊国対鈴木事件	〈原告／被告〉　豊国／鈴木商会（1954年2月） 〈判決〉　（1955年6月15日）一，被告（鈴木商会）は原告（豊国）が有する実用新案権，特許権に抵触する機械ならびに商品の製作販売および使用をしてはならない。二，特許権に抵触する構造を持つ機械は直ちに廃棄しなければならない。三，被告は原告の指示する新聞紙上に謝罪広告を掲載しなければならない。四，被告は原告に対してその製造販売した機械1台当たり金3,200円の割合による損害金を支払わなければならない。	
	事件⑤　豊国に対する全工連の対抗訴訟による異議申請を決定（豊国対組合）	〈内容〉　豊国による工業組合および業界への通告・日刊新聞紙上の警告（5月27日）・業界新聞紙上の声明書（特許問題に対する意見表示）。全国遊技機製造工業組合連合会（以下，全工連），名古屋西組合武内組合長，関東工組中島組合長，西陣商会側から強硬に対応するとの意見を発表。7月12日，豊国の「実用新	

（つづく）

年度	事件・対応	経過	特許紛争の変遷
		案昭和 29-1643」に対する無効審判訴訟を決定。 〈経過〉全工連が豊国を除名。 (10月8日付)「共同声明」発表。組合は特許，新案権問題に関しては業界の発展向上のために，発明考案を奨励しその権利を尊重する。 しかし，訴訟に発展。〈原告／被告〉 豊国／竹屋商会(全工連側)。	激化
1956年	**乱売問題**	3月21日，全工連　総会決定：会員証を機械に貼付。	転換期（特許権の尊重・乱売問題の解決策として認識）
	事件⑤の結果——示談で解決	4月24日，訴訟取り下げ，竹屋商会が豊国に被害賠償を支払う。	
	特許契約①　豊国・西陣	7月5日，声明書発表：特許を尊重する気運。	
	模造品の続出	9月25日，「都内に現れた　西陣商会の類似品」。	
1957年	**乱売問題**	3月26日，全工連総会，価格維持運営委員会結成を決定。	
	特許契約②　西陣ジンミットグループ結成	6月3日，ジンミット協会の結成「社告　ジンミット機の新製品は，左記のメーカーよりお買い上げください。左記の各社とのジンミットの技術協定をしております。西陣コンマーシャル株式会社」。	
	特許契約③　特許・新案権実施契約　豊国6社と契約（7月5日付）。		
	乱売問題と特許	〈日本遊技機研究協会〉 豊国特許を認めず，無効審判に関わった業者中心。 〈日本遊技機発明実施懇話会　9月20日結成。豊国の権利をもって価格維持を図るため結成。考案者（豊国）の権利を尊重する立場で，西陣や平和など，豊国との権利の実施契約を結んだ企業が中心であった。	乱売問題の解決策として、日特連を結成
		代表者の結成趣旨の説明：「連発禁止以後難しい基準のなかで，類似粗製品の乱売を防ぎたいというものが本旨である。従来の全工連の価格維持が，事実上徹底していなかったので，価格の厳守を具体的に特許に裏付けをする方法をとった」。 メンバー：豊国，平和商会，西陣，武内商会，正村商会，マルダイ製作所，東海産業，大山式遊技機製作所，進栄商会，長崎商会（10社）。	
		9月29日，日本遊技機発明実施懇話会と日本遊技機研究協会が価格問題・偽物を撲滅することについて，特許使用に合意。	
		10月25日，（全工連理事会） 適正価格推進委員会結成を決定。	
1958年	事件⑥　部品関連事件，倉田セル対組合	5月15日，倉田セルが，奥村遊機株式会社に対して証拠保全の通達。	

年度	事件・対応	経　　過	特許紛争の変遷
1958年		〈経過〉 話し合いが決裂した場合，倉田セルの新案の無効審判を提起することを決定。組合として，戸田，芳賀，内々島三氏の権利の使用方法を討議，全工連証紙を貼って協力費の裏付けとする案に仮決定。	乱売問題の解決策として、日特連を結成
	特許契約④　平和コミックグループ結成	「……昨年平和商会がコミック……業界に非常な人気を呼び，ほとんど全国的な規模を以って愛用されるように到り，各社においてこのアイデアの採用が進められているが，その権利使用料については，去る9月展示会の際に戸田全工連会長と中島平和商会社長との話し合いの結果，当初の使用料よりかなり安い価格で了解がついた」(10月)。	
		「(全工連長戸田)　平和商会考案になるコミックゲートは……やく物のなかで画期的なもの……メーカーの全般の動きとしても，コミック権利の尊重，確認という動きがあり，……」「(平和商会社長，中島）台当たり20円頂き証紙貼付の方法でやりたい」との結論。「権利行使の目的は遊技機価格の維持の推進にあるので，方法その他は全工連に一任したい」とされ，事務その他は全工連に一任された。「……（他社の特許権ともあっ旋を）……尊重すべきものである。ただどの程度普及するか不明であるが，全工連としてあっ旋したい方針である。かくすることにより……新型機が成長し，業界の発展に直結することになろう。契約の金額その他は各社により区々であろうが，なるべく全メーカーの新型機と権利締結をいたしたい」(11月)。	
1959年	**乱売問題と特許**	適正価格維持策について「工業所有権の適正運用で！（武内）工業所有権を適正に運用することですね。……相当の重圧が加えられると思う。納税証紙の貼付もよいが，これは抜け道があると思う。工業所有権を適正に運用するならば，納税証紙以上に効果が上がる〔と〕思います。その方策として，今日の組合員を全部工業所有権のグループに加入させ，それ以外のアウトサイダー的なものは徹底的にたたくこと，適正価格の維持も容易だと思います」。	
	日本遊技機特許運営連盟結成を決定	4月21日，全工連定時総会，適正価格推進委員会の母体結成が審議され，(5月7日，15日の会合を踏まえ）6月3日「日本遊技機特許運営連盟」の設立決定。「特許運営連盟の最大の事業内容……適正価格……」。	
	日本遊技機特許運営連盟の結成の趣旨	「……研究意欲が昂上すればする程，特許あるいは実用新案や意匠等の登録品が出現し，事前に各権利所有者より実施特許を受けるのが建前ではありましたが，使用料の問題などについて折り合いがつかず同業者間において誠にみじめな係争を惹起したこともありまし	

（つづく）

年度	事件・対応	経　　過	特許紛争の変遷
		た。……製造関係業者は常に技術の交流を図り，責任と良識を機械1台ごとに傾注し，さらには次から次へと優秀機を製作し，供給者としての使命を遺憾なく発揮する目的を持って茲に日本遊技機特許運営連盟を設立いたしました」。	乱売問題の解決策として、日特連を結成

注1）豊国：豊国遊機製作所。
　2）下線，ゴシック体は，乱売問題の解決策としての日特連設立に関連するもの。
資料）『遊技通信』1953〜59年の関連記事より作成。

豊国の中核技術である「循環機構」の特許は、パチンコ機械の基本構造に関わるものであった。適用範囲も広く、この技術を回避した機械製造は事実上難しいことが判明していく。本来であれば同社から許諾を得て製造すべきであったにもかかわらず、同業の機械メーカーのなかには、「豊国号のニセモノ横行」と報じられるように、豊国の新機構を模倣して製造したものが続出していた。事件①は豊国が重大な特許権侵害として法的手段に訴えた最初のものと思われる。詳細は明らかではないが、他のケースの経過から判断して豊国の勝訴になったと考えられる。事件②、③を経るなかで豊国の特許権が認められ、それに対して、事件⑤のように紛争が繰り返されていることが豊国勝訴の証左となろう。

一連の特許紛争の結果による賠償金などに見るように、敗訴したメーカーは相当の経済的負担を強いられた。例えば、豊国対鈴木商会の事件④の訴訟で被告側であった鈴木商会は、特許権を侵害した機械販売の禁止にとどまらず、すでに製造販売した機械一台当たり、三二〇〇円という高額の損害金を支払う結末になった。当時ブランド品といわれていたM商会の機械の価格が平均七五〇〇円（卸売値）前後であった（第1章）から、賠償金の負担の大きさは明らかである。事件⑤の場合でも、竹屋商会（一九五八年に竹屋、以下、竹屋商会）が示談に応じることで決着した。

ところで、この事件⑤は、業界全体が豊国に対抗するという動きになっており、与える影響の深刻さがにじみ出ている。豊国は連発式禁止令が実施された一九五五年五月に、各種の新聞紙面にて、所有する特許の濫用について業界全体に対して警告を発した。これに対して、全国遊技機械製造工業組合連合会[41]（以下、全工連）では、豊国が主張する適用範囲の広い「循環機構」の解釈をめぐって対抗的な法的手段を講じることが検討された。断片的な記事から推測する限りでは、全工連側は、委員会を設けて対策を協議し、類似の特許を保有していた竹屋商会による豊国の特許権無効の訴訟を決定、さらに豊国を組合から除名する措置を取るなど、一歩も引かない態度で対応した。

一〇月八日付の全工連と豊国両者による共同声明では発明考案の権利を尊重することが表明され、問題はいったん収束に向かったかに思われた。特許尊重への組合の合意は、権利に関する新しい考え方の方向性を示した大きな前進であった。しかし、その後豊国側が竹屋商会を相手に訴訟を起こしている。事情は明らかではないが、権利者の豊国の意見が十分反映されなかったと推測される。このようにして特許事件による対立はメーカー全体を巻き込んだ事態へと発展した。

既述のように、竹屋商会の訴訟は示談決着となる。決着の仕方において見逃せないのは、一九五六年に入って、メーカー間の紛争が転機を迎えたことである。西陣と豊国との特許契約はその象徴的出来事として注目に値する。締結が成立する上で決定的だったのは、西陣の行動であった。有力企業の西陣といえば、一連の豊国対組合の対立軸のなかで、組合側の立場を代表して交渉にあたっていた[42]。にもかかわらず、この契約を通じて「あくまで模倣はやめ、豊国と調印をしたい」と権利尊重を強調するようになった[43]。その経緯は、次のようである。

一九五六年二月に豊国が発売した新機種豊国二式が、東京に限らず、東北、北陸、東海、四国、九州地域まで旋風を巻き起こしていた[44]。東京都内で日増しに強まっていく人気を目のあたりにし、同地域を主要な営業基盤とする西陣は市場の反応を傍観するわけにはいかず権利使用を豊国に申し入れた。二回の申し入れにもかかわらず、豊国は前向きな態度を見せなかった。豊国の機械の売れ行きに、耐え忍ぶことができないと西陣が焦燥を感じたのも想像に難くない。

豊国が有利に見えたこの状況は一転する。西陣のそもそもの申し出は、玉切り装置、景品玉の落下装置、打玉の送球装置については西陣独自の技術を使用し、循環装置だけを借りたいというものであった。ところが、舟下の循環装置が自社の類似技術であると主張する豊国の無効審判が認められないという判決となった。その結果を受け、西陣は舟下の権利を取得し、豊国の特許を回避できる手段を手に入れたのである[45]。この状況に対して、豊国は、西陣が舟下の特許を取得したとしても同社製品が自社の特許権を侵害したと上訴する構えを見せ、二社の対立による緊張感は高まった。

ところで問題が起こりそうな機械の購入を躊躇する[46]ホールの反応も当然のように生じ、両者の対立が販売活動にダメージを与えることとなった。このホールの態度は、メーカーにとってホールとの取引に悪影響をもたらすような特許をめぐる長期の争いが得策ではないことを示すという点で興味深い。一九五五年の連発式機械の規制以降縮小していく市場状況（取引先のホール数の減少）を時代的背景として指摘すべきである。販売に影響を与えそうな紛争を両社とも続けるわけにはいかなかっただろう。この事件の行方は、最終的に西陣の申し出から約二カ月——次の新しい機械が出るまでのほぼ半分の期間——が経ってから、前述の契約にこぎ着けて収束した。

この提携の後、ジンミット協会、コミックグループの結成など、他企業の技術を積極的に取り入れる動きが活発化していく。この技術提携の方向は、西陣対豊国の契約過程に見られた特許紛争がホールへの販売にまで影響を与えるような事態を免れるということだけでなく、ホールの意向を積極的に汲み取るかたちで後押しされ、勢いを増した。

得意先〔ホール〕の意志を尊重するには「ジンミット」も自社〔御園製作所〕で製作しなければならない。それが為には「考案者である桐生の西陣と協定を結んで大きな顔で売り出すに限る」……〔こうして、二社は〕製作協定書に各々調印した。目下同社の特売先の中にはこの新しい「ジンミット」を欲しい人もある矢先であったので双方共紳士的でいこうと誓った。

（「御園、銀正も製作協定」『日本遊機界』一九五七年九月二五日）

ジンミット協会に参加したメーカーの動機は、御園製作所がそうであったように、人気のあったジンミットのような機械を設置したいホールからの要求（潜在的需要を含めて）に応えるためであっただろう。コミックは役物に動きをもたらす機能を持っているもので、東海産業のコミックゲート、新栄製作所のコミックスーパー、といった機種の販売広告が出ており、市場の人気を受けてコミック技術を取り入れた類似品が次々と発表された(47)。奥村遊機はコミックゲート（一九五七年）という機械を、名古屋銀座はコミックセンター（五八年）という機械を売り出し、大変人気を得たという(48)。

特許問題をどのように解決するかを試行錯誤するメーカーの意思決定において、買い手であるホールの立場や反応は決定的影響を与えたはずである。特許権侵害に関する訴訟やそれに対抗する無効審判など、長期間にわたる法廷での争いのなかで、生産・販売活動に支障をきたさないよう、（模造品の規制など）特許の尊重と事前交渉の必要性の認識が芽生えたといえよう。

表2-1で、もう一つ強調したいことは、市場で注目を集める技術や機種を開発した企業が入れ替わっていく様子である。すなわち開発主体が一九五三年から五六年まで一連の訴訟を通して主役であった豊国から、五七年から五八年にかけて結成されたジンミット協会の西陣とコミックグループの平和に変わっている。同表には詳細に示さなかったが、一九六〇年代に大流行となったチューリップ（六〇年開発、六二年特許登録(49)）を開発した成田製作所も業界に与えた影響から注目すべき新規開発の成功者として指摘すべきであろう。特定企業の支配的地位は必ずしも持続的ではなかったのである。もちろん適用範囲が広い技術の特許を持った豊国の、比較的長期の優位性が認められる。豊国の特許は存続期間内で開発の基本的技術として継続的に利用されうるものであった。特許を回避できる技術が開発されない、あるいは豊国の技術が陳腐化しない限り、その可能性は高かった。機械の入替えまでの一年という期間を長いか短いかで評価するのも、適切ではないかもしれない。が、業界全体で見た場合、人気機種が開発主体となる企業を変えながら存在したこと、また豊国の基本的技術の特許が人気機種そのものと同じではなかっ

たことも留意すべきである。これらの現象は特許による保護が競争優位を長期的に保障しえなかったことを意味する。

竹屋商会の豊国を相手とした訴訟は業界としての対応の開始を画するものであり、西陣と豊国の特許契約は強力なアウトサイダーとして特許権を所有した豊国を再び業界のインサイダーとして取り込むことを可能にした。そして、事件⑥のように部品業者の特許事件にも悩まされるなかで、一九五七年には、豊国特許をめぐって西陣のように特許を尊重し許諾を受ける立場のグループ[50]（表2-1の日本遊技機発明実施懇話会。以下、懇話会）と、特許を認めず無効訴訟を申し出る立場のグループ（日本遊技機研究協会。以下、研究協会）が結成される。豊国の特許に対する認識や特許の管理方法[51]については必ずしも一致した見解を示さなかったとはいえ、特許を尊重する気運が生まれるなか、相対的交渉だけでなく技術提携のグループ結成による対応が進行した。こうした経緯のなかで痛感されるようになった組織的調整の役割を日特連が担っていくことになる。

特許紛争の過程で注目すべきことは、第一に発明に対する尊重とそれへの動機づけが直線的に結びついたわけではなかった点である。それまでのパチンコ業界は正村ゲージやオール物など、人気機種を真似ることによる素早い対応が市場形成につながった側面があった。特許開発、その技術の取引という時間コストと、パチンコの「流行り」という特性を照らし合わせると、「発明の尊重」が産業発展に歩調を合わせるかたちで行われるかは自明ではない。それゆえ「尊重」はそれ自体としての目的としてではなく、ホールとの取引に支障を与えない、また人気機種の導入を急ぐ市場要求に対応するため、時間ロスを可能な限り小さくするかたちで受け入れられていった。第二に、規制との関係である。規制は、一方では、一九五五年の連発式禁止令時のように技術体系を転換させ、従来のメーカーの技術の蓄積を無効にする可能性を内包するものとなり、流行に左右される特性を増幅させた。他方では、技術進歩の範囲を狭め、すべてのメーカーの開発を同方向に向けさせた。これらが特許尊重の背景である。

(2) 乱売問題——価格安定

日特連設立の背景として注目すべき第二の要因は、模造品を含めた様々な問題が機械の価格を引き下げ、メーカーの収益を圧迫していたことである。価格問題は一九五五年の連発式禁止令後市場が収縮していくなかで、深刻さを増していった。収益を上げられる機械の価格安定が求められ、やがて業界全体の共通認識となった。これが、日特連の設立を実現させた歴史的背景の要であった。正確な価格水準の推移を跡づける確たる証拠は見つからない。しかし当時の業界誌で繰り返し騒がれていたのが、表2-1の一九五六年から発生した「乱売」問題と表現される価格問題である。そこで、まずは産業の状態と乱売に関わる言説に注目しながらその経緯をたどってみよう。

一九五〇年代にホール数が増え続けていたときには、パチンコ機械の供給が需要に追いつかなかった。間に合わない機械を自家製作するホールや、高い利益率の売手市場に積極的に進出する企業が続出した。一九九一年に業界初の上場会社になる平和商会[52](以下、平和)が前者の例で、ホールからメーカーに転業したケースである[53]。後者には、東北大学工学部を卒業した清水一二が、当時のパチンコの流行に目をつけ機械を作り始めた西陣がある[54]。第1章のM商会、遊技球の自動補給装置分野でも代表的企業となる竹屋商会のようにホールとメーカーの兼業[55]も珍しくなかった。またそれが可能であるほど、当時の機械製造は家内手工業的生産に依存しており、技術的障壁も高くなかった。

一九五五年の連発式機械を禁止する規制は、メーカーに大きな負担を強いることになった。機械市場が縮小し、製品単価が下がったにもかかわらず[56]、技術的ハードルが低いため参入しやすく、ホールの自作機械や新規参入者は価格をさらに押し下げる要因となった。

状況を悪化させたのが、物品税であった。一九五二年に導入された物品税は、当初は機械価格の約二割で設定された。しかし、生産構造が複雑であったため、行政が正確に製造業者の実態を把握することは困難であった。課税前と思われるが、名古屋市税務署の担当者は、課税のための実態把握にいかに手を焼いたかを次のように伝えている。長くなるが、価格決定に影響するパチンコ機械の製造のあり方について、一九五二年当時の状況を描写しているので引用する。

パチンコ・メーカーといっても製造から販売まで一貫作業でやっているところが殆ど一つもない。下請けから下請けに分れ、取次から取次にわたってそれがいつの間にか完成品になって全国へ売り出されている。誰がいくら拵えて、いくら賣りさばいたかは皆目わからない。設計図に従って、ベニヤ板だけを切り抜くもの、釘だけを打つもの、穴だけをあけるもの、ボールやミット、花や果物、オール十とか二十とかの画面だけ描くもの、裏の金具だけを作るもの、ネーム板だけ打ち抜くもの、まさに千態萬様の分散作業で、中にはパチンコになるのも知らないで、その部分品をせっせと作っていた内職家までもあるから驚く。これでは全く私どもでもどこから網をたぐり寄せていいのか、てんで手も足も出せん始末だ。今、ネームプレートのことをいったが、それがみな出鱈目なものばかりで、何々式がわれわれの鼻をあかすように後から後からと出てくる次第なのである。何しろものがもので、一寸いいとなると、すぐ誰にも轉業されて、続々新メーカーになれるので、こいつの實態把握はとても困難を極めている。しかし今年からは、重要な課税対象として見逃せぬシロモノだから、一つ徹底的に調査を進める考えである。いずれにしても、店を張っているパチンコ屋の方は逃げも隠れもできなくていいが、裏に隠れた機械製作者の方はやっかいな對手である。一つカチンと當ててからつぼの打ち止めと行きたいもんですよ。

（「変わった町・変わった村　パチンコのメッカ　名古屋訪問記」『オール生活』七（三）、一九五二年、七九頁）

機械の生産が、急激に伸びていくパチンコ人気に応え、名古屋の豊富な下請けの基盤を駆使しながら極めて柔軟に立ち上がった様子が見て取れる。経済主体の素早い対応を支える分散化した生産構造は、その実態を把握して課税したい行政側に立ってみると、認知の「網」から漏れ、隠れた厄介なものにしか映らなかったのである。このような状態であったから、捕捉率や課税後の納税率はそれほど高くなかったと思われる。課税されたメーカー側の反発も強く、東京都球遊器製造工業組合や西陣が国に対して課税無効裁判を提訴していた[57]。

一九五五年以降になると、機械市場は買手市場となり、激しい価格競争のために物品税の製品価格への転嫁はより厳しくなった。市況悪化のために、特許料はもちろん物品税を支払わずに投げ売りする「不正業者[58]」やホールの自家製造が後を絶たなかったのは、むしろ自然なことであった。例えば、一九五六年当時には、

全国的ではないが一部では現在の単発機の価格競争には、マトモの工場では到底太刀打ちできないものがあった。このダンピングは正規の工場経費・営業経費・物品税・営業税などを全然みていないばかりでなく、原価計算をはるかに下回ったものであり、出血受注というものである。この状態は今に始まったものではなく、昨年秋ごろ〔一九五五年連発式禁止令後〕よりの変則状態で、単発専門のメーカーは頭痛の種であった。

（「豊国遊機 対 西陣商会　権利使用と友好的関係結ばる」『遊技通信』一九五六年七月五日）

禁止令後ダンピングが蔓延し、メーカーは諸経費や税金を積み上げた原価を下回る激しい価格競争を強いられるという苦境に立たされていた。看板を掲げた工場を持たず「屋根裏」でパチンコ機械を作り物品税の申告を免れるメーカーの存在、販売不振の影響もあって申告が実際の数を下回る[59]など、当時未納の実態を示す現象は至るところにあった。「ホール側では未だに物品税が含まれていることを認識しているところが少ない[60]」状況であったから、それゆえ、納税しないことによってかろうじて採算が取れる価格を設定して売りつける乱売行為が、結果的には納税率をさらに押し下げ、価格維持を困難にする悪循環が発生していた[61]。

一部の有力メーカーでは正常な価格で販売されているという指摘もあった[62]。しかし「そのときばったりのネームプレート、なかには銀座商会、奥村モナコ、平和、西陣どれでもお好みのネームプレート[63]」を無断使用するといわれるように、模造品を製造する安売メーカーの存在は、長期的には有力メーカーの経営を脅かす要因であった。例

えば、一九五五年三月に豊国が発売した半ゲージの循環スピード二式は好評であったが、模造品の品質の悪さがホール側に疑問を抱かせるとともに客の評判を落とし、人気は一時的なものとなった(64)。豊国をはじめ有力メーカーは特許や人気機種を開発する主体になっていたから、後を絶たない模造品の出現は開発のインセンティブを低下させる原因になりえた。このようにして価格安定は有力メーカーをはじめ、業界全体にとって死活問題として認識されるようになった。

しかし、業界全体が取り組んだ課題であったにもかかわらず、一九五〇年代後半の適正価格への取り組みは有効ではなかった。例えば、全工連は、一九五六年六月に価格維持を図るために全工連証を発給し、その使用について業界新聞に「機械は責任ある全工連会員からお求め下さい」という広告を出した。

最近、業界発展を阻害している不良機械による乱売を阻止し、又悪質モグリメーカーと正規業者とを区別し、業界の確立を計るため、全工連証を制定しました。全工連会員が販売する機械には信用と責任の象徴として、右掲の如き全工連証を全機毎にセル板左肩の位置に貼付してありますので、充分ご留意の上、機械の購入は責任ある全工連会員からお求め願います。

（「広告」『遊技通信』一九五六年六月一五日）

組合のインサイダーのメーカーに対して価格水準の適正な設定の指導を試みる一方で、ホール側の受け入れを呼びかけている。また、「税務協力を目的で」「販売価格」を申し合わせるなどの対策を講じた。しかし、販売合戦が激しいために、全工連証の貼付という監視方式はほとんど守られず(65)、翌年には廃止することになる(66)。

機械を自家製作するホールやもぐりメーカーなどの存在から見て、全工連はアウトサイダーの乱売に対して指導が及ばなかったと思われる。任意団体としてすべてのメーカーをインサイダーとして抱えることができず、市場への影響力には限界があったことになる。問題は、決められたルールへの違反に対する規制が弱いことと、価格維持を妨害する不正業者の発見やその規制の方法にあった。

そこで焦点となった不正業者を規制する具体策として、特許権の行使が注目された（表2-1）。既述のように、業界は特許を尊重しながらも異なる路線に立つ懇話会と研究協会に分かれていたが、特許を有力な手段として価格維持など業界の秩序化を図ることに合意し、価格維持運営委員会設置という準備段階を経て、一九五七年一〇月には全工連に適正価格推進委員会を置くことになった[67]。

適正な価格の維持がメーカーの存続において緊要であり、実際に価格を攪乱するアウトサイダー的行動をとるメーカーを規制する有効な手段として、コミックグループのように特許権を利用することが積極的に進められた。

メーカー死活の問題といわれているのが適正価格の維持であり、これがために先に価格維持運営委員会も組織されている。価格維持のもっとも手っ取り早い方法としてモグリメーカーの撲滅が叫ばれているが、それがためには特許権利をもって追求することが運営委により図られているが、現在もっとも普通化しつつある平和商会〔平和〕「コミック」についても権利尊重と価格維持のために愛知工組では平和商会との間に使用契約を結ぶことになったが東京工組でも愛知工組と同一の方針を決定した。

（「東京工組理事会　権利尊重と価格維持を再確認」『遊技通信』一九五八年一二月五日）

繰り返される乱売を持続的に、したがって組織的に解決しようとする問題意識が浮かび上がっている。

一方、一九五三年の東京地裁から始まった業界の物品税無効を訴える裁判は、最終的に一九五八年の最高裁まですべて敗訴で終わった[68]。過去の滞納額までを含めて支払う結果となったから、納税・脱税に対する規制はより厳しくなったであろう。特許紛争、納税問題の解決が適切な価格維持の条件となることが共通認識になっていくなかでいくつかの段階を踏まえて日特連が組織される。

（3）開発促進への期待

特許紛争や価格維持の問題を解決するために、特許権の法的規制力を軸にした新たな組織化の動きが明確化してくると、その新しい組織に、さらに新技術の開発という期待が寄せられるようになった。開発の活性化への期待が、日特連設立を促す第三の要因であった。

個別企業の努力だけではなく組織的取り組みを通した発明に望みを託したことには、厳しい規制によって機械開発が制約されるという当時の状況が映されていた。警察庁は、一九五五年に連発式機械を禁止するとともに、パチンコ機械の検定基準を発表した。開発は、機械の物理的構造に関する細かい基準の枠内に制限され、認可前の機械は販売できなくなった（第1章）。ほとんどが中小零細企業であったメーカーにとって個別企業として規制の範囲内で開発を進めること、特に特許に関する基礎研究の実行に関しては、前項の乱売問題の状況を考慮すれば現実的ではなかったと思われる。

こうしてパチンコ機械業界は、メーカーが抱えていた問題を認識し、その解決を一九五七年に結成された懇話会と研究協会（前掲表2-1）のような組織を通した発明やその相互利用の促進に期待するようになる。

豊国、西陣、正村商会など、当時の有力企業を中心にした懇話会の結成趣旨には、特許、あるいは各社の発案を活発化して業界内で活用しようとした意図が明白であった。代表者であった平和の中島健吉は一九五五年以降の状況とともに次のように説明している。

> 当局の許可基準が非常に狭く〔それに〕制限され新しく機械を考案することは非常に困難な情勢になっていました。……発明考案者に対してその成果と権利を当然尊重すべきでそれによってよい機械が生まれ発明考案の意欲が高まってくる。……こういう意思から真面目な考え方をもっている我々同志が集まって業界に利益をもたらすものを再三再四説得してきましたが成果がないので、ここに法的裏づけのある力をもって制すること

の止む無きにいたりました。尚本会は規約にもあるとおり、新規考案して権利の生じていないものも、業界発展の為に価値あるものについては〔業界が認めることにより使用を促します〕。

（「業界発展策と価格維持への道」『日本遊機界』一九五七年九月二五日）

引用冒頭の傍点の内容は規制による開発の制約を乗り越えることが容易ではなかったことを強調している。後半の傍点の引用部分は、運営方法に関するスタンスを明らかにしている。流行の変化が激しい――企業行動としては毎シーズン新しいものを開発して違った機械を提供し続けること――産業特徴に関連して興味深い。つまり、考案から、特許申請、公開、広告まで不確実で時間を要することを考慮すれば、制度的結果が得られる前に新案を認め合うことにより、市場で流行ったときにより早く対応できるという効果が期待できる。例えば、市場で人気を得たコミックは特許取得の前に使用が協約された。発案を促進する環境として特許尊重と相互利用の仕組みを明確にしていたのである。もっとも、特許権の尊重により発案へのインセンティブを与えることと、それらの相互利用と利用の方法についての言及にとどまっており、研究や開発は基本的に個別企業の判断でなされるものとなっている。

懇話会に対して比較的規模の小さいメーカーを抱える研究協会は、技術研究を追求する研究機関としての役割や立場を重視し、優秀な機械を査定して考案者に賞金を与えるとした[69]。評価による賞金などの奨励が動機づけにはなりうるが、研究機関としての役割は明白ではなく制度としては具体性に欠けるものであった。

特許の管理方法について異なった路線に立っていながらも、二つのグループには発明促進によって業界内の開発を促進したいという共通の意図が認められる。規制の制約のなかで、他社の特許も利用して独自の機種を開発する、あるいは人気のある機種の特許の実施許諾を受けて製造したいという認識が生まれるようになったといえよう。さらに組織的に、将来性のある技術を発掘して特許取得を支援する、それを公開することによってさらなる機械開発を促す、という期待も寄せられることになった。

二　メーカーの組織化と日特連の設立

すべてのメーカーにとって同じ条件である物品税をホールの承諾のもとで価格転嫁できたとしても、特許技術を尊重することは、メーカーによって異なる条件を与えることになり、ロイヤルティを原価として吸収しなければならない特許使用者であるメーカーを一層の価格競争に陥れるものとなりうる。特許紛争、価格安定化の解決方法とブレークスルーへの期待に関連する諸問題は、複雑な経路をたどって厳しい価格競争に帰結し、次第に個別企業として対応できる範囲を超えた局面へと展開した。しかし、このような諸問題の解決のためのグループとしての連携など様々な取り組みは、それぞれ異なる目的のもとで利害関係が異なる主体をプレイヤーとしていたため、常に対立がつきまとった。それゆえ組織化は長い年月を必要とした。実質的解決の糸口は特許管理を価格安定策に関連づけたことであった。

前に述べた適正価格推進委員会は、その具体的動きであり、特許権利を行使することにより価格維持を図るために、一九五七年に、全工連に設置された。以下の資料1はこの委員会に関する運営案である。これを手がかりに適正価格推進委員会に期待された機能を検討することは、類似の資料が残っていない日特連の仕組みを理解する上でも有意義であろう。

【資料1】

運営案[70]

一、特許権の適用は是非必要である。

㈠　乱売の防止にも

(二) 自家生産を行うホール業者の粛清にも

(三) 不正なる部品業者の粛清にも

これらの業者は権利に抵触する部品を製造し、無申告業者に販売している、乱売の温床と指摘しても差し支えない。

(四) 組合員の商社名を類似する業者の排除にも

(五) 協定逛《ママ》反者の粛清にも

(六) その他適正価格維持の手段として範囲は広い。独禁法第二七三条にはこの法律の規定は、著作権法特許法、実用新案法、意匠法または商標法による権利の行使と認められる行為にはこれを適用しない。

二、特許権を実施する資格は組合員に限る。

三、証紙の貼付は運営に欠陥が生じるから廃止する必要がある。

(一) 偽造品発展のおそれがある。

(二) 権利者側において証紙を貼付する場合、一部セル業者の独占的営業のおそれがある。

(三) 一ヶ所において証紙を貼付した場合組合員の生産に遅延を招くおそれがある。

(四) 証紙を貼付した場合、返品または代金回収の不能に陥ったときその商品は廃品となる。

四、実施契約ならびに生産台数の査定及び実施料の納入

(一) 契約は権利者が定めた日時に個々に行う。

(二) 毎月の生産台数の査定に関しては組合より若干名の査定委員会を置く。

イ　実施料は毎月五日前に生産内訳表を組合に表示し、その月の一〇日までに組合に納入する。

ロ　納入金額が小額と認めたものに対しては、査定委員会より再納入を依頼する。

ハ　査定委員は常に実施社の状態を調査し、権利者との間に円満な運営に留意すること。

五、査定委員会は適正価格に違反するものに対しては契約の解消を権利者に要請する。その場合権利者はこれを受諾しなければならない。

六、組合は第一項各号及び必要に関するＰＲ運動を実施し組合員の権利増進を図らねばならない。

七、権利者は組合の趣旨に賛同し特許権の有効な活用その他資金の捻出に努力しなければならない。権利者が組合に給付する資金は徴収総額の〇％とする。

以上

昭和三二年一一月二二日適正価格推進委員会

まず、第一項に認められるように、市場の秩序のため特許権利用が有力な手段になることを明確に打ち出している。一方、それまでの取り組みが持つ限界も浮き彫りになる。第一に、証紙運営の難しさである（第三項）。全工連の試みた証紙による価格安定には実行自体に関わって挫折した様子をうかがうことができる。偽造の証紙のみならず、証紙貼付の場所、回収に関わる問題など、実施にも様々な障害があった。

第二に、査定委員会の運営における制度上の不十分さが残る。第四項㈡には生産情報の把握が若干名の組合員によって担われるとしているが、具体的な手続きについては不明である。特許の権利者側にとって、使用するメーカーの生産や出荷台数の情報を正確に把握することは極めて重要である。それは市場に出回っている機械すべてに特許の法的力を及ぼしたい組合（適正価格推進委員会）においても、同じだったはずである。監視を潜り抜けて出荷された情報のキャッチにつながるからである。しかし第四項では、毎月の各社工場の生産出荷情報に関する正確さがどのように担保されているか、明らかでない。人員の確保、調査方法の適切さ、審査能力が問われる。そのためのコストも無視できないことが予想されるが、監視の仕組みについて実践的方法には言及されていなかった。

第三に、運営案への協力、特に第五項、第七項が権利者にどのようなメリットをもたらすか、つまりこの体制を受容する動機が明確でない。第七項に見られるように、権利者が負担する運営費の大きさは、査定委員会の管理コストを反映する。権利者にとってはその得失が加入のポイントとなる。運営案の実施や成功如何は、権利者からどのような協力が引き出せるかに依存しているといえよう。

運営案がその後たどった経緯を知ることはできない。注目すべき活動は確認できず、上記の予想される諸問題が克服できなかったと思われる。日特連の設立までの長い道のりは、運営案では不明であった権利者との意見調整を行い、証紙の諸問題を克服した仕組みとして設計されていく過程となった。

適正価格推進委員会に注目すべき活動や成果が見られなかったのは、価格維持の解決に関する個別企業の利害が、全工連を中心にした活動に完全に包括されず、別の形で調整されていたことからもうかがえる。有力企業は、一九五八年一一月に当時人気を得たコミックの許諾を受けるため、先述したコミックグループを結成した。[71]

他方で、中小零細企業がほとんどであった研究協会のメンバーが中心になって、特許紛争問題の解決、競争秩序の維持（価格安定）、特許権の共同開発などを目論んで一九五九年六月に日特連が任意団体として結成された。[72]

しかし、日特連の結成当初、研究協会が中心になったことの限界が浮き彫りになった。権利者と十分な意見調整ができていないといわれ、「使用者連盟」に等しいという批判が噴出した。[73] 結成の時点でも、豊国やチューリップを開発した成田製作所など、当時の権利者は加入していなかった。すでに豊国と個別の特許契約をしていた有力メーカーも協力的でなかったため、特許料支払い済みを証明する日特連発行の特許証紙の貼付（特許料の支払い）も徹底しなかった。[74]

実施許諾者と実施権者、有力企業と中小零細企業をめぐる対立は、平和など有力メーカーの協力を得て[75]次第に権利者を包含することにより収束に向かった。その動因は価格問題の解決を主要目的とする、業界全体をカバーする組織化の進展であった。具体的には、一九六〇年に日本遊技機工業協同組合（以下、日工組[76]）、全国遊技機商業組合連合会[77]（全商連）が結成された。

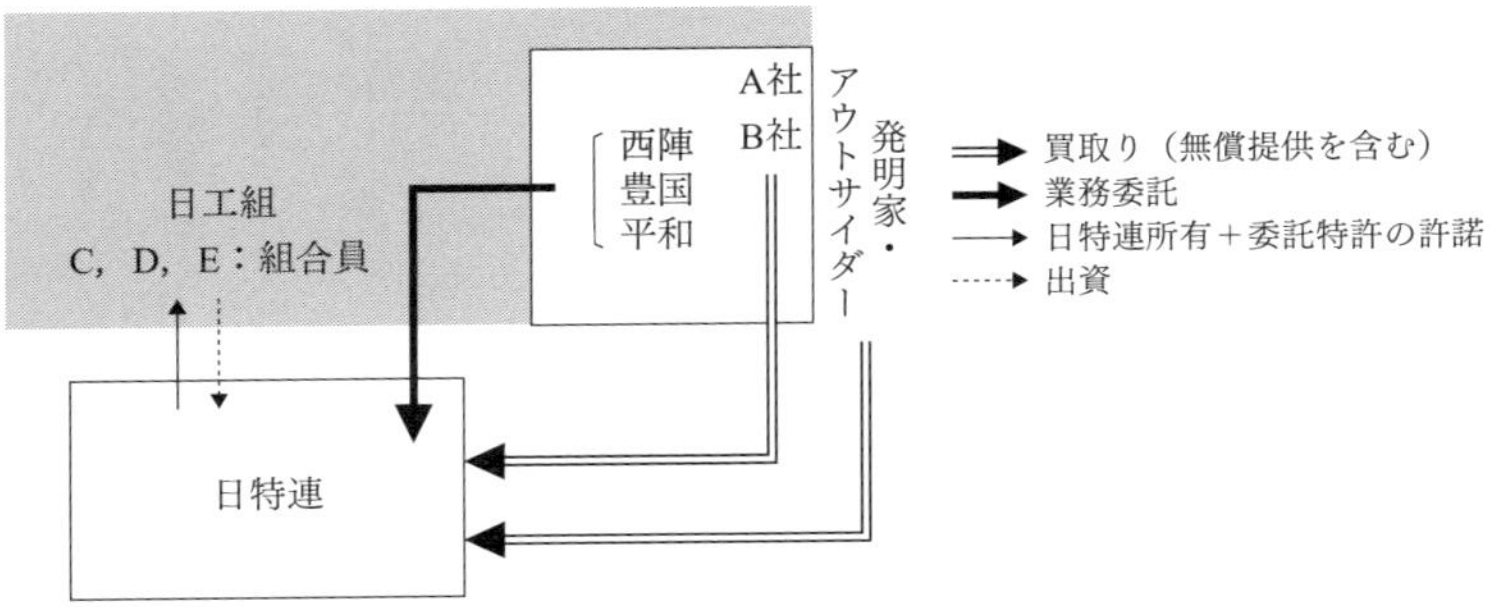

図 2-3　日特連の組織構造（1960～72 年）

資料）関連資料，ヒアリング調査などより筆者作成。

日工組は、任意団体であった全工連を発展的に解消し、一九六〇年二月一五日に「中小企業等協同組合法」に基づいて結成された組織である。これは、一九五九年に国税庁との協議で納税証紙を添付することで意見をまとめた経緯[78]を考慮すれば、納税問題の指導を受けた業界内の脱税対策の帰結であったと考えられる。つまり、物品税未納の問題に対する規制強化によって一九五九年に数回にわたってメーカーが告発されるなど混乱する状況を受け、解決策として国税庁の指導のもとで納税業務を目的にした協同組合を結成する案にたどり着いたのである[79]。主な事業内容および目的は「物品税協力、証紙の発給及び納税向上に関する指導」とする組合員の納税管理であり、日特連と緊密な連携をとることが打ち出された[80]。

結成の段階では三一社が加入するにとどまっていた日工組の組合員数は、一九六〇年七月に四〇社、六一年一月には五七社へと、当時生産活動をしていたほとんどのメーカーが加入するまでになった[81]。物品税の納入共同事業を主要な目的に掲げ、価格安定の期待を込めて設立された日工組は、組合のなかに納税準備金を積み立てるようにし、組合員の納税を指導した。そして、七月一日から、物品税を納めたことを証明する協力証紙——正確には納税済みか、免税対象であった低価格等の製品であることを示す証紙——を発行、管理し、市場に出回っている機械のうち証紙を貼付した組合員の機械が納税済みであることを保証した。証紙の発行に際して、「国税庁届済」の文字のほか日特連の文字を入れることが国税庁の承認で認められ、すでに発行していた日特連の特許証紙と一体化した[82]。日工組と日特連が「証紙」を共同管理することにより組織的な連携が効率的に行われる体制が整った。

日工組の設立を受け、日特連は、翌年一九六一年に日工組の組合員約五〇名の出資による資本金二〇〇万円の株式会社に改組し、工業所有権の取得、売買、実施権の設定や許諾などに関する事業、新製品の育成や遊技機の製造に関する業務を行う組織となった[83]。出資金で業界の特許を買い取り、活動の基盤にした。図2-3のように、日特連の保有する特許権の実施については、日工組の組合員（メーカー）と契約を結んで許諾を与え、これに対して一定額の特許料が日特連に支払われることになった。このほか、特許権利者と実施者の便宜を図るため、豊国と平和が所有する権利に関わる証紙を扱っており[84]、必要に応じて特許の委託業務も請け負った。

三　日特連の仕組み

（1）規制の仕組み

価格維持を目的とした組織化が機能するための出発点は、日特連と日工組が共同管理した「証紙」を中心とした仕組みであった。証紙は不正業者の「発見」を効率的にする可能性がある。ただ、それだけで実際に仕組みが機能するわけではない。既述の全工連の運営案（資料1）からも分かるように、実施に伴う問題が解決されなければならなかった。

一九五六年の全工連の証紙発行による価格安定策が失敗した要因として、制度的欠陥が指摘できよう。すなわち、任意団体であった全工連の証紙を添付しなかったとしても、非組合員はもちろんルールに違反した組合員に対しても効果的規制ができなかった。そして、適正価格推進委員会の運営案に指摘されたように、証紙の管理には模倣問題、貼付方法、特許料の策定に関連して、様々な利害関係者間のすり合わせによる合意が必要であった。

まず、日工組の結成と共に組合員であることを日特連の加入資格の条件にしたことにより、組合員に対する規制の効力が強化された。既述のように日工組は、組合員の「国税の納税管理」を事業目的とした法的団体であった。日工組は違反した組合員に対して、例えば除名など、決められた罰則が可能な組織であった。この規制は日特連管理の特許の利用可能性と法的報復措置に紐づけられたことによって実質的効果を持つようになった。納税証紙は、そのような組織的な管理の強化を意味するものとして生まれ変わったのである。日特連は事前的には契約内容によってインサイダーの行動を規定し、事後的にはアウトサイダーまでを含めて訴訟など法的手段が講じられる強力な規制力を発揮することができる組織としての役割が期待された。このように総合的に制度的限界が改善された。

日特連の警告による規制として次の事例がある。

〔一九六〇年〕……七月一日以降の遊技機に物品税協力証の無貼付の機械は日特連の趣旨に賛同なきものと認め、連盟が管理運営する各種の工業所有権を侵害するものであり連盟〔日特連〕では速やかに「物品税協力証」のなき機械に対して「不本意ながら遊技機の製造中止及び使用中止措置を実施し民事上並びに刑事上の法的措置」をとることになったものである。

（「物品税協力証無貼付機に警告　日特連　製造／中止の措置」『遊技通信』一九六〇年一〇月五日）

日特連は一九六一年に法人化し、前掲図2-3に示したように、日工組とほぼ同一構成員を株主として抱えることとなった。日特連は出資者に限定して特許を許諾し、実施者となるメーカーに対しては、契約条件として、証紙の貼付を義務づけた。すなわち、許諾契約書の第四条の「証紙添付の原則」にロイヤルティ支払いを証明する証紙の添付方法と義務を規定しており[85]、メーカーは機械を販売する際に、出荷前の段階で証紙を購入し、全台に添付することになった[86]。特許料の徴収と日工組の証紙発給が、実際どのような方法で行われたのかについては不明である。

契約書は、ひな形しか残されておらず、これによると、「第五条　売買方法及び使用料の納付　乙の甲に対する、第三条の実施許諾料の支払い方法は証紙と引き換えに金〇〇円を納付し……」[87]と金額が記入されていないからである。公表された機械製造の原価表には特許料が三〇〇円で設定されている。その内訳は証紙発行に関わる諸費用や管理のための手数料一〇〇円（日工組、日特連各五〇円）、特許料二〇〇円（豊国、その他）である。[88]そして、日特連が結成された一九五九年当時では、証紙の購入時に、ホールと交わした契約書――通常取引台数と価格が明示されている――を提示するようになっていたから、[89]この方法が継続されたと思われる。興味深い点であるが、証紙購入の時点で、通常他社には知られない各社の製造台数が日工組と日特連の両組織に把握され、特許料も支払われることになった。

価格維持において注目すべきは、後日追加された「第一四条」である。残っている契約書のひな形によると、「乙が甲の指示事項違反及び原価構成を割る乱売その他不当競争などにより市場における正常な取引関係に著しく混乱を及ぼす恐れがありたる場合には、許諾台数の制限をする」[90]としており、著しい価格競争について特許権利を利用した規制が明確に示されている。一九六六年一一月に行われた組合員会議ではメーカーの厳しい経営状況について打開策が討議されていたが、中心議案として次のような内容が議論された。「当組合においても（理髪業等のように）申し合わせ価格を決めそれを下回った値段で販売したものは、……何らかの規制処置を講じ断固取り締まるべきである。これについて、〔日〕特連の権利の運営により適正価格以下にて販売したものは罰則を加えることができるように方法を講じる事がよい……（T社）」[91]としている。第一四条がこの会議の後いつから契約書に加えられたのか正確な年度は定かではない。この条項は、当時の乱売競争による深刻な経営的状況を表すとともに特にインサイダーに対する規制を強化した側面を持つという意味で、重要であろう。

日特連の規制は、法的規制をもってアウトサイダーまでを包括するより広範なものであり、日工組の管理・規制を強化する意味がある。そして、日特連固有の機能としての特許管理においても、日工組の国税管理の傘に入ったことによって特許料賦課の対象となる製造台数の情報が共有されるなど、管理上の負担が軽減されたことになる。二つの組織の役割が補完された、事前・事後的な総合管理の強化は、インサイダー・アウトサイダー双方に対する適切な規制を可能にした。

（2）監視の仕組み

以上の規制が機能するためには、規制をくぐり抜ける不正行為が容易に「発見」できる仕組みを確立する必要がある。証紙管理の問題では、不正行為を行ったメーカーの発見のほかにも、ホールからの協力が得られたかが問われる。したがって、日工組は、発見と規制を仕組みとして有効にするために、ホールの協力を得て、かつ「発見」の方法を強化する必要があった。その具体化が、一九六〇年七月一日に、日工組と全国遊技業組合連合会（一九六六年に全国遊技業協同組合連合会を新たに設立、以下、全遊連）とが締結した物品税納入協力に関する「契約書」（資料2）であった。[92]

【資料2】

契約書

甲　全国遊技業組合連合会

乙　日本遊技機工業協同組合

右甲乙両者は遊技機の物品税納入に関し協力することを目標として左記の通り契約し、以って業界の発展に寄与せんことを誓う。よって本契約書二通を作成し各々一通宛を補完することとせり。

一、昭和三五年七月一日より販売する遊技機には国税庁と「乙」との間に於て接渉された結果承認された物品税協力証を貼付すること。

二、甲は物品税納入こそ法治国家に於ける遊技場経営者の責任であることの自覚に立ち、全国各地区協議会並に文書を以って物品税納入完遂の指示、指導を行う等機会ある毎にその趣旨の徹底を期すること。

三、乙は遊技業界の健全発展こそ遊技機工業会の繁栄であることの自覚に立ち甲の行う健全娯楽の研究、全国的組織の下に行わるべきＰＲ活動等に物心両面より積極的に協力すること。

昭和三五年七月一日

右甲代表　全国遊技業組合連合会　会長　水島　年得

右乙代表　日本遊技機工業協同組合　理事長　中島　健吉

契約の意義は、第一に、納税証紙の実施に伴って全遊連のホールが証紙貼付の機械を購入することを約束し、機械一台について一〇〇〇円前後と予想された値上がりが受容されたことにある。(93) ホール側から、脱税しようとする「不正な業者の排除」への協力が得られたのである。

もっとも、実際の取引はホールとメーカーの交渉における力関係に依存するから、それが物品税等の価格への転嫁可能性を規定する。(94) そして、不正業者からの購入が価格に基づいた市場取引として行われる限り、それ自体を制限することは難しい。したがって、この契約の意味は、第二にホール、メーカーの間で監視し合う体制を張りめぐらせることで無貼付機の発見をしやすくしたということである。事後的に規制がスムーズに行われる前提条件を作ったことになる。ホールは無証紙機について地区協議会、あるいは全遊連に伝える義務を負う、日工組はホールの団体からの報告を受け無証紙の実態を調査する、(95) このような両組合の協力のもとで納税率の向上と価格安定化が図られた。

以上のように発見の仕組みが整備され、証紙添付の有無が違反者発見のシグナルになるとしても、それが簡単に機能するかは自明ではない。モニタリングの方法にも問題が残る。全国のホールに設置された機械をすべて調べるためには、膨大なコストがかかり、調査の頻度も問題となる。

実際には、このような監視は、証紙をチェックするための活動を特別に行うかたちではなく、各メーカーや機械販売の商社[96]のホールへの通常の営業活動のなかに組み込まれていた。日特連の元役員は、このことを次のように説明する[97]。

私どもが別に日本中を探しまわす、そういうことじゃなくて、情報が入ってくるんです。お店で各メーカーがバッティングしますから。あそこのBメーカー、証紙貼ってないいんじゃないかと、そういう話がくるわけですね。そうすると現地に飛んで行って、証紙が貼ってないと証拠写真をとってきました。証紙はパチンコの見えやすいところに貼るように言ってますから。その写真で分かるわけですよね。各メーカーが、お互いを監視するような気持がありました。

（二〇〇四年一一月一五日の聞き取り調査）

各社の営業活動は得意先だけでなく、新しい取引先を開拓するために競争メーカーの機械を設置したホールにも及ぶ。ホール内に設置した機械を見て回ることに付随して証紙のチェックが行われるのである。自社の取引先開拓につながる可能性は、発見の動機付与にもなる。証紙は指定された見えやすいところに貼付するよう義務づけられたから、営業担当者の目視で簡単にその有無を確認できた。シーズンごとの台の入替えに合わせた営業活動が行われることを前提にすれば、全国のホールに設置した機械のほぼ全数検査ができることになる。証紙の貼られていないことが発覚するとそのことは直接、あるいは商業組合を通して日特連に報告され、日特連によって調査された。

この証言は日特連が一九六〇年に作成した「悪質業者排除に伴う要請書受理並びに仮処分の原則[98]」とも整合的である。内容を要約すれば、まず、業界全体の秩序を安定させるために証紙を利用するとした上で、悪質業者に対する関係団体の勧告などの処置によっても状況が改善されなかったことが認められ、理事長により特許行使の必要があると判断された後、その経過を証明する書面と要請書があった場合、日特連によって調査、警告、是正勧告がなされた[99]。

このように、関連業界の秩序を維持する方法として特許を結びつけておき、無証紙機の発見のインセンティブや相互監視の機能をメーカーの営業活動、機械流通のなかに組み込んだ。日特連や日工組による定期的な調査ではなく、いわばコスト節約的な仕組みであったのである。

日特連にとっては、もう一つのメリットがあった。日工組と構成員の情報を共有できれば、特許管理に必要な製造台数のデータが容易に入手できる。日工組の証紙管理によって製造台数を把握できるメリットは、これがなかった場合を想定すれば明らかである。日特連は、独自で、各社の販売台数チェックを余儀なくされる。調査する手間に加えて、各企業が提供する販売台数の情報の正確さをモニタリングする必要がある。国税納付への紐付けは、メーカーのほぼ一〇〇パーセント納税が実現し、市場に不正業者の機械がなくなれば、市場に出回るほとんどの製造台数について正確な把握が簡単にできることを意味する。特許権利者の委託業務を受け持っている日特連にとって、特許料の徴収（特許管理）は、実務能力が評価される重要な活動である。管理能力が向上したことになり、実際に、日工組は、結成二年後には組合員のほぼ一〇〇パーセントの納税を実現した[100]。

ところで日特連の監視の仕組みに対する期待は、日工組が一九六一年三月に発表した「販売価格の統一と窓口一本化[101]」の実現が失敗するなかで、より大きくなっていたと思われる。この構想では、日工組がメーカーに対して製造台数の割り当てを行いながら販売を一括管理することによって価格安定を図ろうとした。具体的には共販事業本部を設置し、ホールからメーカーが設立した販売会社と従来の代理店――日工組が指定――によって受注台数の情報を共販事業本部に集め、生産割り当てに基づいて事業本部を通じて販売する、というものであった。市場における自由競争を制限する規制の強い構想であった。経過についての詳細は割愛するが、ホールとメーカー、そしてメーカー内の激しい反対意見に直面する一方で、公正取引委員会、警察など監督行政に注視されることになった[102]。最終的には一〇月二五日に保安課長、全遊連、日工組、日特連の四者会談の合意により構想は撤回された。いずれにせよ、不正業者の排除による価格安定は、もっぱら日特連の法的な規制力に依存した監視機能に期待することになった[103]。

以上のように納税協力証紙に日特連の特許料徴収の印としての機能を一体化させ、これを日工組と日特連が共同発行・管理することによって、両組織の管理体制は相補うかたちで強化された。適正価格推進委員会の運営案に見られた証紙管理の困難さや制度上の不備を抱え込んだ査定委員会による管理は、関連業界の他組合との協力体制のもとで、低コストで効率的な証紙による発見と規制の仕組みへと生まれ変わった。こうして物品税と特許料を払わなかった証紙無貼付機を製造した不正業者をモニタリングしてそれらを規制し、場合によっては市場から排除できるようになった。

四　日特連の役割

(1) 監視機能と機械市場の安定化

以上の仕組みは実際にどのように機能し、どのような効果があったのだろうか。

一九六〇年、九州の商業組合の要請を受けた日特連は、監視員を派遣し、証紙浸透の実態に関する取り調べを行った。その結果をまとめた報告によると、相当数の調査依頼があるなかで違反として認められたものは多くなく、違反件数は「五六件に過ぎなかった[104]」。最終的に違反と判断された件数をはるかに上回ったであろう相当数の要請があったことがここでは重要である。商業組合の活動を包含して張りめぐらされた監視網が行き渡っているとともに、実際に機能していることを表しているからである。そうした仕組みの役割を認めれば、五六件の一時点における違反件数が経過点であり、いずれ収束していくという展望を持つことができる。証紙への認識、つまり証紙貼付機の使用が浸透しつつあったことの証拠であろう[105]。

日特連の監視活動は特許による法的規制力にバックアップされているからこそ効果が発揮され、機械市場が証紙貼付機によって埋め尽くされる状態はその結果である。実際に引き起こされた提訴事件の処理過程は、日特連の監視機能が働いて証紙が浸透していくまでの具体像の空白を埋めてくれる。一九六〇年から六二年にかけて起きた権利侵害事件として、物品税協力証紙無貼付の機械を設置したホール、日特連のインサイダーとアウトサイダーに対して日特連が提訴した権利侵害事件三件を取り上げる。

一九六〇年秋、日特連は、もぐりメーカーといわれるアウトサイダーと、それらが製作し協力証紙を貼付しなかった機械を設置したホールのこだま会館に対して訴訟を起こした。この事件を通じて証紙の無貼付機を設置したホールにどのような影響が及んだのかを知ることができる。この訴訟は日特連勝訴の結果となり、示談金の支払いによる和解が成立した。和解に際して、こだま会館は、業界新聞に誓約書を掲載し、日特連が発給した証紙を貼付していない機械は、中古機を含めて、購入しないことを宣言した[106]。この事件の経過は個別事例の解決を超えて業界全般にわたって証紙の威力を知らしめる効果をもたらした[107]。証紙無貼付機を選択したホールは、示談金という目に見えるかたちでの経済的損失はもちろん、営業に支障を与えそうな訴訟事件による目に見えない経済的損失を被ると警告しているのである。ホールが不正業者との取引を控えるようになれば機械市場からそうした機械も、不正業者も消えていくであろう。これは市場において特定の条件をクリアした――物品税や特許料を支払った――機械のみが取引可能な秩序が作られていくことを意味する。

次に取り上げる事件の処理過程は、日特連のインサイダーに関する事例として興味深い[108]。一九六〇年から六一年にかけて起こったと推測されるこの事件は、神戸のホールで証紙無貼付機が発見されたことが発端となった。これらを製造した竹屋産業は、日特連が管理する特許の許諾を受けていた名機産業の代表者、竹内清が経営する別名の会社であった。事件の行方は、設置したホールと証紙無貼付機を販売した竹内に、次のような処分を課す結果となった。証紙無貼付機を設置した、毎日会館、正ちゃんの二ホールに対して、証紙無貼付機一台につき、一二〇〇円（計七万五六〇〇円）、八〇〇円（計一二万六七〇〇円）を過怠金として徴収した。竹内に対しては、さらに総会で決定するまで証紙発給を停止するという処分が下された。事実上市場における販売ができなくなったのである。この事件の後、日特連の役員会では、実施権許諾業者が違反した場合は、通告書をもって実施権を解消する、三回目の違反業者は法的手続きをとるなどの処分の仕方を取り決めた[109]。竹屋産業の機械が導入されることになっていた別の三ホールは「物品税協力証」に関わって協力したことが認められたため、処分を免れた。竹屋産業の機械を納入した販売業者に対しても、所属組合を通じて「厳重反省」が求められ、証紙無貼付機を提供したメーカー、使用したホールのみならず、流通を担った商社までに影響が及ぶことを示した事件となった[110]。

一九六二年の事件は、自家製機械を含むアウトサイダーの処理に関するケースである。長野市、呉市、高崎市の四ホールが使用する機械はアウトサイダー（一ホール）とホール自ら製造した（三ホール）もので、いずれも日特連発行の証紙を貼付しなかった[111]。日特連は、これらのホールとメーカーに対して保全処分を行う一方で、メーカーに対して日特連の権利を使用した遊技機の製造禁止を勧告し、損害金を納付させて解決を見た。

この事件が提示する問題は、アウトサイダーの製造およびその機械の販売可能性である。日特連のアウトサイダーの機械に対する提訴や製造禁止の勧告は確かに合法的である。しかし、それは日特連が管理する特許の技術が及ぶ範囲に限ってのことである。機械製造の機会が完全に閉ざされたとはいえない。これらの実態に関して裏付けられる確たる証拠はないが、推論できる二つの選択肢がある。第一に、ロイヤルティ費用を負担することになるが、日工組の組合員になるとともに日特連と契約を結んで機械を製造して販売することである。このためには二つの団体による受け入れの許諾が必要である。このことについては、メーカーの物品税の一〇パーセント納入や納入を前提にした機械価格による取引が受け入れられ、市場の秩序の取り戻しを目指す組合としては、応諾するインセンティブを持っている。業界の長期的存立のためには、行政の規制を誘発する未納税の可能性のあるアウトサイダーを放置するより、管理下に置こうとする動機が働くからである。にもかかわらず、違反した経歴のあるメーカーの場合、加入申請の受諾は簡単ではなかったと思われる。

第二に、団体に所属せず、日特連の特許を回避した機械を製造し、関連する物品税を支払って市場で販売することもできる。技術的ハードルは日特連の所有する特許が及ぶ範囲が問題になる。当時の技術で重要なのは、機械の基本的技術であり日特連に委託されていた豊国関連と考えられる。この選択の可能性は適用範囲の広い豊国の技術を回避することの難易度に依存しているだろう。いずれにしても技術の解釈をめぐって紛争が起こりうる可能性は常にあり、ホールや日特連との間の緊張関係は続くことになる。ホールがアウトサイダーと取引する場合は、潜在的に紛争の可能性のある機械を抱え込むことになる。そうした要素は、相当のメリット——例えば破格に低額の機械、機械が客から絶対的人気が得られそうだという確信——をもたらす見込みがない限り、アウトサイダーの機械の購入を控える要因になる。こうしてホールは次第に日特連発行の証紙を貼付した機械を選好していく。

以上のように、日特連には、日工組との相互補完的機能のもとで、製造台数の把握など業界内で特許に関わる監視機能を容易にする条件が備わっていた。そしてその仕組みによって、物品税未納者、あるいは特許侵害のアウトサイダーの排除が可能になった。

さて、製造台数を把握しうるとすれば、インサイダーにとって残る問題は、製造される各社の機械がどの程度日特連の保有管理（委託管理を含む）する特許を使用しているかを審査、確定する共同管理の仕組みと、これによる特許料の徴収であった。

（2）安価な特許料

この時期の特許管理では、審査の必要性が重要になるほど管理される特許は多くなかった（第3章）。価格維持のための監視機能こそが重要であり、実施料は所有特許の一式セットで徴収されたからである。ここではどの程度

表 2-2　特許料

年代	1台当たりの特許料（A，円）	特許の管理方法	特許料の構成内容	機械代（B，円）	C＝A/B（%）
1950年代	500～700 3,200	個別企業による監視・訴求	豊国の特許	6,500～7,200	7～50
1960～61年	200～300	日特連の一括管理・契約業務	日特連特許＋その他（豊国特許）	5,000～7,000	3～6
1960年代	300（推定値）		日特連（100円）＋業務委託（200～290円）＋その他（一過性のもの，220～300円）	18,000	2
1980年～解散当時	390～750			200,000	0.38
2004年	10,000	相対契約			5（推定値）

資料）特許料は『遊技通信』，『遊技経済新聞』の訴訟関連記事，「日特連の許諾契約書」，2004年の推定値はSメーカー役員と日特連元役員の聞き取り調査（2003年5月6日，2004年11月5日）による。機械代は，M商会の「総勘定元帳」各期，日工組提供資料より作成。

の特許料が支払われたかに、関心を向けてみる。

日特連が受け取った特許料は、一台当たりで見ると、設立当時の二〇〇円から解散当時には七五〇円へと上昇した。詳しくは、表2-2が示している。特許料の機械価格に対する比率（C）から長期的変化について興味深い傾向が読み取れる。第一に、一九五〇年代に約七パーセント以上であったCは、日特連設立当時には手数料を入れて六パーセント程度に定められ、請求水準が抑えられた。第二に、Cは、長期的に下落しており、特許料の経済的負担は相対的に小さくなった。一九八〇年代以降の機械代が対六〇年代で二八～四〇倍になったのに比べ、特許料は約四倍弱の上昇にとどまった。この結果、日特連の解散時のCは約〇・三八パーセントに過ぎなかった。このように、日特連が存続した期間において、機械の価格に対する特許料費用の比率は上方硬直的であった。

第一点の理由として、日特連の不正業者の排除や価格安定の目的に照らしあわせれば、特許料を低く設定することによって加入者の拡大を図った可能性が考えられる。

第二に、長期的に特許料が上昇しなかった点については、特許の対価としての意味が名目化し、日特連の監視機能に対する支払いに重点が置かれるようになったと推測する。特許を所有しているメーカーが競争メーカーによる侵害を自ら調べるより、日特連の監視機能に依存するほうがより効果的であろう。特許料を支払わないアウトサイダーを排除し、インサイダーには若干とはいえ特許料の負担というコスト面での負荷を課すことができた。すなわち、自社が当事者となって交渉しなければならない特許紛争に翻弄され、しかも勝敗が不確実な訴訟で戦う状況と、日特連の監視機能によって確実に徴収される仕組みを比べれば、特許料が安価にとどまる後者のあり方が必ずしも不合理とはいえない。また、特許数が増えていく場合、取得した特許を維持管理するにはコストがかかり、開発のサイクルが短く権利も期限が決まっている（一〇～一五年）から、有効期間内の権利公開によって、多少とはいえ開発コストの回収も期待できる。そうした選択は経済的にも合理性がある。

第二の理由に関連して、特許料が特許の対価として名目化したことから、メーカーは特許料の徴収にはそれほど関心を寄せていなかったと見ることができる。考えるべき点は、日特連の監視機能が企業活動にどのような影響を与えたかであろう。こうした視点から、日特連の設立がもたらした付随的な効果に関心を向ける。日特連が企業活動や競争に与えた影響について、節をあらためて考察する。

五　「競争者を排除しないこと」の経済的意味

発明や特許開発の動機づけの一つに、他社に対する優位性の獲得がある。そこに排他性を組み込むかどうかは、近年の議論ではオープンにする戦略の意義も指摘されており、一様ではない。いずれの場合も、他社に対して有利な条件が得られる手段であることは間違いない。パチンコ産業でも豊国は他社を相手とした訴訟で高額のロイヤルティを請求しており、特許権利を主張する限り正当な要求であった。だが、組織的対応は、特許料が安価な水準で調整される方向に向かってなされ、組合員という資格を持っていれば他社を排除する事態は生じなかった。他社を排除しないことおよび安価なロイヤルティは、基本技術を有する有力企業が多数の圧力によって飲まざるをえなかった特殊な歴史の結末に過ぎなかったのだろうか、あるいは不合理な経済行為だったのだろうか。

(1) 機械の構造的特性

安価な特許料に表されるように権利者にとって一見不利に見える日特連の特許管理の仕組みの成立には、見方を変えれば、パチンコ機械の構造的特徴に応じてクロスライセンスするという技術的メリットがある。組立製品は、有力な特許が部分的にあっても、それだけでは機械が完成されない。しかも既述のように人気機種の核になる特許技術を開発する企業は入れ替わっていった。現実的には、パチンコ機械の各部品が特許で押さえられていて、それを各社が各々持っている。実施許諾を受けると、機械の価格は特許料を原価コストに上乗せした分高くなる。機械の価格に転嫁できなければ、メーカーによっては原価が価格を上回る場合も発生する。有力な特許を所有する企業が数社存在した場合に発生しうるこの問題を解決する方途として、クロスライセンスがある。

次の引用文は、パチンコ機械の構造的な特徴を示している。特許料三〇〇円は高いという質問に対して、当時日工組の組合長を務めていた平和の中島健吉が回答した内容である。

〔日〕特連が遊技機に関係する一切の権利を持っていて、〔日〕特連が一本で指揮できるのなら問題はないのですが、実際はそうではありません。……遊技機の特許が一本になっていない点に、特許料問題の難しさがある。三〇〇円のうち大口なのはH社〔豊国〕の百円です。H社以外にも各社はそれぞれ権利を持っています。うちの平和も権利を持っているが、一社が権利を要求すると、誰も欲しくなってきます。……一社が権利を要求すると、最後には極端な例が、特許料が製造価格より高くなる。従って、私自身権利を主張したいが、特許料をとらないでいて、他のメーカーにも我慢するように説いている。[112]

（「これからの遊技業界　窓口一本化を主題に」『遊技通信』一九六一年八月五日）

特許がメーカー各社によって所有されている——部品メーカーも持っている——ため、製造上必要であるとしてもすべて原価に計上すると市場価格に転嫁できない水準になる。クロスライセンスによる原価上のコスト相殺は権利所有者にとっては市場価格を抑えるメリットをもたらす。引用文の有力メーカーの譲歩が奨励される文脈は、実施権者を多く内包する条件を作り出すということである。実施許諾者であった有力メーカーの協力が得られた背景として、価格問題に主要な目的があったことになる。

（2）規制と開発リスク

第二に、この産業のもう一つの特徴として、開発リスクの高さとこれに大きな影響を与える規制の問題がある。パチンコ産業には、警察庁によって様々な規制が設けられている。機械製造に関していえば、前述のように一九五五年の禁止令以降は、機械を市場に出す前の検定による認可が義務づけられた。認可基準に合わせて開発しても、検定で不合格になれば再度検定を受けるために修正を施さなければならない。例えば、豊国は一九五五年に開発した製品を警視庁の検定を受けるために提出したが、六回にわたって不合格になった。[113] さらに修正し七回目にしてようやく許可が下りた。改善の可能性があっても、流行に左右されやすい製品特性から、再検定までの期間が長ければ、入替時期に合わせた販売のタイミングを失い、さらには開発を中止し製品化を諦めざるをえないこともある。しかも、基準も統一されていない各都道府県別で検定を受けねばならなかった。ある地域で認可を受けても、他地域では不認可となることもあった。[114]

開発過程と開発後の検定に付帯する規制による二重の制約は、開発リスクを高めた。このため、例えばあるメーカーが取得した特許を使用して開発した機械に認可がおりた場合、その特許の利用が、検定にまつわる開発リスクを低減する手段になりうる。この役割をメーカー同士で分担できれば、リスクシェアリングの期待も高まる、と考えられる。そして、許諾を受けた特許を利用して人気機種となった機械の類似品を製造することによって、開発のリスクとコストが下げられる。例えば、一九六〇年代前半に、成田製作所が権利を持っていたチューリップを採用した機械が大流行した。

また、開発のサイクルが短いことも、個別メーカーの負担を大きくした。パチンコ機械の販売（機械の入替時期）は、毎年春先、お盆、正月などの休み前に集中していた。メーカーの新機種の開発と生産は、長期にわたってこの三つの時期に合わせて行われていた。メーカーにとってみれば、一年数回にわたって新しい機種を開発し続けなければならない。そこで、短期的には他メーカーの人気機種の類似品を作ることが、開発のリスクとコストの双方を小さくした可能性がある。[115]

実際に、日特連の設立の背後にある三つ目の要因、すなわち「開発促進」の期待のもとで、一九六〇年一〇月一七日に開かれた日工組、日特連、全商連、部品製造業者の材料組で構成される連合会、全国商工協議会理事会で「新型機保護育成に関する内規」（日特連）が要請され、承認された。[116] 内容は、新型機種の開発を促進するために、日特連メンバーが開発した新機種について日特連内の委員会で新発案に基づいて開発されたものとして審査を行い、メンバー相互間の使用を促すというものであった。そして新案についても奨励金を与えるなど日特連が積極的に発掘し、組織によって特許を取得するという構想も出された。既述のように特許権が認められるまでには時間がかかり、承認が不確実ななかで実施権許諾に関わる問題の処理を後日に委ねながら、開発情報を共有することがこの構想では目指されていたことになる。しかし、この構想は新製品に関わる開発情報という経済主体にとってはセンシティブな側面を含んでいるため、これらの試みのその後の様子については不明で、注目すべき成果が報じられた事例は見当たらなかった。

（3）設備投資のリスク

そして最後に、パチンコ機械の製造における特徴として、設備投資の非弾力性について触れておきたい。メーカーは上述したように機械の入替シーズン期に合わせた製造を行うため、閑散・繁忙期で生産の格差が著しかった[117]。開発のリスクが高く（規制や商品サイクルの短さ、人気機種になるかどうか、なったとしてもいつまで人気が続くのか予測不能）、流行があることから、作り置きには向かないため、メーカーは可能な限り受注生産の体制で対応することが望ましい。ある機種が話題になると、ホールは、売上と競争力に直結するため、競争相手に先駆けて人気機種をスピーディーに導入することに必死になる。メーカーはこの要望に対応しなければならない。

ところが、そこには二つの問題が発生する。第一に、例えばAメーカーが売り出したある機種が人気になったとしても、Aメーカーはその需要にすぐ対応できる生産設備を持っていない。生産能力の拡大は非弾力的であるからである。その場合は、他メーカーの類似品製造が生産能力をシェアリングする機能を果たす。この前提となっている、Aメーカーの生産能力の不足という事態が起きる理由が、第二の問題点にあたる。Aメーカーが人気機種の潜在的な需要に見合ったかたちで生産規模を保有していれば、Aメーカーは販売不振のときは過剰設備となって稼働率が低下し、設備投資の回収の見通しも不明確になるからである。もちろん、設備能力に直結する、各機種の人気それ自体と人気寿命は予測不可能であるから、長期的回収を要する設備投資に慎重になる[118]。設備投資に関するメーカーの基本的考え方について、流行に左右されやすいという産業の基本的特徴がどのように意識されているかを次の証言は表している。

……私たちが始めまして今年の四月までは大体機械が間に合わないというのが現状でありました。……相当

> に規模を拡張しても、そのうち不況になれば困るのではないかという考えが強かったです。いわゆる、他の業種のものより寿命が短いのだからという立場から、かなりに注文があってもその生産規模をそれ以上拡張しようとしないで、兎に角はじめの規模でもって終始一貫し間に合わせたという現状であります
>
> （「メーカー遊技場との希望座談会㈣」『遊技通信』一九五二年一〇月二四日）

平和の中島の証言である。時期は一九五〇年代初期まで遡るが、連発式が流行る前の単発式生産が中心であった時代である。産業の基本的特徴を表している点で注目したい。どの程度の生産能力を持つべきかについては、販路・営業等の事業能力に関連しても変動するだろうが、市場成長の時期であるにもかかわらず設備拡張に慎重な態度を取っており、こういった産業の特徴が企業行動に影響したことは明白である。中島はその後「伸ばし得る余力を持ちながら伸ばさないである一定の限界で留めていたということは賢明なことではなかったと思います。兎に角東京へ販路を見つけるなり、大阪へ販路を見つけるなり、そういうような働きかけすらもしなかった……」として抑制的に設備投資する性向を良しとせず[119]、営業力を強化し、それに見合った生産規模に拡張した。設備が過剰になったとき、その分を営業力でカバーするという選択も可能である。論理的には持続的な設備拡充もできるが、営業力の増強が不可欠である。いうまでもなく売り切る保証はどこにもない。

したがって、流行時の機会費用を覚悟し、できる限りリーンな設備を保つというのも有効な選択肢となる。さらに繁閑の著しい格差は、こちらの方を選択する傾向を強めたと考えられる。このような状況では、まずは設備投資より既存設備のフル稼働によって対応する。そのキャパシティの絶対的限界が、競争他社による類似品製造の暗黙の許諾と自社の設備投資の抑制との、整合性をとる均衡点になる。季節集中性、流行による設備投資のリスクが生産能力を抑制的に保たせることは、パチンコ機械製造にビルトインされた特徴として指摘しておきたい。

以上のように、パチンコ機械の製造と製品の特徴による開発リスクの一部は、日特連の機能によって克服されう

る側面があった。組立製品の特徴に関連して、特許を所有しているメーカー間では特許料は相殺されるから、監視（審査機能）と許諾業務が必要となる。また、メーカーにとって実施権者の他メーカーは、市場から排除すべき対象ではなく、例えば安価な特許料で権利の実施を許諾し、互いが将来的に人気機種を開発、類似品を製造する、といった開発および生産のシェアリングの可能性も秘めているのである。(120) これらのうち設備投資のリスクの軽減は、日特連の目的でもないし、特許料の設定など運営に影響を与えるような明確なかたちで意識されたわけではないが、日特連という組織がメーカーに与えた見逃すことのできない機能として理解することができる。

おわりに

以上の検討から明らかなように、特許紛争の激化を背景に設立された日特連は、一九六〇年代において、一方では、特許プールとしてメーカー相互間の特許の安価な利用を保証し、他方では、業界の懸案であった不正業者による模造品の製造などを排除する上で大きな役割を果たした。それは、物品税納税問題を背景として進展した機械メーカーの組織化、すなわち日工組の設立によって可能になった機械生産の監視の仕組みと機能を補完し合いながら、競争秩序の回復に貢献するものであった。以下、日特連の設立に至った二つの背景に即してその結果をまとめ、パチンコ産業史における一九六〇年代の位置と、日特連設立の意味を最後に概観しておこう。

第一に、特許紛争の解決についていえば、一九六〇年代に特許無効審判など、解釈をめぐる事件が起きなくなったことに日特連結成の成果が端的に表れている。一九五〇年代には対抗的な無効審判まで引き起こした事件が相次ぎ、高額の賠償金を支払わされる事態が発生した。それは、技術開発者にとってみれば当然保護されるべき権利であった。しかしながら、訴訟に伴う長期の紛争と結果の不確実性が、生産および販売活動に支障をきたす問題が顕在化してきた。しかも、一社による長期間の市場支配力が約束されておらず、人気が変動しやすく、不確実性も高いことが、規制や有力企業が入れ替わるなかで経験知として認識されるようになった。そのなかで、特許プール組織の役割が注目されたのである。日特連が結成された後は、特許管理が集約的に行われ、紛争を事前に調整できるようになった。

一九六〇年代に起きた訴訟事件のほとんどは、日特連の監視機能のもとで不正業者を規制する目的で行われた。こうして、第二の機械をめぐる激しい価格競争は、日工組と日特連の活動によって収束に向かった。メーカーにとってみれば、機械規制のもとでは、開発による差別化には限界があり、価格競争は選択しうる一つの戦略であった。しかし、結果的には業界の状況はさらに深刻化した。一方では模造品を無断で製作し、他方では物品税を支払わずに過当な価格競争を招く不正業者が存在したからである。後者は社会的義務であったため、産業全体での取り組みがなされない限り、中島が振り返るように[121]、パチンコの存続自体が危ういものとなりえた。市場が著しく混乱しているときに、それらの排除なくして、安定的な企業活動の長期的な見通しを立てることは難しいと考える。有力な特許を持っていた企業を内包するかたちで日特連が結成できた背景には、こうした理由があったと思われる。

ただし、日特連の法的規制力のみを評価するわけにはいかないことも強調しておきたい。日特連の規制における不正業者への効果は、いうまでもなく日特連の特許管理が機能したこと、つまり特許プール組織としての役割が前提となっている。アウトサイダーのみではなく、激しい価格競争を規制する契約条件が工夫されることが象徴するように、インサイダーの特許使用に対しても日特連の監視、管理機能は有効であった。権利者にとっても意義深い役割であったといえよう。

本章冒頭で提示した物品税納税率上昇に裏付けられる市場の秩序の再構築の要因は何かという論点については、日特連の機能を中心とした組織化とまとめることができる。言い換えれば、機械市場において規律づけ、ある種の「規制」が行われた結果であった。このことは、規制の意味合いを吟味する必要性を提起する。この時代の機械市場が押しつけた価格は、納税を困難にし、発明へのインセンティブを阻害する限りにおいて、パチンコの明日の存続を不透明にするものであった。産業発展に向け、競争を媒介として開発を含む企業活動を有効に刺激するような制度ではなかったのである。袋小路の状況の打開に向けた賢明な解決は、どのようなルールを決め、守らせるかという業界自らの縛り＝規制であった。その際、順守率を最大限引き上げる水準で、可能な限り低コストの監視網を工夫するかたちで調整されたことは、パチンコ産業を存続可能にしたもう一つの条件であったということができよう。

もっとも、第三の開発促進においては、期待されたほどの成果を上げたとはいいがたい。この時期が冒頭で述べたように、パチンコ産業の五〇年史のなかで、特にメーカーにおいては、やや沈滞気味の時代であったことは間違いない。それは、日特連に期待された新型機開発が必ずしも効果を上げず、既述の新型機保護育成構想が挫折したことにも示されている。開発はやはり厳しい規制という外的要因によって制約されていたのである。

その意味で、一九六九年に風俗営業取締法が改正され、パチンコ機械に対する規制が緩和されたことは重要であろう。引き続き一九七二年一一月には電動式の認可が発表（一九七三年四月実施）されたことによって、機械市場は新たな段階を迎えることになる。

最後に、一九六〇年代を産業発展の歴史から俯瞰してこの時代の意義についてまとめよう。一九五五年の規制後パチンコ産業は、ホール事業者も、メーカーも大量の退出に追い込まれ、著しく規模が縮小した。しかしながらホール事業では、射幸性を抑制したことによって客の投資額を抑えたかたちで手ごろな娯楽を提供できる安定的な収益基盤が発見され、日常娯楽としてのスタートを切った。それに対して、機械市場は、競争によって開発志向的な有力メーカーの経営をも脅かす事態に陥った。一九五五年以降、産業発展における課題として浮上したのは、納税行為を規律づけ、かつ発明のインセンティブを阻害しない価格水準を維持させることにより、機械市場がホールに対して持続的に新機械を提供できる環境を作り上げることであった。この点において、日特連は不正業者を排除し、物品税や特許料を支払えるメーカーにプレイヤーを限定することによって機械市場を秩序化させる上で中心的役割を果たした。一九五〇年代後半から六〇年代までは、五〇年の産業史のなかでもホール一店舗当たりの台数規模を大きく拡大しながら市場が成長した時代であった。この時期に見られたメーカーの退出は不正業者の排除による結果であったし、市場安定化は、残ったメーカーにとって産業発展の果実を結果的にはもたらし、成長することができた。こうして機械市場において、開発の持続性が保証され、パチンコの存続が可能な環境が整った。

市場安定化が条件になり、日特連によって激しい価格競争が抑制されたときに、一九六九年の規制緩和の実施を受けて各メーカーは開発競争へと向かうようになる。これらの点が次なる課題として一九七〇年代への分析の視点である。

第3章　パチンコ機械市場における競争構造

——促された開発競争

はじめに

一九七〇年代に入ると、年に一回以上の遊技を行ったパチンコ人口は、七六年調査で三〇二四万人とされ、不況の影響を受けた七九年には約二五〇〇万人に減少したものの、幅広い客層がパチンコを楽しんでいたことに変わりはなかった。(1) 一九七〇年代に入ってから女性客の増加が注目されたが、全体的には客層の中心は二〇代から三〇代の男性であった。(2) 一九七五年と七九年の日本リサーチセンターによる「サラリーマンのギャンブル調査」によると、一流会社二四社に勤めるホワイトカラーの九〇・五パーセントがパチンコをしたことがある(「いましている」が七〇・三パーセント)と答え、二位以下の麻雀六九・七パーセント、宝くじ六五・五パーセントを大きく引き離した。(3)

手ごろな投資という特徴は一九七〇年代にも変わらず、大勢の男性が気軽に楽しめるような経済条件を満たしていた。パチンコの情報誌である『王様手帖』が一九七五年に行った調査では、一回平均五四〇円(現在の一〇〇〇円弱相当)という結果が出ている。(4) パチンコは「トバク性は少ない。……大賭けをしたり、大損をしたりということはなくなった」と認識されていたから、月当たり一一・六回と高頻度の遊技も続けられたのだろう。(5)

一九七〇年代は、成人人口の約三割がパチンコの経験がある時代となり、[6]経済規模（表序-3）も成長し続けていた。しかし、産業成長を支えていたはずの機械メーカーは、一九七〇年代を目前にして、厳しい規制による開発の限界に苦しみ、成長の機会を享受しているという実感を持っていなかったように見受けられる。

第2章で明らかにしたように、パチンコ産業が一九六〇年代に直面した課題は、パチンコホール（以下、ホール）との機械取引やメーカー間の競争関係に関連する市場の秩序を再構築することであった。この問題を解決する上で日本遊技機特許運営連盟（以下、日特連）は乱売を市場から締め出すことにより一定の役割を果たした。日特連によって価格競争が抑制されたとき、次に問題になるのは、メーカーとしていかなる選択が可能であり、そしてそれがいかに実行されたのかである。この点を明らかにする上で、かつて橋本寿朗・武田晴人が議論したカルテル論は、適切な視点を与えてくれる。そこでは、独占組織によって価格競争に一定の制約を与えられた後――市場メカニズムの部分的修正――、市場価格を与件とした各企業の利益拡大への取り組みが始まり、生産性上昇をめぐる競争が展開されたことが明らかにされている。[7]本章では、分析対象をメーカー間の競争関係とそれが作り出した機械市場における競争の性格とすることにより、持続的な産業成長を支えた開発と技術発展の仕組みを明らかにする。競争の構造や性格とは、さしあたりメーカーが何をめぐって競争し、どのように競争を展開したのかを指している。

図序-4〜5によると、パチンコ産業の長期的趨勢を画したのは、新体系の機械の出現とそれに対する公的な規制であった。そこで、規制の影響についての歴史を振り返り、規制と開発の関係性に対する本章の立場を明確にした上で、上記の課題と分析視点について詳述する。

開発と規制の両者の関係を最も鮮烈に表してくれるのは、パチンコブームを引き起こす機械（正村ゲージ、オール物、連発式機械等）が登場し連発式に対する製造や使用の禁止令が発せられた一九五〇年代であった。第1章で考察したように、規制は、一九四八年に制定された「風俗営業取締法」を基本としながら、様々な社会的状況に敏感に影響されるかたちで、機械が持っている射幸性やホール営業に対してかけられた。「射幸心をそそる虞のある」業種を対象として、社会的影響を判定する射幸性の程度という基準は多分に恣意性を持ちうる。またその解釈は実行主体に委ねられており、規制側の裁量権の大きさを示している。一九五五年の「連発式機械の禁止措置令」（以下、禁止令）は、行き過ぎた射幸性、景品の交換ルートおよび換金行為、そして暴力団の関わりなどの社会的問題が引き金となったもので、警察のパチンコに対する立場を先鋭的に示した最初の出来事となった。多くの関連企業が転廃業に追い込まれる結果になり、規制がパチンコ産業に決定的影響を与えたことは間違いない。

一九五五年以降、パチンコ機械は公安委員会が設定する基準を販売前にクリアすることが義務づけられてきた(8)。許容される射幸性の程度や突発的に強化される規制のタイミングを事前に予測できないという意味で、規制それ自体がメーカーにとって開発のリスクの一要素となる。時期によって規制のあり方が異なるため、リスクの程度を具体的数字による推移で提示することは困難であるが、例えば、二〇一六年の検定を受けたパチンコ機械のうち許可が受けられたのは五割に満たなかった(9)。すなわちメーカーが先に投資して開発した機械の約半分が販売できない——あるいは改善に向けた追加投資を必要とする——ことになる。

他方で、このような規制のあり方は、開発に射幸性の抑制という方向性を与えたから、メーカーにはその基準をクリアする具体的な対応が求められることになった。規制の変化まで視野に入れるためには、規制に制約されるという受動的な前提のみでなく、メーカーがどのように規制に対応しつつ開発に臨んだかを考察する必要があろう。

このような問いに対して、特定のメーカーの開発プロセスを観察するケーススタディの方法をとることは、パチンコの場合、十分ではない。他企業の開発が業界全体に対する規制につながる場合があり、規制対個別企業の分析ではこの点が見落とされるからである。豊国遊機製作所（以下、豊国）が開発した連発式機械が市場に広がった——このプロセス自体が特徴的であるが——ことが招き寄せた禁止令が良い例である。それゆえ幅広いメーカーの開発行動を視野に収めておくことが分析において意味を持つことになる。そこで本章では、分析の視点がメーカー間の関係性にも行き届くようにし、開発リスクを背負うメーカーが与えられた条件にいかなる対応をし、メーカー間でどのような競争関係を築き上げて開発に取り組んでいったかについて論じる。

パチンコ機械市場の競争構造を明らかにするにあたっては、前章に続き、特許プール組織の日特連の機能とそれがメーカー間の競争にもたらした条件に注目する。ただし、次のような他研究との差異を明確にするため、産業発展との関連から特許プールの分析を行うという点を強調しておく。

特許プールの機能に関する歴史分析には、イノベーションとの関連性や独占行為との関連性を問う分析がある。[10] これらはイノベーションおよびそれを生み出す有効な手段となった（またはならなかった）特許プールという組織の意義、あるいは独占法の運用を考えるに際して、有意義なものである。ただ、産業の特徴を考慮した上で、組織のあり方を眺める視点が十分ではないため、特許プールの機能が固定的なものとして捉えられるきらいがある。本章では、日特連の機能を単一的な孤立したものとして考察するのではなく、メーカーの日々の開発実践と産業の長期発展という広いコンテクストのなかでその役割を位置づける。このことにより、日特連の機能や期待された役割の変化を読み取ることができるし、さらに産業発展の変容も捉えることができるであろう。

人気の有無や流行の持続性の予想が困難なパチンコ機械メーカーの開発行為は、市場での反応を見ながら次のシーズンに向けて目新しい機械を創発するという実践である。日特連の機能をイノベーションなどの結果との関連から評価するのではなく、本章では、日特連が、メーカーの本来の機能である次シーズンに向けて機械を作り続ける開発行為をいかに規律づけたかに関心を向ける。日特連に求められた役割の検討を通じて、パチンコ産業の長期的発展を支えた機械の持続的開発を可能にした歴史的条件を提示することができる。

以上の課題と方法には産業の長期発展を理解する上で二つの意味がある。第一に、パチンコ産業史における一九七〇年代の位置づけに関連する。一九六〇年代から七〇年代までの時代において、ホール数が急激に増加しないままメーカーの退出が続いたから、巨視的には、成長が加速し頓挫した五〇年代（第1章）と市場成長のもとでその構造が大きく変わったと見られる八〇年代に挟まれた停滞期であった。しかし、一九六〇年代のパチンコ機械市場は拡大し続けていた（第2章）し、生き残ったメーカーにとってみれば、既存取引先の台数規模の拡張や退出したメーカーと取引のあったホールを新たな取引先として自らの事業拡大の基盤にするなど成長の時代であった。このような状況は、図序-3が示すように、一九七〇年代まで持続しており、引き続き競争による淘汰が進むなかで発展が実現した可能性があった。一九五〇年代後半以降の不況の結果として、八〇年代まで停滞に堪え続けた時期としてではなく、産業の構造が大きく変化する八〇年以降を見据えて、成長の芽を育んだ時期と見る視点が必要であろう。そうした見通しから、一九七〇年代に関する歴史的意義を考えてみたい。

第二の意味は、機械開発に注目しながら競争の有り様を規定した内実を明らかにすることにある。開発への注目が、本書が対象とする産業史の約四〇年を貫いて重要な視角であることはいうまでもない。しかし、それが一貫して同じ意味を持つとは限らない。本章では、パチンコ産業史において、開発が行われる条件や環境変化に留意して考察する。すなわち、人気機種を生み出す土壌となった個別の企業努力を促す仕組みを注視する。そのような視点により一九八〇年代以降の巨大市場を作り出したフィーバー機の誕生、言い換えれば産業のダイナミックな発展メカニズムを偶然の産物としてではなく、一連の歴史的経緯として描き出せると考えている。焦点となる命題は、一九七〇年代において開発を支える仕組みやメーカー間関係が「安定化」し、それこそが八〇年代のフィーバー機の登場をもたらしたのではないか、というものである。

本章の構成を示すと、第一節では開発環境をめぐる制度変化を受けた一九七〇年代の日特連の役割を分析し、第二節では、六〇年代から七〇年代まで、メーカーが何をめぐって競争したかに関する競争構造の全体像を提示する。続く第三節では、日特連の機能とメーカー間の競争の内実を関連づけながら、同時期を産業史のなかで位置づけてまとめとする。

一　制度変化と日特連の機能

（1）制約された開発と規制緩和

一九五五年に導入された基準により、製造許可される機械は、玉を一個一個入れる単発式に限られていた[11]。表の盤面に関しては、一九五〇年前後に登場した正村ゲージがデファクト・スタンダードとして定着するなか、裏機構に関する規制は、発射の方法や玉数、入賞時に払い出される玉数に対する景品玉数を制御する仕組みなど、構造のきめ細かい部分にまで及ぶものであった。例えば、玉が入る穴の直径から、玉の入口から発射口までの距離など、設計に関わる様々な仕様が定められていた。

そのため、開発の範囲が極めて狭く、裏機構については大きな変革が困難とされた。開発の方向は役物（盤面に取り付けられたオブジェクトで入賞口や釘以外で玉の流れを変える動きをする）に向けられ、西陣開発のジンミット（一九五六年）、平和のコミック（一九五七年）などを表盤面に取り付けた機械が人気となった。一九六〇年頃には成田製作所が特許を出願したチューリップが登場し、地域によって制限されていたチューリップなどの役物が六六年に全面的に許可されることにより、五〇年代前半以来の第二の黄金時代の到来とされるほど全国的人気となった[12]。

しかし、役物は一過性の性格が強く、その多種化が生産に問題を引き起こしていた。「ホール業者においても過当競争に困っており何らかの対策を考えた結果、近所のホールにない所謂新しい役物をつけた機械を求めた結果が役物の種類を増大させた」（日本遊技機工業組合理事長Ｎ氏[13]）とされるように、メーカーの機械の差別化は役物に集中し、主に多様化に向かっていた。その結果生じた生産コストの上昇への対策が求められた。

現在のように多種類の機械を作っていてはだめで、いわゆる機械の標準化を図る。これには役物の数を無くするか、極端に少なくすることが先決である。これにより……役物変調による余分な経費もかならずコストダウンにもなる……。（機械メーカーSの代表者）

（日本遊技機工業組合「業務機構刷新についての説明会」一九六六年一一月四日）

近隣の他店との日常的競争から、ホールは、短期的にも優位を占めるべく、少しでも変わった役物を求める。他の開発の可能性が制約されるなかでメーカーがこの要望に応じたため、開発の焦点は、差別化された役物という限られた範囲に当てられた。成長（図序-5）は市場の細分化の方向で模索され、一九六〇年代末になると、多種化は行き過ぎの感を呈していた。需要側のホールからは新体系の機械の出現に期待が膨らむなか、メーカー側は開発範囲の制約から焦りが募っていた。

そうしたなか、一九六九年に「風俗営業等取締法」（以下、風営法）が改正される。これによりパチンコ機械に対する規制が大幅に緩和され、開発範囲拡大の可能性に期待が膨らんだ。さらに、一九七二年一一月には電動式が認可（七三年四月実施）され、ある程度の射幸性の上昇が認められることになった[14]。

風営法の改正では、一分間一〇〇発発射、出玉を一五個に限定する、他のことは問わないこととなり、禁止されていた連発式の製造が事実上可能になった。これほど大きな規制緩和は、ホールの期待に対応しようとする各メーカーの開発意欲を触発したと思われる。その実態は次節以降で見ることとし、ここではまず制度変化と日特連の対応に注目することにしよう。

（2）発明を促進する制度の落とし穴

もう一つ注目すべき制度変化が、一九七一年に特許法が改正され、公開制度[15]が導入されたことである。それまでは、出願された特許のうち、査定を受けた特許と設定納付金（特許料の納付）未納特許のみが『特許出願公告公報』

の掲載でもって公開されていた。そのため、出願から公開まで平均約四年[16]の期間を必要とし、公開数は出願数を大幅に下回っていた[17]。一九七一年の公開制度とは、申請してから一八カ月後には出願されたすべての特許内容が公開されるというものであった[18]。そして「補償金請求権」（特許法第六五条）によって、公開された特許権を侵害したと思われる相手に対して、警告とともに補償金の請求権が認められ、その措置を事前措置とし、特許権が発生したときに補償金請求権の行使が可能になったのである。

この改正は、開発のサイクルが短いパチンコ産業に対して、一方では権利者の地位を向上させるものとして、開発インセンティブに正の影響を与えると理解された。しかし、他方では、一九六九年の風営法改正による規制緩和で機械開発が活性化するとなれば、この公開制度はそれに伴って増えていく特許に関する監視・管理や紛争への対策という課題を提起したことになる。

特許制度の変化を受けたメーカーおよび日特連内部は、権利濫用に対する強い警戒心を表した。日特連が書き残した「全国遊技機特許権利者協会（以下、全権協）設立の発想と経過[19]」と題したメモには、

> 本年〔一九七一年〕一月一日より工業所有権法も一部改正され、公開制度による出願人（権利者）の地位も強化されました。……公開された技術を他人が知らずに使用していた場合等については警告を発して補償金を請求することもできる……今仮にこの時を得ずして工業所有権問題の解決の方策を見出さずに放置しておくならば必ずや近い将来当業界は特許紛争に突入し、企業の安定は到底望み得ない……。

とし、アウトサイダーによる「権利の濫用を防止する」という基本構想の下で、対策としての全権協の設立を提案している。この構想は具体化され、一九七二年に、日特連の株主のなかで特許を所有していた、西陣、京楽産業、豊丸産業、三共、豊国、大一商会の六社[20]が集まり、全権協が結成された。

全権協は、機能の面に注目すれば、日特連と同じく特許プール会社であった。このような性格が日特連との関連

や組織構造にどのように反映されたかについて、一九六〇年代からの変化をまとめた図2-3と図3-1から確認できる。一九七二年以前においては、日特連が所有する特許と、西陣、豊国など特許権利者の企業から委託を受けた特許が、一括して管理されていた。一九七二年以降においては、日特連が特許をプールした全権協と専用実施権――ライセンスを受けた者だけが独占的に実施できる――の契約を結び、委託された特許を一括して管理（日本遊技機工業組合員に対する通常実施権――同じ内容について複数人に実施権を設定――契約などの業務、特許料の徴収など）するようになった。この組織構造の変化はアウトサイダー側に立つと特許の実施許諾を受けるルートが多重化されたことによって権利所有構造が複雑に映る。特定の技術の抵触に関する訴訟に際して、調査コストなどを上昇させうるものと思われる。

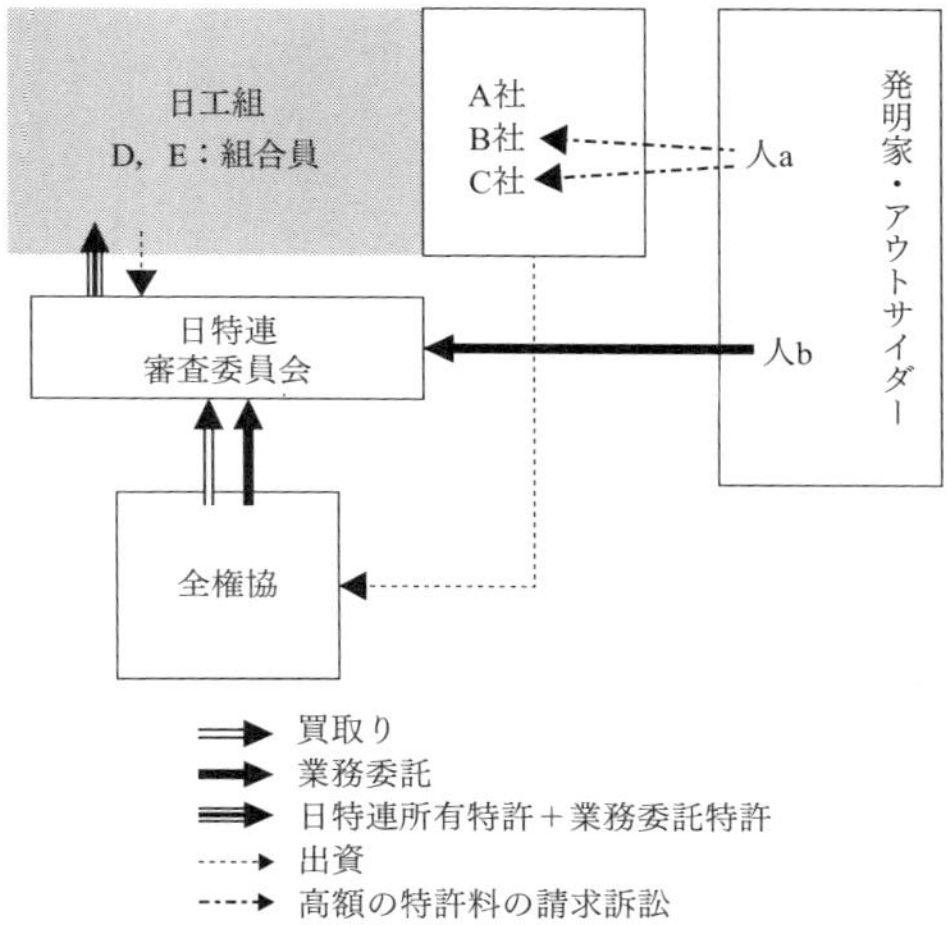

図3-1　特許管理の組織的対応の概念図（1972年〜）

資料）日本遊技機特許運営連盟「全国遊技機特許権利者協会設立の発想と経過」（推測作成年1971年），ヒアリング調査より筆者作成。

以上の対応に認められる過敏とも思える危機感は、特許紛争の経験にのみ要因があるのではない。第2章で検討したように、開発がホールや部品製造業者など機械メーカーを超えて行われていた技術上の特性も影響したであろう。推測の域を出ないが、アウトサイダーの関与に悩まされ続けた一九六〇年代に、組織化によって生き残りをかけてきた業界としては、規制枠の外側のアウトサイダーが関わる可能性に対して異常なほどの防御的構えとなったのではないだろうか。

ところで、全権協の結成について、予測される特許紛争とりわけアウトサイダーの権利濫用に備えるための対策という側面のみを強調すると、一面的理解にとどまる。結成までの具体的な経緯は明らかでないが、「株主、許諾者、権利者のけじめをつける[21]」という構想内容から推測すると、法改正を契機とした日特連内部の権利者への対応としても考えなければならない。当然のことであるが、改正による権利者地位の向上は、日特連の外部のアウトサイダー（発明者）のみならず、内部のメーカーにも関わるものである。全権協が結成されるに至った流れを理解するためには、それまでの特許所有に関する特徴を検討しておくことが必要であろう。

全権協のメンバーの一社である大一商会の役員が「当時のパチンコ機メーカーは特許上では弱い立場にあり、主たる権利者は廃業メーカー及び部品業者などであった[22]」と証言しているように、アウトサイダーによる特許開発が続いていた。日特連は、設立当初の目標としては研究機関として特許を発掘、開発することも期待されていたが、所有に関しては結果的には退出するメーカーやアウトサイダーのものを引き受けるかたちが主流になった[23]。その後生産活動を行っていたメーカーの特許は各企業の所有権のままで保持され、業界の特許すべてを日特連が収集できたわけではなかった。

他方で、日特連内部においても、実態としては、全権協の設立メンバーとなる特許権利者と、そうでないメーカーが呉越同舟の状態にあった。特許所有のあり方が企業の間で不均衡であったにもかかわらず、組織内での発言権はそうした実態を反映しておらず、日特連がほぼ同額出資で設立されたことに基づいて平等であった。権利者の地位を強化する特許法改定は、日特連内の権利者の立場について新たな対応を問いかけるきっかけになったと考えられる。

図2-3に見るように、この時期において、日本遊技機工業組合のメーカーは同組合と日特連が共同管理する物品税納入済の証紙一枚を購入することによって、開発に必要な特許技術の許諾を受けていた。一枚の証紙は日特連と企業それぞれが所有している特許を混合したものであった。特許を持っている企業の立場で見れば、第2章の豊国、平和の事例が示すように、自分たちの特許が日特連を通じて他メーカーに使用されるというルートが用意さ

れてはいた。しかし、一九六〇年代に価格安定化の目的が優先されていた時代の仕組みの下では、自分たちの権利が一体化した一枚の証紙のなかでどの程度の価値（ロイヤルティ）をつけて評価され、日特連所有の特許とどのように区分されているのか、制度的に曖昧であった。

図3-1では、全権協の株主が、所有する特許を一括して日特連に業務委託する体制をとった。この組織再編は、委託者を別の組織にした上で、日特連と全権協の両組織間で委託業務を正式に制度化したことに大きな意味があったと考えられる。これによって権利者の立場が明確に分離されて評価できる仕組みが整った。さらに、注目すべき動きとして、一九七五年頃、特許を専門的に評価する審査委員会が設置された。特許開発のインセンティブも保持できるようになったと評価できるこの制度については、項をあらためて紹介する。

（3）日特連の機能変化

一九六九年の規制緩和と七一年の特許法改正は、メーカーをして、一方では機械開発を促進し、他方では特許紛争に巻き込まれるリスクを増大させた。このような状況がメーカーにどのような環境をもたらしたかは、日特連の役割の変化が説明してくれる。まず、日特連の進化する姿について収入基盤から検討する。

図3-2は、日特連の決算報告書から一九六八年からの主要な収入源、支出、資産の推移を示したものである。日特連は主に「工業所有権収入」と「実施料収入」の二つの収入源に支えられているが、これらについて以下の二点に注目する。

第一に、これらの収入が一九七一年以降増加し始め、七三年以降急増したことである。一九七一年からの増加は、それまでは各社が管理していた特許権が、七二年に設立された全権協を通じて日特連に管理委託され、特許権の範囲が拡張された結果ではないかと思われる。つまり、増収は直接的に特許権を保有する会社の権利を強化するものであり、全権協結成の効果と理解することができる。

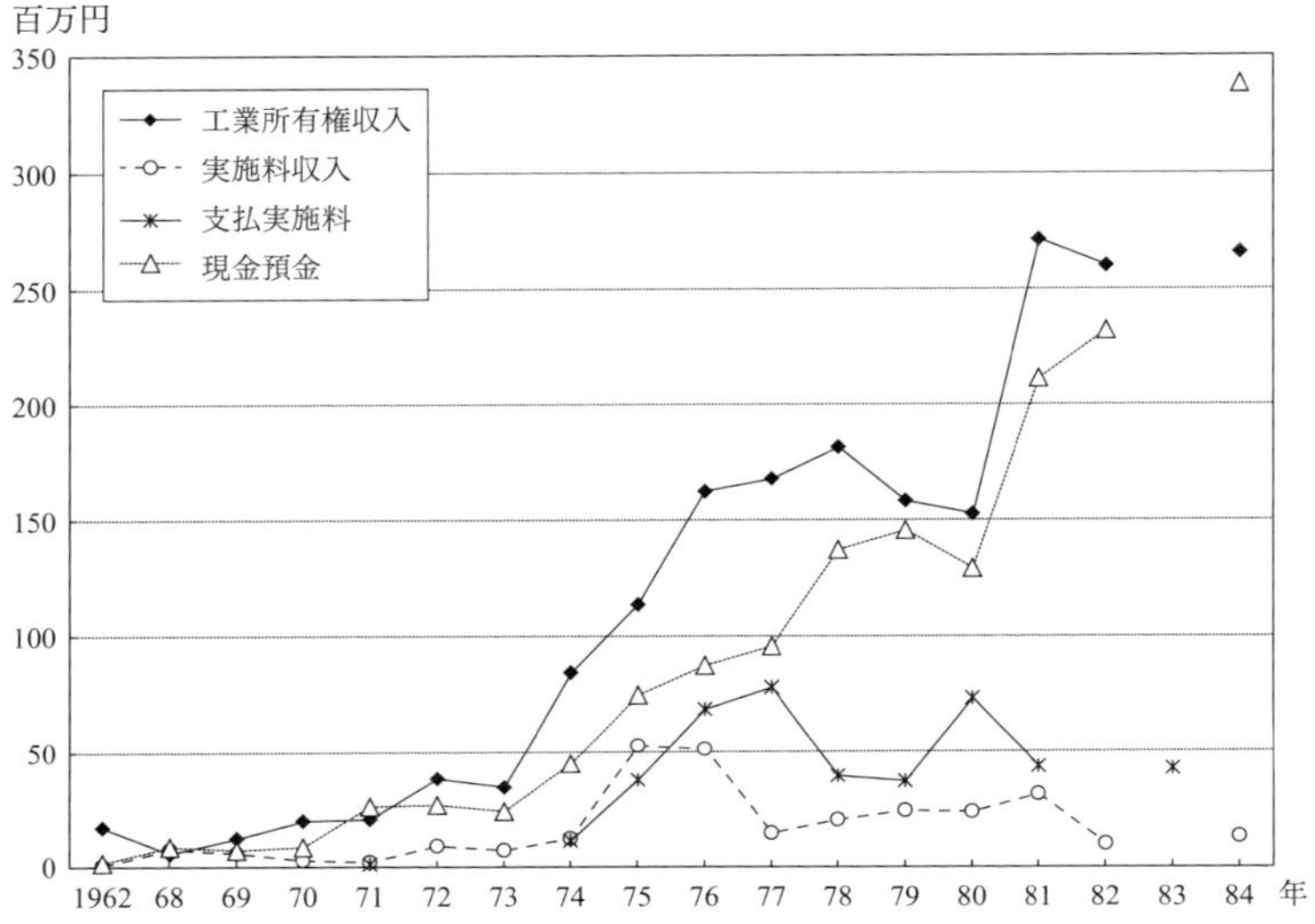

図 3-2　日特連の財務構造（1962〜84 年）

資料）日本遊技機特許運営連盟「決算報告書」1962 年，1968〜84 年より作成。

問題は、二系列になっている収入源の内容である。二系列化した理由は現在のところ不明であるが、別立てで徴収される[24]後者の実施料収入は、審査の必要がなく、一台当たり定額で決められた特許料であり、従来から日特連が管理、徴収していたものと考えられる。主要な収入源である工業所有権収入の源泉になっている特許の構成は、「①業務委託された特許＋②日特連所有の特許」である。これに対する対価の急増は、台数増加によるものではなく、表3-1が示すように、一台当たり特許料の上昇[25]を反映していた。

図3-2、表3-1から注目すべき第二点は、工業所有権収入と支払実施料の、趨勢としての連動の傾向と一方でのその金額の乖離である。支払実施料（図3-2）は、日特連が工業所有権収入に含まれる業務委託された特許の対価を受け取り、委託の手数料を差し引いて権利者（一九七二年から「全権協」、七九年から「中央資材」に組織名変更）に支払われる特許料である。従って、支払実施料が工業所有権収入に連動して上下するのは当然である。興味深い点は、その後の乖離である。このことは、メーカーが日特連に期待していた

役割を知る手がかりとなる。

①工業所有権収入から支払実施料を差し引いた差額は、②日特連所有の特許の料金と①に対する手数料の合計額である。このうち②に対する許諾料が増加して乖離が発生しているとすれば、乖離は日特連所有の特許権の増加に基づくことになる。しかし、表3-2を見る限り、日特連が所有する「特許」の資産価値は長期的に低下しているから、②を要因とすると①の増加は説明できない。さしあたり、②は一定と考えておくことにしよう。すると、両者の乖離は、委託された特許権に対して日特連が取得した手数料の大きさをそのまま反映していると考えられる。

つまり、二つが連動して急増したのは、全権協の設立に伴い、全権協と日特連の間で委託管理の業務提携をし、「委託者は、一切の業務委託に関する費用を負担し、日特連は収受した実施料について、上記の費用を差し引いて委託者に支払う」との契約に基づいて日特連が徴収した特許料を支払実施料として支払ったからである[26]。そして、②を一定とすれば、支払実施料が工業所有権収入から乖離して、手数料が増加していたということになる。手数料として支払われるのは、委託された業務、すなわち日特連が特許権の侵害であるかどうかを判断する審査費用、実施料徴収に関わる費用などを賄うため、日特連に留保されたものである[27]。その増減の意味は、次の時期別に見る工業所有権収入に対する手数料の比率から知ることができる（表3-3）。日特連の留保分の比率は、審査委員会が機能し始めた[28]一九七五年の約九割から低下し始め、一九七八年では六割を切ったが、それ以降再び増加傾向に転じた。

一九七五年以降、日特連の保有分を下げ、特許料の配分率を押し上げたことが見て取れる。一九七五

表3-1　1台当たりの推定特許料

年度	1台当たりの特許料（円）	1968年基準の上昇指数
1962	19.9	1.7
1968	11.5	1
1970	16.6	1.4
1972	31.9	2.8
1974	72.2	6.3
1976	155.7	13.5
1978	134.1	11.6
1980	118.3	10.3
1982	111.5	9.7
1984	109.6	9.5
1986	133.8	11.6
1988	141.1	12.2
1993	143.6	12.5
1995	125.3	10.9

注）特許料（工業所有権収入＋実施料収入）÷年製造台数
資料）製造台数は日本遊技機工業協同組合「決算報告書」各期，特許料は図3-2の資料より計算。

表 3-2　日特連所有の特許の資産価値

（単位：円）

年度	実用新案権	特許権
1962	12,029,632	396,000
1963		97,201
1968	4,612,012	
1969	3,571,639	2
1970	2,817,698	2
1971	560,661	2
1972	4,080,420	2
1973	3,285,680	2
1974	2,436,440	
1975	1,578,001	
1976	795,001	
1977	264,169	
1978	161,168	
1979	572,168	
1980	432,168	
1981	292,168	
1982	152,167	
1986		906,251
1987		781,251
1988		656,251
1994	716,000	
1995	582,000	

資料）図 3-2 に同じ。

表 3-3　日特連の委託業務

年度	工業所有権収入額（円）	手数料/工業所有権収入額（%）	
1968	1		
～71 平均	3.13		
72～74	9.51		
1975	20.70	90.20	権利者の地位向上
1976	29.60	77.04	
1977	30.53	59.04	
1978	33.04	57.05	
1979	28.79	75.29	管理機能重視
1980	27.78	72.95	
1981	49.39	72.94	
1982	47.36	83.47	
1983			
1984	48.39	84.17	
1985	41.30	97.60	
1986			
1987			
1988	55.99	99.35	

資料）図 3-2 に同じ。

年には審査委員会が設置されており、権利者の地位の向上が反映された結果として理解できる。これに対して、その後に続く工業所有権収入と特許料の配分が乖離する現象、つまり手数料の取り分の増加は、権利者が特許料の収得そのものよりも、手数料として表現される管理機能を重視するようになったことを示すのではないだろうか[29]。

　このように全権協の設立以降は、特許権侵害を適切に評価する制度化が実施された結果、権利者に対する配慮が対価の変化のかたちで実態に表れた。この点が、全権協設立に関連して開発インセンティブへの配慮が働いたと考えられる根拠になる。しかし、その対価の上昇がタイムラグをもって上方硬直的になったことから考えると、さしあたり、権利者は特許料徴収に対しては抑制的で、日特連の持った管理業務をより重視していたと見ることができる。

以上のように日特連の財務構造は、一九七〇年代以降、所有特許による収入（価格安定の機能）が一定となるなかで、「委託業務による収入」（監視・運用機能）は一貫して上昇した。委託業務の手数料収入の増加は、日特連所有の特許資産が消滅していくなかで、メーカーからの特許の委託管理と、監視・審査・窓口など管理業務への依存度が高まった結果であった。収入基盤の変化も表れた日特連の管理能力は、実際の事件解決の経験のなかで蓄積されていった。本節の締め括りに当たり、審査能力の強化を表す審査委員会の仕組みについて具体例とともに検討する。

（4）特化される特許管理――煩わしい特許料交渉と審査

一九六九年の規制緩和と七一年の特許法改正後、予想されたようにたびたび特許抵触をめぐる裁判が起こった。一九七〇年代に起きた主要な特許紛争だけで、六件に上った[30]。興味深いことにすべての事件の原告は発明家的な個人、被告は生産活動をしているメーカーであった。そこには一九五〇年代のようなインサイダー同士の争いはない。これらの事件では、日特連が交渉の窓口の役割を果たした。一九六〇年代とは異なるこの役割は、機械市場の状況の変化を表している。

第2章で明らかにしたように、一九六〇年代は、特許料の支払いや物品税の納入なしに乱売するアウトサイダーやそれらの機械を設置したホールの行為を規制する目的の訴訟が主流であった。それに対して、一九七〇年代は特許権の侵害など技術的な解釈をめぐる争いになった。交渉主体としての日特連の活躍は最初から予定されていたことではなかったが、紛争を重ねていく度に、いわば自然発生的に、日特連の専門的な実務となった。

例えば、一九七五年の日野事件は、ホール経営者の日野義行が所有する電動式機械に関する特許[31]にメーカー三社（大一商会、西陣、京楽産業）が抵触したとして訴訟となり、約二年をかけて処理された。その際、原告側から窓口の一本化の要請があり、日特連がこれに応じることになった[32]。当初一台当たり三〇〇円の特許料から五〇円へと日野の妥協を引き出すかたちで交渉が成立し、この徴収は日特連の業務として一九八五年まで続けられた。こうした特許問題の処理の一元化は、日特連の機能として、一九七〇年代にますます重要になった。一九六〇年代に見られた不正業者に対する監視・規制は、この時期には表舞台からは退くものの、基本的枠組みとして機能したと思われる。

この時期からの日特連の見逃せない役割として審査委員会（前掲図3-1）について注目したい。特許の評価および侵害の監視業務を強化した仕組みである。同委員会に期待されたことについて、設置前後の変化から検討する。

設置に至った直接の理由は、一九七一年の公開制度導入により権利者の地位が強化されたことに関連していると考えられる。すなわち、権利者の主張の正否を判断する審査能力が課題として浮上した。公開制度に基づいて特許が様々なかたちで問題となったときに、それが実物の機械の構造において抵触しているかどうかの判断は、それほど簡単ではない。抵触範囲の判断において技術解釈をめぐる曖昧さがつきまとうこと、それゆえに訴訟になった場合、勝敗は不確実であり、そのような状況が判決までの期間においてメーカー本来の機能の一つである生産活動に支障をきたすことなどを、メーカーはそれまでの法廷争いから経験的に知っていた（第2章）。この時点では、日特連はこうした問題に対応しうる審査能力を持っていなかったし、その必要性もなかった。それまでは、日特連の所有したあるいは委託された特許を一枚セットのロイヤルティのかたちで徴収する、価格維持のための監視機能こそが重要であった。また、一九六〇年代の産業存続の危機という状況の下で、特許料は、権利者の譲歩を引き出しながら、支払い可能な現実的水準で調整されたと思われる。そのため、日特連が管理していた特許についてその価値を厳密に審査できたわけではなかった。

従って、審査委員会は、全権協の委託業務の開始と同時に問題となった、特許に関する審査能力の必要性を制度化したものと考えられる。同委員会の設置された当初の運営について詳細は不明であるが、一九七〇年代半ばから機能したと推測される。[33] 審査委員会が本格化した後の運営については、後年作成された日特連の「報告書」からその運営や実態を大まかに知ることができる。[34]

審査委員会は、全権協のメンバーである権利者企業に所属した特許に精通した者たちと弁理士によって基本的に構成され、日特連の専属役員が委員長を務めた。[35] 参加する企業は固定的ではなく、「特許実務経験者が入社され、将来有効となるかもしれない出願が増加した」[36] 企業、特許の専門担当部が設置され――特許開発への積極的取り組みを意味する――、特許権の取得可能性が高まったメーカー[37]から特許関係者が派遣されるようになった。

このようなメンバーによって構成され、委員会では、各メーカーの機械がどの権利を使用（抵触）しているかについて協議し、その正否をめぐって意見が調整された。基本構造に関わって他社に使用されたと権利者の企業が判断した特許が提出され、審査の対象になった。[38] すべてのメーカーの当該年に発売された代表的機械が事前に日特連に集められ、[39] 審査委員会では、すべての機械が提出された権利を使用しているかどうかについて、一台一台審査にかけられた。それらの解釈に問題がないかなどの協議を経て、最終的に多数決により抵触如何の判断となった。[40] 審査委員会での結果（侵害している／侵害していない）を受け、日特連は、各社の販売実績に基づいて各社の実施料の試算（一週間～一〇日）および契約を行う。[41]

以上のように、審査委員会の専門家たちによって、実機を対象として抵触に関する技術的解釈が厳格に行われることはもちろん、異なる見解の調整もなされたことは明らかである。提出（主張）される特許は役物のように一過性の強いものを対象外とし、基本構造に関わる技術に限られていたこともあって、特許権利の主張は依然として抑制的であったと見受けられる。興味深いことは、特許の使用が先行し、使用された権利については事後的に審査、協議、清算、契約する形式をとっていた点である。同委員会での調整が、スムーズな開発―生産というメーカー本来の機能を保証しつつ、インサイダー同士の特許紛争を事前に防ぐ役割を果たしていたと見ることができる。

二　開発競争へ

日特連の機能がメーカーの開発をめぐる行動に与えた影響や両者の関連性こそが、本章の最終的論点である。その検討に向けて、第二節では機械市場における競争の特徴について検討する。ここでは三つの点を問題にする。第一に競争の様子を規制との関わりに留意して概観する。第二に開発競争においてメーカーはどのような行動をとったかを考察する。第三に、開発の方向性、つまり新基準のもとで作り出された機種を受け、市場――客およびホール――はどのような機種を期待するようになったかについて論じ、次の時代への開発がどのように準備されたかを展望する。

まず競争のあり方の全体的概要を見ておく。表3-4は推計（方法は、表の注を参照）された各社の販売台数に基づいてマーケットシェアを表したものである。一九六〇年代から七〇年代まで各期間において激しく順位が入れ替わっている。淘汰を生み出す競争の厳しさが、一目瞭然である。[42] 年代による変化に注目すると、二つの特徴が読み取れる。

一九六〇年代では、比較的上位に位置していたメーカーでも、次の期間までの間に順位外、あるいは退出に追い込まれる熾烈な競争が展開されている。メーカー経営は安定的ではなかったであろう。そのような様子は、一定の市場シェアを確保できなかった下位メーカーが退出した一九七〇年頃まで続いた。少なくない退出という不安定さは残るが、一九七〇年代にかけてようやく市場が安定したという評価ができよう。とはいえ一九七六～八二年には再び退出が下位グループに集中したことに特徴があった。それまでとは異なる性格がうかがえる一九七〇年代後半における退出の要因とその意味は、八〇年代の発展を見据えている本章の立場から検討に値する。

もう一つ注目したいことは、集中度である。上位二、三社の集中度が高く、概して長期安定的に地位を保ったことが認められよう。そのなかで、一九七〇年において、マーケットシェアの上位企業の集中度が低下する傾向に転じたことに留意したい。一九七〇〜七六年において退出の勢いが他期間に比べて小康状態を保ち、その後、上位三社の集中度が以前にもまして高まる結果となった。一九七〇〜七六年に重要な動きがあったように思われる。二点に関連して見逃すことのできない一九七〇〜七六年の変化を検討する。

（1）触発される開発——規制緩和と開発

一九七〇年代のパチンコ市場の動向について、余暇市場に占める同市場の割合から見ると、一九七〇年五・五パーセント、七二年五・四パーセント、七四年五・八パーセント、七六年五・〇パーセント、七八年五・三パーセントであり[43]、大きな変動がなく一定の水準を保っている。この時代の安定した産業的地位は、パチンコ産業が他のレジャー関連の産業を上回る華々しい成長を成し遂げたわけではなく、経済成長に引っ張られるかたちで余暇市場が大きくなった範囲[44]内の成長にとどまったことを示す。このような状況を、パチンコ機械を開発するメーカーの立場で読み直してみると、経済成長を突き抜けて急成長をもたらすような画期的機械は生み出せなかったが、余暇市場成長の潜在性に歩調を合わせるかたちで人々の需要に確実に応えられる機械は提供し続けたことになる。開発に関わる実態を浮かび上がらせるためには、規制がどのような制約条件をメーカーに与え、どのような変化をもたらしたか、メーカー間でどのような関係性を築いて開発が進んだかを検討する必要がある。

表3-5は、一九五〇年代後半から七〇年代の半ばまでマーケットシェアのトップの座を独走した企業である西陣が、許認可制度が導入された五五年以降、毎年開発・発売した機種数を集計したものである。同社は、一九五七年のジンミットを皮切りに六〇年の無人機など、特許登録を精力的に行った開発志向型の企業である。一九六〇年代に普及した遊技球の自動補給装置分野で先駆的技術を発表したことでも名を知られていた。

表3-5の集計は社史に掲載された製品がベースになっており、人気を得た代表的機種を中心に取捨選択された

ケットシェア

1976年		
社名	シェア(%)	販売台数
西陣	16.3	223,787
平和工業	14.8	202,302
三共(SANKYO)	10.8	147,919
マルホン工業	9.2	126,660
三洋物産	8.0	109,001
京楽産業	6.3	86,950
大一商会	6.0	81,616
端穂製作所	4.0	54,290
ニューギン	3.9	53,109
奥村遊機	3.3	45,200
スリースター工業	2.9	39,474
豊丸産業	2.8	37,833
竹屋	2.0	27,482
ナショナル機械工業	1.2	16,381
大同	1.1	15,238
豊国販売	1.1	14,821
ニューマツヤ産業	0.9	11,665
さとみ	0.8	10,730
松本遊機	0.7	10,268
大和製作所	0.6	8,883
共楽製作所	0.6	7,621
正村機械	0.5	6,894
高尾	0.5	6,883
銀座	0.5	6,472
ニュー一銀	0.5	6,374
大孝モナコ遊機興業	0.3	3,515
京極製作所	0.2	3,184
藤商事	0.2	3,121
丸善物産	0.2	2,361
いすゞ製作所	0.0	156
同和精機工業	0.0	11
成田製作所	0.0	0
32	100.0	1,370,200

1982年		
社名	シェア(%)	販売台数
平和工業	27.3	661,237
三共(SANKYO)	18.1	436,960
西陣	10.9	264,193
京楽産業	10.7	258,493
三洋物産	8.9	216,437
大一商会	6.2	151,072
ニューギン	4.7	113,703
マルホン工業	4.1	99,044
奥村遊機	3.3	79,463
豊丸産業	2.1	50,348
端穂製作所	1.2	27,948
銀座	0.8	18,358
高尾	0.6	15,018
太陽電子	0.4	10,862
サミー工業	0.2	5,054
大同	0.1	3,045
藤商事	0.1	2,973
竹屋	0.1	2,154
丸善遊機	0.1	1,531
三葉産業	0.0	991
三星	0.0	618
名友産業	0.0	198
22	100.0	2,419,700

1983年		
社名	シェア(%)	販売台数
平和工業	22.4	596,868
三共(SANKYO)	20.1	534,019
京楽産業	11.5	306,361
西陣	9.8	261,714
三洋物産	9.7	258,078
大一商会	8.3	220,996
ニューギン	4.3	115,085
奥村遊機	4.2	111,700
マルホン工業	4.1	108,461
豊丸産業	2.2	58,206
端穂製作所	0.9	24,884
銀座	0.9	22,637
高尾	0.5	13,241
太陽電子	0.4	9,447
まさむら遊機	0.3	8,367
藤商事	0.1	2,486
大同	0.1	2,379
竹屋	0.1	2,126
サミー工業	0.1	1,343
三星	0.0	552
名友産業	0.0	50
21	100.0	2,659,000

当該年以降順位外・退出

生産再開

順位内新規

当該年以降休業

カーの物品税納入のため証紙発給事業（第2章）を行っていた。各社は販売台数（事実上の製造台数）とれに見合った金額を同組合に支払う。この総額が組合の手数料収入になるため，当該年度の総製造台数は，年までは証紙1枚30円，それ以降は20円で割ったもので計算した。各社の製造台数は，注2の推計マー乗じたもの。

各年度によって「納税準備金」，「預かり積立金」，「事業分量配当金」など，使用できる財務データが異それらの金額が製造台数（市場での地位）に反映されると判断し，総額に対する各社の比率を割り出し，とした。

は不明。

告書」各期。

表3-4　メーカーのマー

1964年

順位	社名	シェア(%)	販売台数
1	西陣	19.1	156,840
2	平和	13.4	109,900
3	丸新工業	9.4	77,008
4	マツヤ産業	4.7	38,430
5	奥村遊機	4.5	37,166
6	豊丸産業	4.3	35,048
7	大一商会	3.9	31,963
8	大同遊機製作所	3.3	26,797
9	岸金属工業所	2.9	23,823
10	三洋物産	2.8	23,266
11	大和西川製作所	2.6	21,333
12	古村遊機（銀座商会）	2.5	20,144
13	東海物産	2.2	18,211
14	スリースター工業	1.9	15,721
15	丸善遊機三協商会	1.8	14,792
16	ニュープリンス	1.7	14,123
17	豊国機工	1.6	13,008
18	共楽製作所	1.6	12,859
19	京楽産業	1.5	12,451
20	三高工機	1.5	12,376
21	成田式製作所	1.4	11,521
22	東洋工業遊機	1.2	9,626
23	いすゞ製作所	1.2	9,477
24	一銀興業	1.1	9,440
25	モナコ商会	1.0	8,177
26	マツヤ機械製作所	1.0	7,842
27	豊産業	0.9	7,099
28	協立機工	0.8	6,467
29	ミズホ商会	0.6	4,832
30	ナゴヤ銀座商会	0.6	4,683
31	三越産業	0.4	3,494
32	大盛遊機製作所	0.4	3,456
33	真栄産業	0.4	3,308
34	京極製作所	0.4	3,196
35	正村商会	0.3	2,787
36	竹屋	0.3	2,081
37	明和商店	0.2	1,635
38	片岡商会	0.2	1,487
39	マイアミ製作所	0.2	1,487
40	三和製作所	0.1	929
41	名古屋産業	0.1	892
42	関西遊技	0.1	818
43	名銀商会	0.1	706
44	兄製作所	0.1	706
45	中央製作所	0.1	595
	45 (47[3])	100.0	822,000

1967年

社名	シェア(%)	販売台数
西陣	24.2	286,311
平和	14.0	165,180
丸新工業	7.4	87,636
三洋物産	7.0	82,939
大一商会	5.3	62,240
奥村遊機	4.3	50,578
三共(SANKYO)	3.6	42,161
マルホン工業	3.2	38,156
豊丸産業	3.1	37,186
東洋工業遊機	3.0	35,369
京楽産業	2.9	33,911
国際遊機	2.3	27,062
ニュープリンス	2.2	26,128
大和西川製作所	2.0	24,104
東海工業遊機	1.9	22,938
スリースター工業	1.6	19,084
三高工機	1.3	15,267
共楽製作所	1.3	15,262
ニューマツヤ産業	1.2	14,356
大同工業	0.8	9,612
いすゞ製作所	0.8	9,110
名古屋産業	0.7	8,820
松本遊機	0.7	8,694
技研工業	0.7	8,009
竹屋	0.6	6,908
豊国機工	0.6	6,621
成田製作所	0.5	5,506
丸越工業	0.4	4,256
マツヤ機械製作所	0.3	4,133
丸善遊機三協商会	0.3	4,046
ミズホ商会	0.3	4,004
モナコ商会	0.3	3,191
大盛遊技機製作所	0.3	3,003
高尾製作所	0.2	2,631
正村商会	0.2	2,002
マイアミ製作所	0.1	1,687
豊産業	0.1	1,302
京極製作所	0.1	1,205
明和製作所	0.1	1,090
玉福産業	0.0	300
片岡商会	0.0	200
41 (44)	100.0	1,182,200

1970年

社名	シェア(%)	販売台数
西陣	20.9	280,332
平和工業	11.1	149,625
大一商会	9.5	127,688
マルホン工業	8.4	112,510
京楽産業	8.1	109,150
三洋物産	7.6	101,543
三共(SANKYO)	7.3	97,518
奥村遊機	5.0	66,569
ニューギン	4.3	57,832
豊丸産業	2.5	33,299
ニューマツヤ産業	1.9	26,193
大和製作所	1.9	25,130
京極製作所	1.6	21,058
スリースター工業	1.5	20,723
高尾	1.1	14,965
ミズホ商会	1.1	14,909
マツヤ	0.8	11,142
共楽製作所	0.8	10,273
国際遊機	0.7	9,577
大同工業	0.6	8,218
豊国販売	0.5	6,401
正村機械	0.5	6,189
成田製作所	0.4	4,928
ナショナル遊機	0.4	4,721
竹屋	0.3	4,634
ニュー一銀	0.3	4,315
モナコ商会	0.3	4,192
いすゞ製作所	0.3	4,098
丸善遊機	0.3	3,534
大盛遊機製作所	0.1	812
三高	0.1	757
松本遊機	0.1	745
玉福産業	0.0	447
親和	0.0	206
34 (39)	100.0	1,344,200

注 1）日本遊技機工業組合はメー
同数の証紙が必要であり，そ
手数料総額を 1960 年から 62
ケットシェアを総製造台数に
2）マーケットシェアは推計値。
なっている。各社が支払った
マーケットシェアの代理変数
3）年度末組合員数。1970 年以降
資料）日本遊技機工業組合「決算報

表 3-5　西陣の発売機種数の推移

年	機種数	平均	年	機種数	平均
1957	3		1969	9	
1958	6		1970	7	
1959	4		1971	7	
1960	3		1972	6	
1961	2		1973	7	
1962	2		1974	6	
1963	2	3.3	1975	7	7
1964	2		1976	6	
1965	6		1977	6	
1966	5		1978	7	
1967	3		1979	9	
1968	2		1980	7	

資料）創業 50 周年記念誌編纂委員会『The 50th Anniversary ROAD 創業 50 周年記念誌』ソフィア，2001 年，73 頁，87 頁，109 頁より作成。

と推測される。(45) そうした一定の基準のもとで示された、制度変化に伴うインパクトの結果を、特徴的な傾向として捉えることは可能であろう。

注目したいのは、一九六九年の風営法改正の影響を表す、規制緩和を前後した年平均機種数の変化である。一九六八年までは年平均三・三機種であったのに対して、六九年から八〇年までは、年平均七機種と二倍以上になっており、機械の検定基準の緩和を受け、製品の多様化が実現したことが分かる。

機械の新基準は、一九六九年四月に発表され、六月一日から実施されることになった。この制度変化に対して、西陣は、新規制をクリアした一〇〇発皿を取り付けた機械を早くも五月に発表している。(46) 業界のなかでも最もスピーディーな対応であったと思われる。かつての一九五五年規制は四九年の単発式が基準であったから、技術的対応にさほど困難はなかっただろう。しかし今回の新規制では、大手企業平和の元役員であった小柳錦二によると、規制緩和が機械開発に簡単に結びついたわけではなかった。(47) 一九六九年の規制緩和のときに、

徹夜につぐ徹夜で、やっと仕上げた試作機を、織田渉外部長が警視庁へ持ち込むのですが、検査はことの外厳しく、というよりメーカー側として想像もできない打ち方をして、百発を一個でもオーバーすると不許可となるのです。二回目、三回目、四回目、五回目、ことごとく駄目でした。全国のお得意先から前受金まで受け取りながら、約束の日に台の納入ができない……〔得意先を〕一軒一軒土下座して回った……〔開発の〕プロ

ジェクトチームは……休日も返上し、警視庁の求めている厳密な基準をクリアーすることに没頭しました……しかし……十一回目も許可は得られませんでした……血を吐くような日々が、五十日も続きました。

（小柳錦二『Collaboration』リプロ、二〇〇〇年、一三四～一三五頁）

と回想しているように、新基準に適合する機械を開発するまでは忍耐強い試行錯誤があった。このような規制のもとで抱えなければならないリスクは、メーカー全体に及ぶものであったが、そのなかでも西陣の場合は、後年の総合部長が「他社は半年に一台の割りで新台を作るが、うちは三カ月に一台開発している。シェアは広がる一方だ」[48]と自信に満ち溢れて証言しているように、他社の追随を許さない開発力を持っていた。表3-5に見られるような製品多様化が実現できたのは、有力企業である西陣ならではの結果ということになる。

西陣と他社との間の格差を認めた上で、表3-5は個別企業が、制度変化によって与えられたチャンスをものにしたことを素直に表しているから、他社においても規制緩和後は製品開発が活発化し、多様化が進んだと見るのは、的の外れた推測ではないだろう。このような方向性は、消費者のニーズに合わせて機種選定を行わなければならなかったホール側からも歓迎されるものであった。

このような時代背景については、後の一九七九年の調査結果が一つの見通しを示してくれる。中小企業振興事業団中小企業情報センターが「消費の個性化、生活の多様化」という変化の下で、中小企業に求められる対応を提案するための、需要動向の実態調査である。この調査の一環として実施されたパチンコファンに対するアンケート調査[49]によると、パチンコを週一回以上する人のホールへの要望として、「玉の出をよくして」が六七パーセントで最も高いほか、「店内の雰囲気を明るく」（一九パーセント）と並んで、「目新しい機械を置く」（一八パーセント）が挙げられている[50]。そうした需要に対応していたはずのホール側では、六三パーセントが「機械のライフサイクルが短縮し、機械の入替に多額の金がかかる」と吐露しており[51]、客を引き留めるための頻繁な新台の入替えに悩まされていた。カウンターパートのメーカーが多種の機械を供給する姿が浮かび上がり、以前より高頻度の更新を可能にする開発になったことがうかがえる。

同調査では、客がゲーム性とギャンブル性のどちらを選好するかに関してホール側が把握できる位置にある、つまり機械に求められるニーズに関する情報を持っており、そうした情報をより活用することが開発に必要であると提案している。[52]ホール側の、目新しい機械を求めるニーズに応えた結果が多様化であったということができる。このように見ると、程度の差はあれ、業界全体で、幅広い製品開発が実現できたと考えられる。各社による製品の多様化は、一九六九年にスタートした開発をめぐる競争激化の原因でもあり結果でもあった。

規制緩和以降、多様化が進むなかでメーカーがとった開発行動について、以下、二つの事例を取り上げて検討する。一つは一九七三年から浸透していく電動式機械、もう一つは、同年秋以降話題を呼んだ「大三元」に対する各社の動きである。

（2）規制が作り出した空白

電動式機械は、一九七二年一一月二五日付で伝えられた、パチンコ機械の新要件に関する通達によって新たに許可された。[53]広島県呉市のホール経営者の日野義行が、モーターを活用し玉を発射する動力装置を取り付けて改造自作した機械を広島県警察本部に認可申請し、一九七二年九月二五日付で承認を得た。警察庁防犯少年課の「警察庁丁保発第一三〇号　昭和四七年一〇月一八日付　新機種ぱちんこ遊技機『日野式一〇〇発手動皿遊技機』の取り扱いについて」の意見を踏まえ、電動式の技術体系は一一月の新要件発表という経過をたどって業界に広がることになった。その過程で起こされたのが第一節で触れた訴訟、メーカー三社の特許権侵害が問題になったいわゆる日野事件である。

一九五五年の連発式機械の禁止（第1章）に際して、射幸性が高いという理由からモーター付き機械も禁止されて以来、パチンコ機械は手動式に限られていた。このような経緯から、電動式機械の事実上の復活に対しては、「電動式遊技機が、最近各地で人気……〔一九五五年の〕連発禁止前夜に似た現象について、危機感を唱える向き」があると、業界内では規制の再現を憂慮する声があった[54]。しかし、一九五〇年代前半の社会的状況とは異なる変化の兆しも見えていた。公営ギャンブルの市場が成長しており、それは社会的に射幸性の許容範囲が引き上げられたことを意味した。電動式機械も浸透すると期待する立場が登場したのも自然な流れであった[55]。

一方で、規制との関連性とは別に、市場への浸透や定着に対する意見も一枚岩ではなかった。近畿地区のホールでは使用しないという決議があり、メーカー側でも、より技量が求められる「手動式がパチンコの本流だから電動機には力を入れてない[56]」という日本遊技機工業組合の理事長、内ケ島正一の意見が代弁しているように、電動式機械の開発に対して消極的態度が見られた。しかし、四国、中国、九州地域では、客の熱い支持を得る人気を目のあたりにしたホールから「作れ作れの要求[57]」があり、メーカー各社とも対応せざるをえなくなった。

電動式機械が出現した当初においては、規制との関係で開発を躊躇する姿や市場の反応に確信が持てない慎重な態度が明らかである。メーカーの消極的な態度は、規制および予測困難な流行という市場の性質に向き合って各社が負うべきリスクの大きさを表していよう。他方で、一部の地域市場では、電動式機械の人気への確実な手応えも確認されていた。局地的に発見された新しい市場に対する認識、予測をめぐって、各社は多様な態度をとったと考えられる。メーカーの意図を直接探ることのできる資料は見当たらないが、ホール向けの業界誌『月刊　遊技日本』の広告を利用し、開発のタイミングの差違を観察することで、異なる思惑を検出してみよう。A社が広告を出した月をA社が市場に製品投入した時期と捉えた上で、それらのタイムラグから、開発態度における特徴を読み取ることにする[58]。開発は広告に先行して行われるため、それを同時期とは捉えられないが、台の入替シーズンや流行があるため両者の時差はさほど大きくないと考える。

最も早い対応を見せたメーカーは、一九七三年三月に、第一陣として電動式機械の新作を発表したと報じられた京楽産業、大一商会、豊丸産業であった。電動式の開発者、日野は、経営するいくつかのホールで自ら開発した機械を稼働し、かなりの成果を上げていた。ホール経営者の自作機械によって、新しい市場が発見されたことになる。メーカーとしては既述の三社が、そうした市場の反応に最初に注目し、単独モーター型の電動式機械を独自に開発したのである。[59]

神戸に本社を置く共楽製作所も、次のような取り組みから見て電動式機械の開発に積極的に取りかかったと思われる。四月に、「どえらい人気!! 日野式電動パチンコベスター号 電動メカが新たな客を呼びすごい売上を誘う! ハンドルを押へ強弱を調整しながら飛球させる 日野式発射装置の妙! いま満天下の話題を集める 日本列島の注視ここに集まる!!」[60]というキャッチフレーズで二面にわたる広告を大々的に出し、電動式機械市場にデビューした。先発三社に一カ月ほど出遅れたとはいえ、市場がまだ不透明ななかで業界は全体的に及び腰の態度であったから、思い切った参入といえよう。「日野式」という宣伝が、実際、技術的にどのような関連を意味するかは不明であるが[61]、同じ内容の二面広告は五月まで続いた。一九七〇年代前半の間では『月刊 遊技日本』の一頁に収まっていた広告が、二頁の紙面に拡大して割り当てられたことに、同社がこの開発に注力したことがうかがえる。

共楽製作所の機械を設置した熊本市の大劇ゲームセンターの稼働状況を見ると、電動式機械の将来性に関して確かな手応えが感じられる。導入された電動式機械は、総設置台数六〇〇台のうち七〇台と、一一パーセントに過ぎなかったが、近いうちに半分まで電動式に取り替えると報じられており、「電動式の伸長が話題になっている」[62]ことを示しているといえよう。

このような共楽製作所の動きは、先手必勝を意図するものと認識された。[63] すなわち熊本市の大劇ゲームセンターに導入することにより、「先手必勝戦術で熊本市での人気確立を狙ってるのと同時に、現状分析と先行きを予測して、かなりの長期でモーター人気が続くものと予測している」。同社は電動式機械の定着を予見した上で他社に先んじて市場を確保しようとし、積極的にリスクをとって開発したのである。

共楽製作所の積極的対応に刺激されたのか、局地的に、そして徐々にではあったが、電動式機械が浸透した市場の確実な変化を捉えようとするメーカーの動きが、五月から散見される。共楽製作所と同じく日野式というキャッチフレーズで、大同工業やスリースターでも電動式機械が発表され、「電動式一挙にブームへ」[65]として業界内で認識されるようになった。[64]「電動式がえらい人気で」という評価とともに、リーダー的メーカーである平和の参戦が予告され（実際に六月に広告）[66]、三洋物産、ニューマツヤなど中堅以上（前掲表3-4）のメーカーでも試作に入ったと報じられた。第一陣としてすでに電動式機械を発表した京楽産業も、同月に展示会を開いており[67]、六月に入ると、一九五〇年代初期にモーターによる自動発射装置付き機械が人気を得ていて、それゆえ関連技術を持っていたはずの豊国も、そしてニューギンも参入した。[68]

八月には試作に入っていた三洋物産も電動式機械を発表した。[69]興味深いのは、トップメーカー西陣がこの時点でようやく参入したことである。[70]前掲の中小企業振興事業団中小企業情報センター調査で明らかにされているように、電動式機械は、西陣が約七割のシェアを持っているとされる関東地域でも人気があった[71]。[72]広告を観察した限りという留保付きの推測であるが、西陣の動きは、他社に何歩も遅れたように見える。「広がるばかりのシェア」を支えた開発力を自負していた同社に、一九五〇年代にすでに発見されていた技術体系に関して技術的問題があったとは考えられないからである。

一九七三年九月に開かれた「全国新型遊技機展示会」（九月九〜一〇日）では、「〝電動人気〟に焦点を合わせ大部分のメーカーが新作電動式を展示[73]」するようになった。展示会開催が発表された八月時点でも、電動式機械については「流行指数についてははっきりした予測はできないが」という声はあったが、「現状での稼働人気はすこぶる良く、またメーカー側も生産体制を固めつつあり」とされた。[74]この展示会で焦点になったのは、「多様化時代に即応して」開発された様々な役物や固定的ゲージの他、電動式機械であった。時代に即した一つの流れとして注目されたことが、電動式機械の市場浸透への期待感を裏付けていよう。四一社と例年より少ない数のメーカーが参加したという展示会は、蓋をあけてみると業者五〇〇〇人と一般人を含めて一万人が参観する史上空前の賑やかさと報じられる成果を上げた(75)。

電動式機械の登場から各社の開発と市場への投入時期をたどってみると、日野が先駆的に機械の認可を受けた一九七二年一一月から、メーカーによる最初の開発、発表は四カ月後の翌七三年三月（設置は四月以降）になり、いくつかのメーカーの積極的市場開拓による動きが展開された後、トップメーカー西陣が参入する八月まで約五カ月が経過していた。この時点を前後して他メーカーによる追随的開発が全面的に広がり、九月に開催された展示会では、電動式機械の定着は決定的流れとなった。メーカーの開発・発表に限ってみると、ほぼ一シーズンのタイムラグが発生している。

このメーカーの異なる対応の仕方は、パチンコを消費する人々およびホール経営に関連する需要のあり方を反映していると思われる。手動式への根強い人気もあり、電動式機械の人気は地域によって差異を見せたからである(76)。前述の中小企業振興事業団中小企業情報センター調査によると、手動式に慣れた技能を持っている既存のパチンコファンにとって電動式機械は不評であったし(77)、ホール側では「出すぎる」という経営上の理由で使用しないという意見(78)もあった。

他方で、それほど習熟しなくとも多数の玉が打てる電動式機械の出現は、新しい客層を取り込むきっかけとなった。例えば、一九七〇年代に新市場として女性が注目されており(79)、電動式の導入が女性客の増加を後押しした可能性もあった。このように異なるニーズが併存していたため、射幸性の高い機械を好む市場は劇的変化を伴って伸びたわけではなく、年を追いながら輪郭を浮かび上がらせ、形成されていった。

メーカーの開発への参戦が、新しい需要に対してどちらかといえば後追い的であったため、電動式機械は、発売が開始された一九七三年には製造台数一三六万九五四六台のうち、一〇・四パーセント（約一四万二〇〇〇台）を占めるに過ぎなかった[80]。片手で一発ずつ打つ単発式に比べて発射スピードが一気に速まるため、以前と同じ金額の投資であれば、客は短時間で玉を打ち尽くしてしまい、当然射幸性が高くなる。客の予算制約が改善されれば、あるいは手動式に比べて必要な技量の障壁が低い電動式に新しい客が参入すれば、電動式の市場は拡大していったであろう。その後、電動式の設置比率は上がり、一九七六年には三四・〇パーセント、七九年には四割を超えるまで増加した[81]。こうして当初電動式機械の浸透に悲観的であったホール、メーカーの予想は裏切られ、デファクト・スタンダードとして定着していった。

電動式は、機械の基本構造に関わるもので、盤面の役物などのように流行りすたりの激しい技術とは性格が異なる。西陣や豊国の遅れての電動式機械市場への参戦は、個別企業による市場予測の多様な見通しや意思決定のみでは説明できない。慎重な企業行動が示すのは、規制が企業のなかと市場における開発という領域にある種の空隙を作り出す可能性である。アウトサイダーがそうした制約から比較的自由であり、社会の射幸性への感覚の変化を敏感に受け止めて開発した結果、ゲームとしてのおもしろさを改善させた可能性がある。一九五〇年代に一度規制されたことのあるメーカーとしては、許可が下りた後でも規制を意識し、さしあたり注意深くならざるをえなかったであろう。規制が開発の阻害条件となる、逆に規制緩和が新しい機械の登場をメーカーに制約なく保証するという単線的な理解では、開発と規制の関係を正しく捉えることはできない。規制というある種の制約条件の除去が開発の範囲の拡大をもたらしたものの、メーカー側のなかには規制を依然として意識した態度をとるところもあった。これがアウトサイダーに開発の機会を与えた側面を持っていたことを、電動式機械の再登場とメーカーの多様な開発タイミングは間接的に説明してくれる。

(3) 開発と模倣の競争

もう一つの事例は、前述した一九七三年九月開催の「展示会」で、平和、豊国、大和製作所が同時に発表した、麻雀の要素を取り入れた役物「大三元」である。元々の開発者は不明であるが、平和と豊国は、大三元について広告も仕掛けており[82]、「展示会」でも「そのダイナミックな構成とファースト・インプレッションは圧巻[83]」と紹介された。

翌一〇月には、「このところの大三元ブームである」と、平和の機械の人気が報じられた[84]。豊国の場合、九月の展示会で発表した後、さらに研究を進めて一一月から発売となり、その実績は、翌年一九七四年三月時点で、ホールのマネージャーに「驚異的売上実績」と称賛されるほどであった[85]。そのような人気を受け、先発企業に遅れること約二カ月、一一月には大一商会が大三元を売り出した[86]。

一二月になると、機械に関する広告をほとんど出すことがなかったナショナル遊機工業が「話題の大三元　爆発的人気」と自社機械を宣伝した[87]。大三元開発への意気込みが感じ取れる。一九七四年二月に、再び大三元の広告を出したが、五月には、「新価格の新型」という広告文のみとなり、大三元に関する情報は消えている。大三元についていては、それ以降、同社を含めて他社においても取り上げられた痕跡はない。ナショナル遊機工業が市場の反応に注目して追いかけた大三元の流行は、一～二シーズンで終了したことになる。

注目すべきは、この二月から四月の間で、大三元開発に関連した三社が異なる動きをしたことである。豊国の場合、前述のように一九七四年三月にも同機種の広告を出すとともに、その人気も確かめられた。それに対して、同月の平和は、大三元ではなく、新しく「サイクロン」という役物を発表している[88]。大一商会も翌四月には新しい機種として「ヒットエンドラン」を宣伝するようになった[89]。豊国は、実際の発売が最初の開発より二カ月も遅れていたとはいえ、大三元の宣伝を継続していた[90]。このように、平和と大一商会の新機種開発への積極的取り組みが見て取れる。

デファクト・スタンダードになっていく電動式機械に対して、一過性の強い大三元の事例からは、流行の変化が激しいという性格を抱えながら通常の開発に携わるメーカーの態度を読み取ることができる。顧客に飽きられやすく、[91] 規制が許す範囲で、常に何らかの新機軸が求められる要素をどのように開発プロセスに落とし込んで臨んだかをよく示している。追随者は、どこにどのように追随するのか、つまり市場をどこで発見するかが問題だったのではないだろうか。そのプロセスにおいてリスクを小さくするための一つの方法は、確実な手応えが得られる客への窓口になっているホールでの反応と、他社の実績を観察することであろう。

機械体系の変化など基本構造に関連する電動式機械や、それに比べるとルーティン的な機械開発の大三元において見られたように、メーカーは、各社の市場の多様な捉え方に基づいた様々な思惑により、開発への着手および参入時期を判断したと思われる。それはメーカーの競争においてどのような結末をもたらしただろうか。簡単にこの点を確認してみよう。

表3-6は、二つの機種が話題になった一九七三年四月から翌七四年三月までのマーケットシェアを示している。機種別販売台数が不明であるため、電動式機械と大三元がメーカーの市場での地位に直接影響したと判断するのは早計であるが、興味深い結果を読み取ることができる。

電動式機械市場への投入が比較的早く、積極的に取り組んだ大一商会と豊丸産業は、販売台数とマーケットシェアを伸ばし、共楽製作所もわずかではあるが同じ結果が得られた。一シーズンの遅れをとっていた西陣は首位の地位を保ったものの、販売台数では総販売台数の傾向より大幅に縮小したことが判明し、マーケットシェアを落とした恰好となった。京楽産業は、開発の第一陣でありながら、「先手必勝」とはならなかったようで、販売台数が減少（総販売台数の縮小幅より大きい）、わずかながらシェアが低下した結果となった。

大三元のケースでは、人気を得たと報じられた平和、豊国、素早く追いかけて追随した大一商会が、販売台数・シェアのいずれも伸ばした。それに対して、先発であった大和製作所のシェアはほとんど上昇しなかった。販売台数の減少幅は一七五台と、取引先で考えれば一ホール分程度を失っている。総販売台数は小幅な減少にとどまっており、現状維持と見て良い。市場での反応を観て参戦したナショナル遊機工業は、シェアを拡大しながら販売台数

表 3-6　電動式機械と大三元開発をめぐる競争

1973年度 順位	社名	販売台数	マーケットシェア（%）
1	西陣	271,000	18.9
2	三共(SANKYO)	146,116	10.2
3	**平和**	141,250	9.8
4	大一商会	131,573	9.2
5	三洋物産	127,687	8.9
6	マルホン工業	121,337	8.4
7	京楽産業	113,612	7.9
8	ニューギン	70,519	4.9
9	奥村遊機	63,931	4.5
10	豊丸産業	31,038	2.2
11	瑞穂製作所	27,170	1.9
12	竹屋	23,360	1.6
13	スリースター	22,901	1.6
14	ニューマツヤ	20,643	1.4
15	大信	19,463	1.4
16	正村機械	13,103	0.9
17	大同工業	12,649	0.9
18	藤商事	12,038	0.8
19	**大和製作所**	12,001	0.8
20	**豊国**	11,396	0.8
21	**共楽製作所**	10,711	0.7
22	銀座	9,579	0.7
23	三幸製作所	5,482	0.4
24	京極製作所	4,663	0.3
25	ニュー一銀	3,815	0.3
26	モナコ商会	3,011	0.2
27	成田製作所	2,786	0.2
28	ナショナル遊機工業	1,024	0.1
29	大登	978	0.1
30	いすゞ製作所	955	0.1
31	松本遊機	293	0.0
32	丸善物産	188	0.0
	総販売台数	1,436,268	100.0

1974年度 社名	販売台数	マーケットシェア（%）	増減 台数（1974/1973）	増減 シェア（1973〜74）
西陣	217,523	15.9	0.80	▲ 2.99
三共(SANKYO)	172,342	12.6	1.18	2.40
平和	147,000	10.7	1.04	0.89
大一商会	143,127	10.4	1.09	1.29
三洋物産	123,539	9.0	0.97	0.13
マルホン工業	110,870	8.1	0.91	▲ 0.36
京楽産業	105,056	7.7	0.92	▲ 0.24
奥村遊機	60,144	4.4	0.94	▲ 0.06
ニューギン	58,500	4.3	0.83	▲ 0.64
豊丸産業	39,367	2.9	1.27	0.71
竹屋	33,198	2.4	1.42	0.80
瑞穂製作所	21,703	1.6	0.80	▲ 0.31
ニューマツヤ	20,169	1.5	0.98	0.03
大同工業	16,581	1.2	1.31	0.33
豊国	16,368	1.2	1.44	0.40
スリースター工業	15,612	1.1	0.68	▲ 0.46
大和製作所	11,826	0.9	0.99	▲ 0.03
共楽製作所	11,502	0.8	1.07	0.09
銀座	9,596	0.7	1.00	0.03
正村機械	8,784	0.6	0.67	▲ 0.27
ナショナル遊機工業	6,439	0.5	6.29	0.40
京極製作所	5,371	0.4	1.15	0.07
いすゞ製作所	4,970	0.4	5.20	0.30
大登工業	4,515	0.3	4.62	0.26
ニュー一銀	2,381	0.2	0.62	▲ 0.09
モナコ商会	1,915	0.1	0.64	▲ 0.07
成田製作所	1,384	0.1	0.50	▲ 0.09
藤商事	403	0.0	0.03	▲ 0.81
総販売台数	1,370,185	100.0	0.95	

注 1）（網掛け）は電動式機械の先発企業，□は後発企業。
2）太字は大三元の先発企業，下線は後発企業。
資料）表 3-5 に同じ。

は約六倍となり、大きく躍進した。一九七〇年に参入した同社の販売実績は、一九七二年まで月産三〇〇台から五五〇台の間を変動し、不安定であった。一九七三年には月産一〇〇台弱に落ち込んでいたから、(92) このような下位のメーカーが挽回を図る上で、一～二シーズン限りの流行りであってもセグメント化された人気市場を追いかけたことの意味は、小さくなかったと考えられる。同社は、その後、一九七七年時点で月産二〇〇〇台規模となり、シェアも拡大した。

電動式機械は、西陣のように遅れて対応する場合でも、それが業界のトレンドになっていくとほとんどのメーカーが参入することになるため、先手を打ったことによる有利さは、時間とともに薄れていくと考えられる。従って、先手必勝戦略で獲得した市場でも、その維持は次第に通常の開発による取引に左右されるようになる。また、先発の優位性を必ず獲得できるとも限らない。そうしたいくつかのプロセスからマーケットシェアは動くのであろうし、先発、後発、どちらが有利であるかも、一概には決まらない。

京楽産業は「先手必勝」への期待通りの結果を得られなかったし、他方で西陣のような後発は市場を奪われるリスクを伴っていた。ナショナル遊機工業のように、後発として真似することが市場拡大の手段になりえた。これらが意味するのは、価格競争で彩られた一九六〇年代から本格的開発競争に転換するこの時期において、それぞれの企業が市場の発見や予測に基づいた開発への意思決定が、複雑な経路をたどりながらも、マーケットシェアに表れるようになり、市場が開発に関連して機能し始め、それまでとは異なる質的変化を成し遂げたことであろう。

以上、電動式と役物の大三元をめぐるメーカーの開発行動を分析した。このプロセスで明らかになった両者の特徴と需要との関連性について、次の開発を方向づける客の期待に注目して敷衍する。客に飽きられないように行われる定期的な台の入替えにおいて、役物の場合は盤面の目先を変えることに重点を置いたマイナーチェンジの設計が進む。一九六九年の規制緩和は、このような開発において相当な幅をもたらし、他社の開発に刺激を受けたメーカーの積極的な参戦によって多様化が進んだ。

射幸性を高めた電動式の場合、それがいったん許可されると、慎重にその市場を見つめていたメーカーも次第に真剣に取り組んでいった。射幸性の基準が引き上げられた機械は客の予算制約を厳しくしたがゆえに、メーカーは多様な手動式機種を併存させつつ、当初は開発の一つの方向として取り組むに過ぎなかった。しかし、電動式は、手動式に比べて遊技の技術のハードルをさげて偶然性をもたらし、パチンコに素人の新しい客層の獲得を可能にした。前述の中小企業振興事業団中小企業情報センターが行ったパチンコに関する消費者調査によると、「電動機械の普及の結果、偶然性の要素が強まって比較的広い層に楽しまれるようになり」、例えば、「中年の女性や若い女性客などが増加[93]」したと分析されている。やがて電動式はデファクト・スタンダード化し、開発の方向に不可逆性を与えたように思われる。すなわち、同調査では電動式選好が強まっているとされており[94]、このような需要側の期待を前提にすれば、スピードに慣れていく客のマンネリ化を解消する開発の方向性は射幸性のさらなる高まりに焦点が当てられることになる。客がより高い射幸性を求めるような素地が、電動式機械の市場形成には埋め込まれたことになる。

三　日特連と競争構造

第一節で明らかになった日特連の機能およびその変化が、第二節の競争構造の変化にどのように関連し、パチンコ産業の発展に寄与したかを見ることにしよう。その際、吟味すべき論点は、西陣のように開発志向の取り組みを行った企業の意味である。これは、(開発志向の結果としての)特定企業の一人勝ちの世界を描くのではなく、パチンコ産業の特徴に関連した仕組みを浮かび上がらせることであり、より広い文脈のなかでパチンコ産業と開発の意味を理解するということである。もう一つの論点は、一九七〇年代前半にスタートした開発競争の結果生じた七〇年代末の淘汰の意味である。

（1）方向づけられた開発コストの回収

日特連が審査機能を強化する動きを見せたのも、開発が活発化する状況（これが特許増加の必要条件となる）を受けた一九七〇年代に入ってからのことであった。環境の変化に柔軟に対応し、自ら多面的な機能を担い始めた日特連は、メーカーの競争にどのような局面で、どのように影響を与えたのか。開発競争が激化していくときにメーカーが取りうる戦略的選択は、日特連が作り出したどのような競争条件の下にあったかを、開発コストに焦点をしぼって検討する。

第一節で述べたように、確かに全権協の設立や審査委員会の設置により権利者の地位は向上した。それは日特連の管理機能を基盤にしてのことであり、それゆえ比較的安価な特許料は維持された。メーカーが高い特許料徴収を主張しなかったことは、開発コストが何らかの形で回収されることを前提としている。当然のことであるが、開発コストが回収できなければ、開発コストの抑制を志向する結果として、開発より安価な特許料で借りる選択をすることになる。

しかし、パチンコ機械市場が、安価な特許料を利用し、開発に消極的な被許諾者で埋め尽くされたわけではなかった。前掲表3-4、表3-5が表す競争の状況や開発の活発化は、積極的に開発に取り組んだ西陣のような企業がどのようにその費用を回収したかについて、それを可能にした道筋を明らかにする必要を示している。

特に一九七〇年代末のパチンコ産業にとっては新機軸の機械に対する期待が高まっていた。前掲の中小企業振興事業団中小企業情報センター調査では、一九七〇年代にレジャーの多様化が進み、パチンコが映画の再流行や自動車、インベーダーゲームなどと競合していたことが(95)指摘されている。パチンコに飽きて他のゲームなどに乗り換える可能性が特に若い男性客(96)は高かった。メーカーはホールの要求に応じて目先を変えるような機械を毎シーズン(97)売り出さなければならなかったし、フィーバー機の登場による一九八〇年代以降の成長を展望する本章の視点からすれば、新機軸が生み出される積極的な開発への取り組みは解明すべき点である。

一般的に研究・製品開発のコスト回収には二つの方法があると考えられる。一つは売上高の上昇、もう一つは高い特許料の徴収による回収である。しかし、すでに説明したように、パチンコ機械メーカーの場合は、日特連の存在によって後者の可能性が排除されている。安価な特許料は、メーカーにとって、現実的に可能な選択肢を前者のみとしたのである。

第二の方法が困難である点を裏付けるのは、一社当たりの想定できる特許料収入の規模である。本書ではここまで、上方硬直的であるなど、相対的な評価に基づいて特許料を安価であると想定してきた。しかし、開発コストを考える上では、個別企業に対して支払われる特許料収入の規模をもう少し具体的に確認する必要があろう。

全権協に支払われる特許料、そして日特連の株主への配当額が持つ、メーカーにとっての経済的意味に注目してみよう。この二つの配分額はどちらも、メーカー側にとっては、開発の基盤となる報酬として持続的に期待することは困難であった、といえそうである。例えば、日特連を通じて全権協に支払われる特許料の最高金額と年度は一九七八年の約八〇〇〇万円である。これが全権協の各企業に支払われるから、仮に権利者を設立メンバーに限って六社と少なく見積もってみると、一社平均一五〇〇万円となる。[98] この規模は、一九七六年のマーケットシェア一位であり、特許開発に積極的な西陣[99]の例でいえば、推定生産台数約二二万四〇〇〇台（表3-4）の売上高五九億〜九四億円[100]の約〇・二〜〇・三パーセントを占める。一方で、日特連の配当率は五〇〜五〇〇パーセントであったから、株主一社当たりで計算すると四二万〜一〇五万円[101]になる。いずれも売上高に占める比率はさほど高くはない[102]上に、このような想定は、最高額の単年に過ぎない。開発が持続的に賄える資金基盤であったという評価は難しい。したがって、メーカーにとって開発コストを回収できる現実的方法は、売上高の増加となる。

それが具体的にどのように可能であったかについて検討するためには、まず、ホールとメーカーの取引関係に注目する必要がある。一九七〇年代まで、一ホールに設置される機械は、基本的に一メーカーの機械とされ、一ホール対一メーカーの取引が一般的であった。『月刊　遊技日本』には、新装開店や新規オープンの記事が掲載されている。それらの記事から知りうる六五事例[103]をまとめた表3-7に基づいて一九七〇年代前半の傾向をまとめると、一ケースを除いて、ホール内に設置された機械すべてが、一つのメーカーの機械であった[104]。

その後においても、例えば同誌の一九七六年六月号によると、福岡市西区原に開店したホールの場合、設置された機械三〇〇台すべてが三共一社から調達された[105]。一九七九年末までこのような例を探すのは難しいことではなく、一般的傾向であったといって良い。

それには様々な要因があった。一九七〇年代までの機械は、娯楽性などにおいてメーカー間の明確な差異は見出せなかった。ホールにとっては集客のための営業ノウハウにおいて出玉率[106]を規定する釘の調整が重視され、それによる台ごとの差別化が可能であった。新しく開店する店に対して、釘師（釘で玉の出方を調整する熟練の技能者）の教育から店員の世話まで[107]メーカーが面倒を見ていた。西陣では「遊技場開設にあたっての参考資料」というマニュ

表3-7　ホールとメーカーの取引傾向

機械メーカー	件数	取引傾向
西陣	16	1ホール・1メーカー取引
平和	13	
三共（SANKYO）	7	
共楽製作所	5	
三洋物産	3	
大一商会	3	
ナショナル遊機工業	2	
ニューギン	2	
マルホン	2	
竹屋	2	
豊国	2	
その他	4	
西陣・平和	1	1ホール・2メーカー取引
不明	3	不明
総　計	65	

資料）『月刊　遊技日本』1971年新年特別号～75年12月号より作成。1971～75年の63回分（12×5回，うち1974年7月欠，新年特別号4回）に掲載された，「今月の新装開店レポート」「OPEN NEWS」「新規オープン」のすべての記事，「インテリアとデザインの計画設計」「モデル店舗研究」「拡張のインテリア」，パチンコ機械メーカーの「広告」，その他の記事から，取引先や設置台数の詳細が分かる56記事のうち，情報不足の2記事を取り除き，54記事から，65ホール事例を抽出。

アル本を作り、玉の出し方、釘の傾斜の上げ下げ、開ける日の頻度、出玉率高低の日ごとの計画など、実際の指導にも当たった。[108] ホールの経営が軌道に乗るまではメーカーの役割が重要であり、両者の緊密な関係がうかがえる。普段の営業活動においても、メーカーのセールスマンは、ホールを巡回し、釘調整の仕方を指導し経営に関わるアドバイスを行った。[109]

その他、ホールにとっては機械の丈夫さなどの物理的な品質が重要な基準の一つであり、パチンコ機械は故障が多いことから、いったん取引先が決まるとメンテナンスの面からも取引先を変更するインセンティブは大きくなかった。[110]

ところで、このような長期取引が全般にいきわたっていたとするならば、メーカー間の競争がない静態的状況が想像される。しかし、表3-4に表す激しい順位の入れ替わりのように、実態は異なっていた。図3-3はメーカーとホールの取引関係について営業職出身のメーカー関係者への聞き取り調査などに基づいて作成した。メーカーの立場で考えると、ホール経営者とメーカーの営業との信頼関係に基づいて、長期的取引を行う安定的な中核の顧客層（中核的取引ホール）があり、その周辺に、信頼関係も弱く、他社の競争相手が入り込む余地のあるグレーゾーンの客層（周辺的取引ホール）が存在し、取引先の構図は重層的であった。[111] 各メーカーは、長期安定的な取引先を囲い込んでおきながら、営業活動によって取引先が入れ替わるグレーゾーンの競合領域のホールをめぐり、市場確保を狙った熾烈な競争を展開したと考えられる。一九七〇年代に営業経験を持つT社の元役員は次のように語る。

たまたま入れたんだけど、失敗する場合もあるんですよ。〔ホールの立場では〕君〔メーカーの営業〕がいいよって、〔機械を〕入れたんだけど、あまり良くなかった。〔そのため機械が〕また外されるんですよ。それの繰り返し。繰り返しすることによって、T社も良い機械がたまに出る場合があるわけです。良い機械を入れたときに、また信用がもっと深まる。そこから広まっていきます。その機械がよかって、入れて、当然その次も注文が入りますよね。良くない場合もあるんですよ、偶々ですから。〔しかし〕次の機械も良いという保証はないです。〔良い、良くない〕何処が違う〔かというと〕、内容的には、売上がまず違う。例えば、うちの機械をいれて〔みると〕……台当たり一、二万円以上の差が出る。〔そのため〕……利益率〔は〕、当然違います……。T社と他の機械を使うと、差が出るんですよ。……T社との付き合い古い店は他のメーカー〔の機械を〕使ってませんから、その差というのはあまりでないですけど、偶々T社使ったり、三共使ったり、平和使ったり、いろんなメーカー使ってる店は、数字に詳しいわけです。ですから、前の数字よりも落ちたら、機械をすぐ入れ替えしますよ。

（元T社役員。二〇〇四年五月二三日の聞き取り調査）

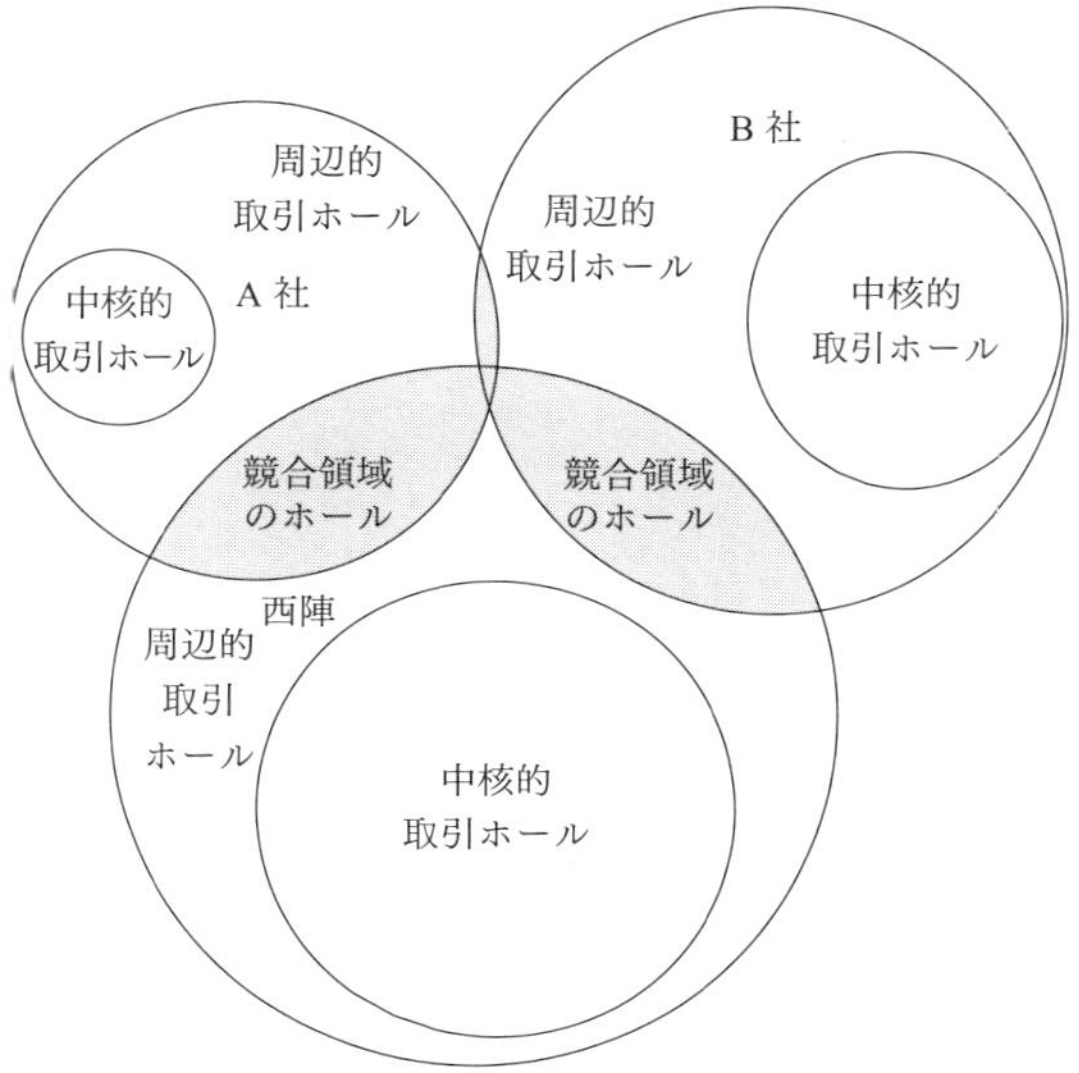

図3-3　ホールとメーカーの取引の概念図（1960年代～70年代）

資料）営業経験のあるT社の元取締役の聞き取り調査（2004年5月23日）より。

営業力によって、あるいは口コミによる影響も大きかった[112]から、評判になった機械があれば、グレーゾーンのホールは次の機械の入替えのときに、取引先を変えるケースがあった[113]。

さて、特許開発のコストの回収において重要な意味を持つのは、表3-8の機械価格である。新しい体系をもたらした機種の推移から明らかなように、確実に値上げが実現されていった[114]。一九六〇年代以降機械市場はおおよそ成長していたから、価格が上昇し続ければ、開発のコストは、自然に回収されるという予測を立てることが可能であった。そして、そのパイはマー

表 3-8　パチンコ機械価格

（単位：円）

年	機　　種	最低額	最高額
1929	単発式	3,000	
1952	オール 20 連発式	7,000	8,500
1954	連発式	8,000	9,000
1957	役物 1 号機（ジンミット）	14,000	17,000
1960	チューリップ	18,000	
1969	100 発式	19,000	21,000
1973	電動式	45,000	
1980	フィーバー・タイプ機械	90,000	
1982	手動式	30,000	40,000
	電動式	55,000	100,000
	遊技盤	30,000	40,000

注）1929 年，52 年は推定額。
資料）日本遊技機工業組合提供資料より作成。

ケットシェアが拡大するのに比例して大きくなると期待することもできた。

以上のような開発コストの回収の道筋に、戦略的に開発志向型になるメーカーが存在、成長する可能性があった。もっとも、日特連が与えた開発における戦略的可能性には、安価な特許料を設定しているがゆえに、それを積極的に利用したいわゆる「フリーライダー」も想定する必要がある。次に、二つの異なる戦略をとる企業のそれぞれの存立のあり方と、相互関係を見てみよう。

（2）二つの開発戦略——競争

一九八〇年までのパチンコ産業の生産体制は、ホールの「新規開店」に伴う年二〜三回程度の機械の入替え[115]——新装開店——に合わせられていた。機械の物理的な寿命は一九五〇年代前半に三〜四カ月であったのが、設計・製造技術の向上によって、一〜二年までに伸びるようになった。入替期間は、次第に人気寿命に左右される度合いが大きくなっていった[116]。客は男性客が多いため三〜四月の高校野球、プロ野球の開幕シーズンに減り、五月の行楽シーズンや八月の帰省のシーズンにもいったん落ち込む。その後に再び増えるため、新台の入替えは、客が増え始める時期を見計らって行っていた。メーカーは、そうした入替えが集中する時期に合わせて、開発計画と生産計画を立てる。

メーカーの開発力や生産能力にもよるが、一シーズンは機械の人気寿命に応じ三〜四カ月から六カ月となる。予め結論を述べておけば、日特連の仕組みは、開発競争や流行が激しく変動するといった産業の特徴をより強化した可能性がある。

特徴の強化とは、人気機種を売り出したとしても、競争者に追随品（特許が許諾された機械を含む）が供給されれば市場における目新しさは失われ、陳腐化することを指す。その場合、メーカーは開発コスト（特許開発を含む）を回収できる期間について、類似品がすばやく出るために、短期化を余儀なくされる。しかも特許料が安価であることが回収の可能性を一層困難にする。こうした状況では、開発コストの回収において、第一の方法、つまりシェア拡大の方が確実な選択肢となる。

この場合、メーカーにとってみれば、二つの戦略が可能である。一つは、他より特許・開発戦略に積極的な一番手戦略である。この場合、入替えの時期が一定になっていることが重要であった。少なくとも一歩は先んじられるからである。その認識に基づいて具体的な開発計画が立てられる。もっとも、開発リスクは高い(117)。そこで、開発において一番手企業に追随する、すなわち一番手が出した機種の市場の反応を確認して追随する二番手戦略が考えられる(118)。強調したいのは、この二つの戦略は、前節の大三元のケースで見たように、どちらかが優位であるかではなく、日特連によって与えられた相互規定的な関係のなかで選択可能であるということである。

一番手戦略の企業が安価な特許料で二番手戦略の企業を許容する理由について考えてみよう。追随を認めるのは、設備投資の抑制(119)に関連している。パチンコメーカーは設備投資について抑制的であった。ホールの入替シーズンに合わせた生産はメーカーの設備稼動に格差を作り出し、平均稼働率を低下させる。機械の人気に関する不確実性が高いため、売れるときに合わせた設備を抱えることは、売れなくなったときに低い稼働率の要因になるためである。例えば、一九七四年に増産が求められ、増収が期待されたときの観察によれば、このような性向が如実に現れている。すなわち、「……増産につぐ増産を行っているが、それでも需要に追いつかない。パチンコ業界の過去の盛衰からみて、そう大規模な設備投資に踏み切れないだけに、増産もままならないのが現状(120)」とされている。

設備投資の抑制だけの問題ではない。シェア競争で潜在的な競争者となる他社を、自社の開発の範囲内の同機種の販売に留めておくという意味がある。平和に追随したナショナル遊機工業の場合、販売台数においては大幅な躍進があっても、一番手企業以下の範囲内に留まっていたし、同社が追いかけたときに平和はすでに次の開発にシフトしていた。他方で、開発がうまく行かない場合には、追随によってシェアの維持を図ることもできる。

前掲図3-3に示したグレーゾーンでの取引の拡大を実現できる手段としてまず考えられるのは、画期的な人気機種を目指した他社に先んじる開発である。このような一番手戦略であれば、市場の反応をモニターしながら待っている二番手より先んじて、グレーゾーンにあるホールへの攻略が開始できる。前掲したT社の元役員が生々しく語るように、「たまたま入れたんだけど、失敗する」ことがあるが、「良い機械がたまに出る」。その結果としてヒット機種を開発した場合は、口コミが評判となって客が付くという噂が流れ、さらにグレーゾーンのなかでの取引先が広がる機会となる。こうして、類似品が出現するまでマーケットシェアの拡大が可能である。[121]

開発のコストも回収され、二番手の類似品によって過大な設備投資は避けられる。ただし、二番手の類似品が販売されるまでの、短期間で開発コストを回収しなければならない。だとすると、一番手企業は、開発コストを回収するために、次期まで、あるいは類似品が出現するまで、というように区切られた期間ごとに、持続的なシェア拡大を狙うことになる。前掲表3-4の一九七〇〜七六年、前掲表3-6の一九七三〜七四年に見られた平和のシェア上昇は、このような循環が働いた事例と考えられる。

それに対して、二番手戦略をとる企業は、一番手に追随して人気機種を作っていけば良いから、開発リスクが小さくなり、開発コストも軽減される。安い特許料を払えば、類似品を作ることもできる。もっとも、その間にグレーゾーンの顧客を、一番手に奪われるリスクを負う。この場合この戦略が競争力を発揮するためには、グレーゾーンの縮小と中核顧客層の拡大、つまり客の地盤を固める営業力が不可欠であった。

また、二番手になる上でも技術的条件が必要であった。機械的な面で改良の余地が大きかったため、二番手同士でも、真似する能力の技術的なレベルにおいて、競争が発生したと考えられる。すなわち、フィーバーの前は、真似はするんですけど、やっぱり下位のメーカーは、例えばベニヤの質の糊とか、釘とか、そういうところは研究しないで、いわゆる一個一個の製品のばらつきもありますし、環境によるばらつきもあるから、当然上位のメーカーと、下位のメーカーは、製品の質のばらつき、内容によって、差があるわけですよ。それを埋めていくのに、かなり時間がかかるわけです。常に他のメーカー、売れている機械と対比する。……我々の機械と何処が違うか分析する。ゲージ、……役物、……ベニヤの質、……釘の質、……平和の釘とT社の釘と比較しろ、分析しろと、何が違うのかいうこともやらせましたし、ベニヤの質も、ベニヤの合板の内容も……調べてみたら、歴然と差があるわけですよ。それを開発して、埋めていけば、そのレベルに達する。

（元T社役員。二〇〇四年五月二三日の聞き取り調査）

したがって、一番手に追随していく過程は、魅力的な機械の開発に関わるソフト面と製造技術に関わるハード面でのキャッチアップの競争であった。

このような条件下では、当然ながら、販売価格において一番手戦略をとるメーカーに対抗し、安い価格をつけることを余儀なくされる。一九五〇年代にブランド品であったM商会や豊国の機械が他社に比べて高かったことは第1章で見た通りである。一九七〇年代に関しては不明であるが、この年代の状況を反映したと思われる八〇年の各社の価格を比較すると、一・一倍から、一・六倍までの格差があった。[122] 開発費の回収という点では、一番手メーカーに望ましい状況であろう。とはいえ、一番手企業は、類似品の出現が前提となり、市場での優位性を保てる期間が短期間で終わってしまうため、マーケットシェアをより拡大することを目指し、次の研究開発を始める。

以上のことが循環的になると、人気機種の寿命は、客が製品に飽きるまでの期間という抽象的なものではなく、メーカーにとっては次期までの短期勝負の期間という意義づけが明確になり、新しい機種の開発は戦略上の具体的なターゲットとなる。重要なのは、日特連によって選択可能な二つの戦略が与えられ、一番手、二番手が相互に競争促進的な役割（一番手は二番手が真似するまでの優位性しか保持できない、二番手は一番手とのグレーゾーン顧客の争奪を余儀なくされる）を演じるということである。積極的な開発志向の一番手になるか、追随する二番手になるか、二つの可能性が存在し、各メーカーの戦略は一貫しているのではなく、そのときの企業の選択によって異なる。[123] このような構造として捉えると一九七〇年代後半以降、下位の企業グループが淘汰された（表3-4）のは、この二つのどちらの戦略を採用しても自らの競争力につなげられなかったか、あるいはいずれも採用できなかった結果として理解できる。

以上二つの可能性について論じた上で、再度強調したいのは、日特連の機能は、二番手の企業群を生み出したことではなく、一番手が存在し続けたことにおいてこそ意味を持つ、という点である。開発志向型になる一番手企業が存続しえたのは、日特連の監視によって与えられる二つの条件のなかで理解することができる。第一に、激しい価格競争を不可能にしたことにより、市場は安定化した。この点は、機械の値上げを実現していく上で、欠かすことのできない基盤になったと思われる。第二の条件は、開発コストを特許料収入によって直接賄うのを難しくしたことである。そのなかで、開発志向（特許開発を促進）の企業は、市場安定化のもとで特許開発による確実な機械の値上げが保障され、一番手戦略に支えられたマーケットシェアの拡大から開発コストが回収される道が用意されたことになる。忘れてはならないのは、そこには日特連による特許の監視機能、すなわち「目の届く範囲において の類似品の許容＝短期間の若干の競争優位」という条件が織り込まれたことである。いわば日特連によってビルトインされて、一番手企業に促進された開発の仕組みといえよう。

（3）機械市場における競争構造

本章を締め括るにあたり、一九六〇年代と七〇年代の競争の相違点を念頭に置きながら、前掲表3-4と図3-4、表3-9に表れる、競争構造の全体像をまとめることにしよう。

一九五五年以降、市場は、不正業者が作り出す激しい価格競争に見舞われていた。競争は、表3-4に見られるように、上位企業をも退出に追い込んで進展した。やがて日特連の監視機能が働くことにより、ようやく不正業者を排除し市場の状況も安定化に向かった。

表3-9にまとめたように、一九六〇年代の日特連が果たした市場安定化は、七〇年代前半における開発競争をスタートさせる土台を作り出した。制度的変化のもとで特許開発の必要条件となる開発がスタートすると、権利者の地位向上の制度整備や審査能力の強化が日特連の課題となり、全権協の設立および審査委員会の設置などが試みられた。こうして一九七〇年代の日特連の機能は、六〇年代のような激しい価格競争を抑制し、その取り組みが後景化するのに伴って、特許の委託管理に重点を移行していった。日特連に監視機能が集中していったのは、一九六〇年代を通した特許管理の能力が評価され、引き続きそれが期待されたからにほかならない。それはアウトサイダーに対してのみならず、インサイダー間での特許の監視業務が機能したことの証である。

表3-4が表すように、一九七〇年代に入ると、初期において上位の二企業がシェアを落とすなかで、それに続く七企業は製造台数もマーケットシェアも向上し、競争が激しくなった。しかし、それは一九六〇年代のような価格競争ではない。規制緩和、新基準という競争条件のもとで、各企業は新基準に沿った様々な機械開発をめぐって競争していた(124)。上位企業のシェアが低下した点に、新規制のなかで競争優位を保つための開発に試行錯誤している様子が見られるし、そこにこそ、他メーカーが成長する可能性があった。市場での評価が予測不可能で、人気の持続について不確実性が高いこの産業においては、一発逆転もありうる。それはいわゆる開発競争の始まりを告げるものであった。

そうした試みは、一九七〇年代後半には、上位企業の交替を伴いながら下位のグループが退出する結果となったから、複雑な含意を表す。開発競争の激化のなかで成長することにおいて、一概にトップ企業が有利だったわけでもなかったし、新たな成長を企図するすべての企業にとって挑戦が現実の成功に結びついたわけでもなかった。一

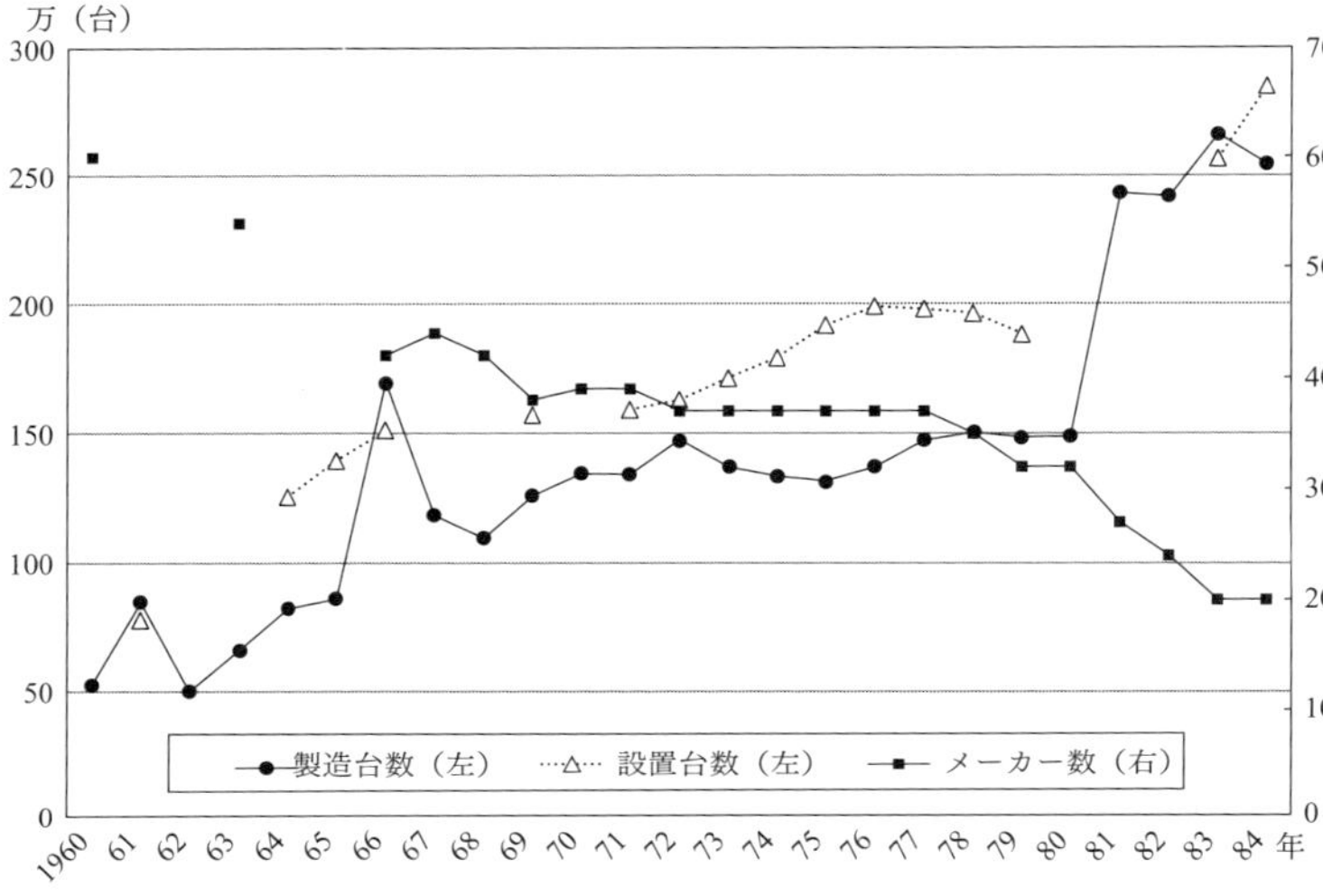

図 3-4　メーカーの競争（1960〜84 年）

資料）表 3-8 に同じ。

表 3-9　1960 年代〜70 年代の競争構造における日特連の機能

	メーカー数	製造台数	設置台数	競争関係	日特連の機能	日特連機能の競争における意味
1960 年代	減	増	増	激しい価格競争	不正業者の規制	不正業者の締め出し，激しい価格競争抑制
1970 年代前半	安定	横這	増	開発競争のスタート	特許権利者組織の設立により，委託業務・審査制度の整備	価格競争の抑制＝マーケットシェアをめぐる開発競争に
1970 年代後半	減	微増	減	経済不況期における開発力の選別過程（下位グループの退出）＝本格的な開発競争	委託業務・審査制度の進化	
1980 年代初期	減，その後安定	急増	急増	構造転換期，同上		

資料）図 3-4 より作成。

九七六〜八二年に見られる結果は、七〇年代に本格化して激戦となった開発競争の一つの決着と見ることができる。わずかとはいえ製造台数が再び増えるなか、淘汰されるメーカーが大量に現れる一方で、集中度が増すという二局分化が進み（図3-4、表3-4）、一番手、二番手戦略の競争をくぐり抜けた企業のみが生き残り、一九八〇年代以降再び安定期を迎える。一九八〇年代以降の構図を決定するような開発競争が本格的に繰り広げられたところに、七〇年代後半の産業発展史上の意味がある。そして、この開発競争をめぐるダイナミズムのなかでこそ、一九八〇年以降、市場構造を大きく変革させるフィーバーの登場が説明されるといえる。

おわりに

日特連は、長期にわたって、特許のプールおよび管理、監視、審査、クロスライセンスの実務を担当してきた。歴史的機能についてまとめれば、設立から一九六〇年代までは所有特許による価格安定のモニタリング機能を、七〇年代では開発をめぐる環境変化のもとで委託業務管理という機能を担った。本章冒頭で提示したパチンコ産業史における一九七〇年代の歴史的意味は、六〇年代において市場を混乱させたアウトサイダーの排除を不可欠な条件とし、その機能を引き続き維持することにより開発が促進され、次の巨大市場への土台となった点にある。

このように一九八〇年代の発展を準備する時代として見た場合は、開発をいかに促したのかが重要であった。日特連を中心とする仕組みに支えられ、業界は、安価な特許料の支払い条件のもとで競争が沈滞化することなく、マーケットシェアの拡大を狙う開発を繰り広げた。ヒット機種を継続的に開発できる保証がないなかで、開発のリスクを小さくできたからである。しかし、新しい機械を次々と開発することによってのみ、有力企業はマーケットシェアを維持し、弱小企業は新しいマーケットを拡大しえた。そのなかで開発コストを回収する、といった競争が展開できたのである。

一九七〇年代が巨視的には停滞的であっても、メーカーの間で展開された熾烈な開発競争を通じて、産業は緩やかに成長を成し遂げた。その成果が、電動式機械を出現させ、多様な客層――例えば、女性客――を取り込んだ新しい市場を開拓するとともに、目新しい機械を定期的に提供することで従来の男性客の手堅い支持も獲得し続け、広範な人々を遊技人口として獲得したことであった点は再度強調しておきたい。このような開発をめぐる競争は、単純な企業間競争として展開されたのではなく、日特連を中心としたメーカー間関係、すなわち開発リスク（規制と流行が影響する）を低減する上で生産能力をシェアすること、さらには開発までをシェアするという関係性を前提にしており、その限りで、本章冒頭で提示したように一九七〇年代においては開発を支える仕組みが「安定化」したのである。このような本格的な競争関係のなかに、一九八〇年代以降に大きな変革をもたらすフィーバー機登場の素地が育まれたということができる。

第4章　パチンコ産業の巨大市場化

はじめに

パチンコ離れが深刻な問題とされていた一九七九年の、パチンコに関する消費者調査によると、「今後パチンコ利用客はふえるかどうか」について、パチンコホール（以下、ホール）経営者の約三三パーセントは現状より減ると予測している。[1] 現状維持が約半数を占めたものの、増えると予想する人は七パーセントに過ぎなかった。[2] この時点では将来に明るい展望を持つホール経営者は少なかった。

ところが、一九八〇年代は、結果から見るとパチンコ産業史において画期的な成長の時代となった。その後の機械体系を制覇していくデジタル化した機械が登場し、著しく高い射幸性を伴って市場規模は急拡大した。技術進歩によって産業のボリュームが膨張するなか、様々な変化が引き起こされた。例えば、ホール経営者の社会経済的地位の上昇は驚くべきものがあった。国税庁が公示する高額納税者からなる「高額所得者番付」の「遊技場、パチンコ」を職業としている人々の一九八〇年代の台頭は顕著である。北海道の例で見ると、高額納税者は一九六〇年代には一人か二人、七〇年代には三人か四人に過ぎなかったが、八一年に二三人、八二年に二五人となった。[3] ホール事業が他分野からも注目されるビジネスとして注目されるなど、一九八〇年代以降パチンコに対する社会的認識が変わっていく。

本章ではパチンコ産業が急激に成長した一九八〇年代がどのような発展の時代であったかを、ホール経営のあり方の変容、特に機械体系の転換（技術変化）後の伝統的営業方法の行方に焦点を当てて明らかにする。

（1）一九八〇年代の市場成長

パチンコ産業は、一九八〇年代に入ってその直前の困難な状況から一気に抜け出し、成長への勢いを見せた（図序-3）。パチンコホールは、一九七六年の一万七三四軒から、七九年一万二二一軒、八一年には八九〇七軒まで、(4)パチンコ機械メーカーは一九七七年の三七社から、七九年三二社、八二年には二四社まで、(5)五年の間にそれぞれ一七パーセント、三五パーセント減となり、特に七九年以降著しく減少した。それが一転し、ホールは一九八二年以降急増して九一年に一万七三七三軒になり、八一年からの約一〇年間におおよそ二倍に達した。ホールの回復に一歩遅れ、メーカーも一九八三年以降、退出が止まり、九〇年まで約二〇社を維持した。ホールとメーカーいずれも、一九八〇年代において、それまでとは異なる局面を迎えていたのである。

この急転回は、激しかった一九七〇年代末の企業退出からの単なる短期的回復にとどまらない様相を呈した。というのも、ホールへの新規参入の殺到によって軒数が一万二〇〇〇を超えたのは、一九五五〜五六年に一万軒を切って減少（図序-3）して以来三〇年ぶりだったからである。メーカー数の安定的推移も、減少が始まった一九五〇年代半ば以来の出来事となった。この外見上の変化は、一九八〇年代が、産業史において注目すべき歴史的転換点であったことを示唆している。

日本社会の長期にわたる消費パターンの変化は、パチンコ産業の成長の素地を作った。衣食住などの必需品への支出に対して、人々の嗜好に規定される選択的支出が一九七〇年代後半以降、顕著に拡大するなか、特にレジャー関連の事業は成長性への期待から脚光を浴びるようになった。(6)

このような変化が、レジャー産業あるいは娯楽業に分類されるパチンコ市場にも、規模拡大として現れた。市場規模は一九八六年四月に約六兆円、翌年八七年四月に一〇兆円と推定され[7]、成長のスピードは驚くべきものがあった。その後、一九九二年には一五兆円市場となり[8]、九〇年代半ばでは三〇兆円と騒がれるほどであった。

この成長の起点とされるのが、一九八〇年七月にSANKYO[9]によって発売された、「フィーバー」（超特電動機[10]の一機種。以下、フィーバーおよび他のメーカーが製造した超特電動機一般を含む場合に、フィーバー機あるいはフィーバー・タイプの機械とする）である。著しく射幸性を高めたフィーバーは、パチンコブームを引き起こした。フィーバー機の人気ぶりは、新規参入によって急増したホール数が示す通りである。それまでのアナログ的機械に対して、フィーバーは、スロットマシンの性格を付加し、エレクトロニクス技術を導入したもので、今日のパチンコ機械の原型といわれる。基板、液晶など電子制御による部品構成を特徴とするデジタル・パチンコの起点になる、革新的と称される機械であった。

以上のように市場の顕著な成長に集約される一九八〇年代の産業変化は、業界の共通認識としては、主に射幸性の高まりによるものと理解されている[11]。フィーバーの高い射幸性が売上高を押し上げたことを考えれば、急成長の原因をこの人気機種に求めることは、大きな間違いではない。

しかし、第1章で検討したように、一九五〇年代には射幸性の高い機械が市場拡大だけでなく、ホール経営に不安定さ[12]をもたらしていたことを想起すると、八〇年代の市場成長に関する従来の説明は、産業発展を理解する上では不十分であろう。射幸性の高まりはホール経営に不安定さをもたらしたのではないか、異なる機械体系——フィーバー——がホールに浸透していく過程において、営業上必要なオペレーションは従来と同じであったのか（何らかの調整が求められたのか）、突然訪れた需要の急拡大に対応してメーカーはどのように機械を供給（生産体制の変化）したか、さらに警察の反応など規制はどのようなものであったかなど、検討すべき論点は多数ある。

（2）問題の所在——一九五〇年代との比較

高い射幸性は、客にとってみれば、ハイリターンが期待できるハイリスクな投資を意味する。第1章の分析によると、一九五〇年代のパチンコブームをもたらした射幸性の高まりは、他方で、ホールにとっても、事業をハイリスクな投資とさせるものであった。射幸性の高い機械は毎日の売上高の激しい変動を伴ったため[13]、ホール事業は収益確保において不安定さを抱えていた。このように、一九五〇年代のホール事業は、「ギャンブル的」収益基盤に規定され、計画性、計算可能性に乏しいビジネスであった。

一般的にいって、このような不安定な収益基盤のもとでは、ホールは積極的投資——例えば新機種による台の入替えや台数拡大——を躊躇するだろうから、客の興味を引き続けられる保証はない。そうしたホールを相手に機械を提供するメーカーも、開発への積極的取り組みや長期的展望のもとでの投資が困難となるから、産業全体の成長は制約される。産業の持続的発展のためには、ホール事業において、高い射幸性をコントロールできる経営ノウハウの発見と安定的な収益基盤の確保が必要であった。

一九五〇年代において、そうした方法の模索は、射幸性の高いパチンコ機械への規制がきっかけとなった。一九五五年の連発式機械の禁止[14]という外的に与えられた射幸性の抑制を条件として、売上高の変動幅が縮小され、収益が安定的に確保できる釘調整のノウハウが蓄積されていった。こうしてホール事業は、計算可能性のあるビジネスとして確立し、パチンコが産業として発展するための第一歩を踏み出すことができた。

一九五〇年代の経験に照らし合わせて考えれば、八〇年代における射幸性の上昇は、産業の長期的発展を自明なものとはしないはずである。ホール経営の安定化がどのように担保されたかは、一九八〇年代の発展要因や歴史的意義を理解するための中心的論点となろう。

（3）課題と史料

本章では、フィーバー機の機構が持つ特徴がホール経営の安定性に影響した側面に注目し、新しい製品の浸透過程が産業全体の変化に結びついていくプロセスの発端を描く。具体的には、フィーバー機を導入したM商会のホール営業に注目してフィーバー機導入の影響を明らかにし、新機種開発が産業の変化とどのような関連性を持っているかを、次の三つに分けて解明する。

第一に、ホールの営業に焦点を当てる（第二節）。これまでフィーバー機の出現がもたらした市場成長の実態に関しては、十分明らかにされてこなかった。そこで、個別ホールの売上高や釘調整の役割に注目しながら、基礎的な実証を行う。第二に、ホールへの機械導入のあり方について分析する（第三節）。爆発的人気を博した市場の反応を受け、導入を急ぐホールにフィーバー機がどのように供給されたかは、産業発展を支えた仕組みとして興味深い点である。また、この分析を通して、フィーバー機の登場が機械市場におけるメーカーとホールの取引行動にどのような変化をもたらしたかを考察する。第三に、活発な新規参入のもとでホール間の競争激化は経営にいかなる影響を及ぼしたか、ホールが迫られた対応は何かについて検討する（第四節）。

ここでは第1章同様、一九四九年に創業し、二〇一〇年六月に事業を終了したM商会のホール関連の資料を用いる。同社は、創業当時から一九五〇年代前半まで、機械販売兼ホール事業を中心とし、事実上はメーカーとして業界を代表していたが、五五年の規制後、多額の債権を旧会社に残して新会社を設立し、ホール事業に専念することになる。その後、企業としては多角化を図って一九六〇年代以降ホテル業に軸を置いた経営にシフトした。多店舗展開のように積極的な拡大志向は確認されないものの、先代の事業を守り続けたいという思いからホール事業は約六〇年に及んだ。

M商会が展開したホールについて簡単に見ておこう。第1章で明らかにしたように、株式会社M商会は一九五一年に設立された後、本店、押切店、円頓寺店、松原店の四店舗を展開していたが、連発式禁止令以降、本店には本社機能のみを残し、ホールは移転して本店を浄心店とし、押切店を残して他を処分した。一九七〇年代初頭に浄心店の規模を拡大するかたちで、ホール事業は一つに統合された[15]。本社機能を担っていた本店の建て替えに伴って、一九九一年に浄心店は閉店、ホール事業は本社ビルに移転され、営業を停止する二〇一〇年まで続いた。M商会のホール事業史の特徴をまとめるなら、積極的な多店舗運営の動きを見せず、基本的に一ホール経営を維持しながら店舗規模の拡大を図った、といえよう。

M商会が経営していたホール（以下、Mホール）の長期存続は、それに見合ったかたちでノウハウが蓄積されたことを意味する。本章の分析は、一九八〇年以降の激しい成長と変化のなかで、それまでのMホールの営業ノウハウが、産業の変化を受けて以降に、いかなる意味を持ったかを示す。急成長したビジネスチャンスに乗って新規参入した事例では知ることのできない、伝統的営業の意味を考察する上で、恰好の事例ということになる。Mホールが新体系の機械によってもたらされたチャンスをいかにつかんだかを明らかにするとともに、産業発展をそれまで支えていた旧来の経営手法が直面した困難を検討する。

本章の分析は、Mホールに関係する資料と、同社に残っている他ホール関連の営業情報に基づいている。貸借対照表、損益計算書などのデータが非関連多角化部門のホテル事業と合算されているために、ホール事業の収益性の単独分析は困難である。そうした資料的な制約もあり、本章では一九八〇年前後の産業発展における変化を解明することに焦点を合わせ、M商会の企業としての成長については、詳細な分析を行わない。売上高と景品の仕入原価、記述資料からホール事業の状況を補足することにより、産業変化に関わる論点に絞って検討する。

（4）パチンコホールの収益と経営手段

ホールの収益基盤について、第1章では売上高と粗利益率の組み合わせの分布（収益構造）の特徴を分析した。その後三店方式という特殊景品——客の現金交換を前提としてホールから出されるハンカチなどの景品を総称する

——の現金への交換のルートが制度化されていくため、ここで改めてこの仕組みとホール事業の収益について整理しておきたい。三店方式[16]の三店は図4-1に示したホール、特殊景品買取業者、特殊景品問屋を指す。ホールにおいて客の遊技結果を現金と交換することが禁じられている規定を踏まえて生まれた、景品交換に関する仕組みである[17]。ここでは、一九六〇年代に定着したとされる三店方式を前提として、分析のために必要なホールの収益に関連する最低限の説明をする。

客は、最初に遊技を目的として充てた予算を玉に交換（貸玉：図4-1①→②）する。フィーバー機導入前後の玉の価格は、四円——一九七三年に二円から三円に、七七年に四円に改定——であった。貸玉料総額がホールの売上高となる。

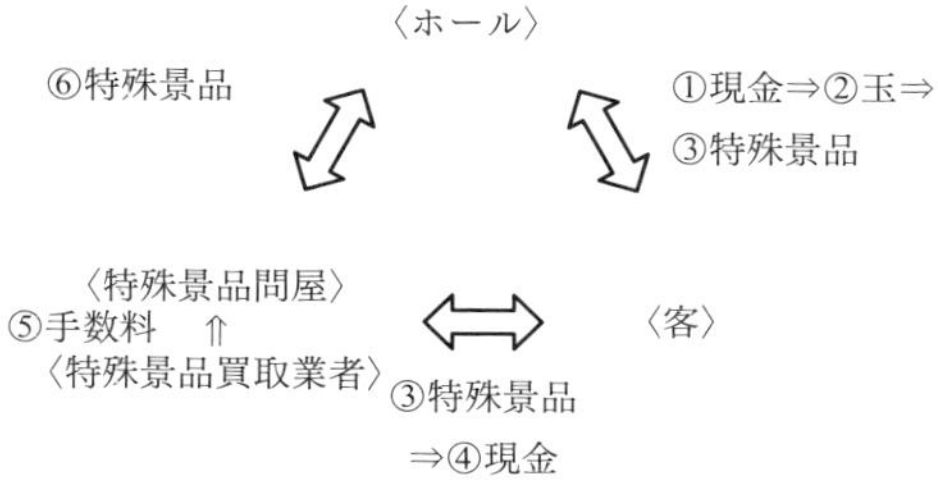

図4-1　特殊景品交換と仕入れの流れ

注）ホール経営者は景品買取業者・景品問屋にはなれない。
資料）鈴木笑子『天の釘——現代パチンコをつくった男 正村竹一』晩聲社，2001年，308-312頁，二見道夫『パチンコの経済学』オーエス出版，2001年，35頁の図を参考にして作成。

ⓐ一ホールの毎日の売上高（円）＝貸玉数×四円

遊技によって客が獲得可能な玉の量（出玉数）は毎日の釘調整で決まり、客が現金から交換した玉数（貸玉数）に対する獲得玉数の比率が、ⓑ出玉率である。

ⓑ出玉率（%）＝出玉数（A）÷貸玉数×一〇〇

出玉は景品に交換（図4-1②→③）される。これをホールの利益として考えるためには、出玉の「原価」（A×四円）と、その交換価値（＝景品総額〔Mホールの帳簿には販売価格と記載されている〕）との関係（C：交換率）が問題になる。

ⓒ交換率（%）＝景品総額÷（A×四円）

ホールは交換率を低めに調整することによって、収益を大きくすることもできる。ホールの実支出は景品の交換量（×原価）で決まるが、交換率を操作することにより、出玉の換算金額が変わるのである。これに関する情報は残っていないが、裁量の幅はそれほど大きくはないと思われる。他ホールとの競争のなかで交換率の低さは噂を介して客離れにつながるため、持続的な利益基盤とすることは望ましくない。通常地域ごとに一定水準で決まるとされる(18)。

ホール収益に関連する三つ目の要素は、一般および特殊景品の仕入単価(図4-1⑥)である。仕入れの単価の切り下げや総額の圧縮は、問屋との交渉力による価格決定が影響する。景品交換は、煙草などの一般景品か、現金交換(図4-1③→④)が期待できる特殊景品のどちらかになる。景品の最高額は規制で決まっており、一九七七年に一五〇〇円、八〇年に二五〇〇円(19)であった。そのため射幸性の上昇とともに特殊景品に交換する性向が強まると考えられる。特殊景品の仕入単価が収益に与える影響が大きくなっていくわけであるが、地域ごとに遊技場組合の関係で決まっており、ホール側が調整できる幅は小さかったと見てよい(20)。

以上を踏まえ、本章の分析では、ホールの裁量の余地が大きく、収益の全体的枠を規定し、客を呼び寄せて売上高をコントロールするという理由から、出玉率を中心に検討していく。

一 フィーバー機出現の前夜――ホール経営の収益基盤と釘調整

まず本章の検討時期に該当するMホールの概要を説明する。同ホールは現在の名古屋市西区の地下鉄浄心駅(一九八一年開通)にある交差点に立地していた。名古屋駅から真北に向かって名古屋市電が走っていた頃は、その終点に当たり、市電の車庫があった(21)。駅周辺は、一九四〇年代末には市内でも有数の商店街の一つとして知られていた。

Mホールの台数規模は、分析対象となる時期に該当する一九七〇年代の約二〇〇台から、フィーバー機が導入される前に当たる八〇年一〇月に約二六一台に拡大した。拡張後の一一月の一日平均売上高は一〇五万二三四一円であり、八月の四八万七三三六円の約二倍になった(22)。一九九一年に本社ビル建設に伴って五〇メートルほど離れた場所(23)に約三五〇台規模で拡張移転するまで、台数規模はほとんど変わらなかった。これらのことから、フィーバー機の導入を前後した集計データの変化において、台数変動や移転による影響を排除することができる。

本章冒頭で概観したように、一九七〇年代末、ホール数とメーカー数が減少するなか、パチンコ産業は不況に喘いでいた。後述のフィーバー機がもたらした影響を見定めるため、いったんここで、参照基準としてそれまで釘調整が営業にどのような機能を果たしていたか、確認しておきたい。その上で一九七〇年代末にホール営業が直面した状況を釘調整の役割との関連で考察する。

一九七六年に渋谷、池袋、新宿などの東京の代表的繁華街、そして吉祥寺駅前のホールの釘師たちが集まり、座談会が開かれた。この時代の釘調整が釘師を通して営業全般にどのように関連していたかを再現してみる(24)。

パチンコ台の三六〇本の釘には、「道」と呼ばれる玉が通っていく通路があり(25)、釘師がわずか〇・一ミリメートル、〇・二ミリメートルを調整することでこの道が作られる。釘師(26)であっても、この道を読むことが誰にでもできるわけではないというから、相当の熟練を要するものであった(27)。一人前の釘師になるまでおよそ四〜五年かかったが、釘が調整できる「一応」という目安に過ぎなかった。釘調整に反映すべき、営業状態、労務管理、商品の在庫管理までを入れた能力の修得までを含めると、より長期間を要するという。したがって釘調整とは一台一台の釘を単に調整することではなく、三〇〇台のホールの場合、総台数のうち、ある程度出る台、遊ばせる台、ホールが回収したい台をどのようにバランス良く配分するかを判断する技術までを指した(28)。出玉率の水準自体は、経営者の指示によって設定された。しかし、「例えば八〇パーセントだせえということは、売上一〇〇円に対して、八〇円景品をとらせるということなのです。われわれはこの指示に従ってクギを打つわけですが、これが実際やってみると狂う……(29)」。なぜかというと、「一〇〇パーセント機械が稼働している場合と三〇パーセントしか稼働していない場合じゃ全然違う」[30]というように、来店客数によって設定された出玉率は外れるからである。このように、営業状況の変数を織り込んで釘をたたくこと、売上、採算を考え、どの程度出すかを調整しながら予測する総合的能力が釘師には求められた。

フィーバー機が出現する以前の一九七〇年代まで、客が玉を獲得できる可能性は、毎日の釘調整に基づく出玉率で決まっていた。玉を入賞口に入れることによって一〇個など決まった玉数を獲得できるが、出玉率をコントロールするのが釘を開けたり、締めたりする調整の技術であった。この時期のMホールの出玉率については記録として残っていない。そこで、フィーバー機導入前において、釘調整がホールの売上高に対してどのような方向でなされていたかを、データが残っている別のBホールの資料に基づいて検討しておく。

図4-2は、Mホールから約一〇〇メートル離れたBホールの月平均売上高を示したものである。Bホールは浄心駅からMホールとほぼ同じ距離にあり、同じ商店街に隣接するなど周辺の営業環境も似ている。M商会創業者の次男によって運営されていたホールであり、一九七八年末から八一年九月までのデータが残っている。[31]後に検討するMホールは一九八一年四月にフィーバー機を導入したが、Bホールにそのような形跡は見られない。売上高の推移が七〇年代末の傾向の延長線上にあり、転換点が見当たらないからである。

一九七八年末以降、Bホールの売上高は傾向的に縮小していく。それに対して、出玉率は、約八〇パーセント台の水準を維持しようとする気配は見られるものの、売上高の減少に引っ張られるかたちで低下していく。出玉率の引き上げは客を集めて売上高の改善を図る重要な手段である反面、短期の収益率には直接マイナスの影響を及ぼす。その反対に、Bホールで観察される出玉率の低下は、売上高が改善しない状況を短期的に補うための方策と考えられる。したがってそれは客離れを覚悟しての行動となる。

一九七〇年代後半に本格的な景気の回復が確認されるとはいえ、[32]パチンコ産業の場合は、七六年以降の遊技人口の減少・ホール数の減少[33]など数年にわたる不況とされ、さらにインベーダーゲームなどの人気の影響を受けたパチ

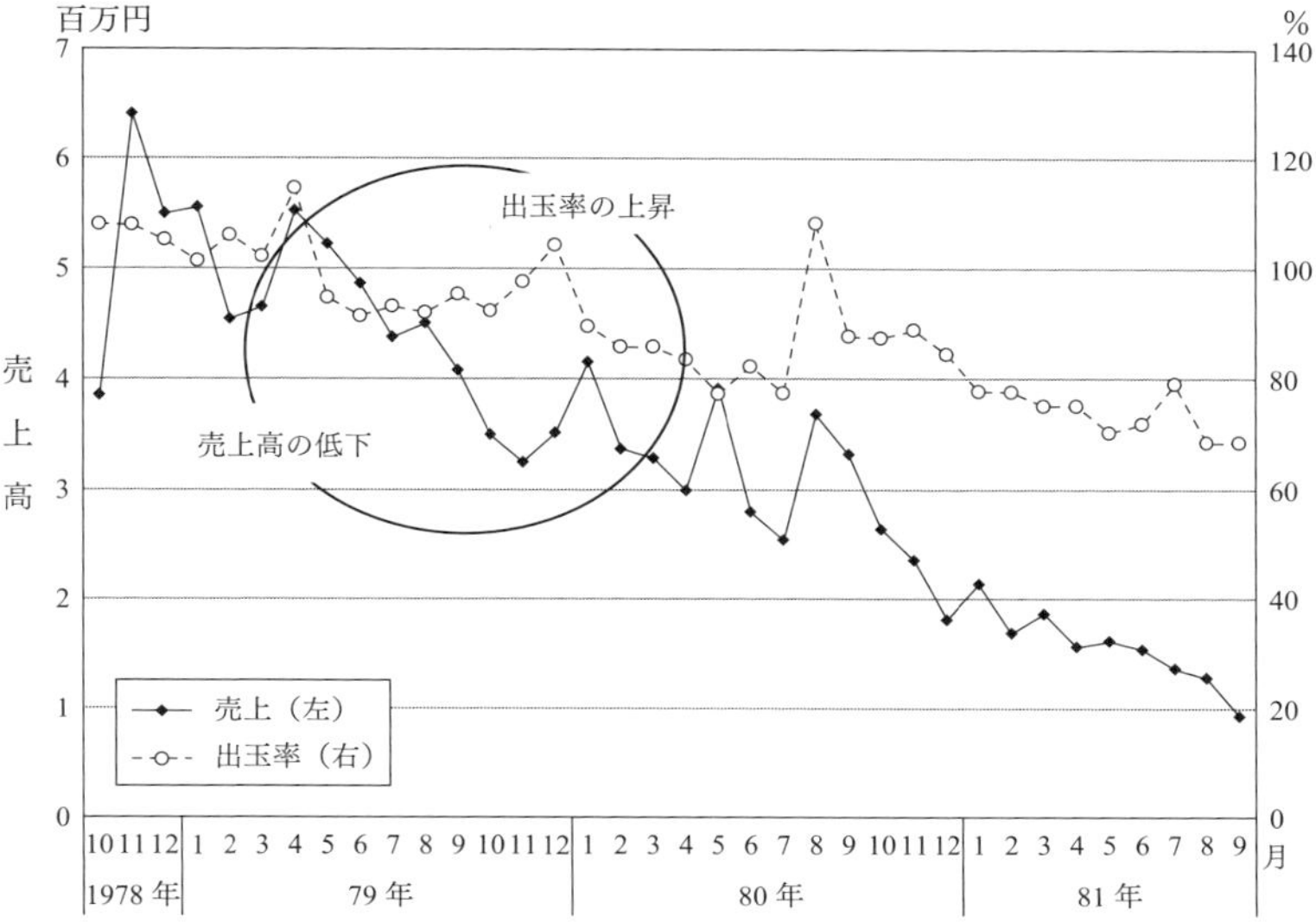

図 4-2　B ホールのパチンコ売上高と出玉率（フィーバー機の導入前）（1978年10月〜81年9月）

資料）B ホール「売上高・出玉率記録」1978年10月〜81年9月より作成。

ンコ離れなど、独自の問題を抱えていた。[34]

図4-2で注目したいのは、フィーバーが出現する一九八〇年以前の時期である。一九七九年二月、四月、一一〜一二月の出玉率の引き上げは、これらの時期に先行する売上高の低減を受け、その打開策としての調整であった。その結果、一九七九年の三月から四月まで、一一月から八〇年一月までの売上高が増加するなど、ある程度の効果があったとはいえ、長期不況と客離れを根本的に解決する手段にはならなかった。

一九八〇年末になっていくと、売上高が減少したにもかかわらず、出玉率の上昇との相関関係が明確には看取できない。売上高の縮小に引きずられるかたちで、出玉率の低下を余儀なくされたと思われる。出玉率を引き下げてでも収益を必死に確保しようとする様子がうかがわれ、釘を開けて集客しようとする積極的な営業努力がとられなくなっている。それは客離れに拍車をかけるだろうから、出玉率の引き下げと売上高の縮小が連鎖する悪循環の状況に追い込まれていったと思われる。

ここでは、経営と釘調整の関連について次の点を確認しておく。釘調整は、フィーバー機導入以前においては、出玉率を決める手段であり、集客、売上高など、営業全般をコントロールする手段として決定的であった。六〇年以上釘師として活躍したS氏[35]の証言は、先述した釘師の証言を補強するかたちで、出玉率をめぐる経営者と釘師の間の権限や方法に関して、詳しく伝えてくれる。釘調整が営業に果たした役割と経営者からの指示方法について、同氏は次のように説明する。

質問：釘調整の作業はどういう形で始まるのですか。例えば、二〇〇台のホールのなかで、一番から二〇〇番まで、一台一台の機械のロスかプラスかという記録が残るから、それを経営の側から釘師に見せて、こういう状態だからこういうふうにしたいという場合、あるいはこういう状態だから後はよきに計らってくれ、ただプラス気味にやってくれ、締め気味にやってくれ、というように色々なかたちで指示することがあると思います。

S氏：〔釘調整は〕商売の根本を握っています。出し入れが自由に〔できる〕。一〇〇〇円までキチンといかないけれど、少なくても大体の予定、計画通りに進まないと釘師といわれなかった。〔出玉率は〕個人〔釘師〕と経営者の間での電話などを通じて指令でやる場合もある。まかせっきりでやる場合もある。これは経営者と釘師の話し合いですよ。経営者は一台一台細かいことはいわない。明日この店をどう〔いうふうに営業したいと〕思っているか。明日〔の〕売上〔が〕二〇〇万円ある〔と予想する〕なら、どうする。開ける？　締める。パチンコ屋は周りの店のデータを全部取っているから、周りの店にお客さん入っているよな、ちょっと出せとか、そうしたら、〔釘師は〕はい、わかりました〔としてその通りに釘を調整する〕。

開け締めの具合によって出玉率の予測が立てられるということである。また、この証言は、釘師の座談会同様に、出玉率の水準を最終的に判断するのが経営者の権限であったことを示唆する。しかし、その実現は釘師の技量によってしかありえなかった。経営者によっては周辺ホールの状況など現場の情報に詳しくない場合もあり、出玉率の目安において決定的になる判断材料を釘師から提供されることになる、少なくともそのようなことができる釘師が評価されていた。そして過去のデータをベースにし、Aという機械はこれくらい出たから少し緩めればもう少し出る機械になる、その逆のこともできる、そのような調整を増やしていけば店全体として儲けることもできるし、客がそこそこ勝てるような調整の仕方もできる。爆発的放出によってすぐ打ち止め──一定の玉数の排出後遊技を中止させるため、玉の補給を止めること(36)──になる機械を店の目立ちやすいところにおく仕掛けも、釘調整によってできるのである。

もちろん、経営者から指示された、あるいは自ら判断した出玉率を実現する方法は、釘師によって様々であった。

S氏：釘師一人一人の考えが違うけど、一割〔の〕出玉率〔で〕スタートしようとすればどうするか。今日店が終わりました、釘の帳面〔台ごとの出玉率を毎日記録したもの〕が出てきます、明日これくらい締めないといけないと、例えば設置台数二〇〇台あれば、私は一割落とすために一〇分の一の二〇台締めのチェックの台を多くしたんです。そうすると一割下がる。人によって物差しが違う。一〇台でなくもっと少ない台数でやる人もいる。けど、多い台数でやった方が、それも少しずつやった方が遊び、締まっていても遊べる世界があるわけ。

以上のように、釘師は、決めた出玉率を全体の台数から実現するための釘調整を行うが、それには、釘師ごとに独自のやり方があり(37)、それに引き付けられる客の出入りも左右し、結果として売上高に影響を与えた。もちろん、釘調整に際して集客のために釘を開けて出す場合に、予想される金銭的赤字を甘受するような資金力がなければならなかったから、その判断は経営の力に依存した。にもかかわらず、出玉率が釘師によって全面的にコントロールされる限り、経営側が手を出せない熟練技能の世界が存在していたのである。

しかし、その手段は、売上高の低迷自体を止める万能なものではなかった。一九七〇年代後半に流行っていたインベーダーゲームに比して面白さが劣ると指摘されるなど、人気機種不在も問題とされ[38]、産業衰退を危惧する声が聞かれるようになった。ちょうどそのときフィーバーの噂が広がり始めていた。

二　フィーバー機と著しい市場成長

フィーバーは、一九七七年に発売された「ブレンド赤坂」を原型としてすでに開発されていた。パチンコにスロット的要素を取り入れて開発された最初の機械である。「機械下部に三個の押し釦があり、適当なタイミングでお客がボタンを押すとドラムが止まり、ドラムの三つの絵柄が揃うと、複数のチューリップが何秒間か解放するというもの」であったが、「目が良い人はドラムの回転を観ながらボタンをポンと押し、狙い撃ちすることができ」た[39]。しかし、客の技量の介在余地を高めすぎたことで、ホールの収益には打撃を与えたため、この機種は販売中止となった[40]。ホールとしては決定的なこの欠陥を修正し、無制限放出のギャンブル性を高めるなど、改良を施して発売されたのが一九八〇年七月に発表されたフィーバーであった。ブレンド赤坂の生産のため仕入れた部材を活用する方向で開発が模索され、また客が壊れた機械から玉が大量に放出されたことを喜んだことがフィーバーのヒントになったという逸話が残っている[41]。同機械は、次に見る業界誌の紹介のように、その特徴は高い射幸性にあった。

センターの上部左右の飛び込み穴と、センター下部のチャッカーに玉が入ると、センターのドラムの絵柄と、デジタル表示窓の数字が回り始め……金枠左側のボタンを押すと左からドラムが止まると同時に数字も止まるが、この数字とドラムの絵柄の組合せで盤面下方の特大チャッカーが開き入賞チャンスとなる。……特大チャッカーは最低でも二秒開き、四秒、六秒、一〇秒と入賞チャンスに差を持たせている。最大入賞は太陽の絵柄と数字の七が揃ったときで、特大チャッカーは連続三〇秒間開く。この間に中央のVポケットに玉が入れば、さらに三〇秒開き続ける。

（「三共フィーバー人気続伸　セル盤を〝宇宙ムード〟に」『月刊　遊技日本』一九八一年二月号、三八頁）

フィーバーは確率で決まる「最大入賞」の大当たりになると、打ち止めなどで強制的に止められるまで連続的に玉が排出されるという、射幸性を著しく高めたものであった。

ただ、展示会では不評であったという。高い射幸性、つまり「一度にこれほどの大量の出玉があるのでは営業的バランスが取れない」[42]と、営業損失を予測した経営者に導入を躊躇させた。が、白鳥会館というホールの経営者が、近隣ホールに約一〇台入っていたフィーバーに熱中した自社の従業員の様子に目をつけて一気に約一〇〇台を設置したことが成功につながった[43]。ＳＡＮＫＹＯへの当時の注文は一五台前後とされたが、「フィーバーのような極端な機種は少数台設置したのでは放出台と回収台の差が歴然としてしまい、営業的に……使いにくい面がある」[44]と指摘されているように、確率から考えれば、白鳥会館の一〇〇台以上の台数によって機械の性質に合致した営業が可能であったことになる。こうしてフィーバーの最初の市場は、客の実際の反応という実験を通じて発見され、さらに機械にとってより適切な営業方法を見つけたことによって定着した。白鳥会館には見学者が次々と訪れ、フィーバーの人気は口コミで業界に広がった。年明けには殺到する注文に生産が間に合わず、納期は半年先の状況になった[45]。

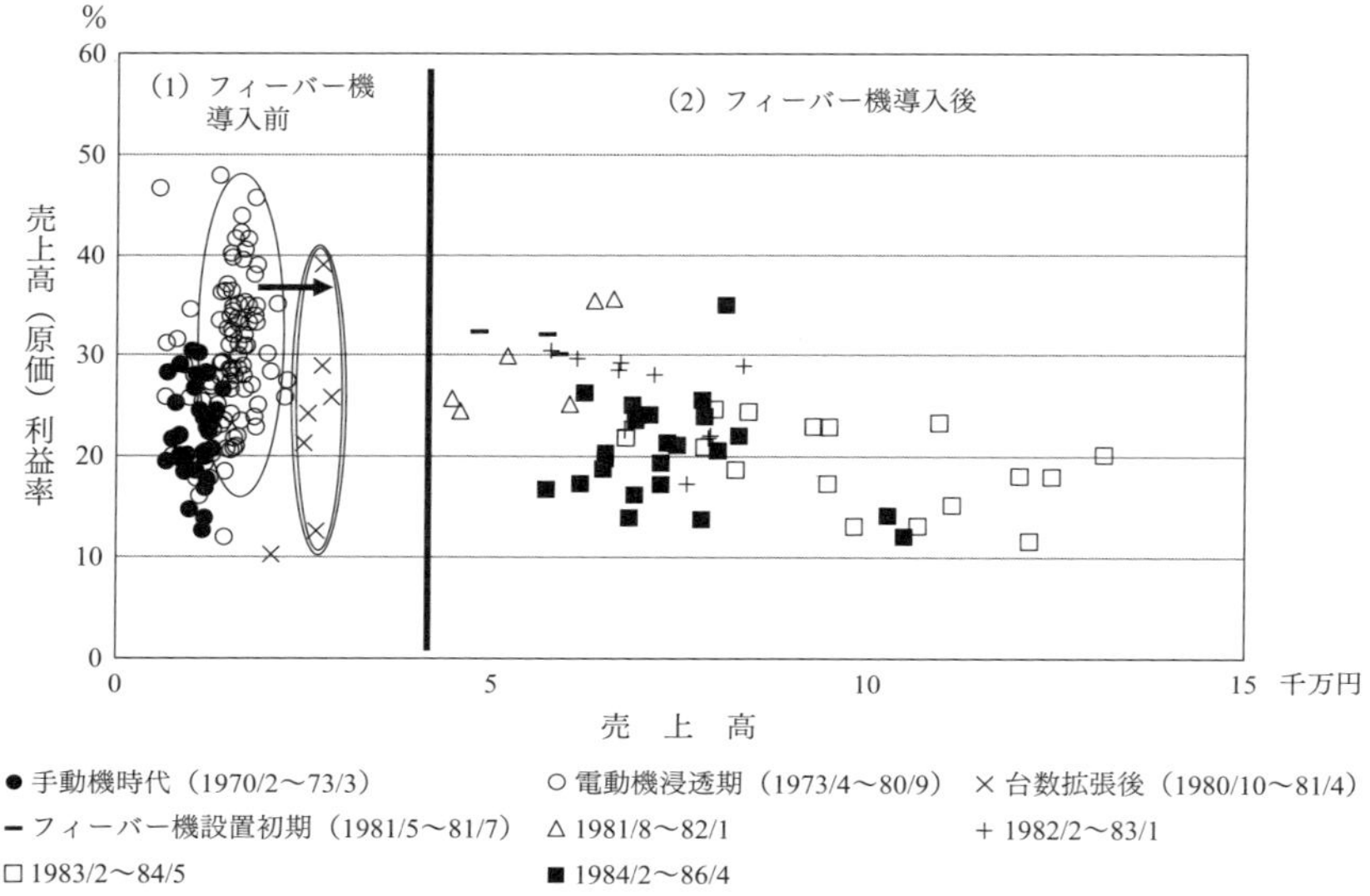

図 4-3　M ホールの売上高と利益率（月平均 1970 年 2 月〜86 年 4 月）

注）売上高（原価）利益率＝(売上高－景品仕入高)/売上高
資料）M ホール「元帳」1969 年 8 月〜86 年 4 月の毎日の売上高，景品仕入れの内訳より作成。

（1）売上高の増加とコントロール

一九八一年四月、Mホールにもフィーバー機が設置された。同月に一八台、二カ月後さらに三六台が導入され、六月時点で総台数（二六一台）のうち約二〇パーセントとなった。SANKYOがフィーバーを発売してから約一〇カ月後のことであった。巷での人気が伝えられるなか、市場での評価を見てからの決定であったと思われる。その判断は、Mホールの売上高にどの程度影響したのだろうか。

図4‐3には、月平均の売上高を横軸に、売上高から景品の仕入高を差し引いた金額（ホールが客に還元したあと手元に残る利益）の売上高に対する比率（利益率）を縦軸に示している。一九七〇年二月から八六年四月までを対象にしており、フィーバー機導入前と後を比較することができる。先述したように、Mホールは、フィーバー機導入の半年前の一九八〇年一〇月に台数を二〇〇台から三割増設（二六一台）した。図4‐3には、その影響が、一九八〇年上期の売上高から右にシ

フトした同年下期の分布に見て取れる。しかし、その増加の幅は、フィーバー機導入後に比べれば、わずかなものに過ぎなかった。

一九八一年四月にフィーバー機を設置したことの影響は五月以降の売上高の著しい増加として現れた。その程度を測定し評価するため、一日当たりの売上高を一一の階層別に分けて集計し、フィーバー機導入前後を比較してみる（表4-1）。導入前（一九七三年一〇月〜八〇年九月）は「五〇万円超過〜六〇万円以下」階層に七一七営業日（二二八三営業日のうち三一・四パーセント）、導入後（一九八一年五月以降）は「二二五万円超過〜二七五万円以下」階層に四七一営業日（一六四五営業日の二八・六パーセント）が集中して分布した。分布の集中する階層規模の単純比較では、四倍以上拡大したことになる。

売上高の上昇が量的拡大にとどまらず、質的変化も伴ったことについて検証する。一営業日当たりの売上高に関してばらつきの程度を表す分散度（標準偏差）を測り、フィーバー機の導入前後を観察する。一年分の分散度を比較しても適切な判断ができないため、ホールの営業状況を評価する上で適当な一カ月分を単位とする。一般的に売上高の増加とともに標準偏差が相関して大きくなるため、月平均値で割ることによって、売上高の上昇による分散度への影響をコントロールした。これが変動係数である。このことにより、別の角度から売上高の拡大の意味を考察することができる。

表4-1　Mホールの1日当たり売上高の階層別分布（営業日数）

	フィーバー機導入前（1973年10月〜80年9月）		フィーバー機導入後（1981年5月〜86年4月）	
	売上高規模	日数	売上高規模	日数
1	30万円以下	18	125万円以下	9
2	40万円以下	143	175万円以下	97
3	50万円以下	503	225万円以下	320
4	**60万円以下**	**717**	**275万円以下**	**471**
5	70万円以下	502	325万円以下	304
6	80万円以下	145	375万円以下	209
7	90万円以下	99	425万円以下	112
8	100万円以下	94	475万円以下	74
9	110万円以下	58	525万円以下	23
10	120万円以下	2	575万円以下	21
11	130万円以下	2	625万円以下	5
	総　計	2,283	総　計	1,645

注1）年度別設置台数が不明であるため，次の期間のみを使用した。フィーバー機導入前の期間を業界で電動式機械が普及して売上高が伸びる1973年10月から，台数拡大が判明する前の1980年9月まで，とした。

2）太文字は，フィーバー機導入前と後の各時期において，日数が最も集中する売上高規模。

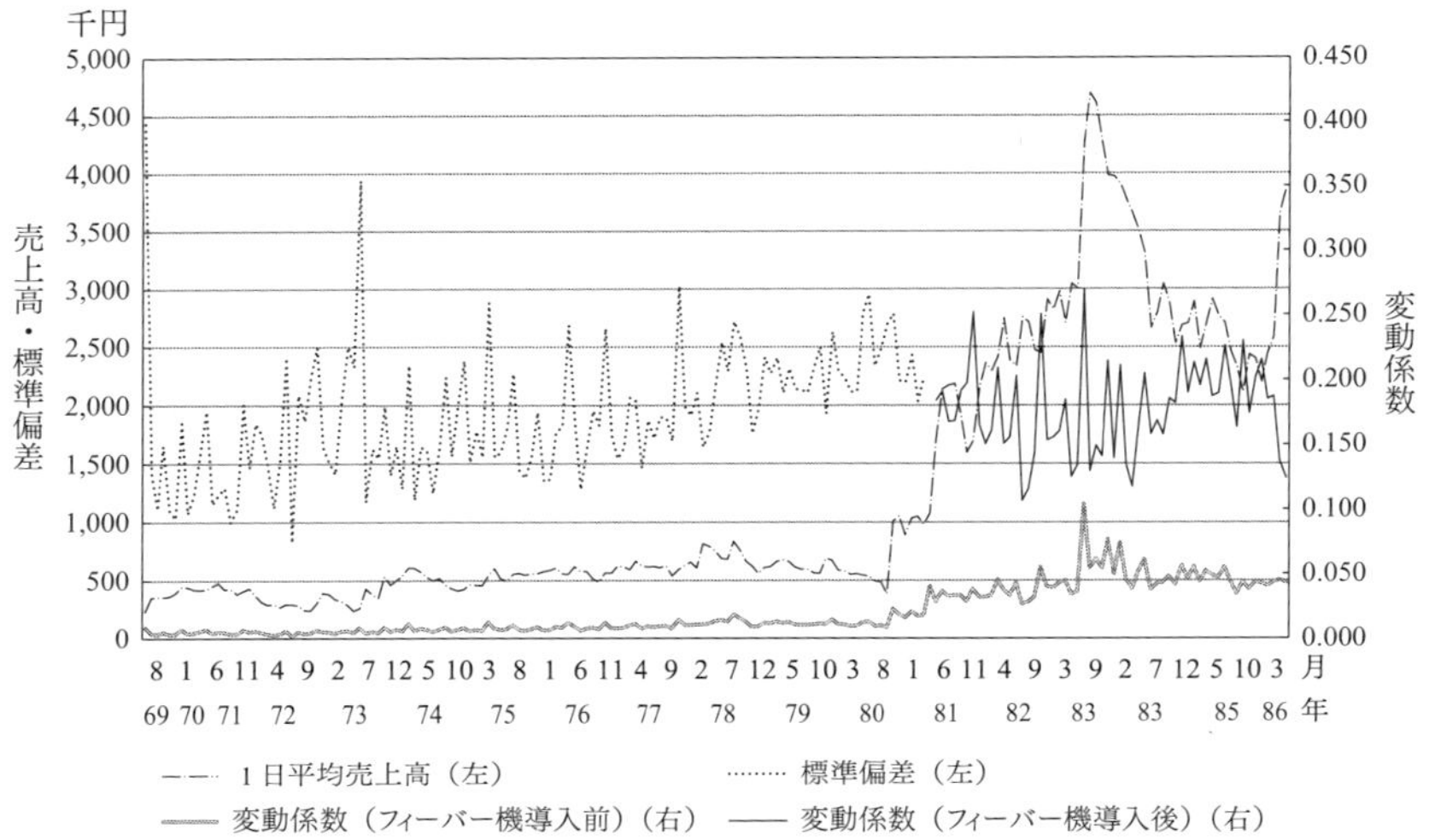

図 4-4　M ホールのフィーバー機導入前後における売上高の分散（1969 年 8 月〜86 年 3 月）

注）1 日当たり売上高の変動係数＝標準偏差/ 月平均の売上高
資料）図 4-3 に同じ。

図4-4はその結果である。一九七〇年代を通して増加していった変動係数（「標準偏差÷月平均の売上高」）は、フィーバー機導入後から八三年前半まで、売上高の増加とともに変動係数の縮小が看取される。売上高分布が狭い範囲に収まる、つまり変動の幅が平均的に小さくなったのである。

この観察によって得られた知見と解釈については、さらに統計学的な処理を行い、観察を裏付けられる結果が得られた。詳細な処理については本章末付表[46]を参照していただくことにし、ここでは検定に関するデータおよび結果を述べる。フィーバー機の導入を前後した売上高の分布のあり方を比較するために、図4-4の一九六九年八月以降のデータのうち、フィーバー機導入前の三一カ月（七八年九月一日〜八一年三月三一日）と、導入後の三一カ月（八一年五月一日〜八三年一二月三一日）の月ごとの売上高の標準偏差、平均から算出した変動係数に対し母平均の差の検定を行った。その結果によると、フィーバー機導入後の変動係数は導入前と比較して小さく、フィーバー機導入によりパチンコホールの売上高の分散は減少した。以上の結果が意味するところは、収益の見通しが立てやすくなったことである。これこそ、確率によって制御される大当たりの仕組みがもたらした結果である。

一九八三年後半以降の反転は、後述するように規制や新規参入のためフィーバー機の特性による影響が抑制された結果と考えられる。長期的にこの機械が標準化していくことを考えれば、規制前の同機の確率性がもたらした売上動向の特徴を見逃さず把握しておくことは重要であろう。

フィーバー機に確率性が導入されたことの意味は、出玉率を規定する要素として釘調整以外の部分が加わった点にある。そうだとすれば、釘調整は、新たに追加された確率性が規定する部分と、どのような関係になって出玉率の調整に寄与したのだろうか。また、期待された役割はどのようなものであり、実際にいかに機能したのだろうか。

これらの疑問点についての検討に先立ち、図4-3に現れたような、フィーバー機導入後の経営状況の変化を考察しておく必要がある。売上高の水準と利益率の状態を合わせて考慮すると、次の三つの時期に分けることができる。

①売上高および利益率が急増した時期（一九八二年下期まで）
②売上高が増加、利益率は低下した時期（一九八三年下期まで）
③売上高が低下、利益率は維持（微増）した時期（一九八四年上期以降）

①から②、さらに③への移行は、規制や新規参入などによって競争条件が変化した結果であった。例えば、一九八一年六月から射幸心を煽らないように営業上の自粛を呼びかける自主的取り組みが行われ、同年一〇月からはフィーバー機設置台数を三割に限定することになった[47]。もっとも、これらの要因がMホールのパフォーマンスにどのような影響を与えたのかを測ることは容易ではない。設置台数三割規制については、順守率の問題が指摘されている[48]。それにも影響され、地域によって異なった結果をもたらした[49]。もちろん近隣のホールとの競争条件にも左右

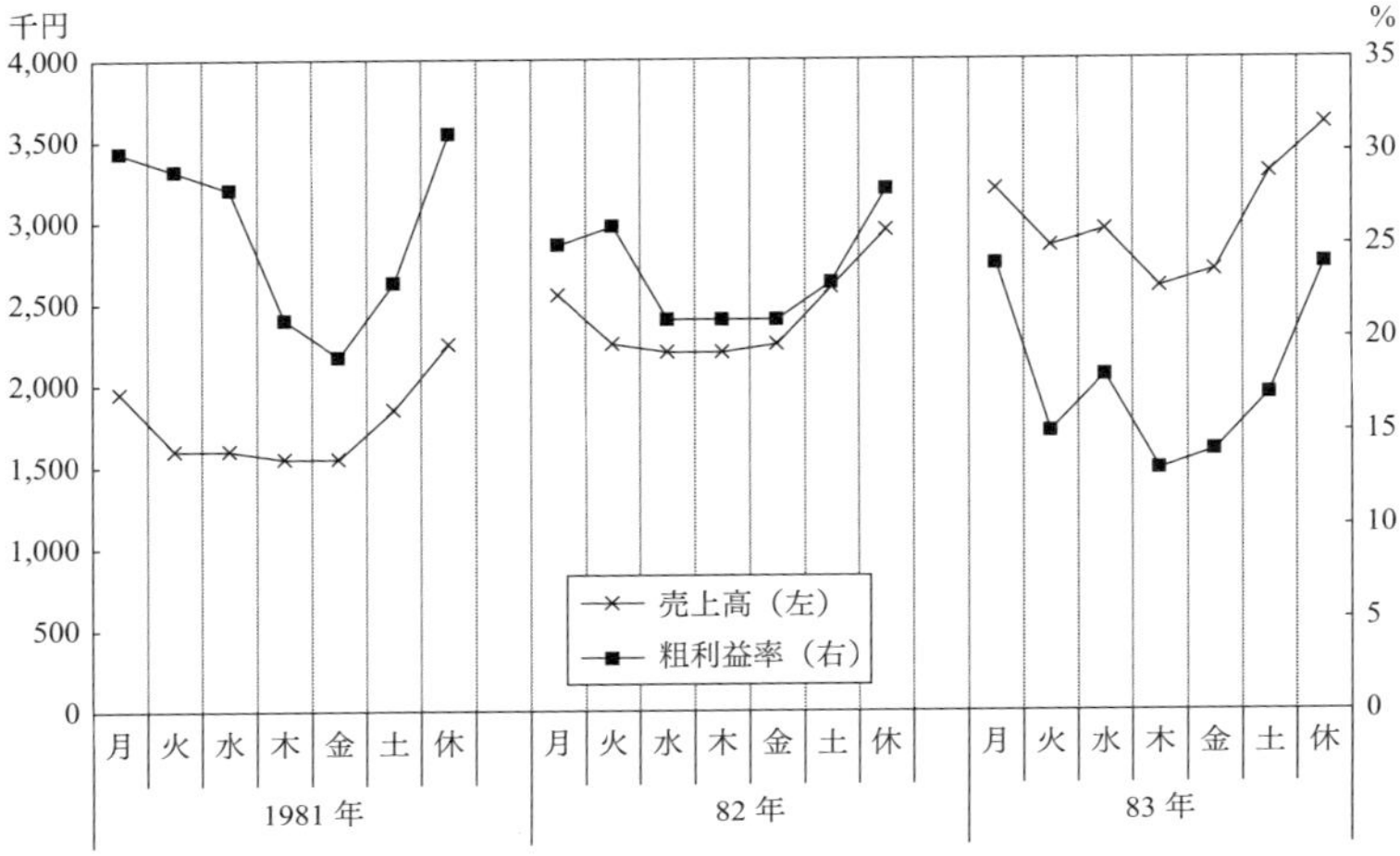

図 4-5　M ホールの曜日別売上高と粗利益率（1981〜83 年）

注 1 ）曜日別売上高は，1 年間の平均値。
　2 ）粗利益率＝(売上高－景品交換総額)/売上高
資料)「営業統計表」1981 年 8 月〜83 年 7 月。

されただろう。ただ、規制は強化されていき、一九八四年六月からは出玉の量に影響する「アタック」の開閉時間が従来の半分に制限された。その影響を受けた上に、激しくなっていく競争のなかでMホールの事業の収益は機械代を賄えないほどの打撃を受けたと報告されている[50]。

ここではさしあたり、経営条件が変化していくなかで売上高および利益率が固定的ではなくなり、安定的な経営を追求するために、環境変化に合わせた適切な対策を講じる必要が生じてきたとみなしておくことができるだろう。以下、主に環境変化のなかでMホールがどのような対応と選択を取ったかに関心を向ける。

（2）釘調整への拘り

図4-5は、一九八一年から八三年までの間における、曜日別の平均売上高と粗利益率[51]の関連を示したものである。この三年間は図4-3で示した「①売上高および利益率の急増時期（一九八二年下期まで）」から「②売上高増加、利益率低下時期（一九八三年下期まで）」までの期間に該当する。

図4-5からMホールの行動を観察するために、若干の技術的説明を加える。同図はMホールがコントロールできる要素と、できない要素を区別しながら眺める必要がある。売上高は客数と客が費やした金額で決まるため、ホールの営業にとっては自ら直接操作できない与件となる。しかし、長期観察から明らかになる売上高は、同図には表されていない釘調整による出玉率と関連づけて理解できる。すなわち、前日の客の入り具合（による売上高）と周辺ホールとの状況を踏まえてホールが設定した出玉率が、翌日の売上高に影響する。したがって出玉率は、売上高の変動を踏まえて修正された結果でありながら、売上高に跳ね返って影響する要因でもある。同図は、三年間記録された曜日別の事例を集計した平均であるから、意識的に調整した具体的なアクションとしての出玉率、それに規定された売上高と粗利益率の相互関係を表すものと見なせる。

売上高の高低に対して調整されたはずの出玉率の水準は、最終的に利益（率）に影響する。売上高が休日に比べて小さい平日、例えば、火・水曜日はより客を呼び寄せるために出玉率を上げることができる。その結果、利益率は下がる。日曜・休日は、逆に、釘を開けなくても客がくる（＝稼働率が高い）ため、出玉率は平日より低くして良い。その結果、利益率は比較的高い水準になる。このような状態が見られれば、思惑通りの釘調整ができていると考えることができる。図4-5の年単位の時間差をおいて表れる変化は、Mホールが成績を確認しながら変更を加えていく出玉率の方向性、調整技術とその結果との関係の緊密性を示すと理解することができる。

そのような視点から三年間を比較しながら同図を眺めてみると、一九八一年に比べて、八二年、八三年は、売上高と利益率が連動して動く傾向が強まっている。売上高が大きい日は収益性も高め、売上高の小さい曜日は収益性も低めになっていく。客が集まる日は、高い収益率を上げながら集中的に儲けられたことを意味する。また、平日の出玉率の上昇が客の間では評判を呼ぶような宣伝になるから、長期的見通しの上で全体的に稼働率も上げられるコントロールが可能になったと考えられる。

このように、フィーバー機導入後における曜日別の売上高に対応した出玉率の推移より、意図的に行った釘調整の影響を見出すことができるから、釘調整はこの時期にも集客に決定的であった。確率に依存する機械本来の性能ではこのような調整結果は生じないからである。Mホールにおいてはフィーバー機導入後も釘調整が、欠かすことのできない経営手段として重要な機能を果たしていたのである。

では、フィーバー機が固有に備える特徴としての確率に基づく出玉量の制御と性格を考えたときに、以上のような釘調整の役割をどのように評価することができるだろうか。出玉率をコントロールできる釘師の力量の範囲について、S氏の淡々とした表現は熟練による関わりの縮小を如実に表している。

〔フィーバー機が内蔵した〕基板のお陰で、釘師が思うように数字が動かなくなった。セブン機〔フィーバー機〕以前のパチンコについては釘師のウェイトは八〇パーセントだった。セブン機以後は三〇パーセント。

従来の機械とフィーバー機の違いは、出玉率を決める要素にあった。フィーバー機以前の出玉率は、釘調整による「開け」「締め」に応じて入賞口に入る可能性それ自体によって決定されていた。これに対してフィーバー機においては、初めて導入された大当たりという仕掛けも、最終的にホールが客に出す玉の量に影響した。例えば入賞口に玉が入ると七個の獲得に加えて、ドラムが回転し始め、絵柄が揃うように止められると、確率によって三〇秒など一定時間の間に玉が放出される大当たりが無制限回で決まる。フィーバー機の場合、釘調整が決定するのは入賞口に入る可能性までであり、大当たり自体は釘調整とは関係なく確率に制御される。もちろん、大当たりの可能性は入賞口に入る頻度の増減で増幅するから、それを決定する釘調整は間接的に大当たりに影響する。しかし、出玉率が、入賞口に入ることと大当たりによって払い出される玉の総計で決まるようになったため、釘調整に全面的に頼っていた機械に比べて釘調整がコントロールできる範囲が狭まったのである。

フィーバー機の出現以降Mホールが行った釘調整が物語るのは、変化した機械体系を充分に生かした営業方法が工夫されていなかった可能性である。この点については出玉率の長期的傾向とそれが与える収益性への影響を踏ま

表4-2　Mホールの特殊景品選好度の上昇（景品の仕入状況より）

	期　間	売上高（円）	景品総額（円）	仕入れに占める景品比率（%）		特殊景品単価（円）
				特殊景品	一般景品	
フィーバー機導入（1981年5月）前	1969/8〜70/7	129,087,621	102,331,531	77.6	22.4	206
	70/8〜71/7	138,240,229	108,508,216	77.2	22.8	206
	71/8〜72/7	124,822,243	95,349,987	77.7	22.3	206
	72/8〜73/7	100,657,780	74,022,671	82.0	18.0	206
	73/8〜74/7	162,113,700	122,678,872	84.4	15.6	206
	74/8〜75/7	157,071,600	119,920,076	80.5	19.5	206
	75/8〜76/7	187,141,280	132,540,810	80.5	19.6	206
	76/8〜77/7	193,417,020	129,450,546	76.9	23.2	206
	77/8〜78/7	216,404,920	141,386,499	79.2	20.8	206
	78/8〜79/7	214,715,290	153,112,658	78.9	21.1	206
	79/8〜80/7	190,889,340	126,075,397	78.6	21.5	206
フィーバー機導入後	80/8〜81/7	364,845,080	261,121,947	85.0	15.6	205
	81/8〜82/7	731,897,210	526,806,311	91.0	9.0	204.5
	82/8〜83/7	966,053,930	757,920,792	93.9	6.1	203.5
	83/8〜84/7	1,230,267,940	1,001,342,557	95.5	4.5	203.5
	84/8〜85/4	2,049,479,740	519,238,420	95.1	4.9	203.5

資料）M商会「元帳」1969年8月〜85年4月の景品仕入れより作成。

えてさらに分析が必要である[52]。

（3）景品仕入れの効率化

前掲図4-3に表れるフィーバー機導入直後の「売上高および利益率の急増時期（一九八二年下期まで）」には収益性が向上した要因が隠されている。射幸性の高まりと売上高の増加を契機として、客は景品交換においてより現金獲得を望むようになり、このことがホールの収益性に正の影響を与えた。

表4-2は、一九七〇年代から八〇年代前半までM商会が仕入れた景品の内訳を、煙草、各種菓子、生活用品などを「一般景品」に、「シャープ[53]」と記録された景品を「特殊景品」に分けてまとめたものである。特殊景品は商品自体が持つ効用や使用価値が目的ではなく、現金への交換可能性のある商品を指す。問題は客が獲得した玉を特殊景品と一般景品のどちらに交換したかであり、ここではそのような顧客の選択の結果をMホールが仕入れた景品の総額から推測する。

表4-2には仕入傾向におけるフィーバー機導入後の変化が表れている。二つに分類された景品の金額比

率では、一九七〇年代までは、特殊景品が平均八〇パーセント前後の水準を維持した。フィーバー機導入後は九〇パーセント水準を突破し、一時九五パーセント台まで高まった。この仕入れに占める特殊景品の比重の上昇は、客が一般景品より、特殊景品に交換を希望する性向が強まったことの結果である。

一般景品より特殊景品に交換しようとする度合いが射幸性上昇につれて強まった理由について、確たる説明を与えることは難しいが、煙草などの景品の場合、消費の効用は交換量の増加に反比例して低下すると想定できる。当時景品の上限額は三五〇〇円と決められていたため、それより高額の商品への交換はできなかった。多量の出玉は低価格の景品獲得の量的増加のかたちでの交換を余儀なくさせる。客は、景品からの割引率が不利であっても換金可能な特殊景品により交換したがる傾向になるだろう。

客の側で潜在的に強まる特殊景品交換への選好は、一般景品より高い利益率を経由してホール収益にプラスの影響を与える点で注目に値する。景品の仕入価格が記載されたMホールの領収書類と客への引き渡し価格（交換価格）が記載された資料（「景品Ⅰ」）から景品の利益率［(交換価格－仕入れ単価)÷交換価格］を割り出して比較すると、特殊景品では三一・八パーセントであった。それに対して代表的景品の一つである煙草は各銘柄ともに一六・七パーセントであり、特殊景品より低い（「領収書綴」、「景品Ⅰ」より）[54]。これは客が獲得した玉（の価格）から特殊景品（の価格）への交換率が一般景品に対して低水準の傾向にあったことを意味し[55]、実質出玉率を下げる効果をもってホールの収益率を高める。

特殊景品の価格を一般景品より高い利益率になる水準に設定できる理由の検証は、難しい。一般景品は、景品問題から市場価格で仕入れられる。小売価格が知られている一般景品の場合、客の立場では交換する玉の量から交換率がどの程度かを知ることができる。つまり市場価格を基準に、それとかけ離れた交換率の水準は受け入れられ難い。それに対して特殊景品は比較可能な市場価格がないため、客に参照基準が与えられないかたちで価格が設定される。現金への交換を望む客は、一般景品より不利な条件でも受容したと思われる。その結果、高い利益率を示す特殊景品の収支から明白なように、特殊景品と交換される割合が増加するほど、ホールの利益が増加することになる。さらに、特殊景品の仕入単価が下がった（表4-2）ことも、指摘するまでもなくホール経営の収益を改善した要因である。

この二つの側面——特殊景品に交換される比率の上昇と仕入単価の低下——は、一九五〇年代半ば頃におけるM商会の特殊景品仕入れの状況と比較して興味深い違いを提示してくれる。

第1章で明らかにしたように、一九五五年の連発式禁止令後、M商会では、特殊景品問屋を約二社に絞り込むかたちで仕入単価の引き上げを甘受した。客が、いくつかの引取所のうち、高い交換率を設定したところを選んでいった事情が背景にあったと思われる。M商会は、そうした景品の値上げによる経営上の負担を、営業ノウハウの蓄積に織り込んで利益を伸ばしていった。その後、特殊景品の仕入れが「愛産商会」一社単独になったため[56]、客側にとって異なる交換率に基づいて選択することはできなくなったと思われる。

推測を交えて敷衍すれば、一般的にパチンコ産業の形成期に見られた景品買いに関連する組織暴力団の介入を排除するために、パチンコ産業内では警察などの指導も受けながら、特殊景品の取扱ルートを整備し絞り込んでいった[57]。このような規制の展開が、特殊景品の交換について顧客から見れば、選択の余地のない制度的な枠組みを作り出したことになる。暴力団への資金源を断ち、産業としての健全性を確保することは顧客、社会も期待するところであったから、自由な参入ができる競争的市場にするのではなく、プレイヤーを絞るかたちで安全性というある種の社会的コストを含み込んだ枠組みが受け入れられていたのであろう。冒頭で説明した三店方式は、このような意味では暴力団などの介入を防ぐ排他的な取引経路という性格を持っていた。

そうしたなか、一九八〇年代にはギャンブル性の高まりによって大量の特殊景品が、ホールから客へ、客から買取業者を経由して特殊景品問屋へ、そして問屋からホールへと循環するようになった。景品問屋から見ると、販売のリスクのない特殊景品の仕入量の拡大は、買取業者から受け取る価格を据え置いたままでもホールへの卸価格の引き下げに応じうる余地を大きくしたと想定できる。手元に残る問屋のマージンは、流通する特殊景品量に比例して拡大していたはずだからである。こうした事情から仕入価格を引き下げることが可能になれば、ホールはその分だけ収益面でプラスの効果を受け取ることができたことになる。

もちろん客に対する出玉の交換率も、特殊景品の問屋が買取業者から受け取る価格が明らかでないため、そうした値下げが買取業者や特殊景品問屋、あるいは客のなかでどのように吸収されたかは判明しない。確かに収益性の改善が特にフィーバー機導入の初期に目立っていることの基盤には、爆発的人気に後押しされた大量の出玉の交換に伴って、顧客に対する特殊景品の交換率においてホールがやや有利になるような水準での操作が行われた可能性は十分にあった。

しかし、客への一方的な交換率の低下は、ホール間の競争が激しくなるなかでは持続が困難であろうから、このことはフィーバー機導入後の初期に限られたと思われる。したがって、景品の仕入単価の値下げは、客の不利な交換率の負担というより、産業が急成長するなかで出玉の大量化によって生み出されたものと考えるべきである。これについては確認できる資料を欠いており、それゆえ推測の範囲を超えない部分があるとはいえ、仕入コストの切り下げによってホール事業の収益性が増したことは確かであろう。こうして、フィーバー機導入直後の「売上高および利益率の急増時期（一九八二年下期まで）」において、売上高と収益率が高まったと考えられる。

三　取引慣行に生じた亀裂

フィーバー機人気による需要の急増に加え、新規参入によるホール数の増加は、それに見合ったパチンコ機械の供給を必要とする。この供給増加は、どのようにして実現されたのであろうか。

フィーバーの人気は事前には予測できない出来事であった。いつまで続くかについても誰も確たる見込みを持つことができなかった。一九八二年頃、業界内では、フィーバー機によるブームを流行りの激しい業界の一時的現象と判断していた。例えば、日本遊技機工業組合理事長の武内国栄は、

こういう業種は、だいたい半年〜一年で新陳代謝を行ってきている……フィーバーそのものがいつまでも持続するというのではなく、やはり御客様の希望がかなえられるように、半年〜一年ごとに新機種を出すことによって、御客様のマンネリ化を防止し、お店の経営にプラスになるように努力していきたい。

（「ビッグ鼎談　パチンコ産業業界総展望」綜合ユニコム編『パチンコ産業年鑑 1983』一九八二年、二五頁）

と表明している。人気は揺れ動くものであるから、単に流行を追いかけるだけではだめであり、メーカーもフィーバー機とは異なる新機種を提供することによって自ら新しいトレンドを作り出そうとしなければならない、と提案しているのである。

長続きしないと予想しながらも供給の急拡大には何らかの対応が必要であったことは間違いない。そうだとしたら、フィーバー機のブームという市場状況に対応した機械供給のあり方は、メーカーの姿勢としては短期的なその場しのぎのものということであったかもしれない。それは生産体制に大きな変化をもたらすような特別な対応ではなく、まずは従来の方法で生産が行われたはずである。

他方で、フィーバーのインパクトは、機械市場の取引慣行を変化させる可能性を孕んでいた。これまでのパチンコ機械のなかで、人気を呼び、それが産業全体の構造を変えるまでの影響を与えた機械は、例えば、全国市場を作り出したオール物、デファクト・スタンダードとなった正村ゲージ（第1章）や、機械の取替期間を短縮させ、季節性による生産変動を均した機関銃式・循環式等の連発式など（第1章、第2章）に限られる。フィーバーが作り出す状況がホール・メーカー間の取引、メーカー間の関係に何らかの影響を及ぼす結果となるなら、その人気は短

期的流行以上の意味を持つであろう。しかし、どのような変化が生じるかは事前には予測できないから、当事者たちの対応が的を射ているかどうかもその段階では分からない。本節ではそうした可能性を見据えながら、機械供給の仕組みを、Mホールへのフィーバー機導入に注目して考察する。

（1）Mホールの機械取引先とフィーバー機の導入

表4-3には、一九六九年後半から八六年初頭までの「元帳」の記録を集計し、M商会が購入した月ごとの台数や購入先を取りまとめている。月別に記載された台数からは、機械を取り替えた時期が判明し、年単位で集計すれば、平均取替回数の傾向およびその台数規模も判明する。両者より明らかになる機械導入の分散、集中は、メーカー経営に影響する生産の季節性の変化と対応する。機械の購入先の内訳からは、取引するメーカー数、取引が固定化しているかスポット的であるかなど、機械市場における取引上の特徴を知ることができる。

まず、表の右側に集計した年ごとの取替回数（B）、その台数規模（A÷B）を見よう。フィーバー機導入前の取替回数は、年一回から三回であったが、フィーバー機以後四回から六回に増加している。この導入時期の分散化は次のように平均導入台数の縮小を伴っており、二つの現象に見える変化は連動したものであった。一回ごとの平均導入台数は、フィーバー機以前では約九〇台から一五〇台までの規模であった。それに対して、一九八〇年に設置台数を拡張したにもかかわらず、導入後は、約四一台から八四台となり、取替え一回当たり台数の設置台数に対する割合も縮小した。

月ごとの様子では、集中から分散化の兆しが看取される。導入前には一一月・一二月と七月に台の入替えが行われる傾向にあったが、導入後は一二月から一月、年末から正月にあたる季節に高い頻度であったことに変わりはないものの、他の月で特定の傾向を読み取ることはできない。これは表面上、メーカー側における生産の季節性の解消を表す。分散化の理由についてはメーカー側の事情も含めて長期的観察が必要であり、性急に結論づけるべきではない。この点について以下では、人気機種の供給の仕組みに留意して、若干の検討を加える。

表4-3では、M商会とメーカーとの取引関係を知る手がかりをいくつか発見することができる。その一つが、取引先の変遷である。一九六九年から七三年までの主要な取引先は、正村機械と西陣であった。その後正村機械に代わってニューギンが登場して以来、同社との関係が取引の中心となった。そのほか、中古機が見られる一方、一九七九年のスリースターとは一回限りのスポット取引で終わった。M商会のM機械の名前を引き継いだ[58]正村機械は、一九七〇年代に休業していた[59]。M商会の取引先は、こうしたメーカー側の事情を契機として正村機械からニューギンに代替され、長期的には、正村機械、正村機械と西陣から、西陣とニューギンへと、基本的に一～二社に絞られた。これは業界一般に共通する取引慣行でもあった（第3章）。正村機械との取引は、一九八〇年の同社の生産復帰とともに西陣に代わって再開された。

一九八一年のフィーバー機導入以降において目立った特徴として、取引先の多様化を指摘しなければならない。再開した正村機械の他、西陣、それまで取引のなかったマルホン工業、フィーバーを開発したＳＡＮＫＹＯ、平和からの調達が見られるようになった。このなかで、フィーバー機導入以降の主要な取引先は、ニューギンとＳＡＮＫＹＯを中心にしながら一、二を加えるかたちに落ち着いていった。このように、Mホールがニューギンと長期的に取引を継続する一方で、話題の機械を開発したＳＡＮＫＹＯとの取引も開始したことが見て取れる。

ところで、正村機械との取引はわずか二年で終わっている[60]。基板や電子技術など、それまでとは異なる技術基盤を要するフィーバー機に正村機械は順調に追随できただろうか。正村機械との取引の非継続性には、新しい機械体系に関連する技術的優位性の変化が影響した可能性がある。一九八〇年代のメーカーの減少が八三年まで続いたこと（図序-3、本章はじめに）、西陣が八〇年代に入って長年の首位の座を平和やＳＡＮＫＹＯに譲り渡したこと（表3-4）についても、それ以前からの不況に加えて、技術転換に伴う淘汰の要因も考慮する必要がある。

以上の取引状況を踏まえ、急激な人気を博したフィーバー機のMホールへの導入に関して注目すべき事実につい

ルの機械導入

11月	12月	計（A）	機種数	取引先メーカー	取替回数（B）	平均導入台数	
						A/B 台	左/設置台数（%）
		191	1	正村機械			
100	2	272	不明	正村機械，西陣	3 回	90.7	47
	70	271	不明	正村機械，西陣，不明	3 回	90.3	47
	136	296	不明	正村機械，西陣，中古機（正村機械）	2 回	148.0	77
80[5]		271	不明	正村機械，中古機	2 回	135.5	71
		100	2 ＋不明	西陣	1 回	100.0	52
	64	419	4 ＋不明	ニューギン，不明	3 回	139.7	73
70		160	7	西陣，ニューギン，中古機（西陣）	2 回	80.0	42
92		190	11	西陣，ニューギン	2 回	95.0	50
		90	9	西陣，ニューギン	1 回	90.0	47
97		218	14	西陣，ニューギン，スリースター	2 回	109.0	57
262	33	321	11	正村機械，ニューギン，マルホン工業	3 回	107.0	56
6	4						
36	85	466	18	正村機械，ニューギン，マルホン工業，京楽産業，中古機（西陣）	6 回	77.7	30
	123	334	19	西陣，ニューギン，京楽産業，三共[4]	4 回	83.5	32
	90	245	12	ニューギン，三共	6 回	40.8	16
	96	301	13	ニューギン，三共，平和	5 回	60.2	23
18		249	11	西陣，ニューギン，三共，平和	5 回	49.8	19
		36					
2	4						

メーカーが判明しながら機種名が不明なもののなかで，単価が同じ場合は，同種としてカウントした。

増しており，設置した月と帳簿上の処理のズレと考える。

表 4-3　M ホー

フィーバー導入前後	年	1 月	2 月	3 月	4 月	5 月	6 月	7 月	8 月	9 月	10 月
フィーバー機導入前	1969	店舗改装							191		
	70		70				100				
	71			100				100	1		
	72						中古機	160			
	73					中古機 10 台		191			
	74			100							
	75				73			282			
	76					90[5)]					
	77				98						
	78				5				85		
	79				111				10		
	80							26	店舗改装		
	月別導入回数（C）		1	2	3	1	2	5	3		
フィーバー機導入後	1981	66					180	36			63
	82	55			60	90		6			
	83	18	36		36	65					
	84			105		46	36			18	
	85				87			18		72	54
	86	36									
	月別導入回数（C）	4	1	1	3	3	2	3		2	2

注 1）機種数は，西陣の「白いかもめ」，三共の「フィーバー」のように，機種名が判明されるものをカウント。
　2）パチンコ台数は，本体，表の盤面（ベニヤ）など，部分的なものもすべてカウントした。
　3）フィーバー機の導入は，1981 年 4 月であるが，帳簿上は 6 月から記載されている。売上高は 5 月から急
　4）SANKYO など取引先メーカーの表記は資料記載のままにしてある。
　5）導入した月が不明であるため，（C）の導入回数には重複して数えた。
資料）M 商会「元帳」より作成。

て考察しよう。「売買契約書」によると、SANKYOのフィーバー機が市場で最初に話題になった一九八〇年一二月から五カ月後、フィーバー機はMホールに設置された[61]。その際、調達先は一九八〇年から取引のあったマルホン工業と主要取引先であったニューギンであり、購入したのはフィーバーではなくその類似品であったことである[62]。これら二点について項をあらためて検討する。

（2）フレキシブルな生産体制

Mホールがフィーバー機を導入したのは、SANKYOのフィーバーの人気が判明してから一シーズン経ってからであった。個別ホールへの導入のタイミングが早かったか遅かったかを判断すること自体に、特に積極的な意味はなさそうである。しかし、マルホンやニューギンのように、どの程度のメーカーが、どの程度の時間差をおいて、フィーバーの類似品を開発できたかに関心を向けることは無駄ではないだろう。産業発展を支えた仕組みや規制が開発にどのように関わっているかを示してくれるからである。

一九八一年四月に「フィーバー・タイプの機械」に対する特別検定が行われた[63]。他社によって開発されたフィーバー機は、この検定を受けて初めて発売されたと思われる[64]。この検定では申請のあった一七機種のうち、一機種不許可、二機種保留となり、一四機種の販売が許可された。フィーバーは一九八一年二月から噂とともに全国に広まったから、他社はわずか二カ月で対応したことになる。認定を受けた機種を開発したメーカーは、最初に開発を行ったSANKYOを除くと、西陣（二機種）、平和、三洋物産、マルホン、大一商会、奥村遊機、豊丸産業、京楽産業、丸善物産、ニューギンの一〇社である。一九八一年時点でメーカー数は二六社であり[65]、一シーズン遅れて発売にたどり着いたメーカーは、SANKYOを除く二五社のうち一〇社で約四割を占める。半分以上のメーカーは対応できなかったが、産業発展の視点からはスピーディーに対応できたメーカーの存在とその意味に注目できる。

検定を通過すると同時に他社の「フィーバー・タイプの機械[66]」の発売が始まった。Mホールがマルホンの機械一八台を設置したのも四月であったし、それに遅れること二カ月、六月にはニューギンからも三六台を調達した[67]。SANKYOとの取引がなかったホールとしては、いち早く導入することができたということができる。

ところで、この表面上変化のないフィーバー機の調達方法の水面下では、取引慣行に関わる変化が起き始めていた。M商会の次の行動は、フィーバー機供給に何らかの制約があった側面を浮き彫りにする。従来通りマルホン、ニューギン二社から類似品を調達したM商会は、SANKYOのフィーバーを翌年一九八二年に購入している。ブームを引き起こした元祖の機械を導入したいというM商会の思惑は想像に難くないが、長期取引では見られなかった異例な行動といえよう。さらにここで考えておくべきは、SANKYOのフィーバーが直ちに購入できなかった、それゆえにまずは類似品でもって客のニーズに対応しようとしたのではないかという可能性である。

あるホール経営者は、「これ〔フィーバー機〕を入れることによって歩率が無茶苦茶になって、高い歩率を出さないと営業できないのではないかという不安感があったわけです。そこで、総合数の三〇パーセント入れるのも危険だし、先に一五パーセント入れたのです。それをやってみたら非常にいい、気が付いたときには機械がなくて、注文しても一カ月後ということで、全国の業者が奪い合って入れようということになりました[68]」と回顧している。このような現象は、フィーバーの異常な人気が引き起こした結果というだけではなかった。宿命的といって良いメーカーの開発と生産体制の特徴が影響しており、一九六〇年代から築かれていたメーカー間の相互依存関係（第2章、第3章）が深く関わっている。

パチンコ機械の開発は規制と激しい流行に起因して不確実性が高く、それに関連するリスクがメーカーの生産設備の投資に影響する。市場で人気機種が出たとしても、設備自体は本来、そうした需要に反応して即座に拡張できるものではない。仮に人気に合わせて生産規模の拡張が可能だとしても、次のシーズンに、拡大した規模に見合うだけの販売が確保できるかは予測困難である。しかも、生産においては、第1章で分析したように、一九五〇年代半ば以降定着した著しい繁閑の格差がある。需要の季節性があるために、年間を通した工場の操業率はそれほど高くはならない。季節性を前提として機械の入替えまでの期間だけ対応できればよいというように、機械は設計されている。人気機種といえども、数年をまたずに機械の寿命がくるが、入替えの時期に販路が確保される保証はない。これらの要因によって、パチンコ機械メーカーは、設備投資を控える性向を持つ。

だが、設備装置に慎重なメーカーの対応は、ホール側にとっては都合が悪い。ＳＡＮＫＹＯの新規開発部部長であった毒島冨士男の認識は、前掲のようなホール経営者の状況を的確につかんでいる。すなわち、

いざブームとなってみるとすでに機械は品切れとなり、納品は二〜三か月先となった。納期が二〜三か月遅れるということは、先行店とは実質五〜六か月の遅れとなって、ことに周囲店の場合には客が散って売り上げ低下を招き、〔昭和〕五五年度の一年分の利益に匹敵する利益を逃したという実例。

（「運営計画のあり方と収支バランスシート」綜合ユニコム編前掲『パチンコ産業年鑑 1983』二六一頁）

もあった。人気はいつ失われるか予測困難であるため、ホールにとっては評判になっている間に機械をスピーディーに導入し、機械代を早めに回収することが望ましい。メーカーが設備投資のリスクを負わない分、ホールの機会費用が大きくなる。慎重な設備投資は、個別メーカーのコストを軽減する重要な要素であるが、フィーバーのように予測を超える人気が出た場合は、素早く対応できないという問題を発生させるのである。部分最適が全体最適には必ずしもならず、ホール側が上げられなかった利益の損失は、メーカーにとって将来の商機を失うばかりでなく、産業全体の成長を阻害する要因にもなる。

実際には、フィーバーの人気が爆発したとき、Ｍホールは、類似品ではあったが、わずか一シーズン遅れで導入することができた。設備投資の遅れとそれによって阻まれる人気機種に対する需要へのスピーディーな対応を可能にした仕組みが、他社の類似品を受け入れることであった。[69]

特許登録されたフィーバーは、SANKYOが法的権利を理由に、他社に作らせず、その人気が生み出す経済的機会を独占する選択も可能であった。しかし、この特許は、第2章と第3章で示したように、日本遊技機工業組合のメンバーの出資によって設立された日本特許運営連盟に委託され、安価なロイヤルティで他社に許諾された。設備投資に慎重なパチンコ機械メーカーが、フィーバーの人気という需要に瞬時に対応できた仕組みがここにある。SANKYOがフィーバー機を他社に作らせた理由は、次の資料にあるように、メーカーの宿命的特徴と歴史的文脈のなかでしか理解できない行動であった。

【資料】 特許登録されたフィーバーの各社の生産をめぐって

㈱SANKYOの役員、一九九七年二月一七日「公取供述報告書」(70)より

確かに皆さんに作らせせなければ、弊社に莫大な台数の受注があるでしょう。もし弊社がその受注に対処すべく莫大な設備投資をし、大勢の従業員を採用したらその後どうなるでしょう。……私どもの業界の商品は、人気が出てすぐブームになりますが、ライフサイクルが短いためにすぐブームは終わってしまいます。その時に過剰な生産設備・過剰従業員を抱えて経営が成り立たなくなってしまいます。理由の二番目は……もし弊社が独占したとすれば、私どものお得意先であるユーザーから、大変な苦情がきてしまいます。……限られた生産能力で受注に対処すれば、その機械を速く導入できたお店と、長期間納入待ちのお店では、お店の売り上げにすごい差が出てしまいます。そうなった場合、早く入らなかったお店から弊社に対する強い反発が出ますが、他のメーカーさんでもそれまでいろいろヒット機種を出しておりますし、弊社もそのヒット機種と同じものを作らせてもらったことも今までにありますし、今後も他社のヒット機種と同じものを作らせてもらうこともあるでしょう。

「確かに」と認めているようにSANKYOは人気機種を作り出したときの商機を独占する選択もできたはずであ

取引関係の変化

12月	計(A)	機種数	取引先メーカー	1年間取替回数	1回平均導入台数[3)]
18	162	7	4社（ニューギン，平和，西陣，太陽電子）	6	23
	108	5	5社（三共，大一，太陽，三星，平和）	4	22
39	111	6	3社（太陽電子，京楽，平和）	4	22
32	50	3	3社（ニューギン，三共，京楽）	2	17
	18	2	1社（平和）	1	18
	253	8	7社（三共，京楽，太陽電子，平和，大一，銀座，まさむら遊機）	2	38
32	288	13	7社（まさむら遊機，三共，豊丸産業，京楽産業，藤商事，平和，大一）	8	18
16	128	8	4社（平和，大一，ニューギン，三共）	6	15
16	128	8	4社（平和，豊丸，三共，西陣）	5	16
112[1)]	240 (64)[2)]	16	5社（マルホン，三共，三洋，大一，まさむら遊機）＋4社（スナップバック，サミー，アイ・ティ・シー，山佐）	6	15
48	144	8	8社（ニューギン，タイヨー，竹屋，三洋，三共，大同，豊丸）	5	18
16[3)]	149 (16)[2)]	12	8社（サンパワー，マルホン，藤商事，京楽，三共，平和，タイヨー，豊丸）＋2社（山佐，ユニバーサル）	8	13

測。

表 4-4　M 商会の機械導入・

年	1月	2月	3月	4月	5月	6月	7月	8月	9月	10月	11月
1987		18		72		18		18	18		
1988			18			36			18		36
1989						18	18				36
1990		18									
1991 旧店舗				18							
新店舗									237	16	
1992	32		16	80		16	48			16	48
1993			16	32		16	16			32	
1994			48	16			16			32	
1995		16		32			32			32	16
1996						16	32		32		16
1997	16		32	16	13		16		32	8[3)]	

注 1）アイ・ティ・シーからのパチスロ 16 台を含む。納入日は不明であり，前後の書類から納入した月を推
　2）計の（　）は，パチスロ台数，下線はパチスロの導入。
　3）1 回契約当たりの導入台数。
資料）M 商会「売買契約書」1979 年 3 月～98 年 4 月より作成。

る。しかし、人気機種のニーズに対応できる生産規模を維持することの負担も考慮しており、フィーバーの人気が明らかになったときには、他社に類似品を作らせることによって、機械メーカー全体として生産できる台数を市場に投入していくかたちでホールのニーズに対応したのである。ここにパチンコ産業に固有の、市場拡張にスピーディーに応じていく基盤があったといえよう。

こうしてみると、Mホールの機械導入に垣間見られた変化について、機械市場の構造の変容として解釈することには、慎重になる必要があろう。火がつくという表現が相応しいほど、人気は急激で予想を上回って持続し、抑制された設備規模がそれに拍車をかける恰好で生産は需要に間に合わなかった。類似品でも、開発から安定的な生産までは一定の時間がかかる。しかも、その間には検定という規制によっても対応にタイムラグが発生する。ホールは、複数のメーカーから少量ずつ調達していく方法を取らざるをえなかったのであろう。その結果が、Mホールにおいては取引先の多様化、少量導入、季節性の解消のかたちで表れたと考えることができる。

しかし、この現象は、問題が解決されれば元に戻る応急措置のようなものでもなかったように思われる。表4-3に戻ると一九八一年から八五年まで五年もの間取替回数が五回前後になったままである。その後の傾向に関しては、連続したデータは取れないが、M商会がメーカーと交わした売買契約書を集計した表4-4から展望することができる。残っている資料のみの集計結果からでも、年間の取替回数の増加によって季節性の解消が見られること、複数のメーカーから機械を導入したこと、一回当たりの導入機械台数が小規模化したことが見て取れる。[71] フィーバー機需給の逼迫に対するホールの一時的な対応が、ブームが続くなかで類似品を含めて供給量の制約が緩和された後にも、そのままホール経営のあり方として定着した。季節性の見られた取替時期の頻繁化、導入規模の縮小化は、不可逆的変化となったのである。

問題は、このような後戻りのない変化の要因である。メーカー側から見れば、ホール側における取引メーカー数の多様化は、新しい市場を開拓する可能性が広がることを意味するが、それは同時に、従来の取引先確保を保障せず、メーカー間の競争激化をもたらす。しかも、取替頻度の頻繁化と導入ロットの小規模化は、それに合わせた開発や生産コストを高める負担を強いることになる。従って、このような変化は、ホール側においてそれを推し進める要因から眺めてみる必要がある。そこで、導入期間の頻繁化の背景として、新規参入の増加によって周辺ホールとの競争が激化した結果、上昇していく出玉率の問題について検討する。

四　新規参入とホール間競争の激化

(1)「新装開店」という競争手段

ホールが客を確保する手段として広く知られている営業方法に「新装開店」がある。新装開店の効果についてその前後の営業実績から検討し、競争手段および客の確保によるホール経営の安定化を図る方法としての役割を検証する。

新装開店とは、部分的に機械を入れ替え、新しい機種でもって営業を再開することを指す。その由来は不明であるが、名古屋近辺の地域では、すでに一九五一年頃に機械を取り替える慣行として紹介されている[72]。店の構造は変更せず機械の入替えのみを行う、その際、開店同様に装飾をするが、ただし新規開店とは異なるという意味で新装開店であった[73]。一九五〇年代初期に今のように出玉率を上げて玉を大放出するサービスを伴っていたかは確認できないが、客が押し寄せている様子が伝えられている[74]。

ある地域で特徴的に行われた新装開店がその後一般化していくプロセスは、明らかではない。ホールの営業上機械の摩耗に関わる物理的寿命の面でも、客の機械に対する食傷を払拭する、巷で人気になっている機械を設置するなどに関連する人気寿命や競争の面でも、機械の取替えは必要となってくる。ホールが新台を売り込むため釘を開けて勝たせるなどのサービスによって客がその店を選択したとすれば、新装開店は機械的な設備更新にとどまらず、新しい営業方法の発見となる。

その場合、将来の回収――売上高や客数の増加による――を期待した投資となるから、ホールは負担できるコストを考慮して新装開店の時期と頻度を決めなければならない[75]。新装開店の時期や頻度を左右する要因には、機械の物理的寿命と人気寿命、そして競争状況がある。物理的寿命に関連する機械の更新は、連発式が流行っていた一九五〇年代前半においては、第1章で説明したように、機械の損耗が激しく二、四カ月ごとであった。新規開店が続出して競争が激しくなると、出玉率が上がるため機械寿命および人気寿命の短期化が促され、機械の入替時期を特定できなかった。ところが、連発式禁止令後は物理的寿命が延び、ホール数の激減によって競争も相対的に緩和されるなかで、新台の取替えは年平均二回程度でそのシーズンが定着した。

機械を更新する新装開店について、ここでは、今日のように全般的に出玉率を上げて客に勝たせるサービスを行う経営上の工夫として捉える。その役割は、総合的に新しい客を開拓するための積極的営業活動にも、近隣ホールを牽制する防御的対策にも、設置されている機械にマンネリを感じた常連客を引き止めるための消極的営業方法にもなる。そして、もし前節で見たように機械の供給の制約から発生した入替回数の増加が、フィーバー機の登場によって促されたとすれば、新装開店という手段は、一九八〇年代以降には以前にも増して利用可能な競争手段となったと考えることができる。

前掲図4-3によると、Mホールの場合、一九八三年下期以降の売上高の低下が顕著になった。しかし、利益率は維持され、微増する様子すら見せていた。売上が失速するなかで利益率の低下までは伴わなかったことは、パチンコ産業の発展と長期的存続を可能にする事業安定化という視点から見れば、規制や競争の激化などに起因する売上高の低下の影響から事業を自立的に守り、経営を安定化させる手段を持っていることを意味する。そうした利益率をコントロールできる手段として「新装開店」という営業活動に注目し、以下、その効果を検討してみる。

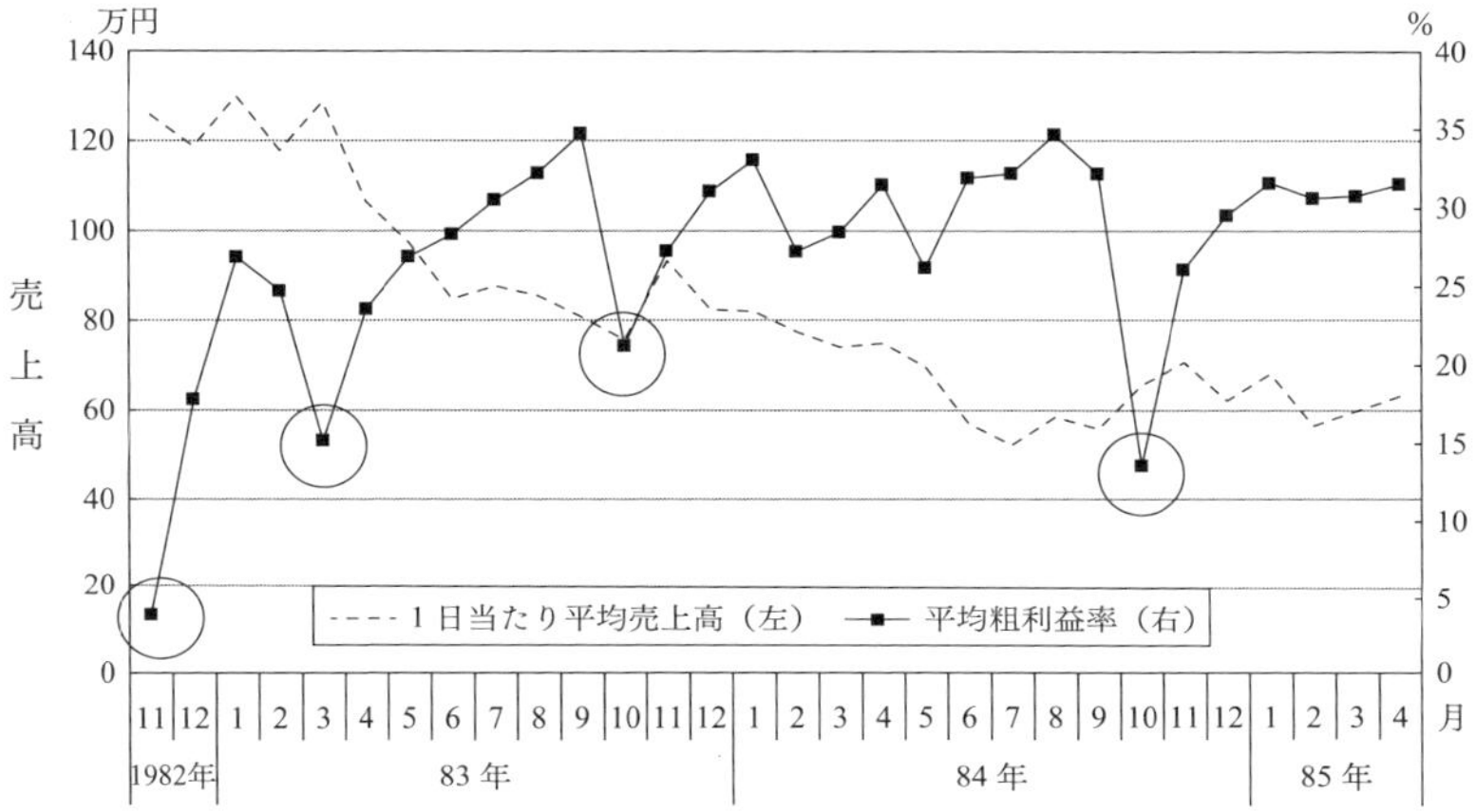

図4-6　Cホールの売上高（月平均）の推移（1982年11月〜85年4月）

注）粗利益率＝粗利益/売上高
資料）「営業実績統計表」（店名不明）1982年11月〜85年4月より作成。

M商会には別のホール（Cホールとする）のデータ（売上高、営業時間、客数、売上玉数、景品総額、一台当たりの売上高、粗利益等）が保管されている。Cホールの店名や立地場所も、M商会との関係も不明であるものの、客数など当時の様子を知る貴重な情報や効果を計ることのできるより詳細なデータが得られるメリットがある。一台当たりの売上高と総売上高から、二〇二台の規模であることが判明する。

図4-6には、Cホールの一九八二年一一月から八五年四月までの月平均の売上高と粗利益率が示されている。売上高が長期的に縮小したのは、Mホールにおいても同様であったから、機械仕様の変更や台数制限などの規制と新規参入の影響として理解できる。売上高が逓減していくなかで、利益規模を維持しようとする意図が、図4-6の、粗利益率の増加あるいは堅持（一九八二年一一〜一二月平均一〇・八パーセント、一九八三年一〜六月二四・三パーセント、七〜一二月二九・五パーセント、一九八四年一〜六月二九・七パーセント、一九八四年七〜一二月二八・〇パーセント、一九八五年一〜四月三一・一パーセント）から見て取れる。

それはどのように達成されたのであろうか。著しく粗利益率が落ち込んだ期間、一九八二年一一月、一九八三年三月、同年一〇月、一九八四年一〇月に注目したい。これらの期間は休みを挟んで――機械の入替えが行われたと思われる――著しい出玉率の上昇がデータ上で確認された後、営業実績の変化が認められる。この時点で、いわゆる新装開店が実施されたと考えられる。

一九八二年一一月の場合、高い出玉率（マイナス粗利益率）によってホール側が損失を負う日が、営業日数二七日のうち一一日である上、それらは、一日、二日、五日、六日、七日、一〇日、一一日、一三日、一七日、一九日、二三日と、分散して出現しているから、一九八三年と八四年の新装開店の表れ方とは異なる（「営業実績統計表」一九八二年一一月データ）。それまでの推移が不明であるため、この一一月に出玉率を高めたことの効果を直接測ることは困難であるが、この時期の売上高が翌年四月以降に比べて高位に保たれていることから、売上高の改善よりは、別の意図があったように思われる。一九八三年三月も、この一一月の延長線として考えられるため、以下、八三年一〇月と翌八四年一〇月を先に検討する。

図4-7と図4-8からは、一九八三年の一〇月と一九八四年の一〇月のサービス期間を前後して、粗利益率、出玉率、時間当たりの売上高に関するおおよその変化が示されている。一九八三年一〇月末（図4-7）について見ると、前年より売上高が減少していくなかで、一〇月一日から二四日までの売上高は、一日当たり月平均七七万八九五五円であり、約一年前の一九八二年一一月一二五万七〇六三円に比べて約六割に過ぎなかった。二五日の休みの後、二六日から二八日までの三日間、営業時間を三、四、五・四時間に短縮し、出玉率を二〇〇パーセント前後にした結果、粗利益率はマイナス七割～二割であったが、その期間において、一～二四日の六万一八二二円であった一時間当たりの売上高は一〇万五七五九円へと、一・七倍上昇した。二九日から三一日までは約一二時間の正常営業に戻っていたが、出玉率は依然として高いままで一三〇～一九〇パーセントであり大放出のサービスが続き、その結果、粗利益率はマイナス三六・九パーセント、八・五パーセント、マイナス一七・一パーセントとなった。そのようなサービス期間の一〇月二六日から三一日を挟んで、一一月に入って一日当たりの売上高（平均九三万二

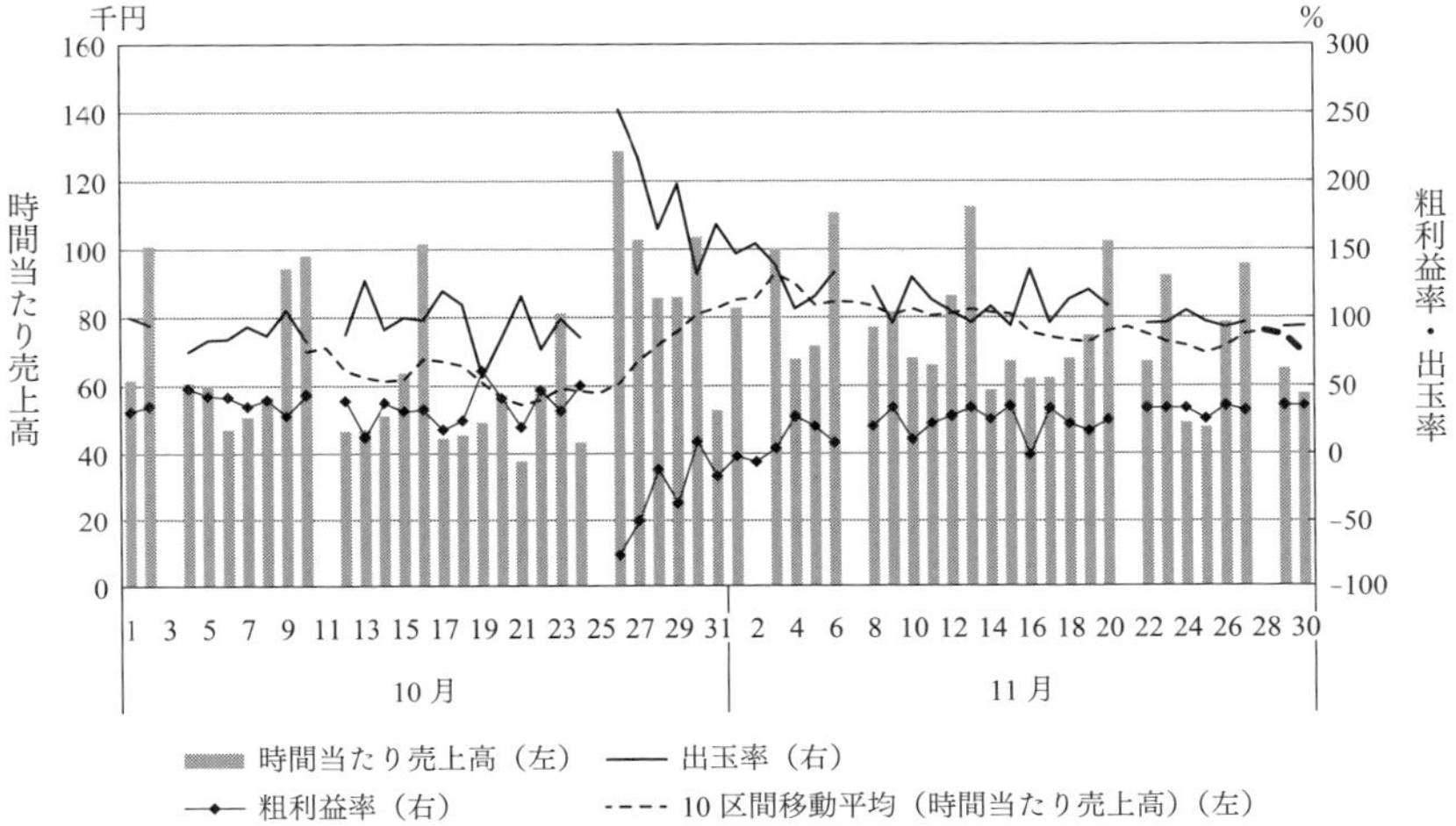

図 4-7　C ホールの新装開店（1983 年 10 月）

資料）図 4-6 に同じ。

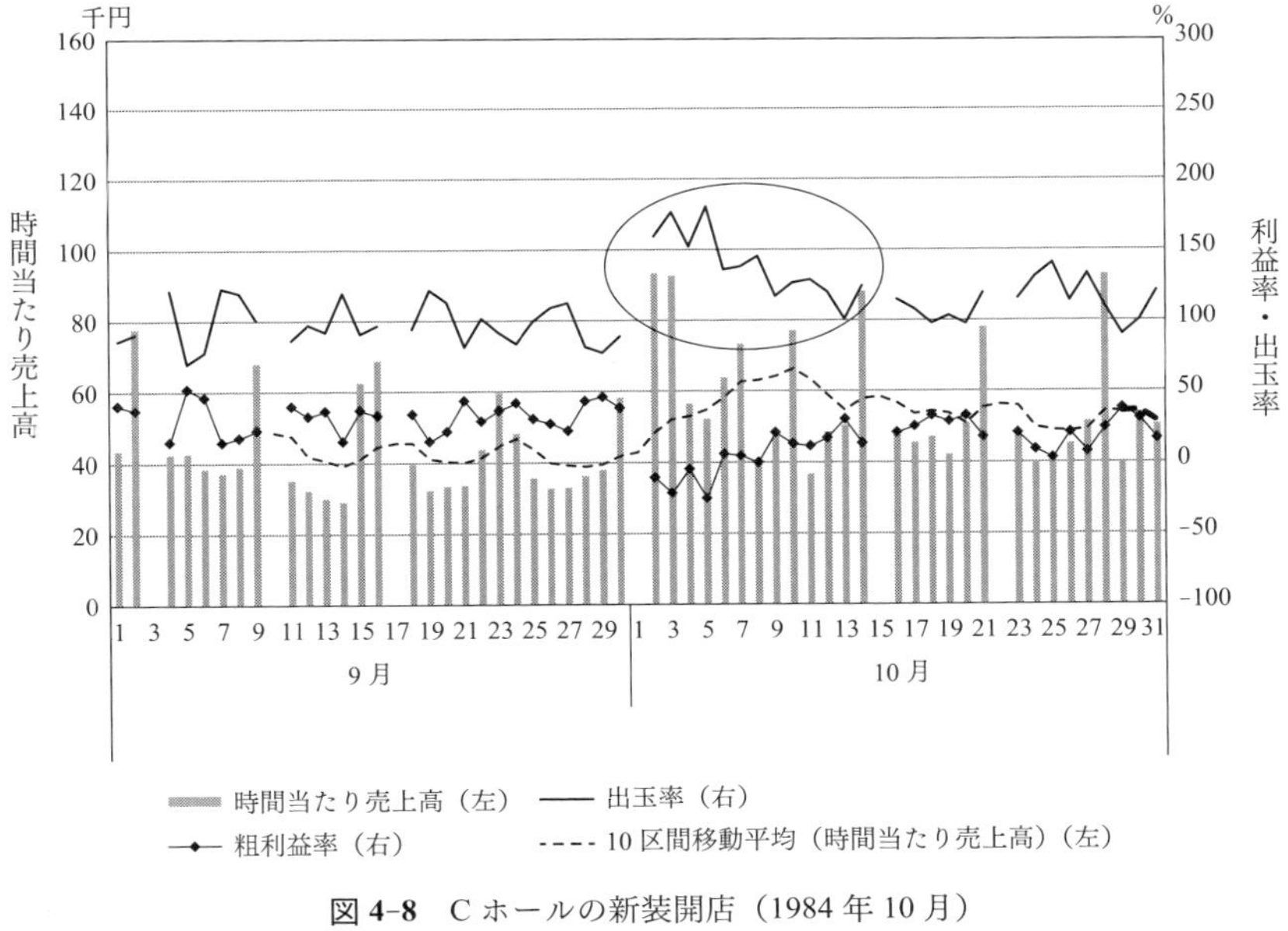

図 4-8　C ホールの新装開店（1984 年 10 月）

資料）図 4-6 に同じ。

六五二円）や時間当たりの売上高の上昇という改善が見られた。売上減少の状況を打開しようと意図した、その方向性での結果が得られたということができる。翌年一〇月上旬にも、程度の差はあれ出玉率を著しく高めるなど、集客のためほぼ同じ内容の活動が行われた（図4-8）。

以上のようなサービスの概要を踏まえ、一九八三年三月、同年一〇月、八四年一〇月の新装開店の効果について、検討する。いくつかの指標を比較できるように作成したのが、表4-5である。この表には、期間前と後の倍率から変化の程度が分かる。実施期間や出玉率の高低が異なるため、検討はやや慎重を要するが、共通して確認できるのは、新装開店の期間を挟む二カ月間の項目別の平均値をまとめており、実施期間を挟んで時間当たりの売上高が改善されたことである。その直接要因は客数の増加と考えられる。出玉率の引き上げによる玉の放出サービスが寄与したのであろう。

ただ、一九八三年三月の場合、新装開店実施前と実施期間中の出玉率の差が、約五〇ポイントであり、同年一〇月約八五ポイント、八四年一〇月約五七ポイントに比べて低く、客が感じるサービス感は相対的に小さかったように思われる。その結果、客数の上昇がネグリジブルであるなど、どの項目をとっても変化率がさほど明確ではなかった。機械選定の失敗、周辺ホールとの競合の影響、思い切った出玉率の引き上げを躊躇させる問題――例えば資金問題――、などいくつかの原因が考えられる。いずれにしても、その後の経営状態や客数を考慮すれば比較的切実感には乏しかったなかでの新装開店であったため、大胆なサービスを提供するよりは、機械のマンネリ化の払拭に主眼を置いた可能性もある。

余裕が感じられる一九八三年三月のサービスは、売上高の低下や競争が本格化する前の状況を反映していたと思われる。それに比べると、一九八三年一〇月末は、思い切ったサービスを展開したことになる。約一年前に比べて著しく低下した売上高や客数の激減問題を踏まえての試みであったのではないかと考えられる。実施後の時間当たり売上高や客数の改善状況で判断すると、取り組みは営業にかなりのプラス効果をもたらした。特に客数の増加が

表4-5　Cホールの新装開店の効果

	利益率（%）	客単価（円）	時間当たり売上額（円）	出玉率（%）	客数（人）
1983年3月4日・5日・7日					
2月1日～3月3日	25.0	2,447	94,200	108.0	484.4
放出サービス期間中	−5.8	2,427	144,236	154.5	不明
3月8日～3月31日	17.8	2,466	102,105	118.8	519.5
変化率	0.71	1.01	1.08	1.10	1.07
1983年10月26日～11月2日					
	利益率（%）	客単価（円）	時間当たり売上額（円）	出玉率（%）	客数（人）
10月1日25日	35.5	2,798	61,821	93.5	279.4
放出サービス期間中	−24.3	1,663	91,800	179.2	不明
11月3日～11月30日	24.9	2,144	75,665	108.0	443.4
変化率	0.70	0.77	1.22	1.15	1.59
1984年10月2日～8日					
	利益率（%）	客単価（円）	時間当たり売上額（円）	出玉率（%）	客数（人）
9月1日～30日	32.2	1,939	43,397	97.1	291.8
放出サービス期間中	−7.4	1,731	67,360	155.5	不明
10月9日～31日	20.6	1,974	53,511	115.0	347.3
変化率	0.64	1.02	1.23	1.18	1.19

資料）図4-6に同じ。

著しく、この点に、この期間の狙いが表れており、客単価の低下を補う結果になった。

売上高がさらに低下するなかで実施した翌一九八四年一〇月の新装開店のときには、それまでとは多少異なる点が読み取れる。客数の改善効果がある一方で、わずかに客単価が上がるかたちで利益を確保することになったものの、売上高の低下の流れを覆すことには限界があった。競争の激化など、Cホールを取り巻く芳しくない状況が重くのしかかって、新装開店のあり方や効果も変わりつつあったことを示唆する。それ以降の様子は不明である。

いずれの場合も、「新装開店」と見られるサービスが、短期的には効果を持っていたということができる。そうした手段の採択が、M商会において一九八三年下期以降（前掲図4-3）低下していく売上高の推移を甘受するかたちで、利益率の著しい低下を伴わなかったことも説明してくれる。新しい機械や出玉率の上昇により客にとってマンネリ化が払拭されたことは想像に難くない。そこにホール間のサービス競争が介在すれば、客は複数のホールのなかでの選択肢の増加を享受でき、それは産業全体としての魅力を失わせないことにつながる。

新装開店の効果が実感され、競争のための具体的手段としてその選択が助長されると、その結果はホール側の機械取替回数の頻繁化として現れるだろう。Mホールの機械導入の回数が増加する傾向が固定化されていった背景には、ホール側において新装開店を選択する誘因が強く働いたことがあると思われる。他方で、Cホールのように一ホール単位では、深化する競争は、ホールの売上高の圧迫を通じて新装開店のように出玉率上昇のサービスを取りうる基盤を突き崩しつつあった。

(2) 競争激化と苦悩するMホール

業界全体では新規参入が急増する状況のもと、Cホールが示すように個別ホールのなかには客数が長期的に減少していくものがあった。Mホールもこの流れに抗することはできず、売上高の低迷と収益減に悩まされた。経営はどのように変化したのであろうか。

フィーバー機による著しい市場成長は、産業発展において異なる局面を作り出し、売上高とその原価利益率の低下として表れた(前掲図4-3)。その背景には、一九八〇年代に入り、成長性に引き付けられて新規参入が殺到したこと、そしてフィーバー機に対する規制(フィーバー機を全台数の三割に制限する設置台数規制、射幸性を決定する機械の仕組みへの規制)がある。ここでは、ホールに新たな競争条件をもたらす前者の新規参入について検討する。

この時期の新規参入においては、他産業からの参入が注目された。[76] 当時伝えられたところによると、税務署への赤字申告が申告全体の五〇パーセントに上るなか、ホール事業は九割程度が黒字申告であった。[77] またある会社は、本事業が構造不況にあるなかで、資産の運用先としてパチンコを選択したという。[78] 他産業に比べて収益性の高いことを期待しての選択であった。この時期に埼玉県でホール事業に参入した経営者によると、地方銀行から借りた開業資金九〇〇〇万円を約半年で返済できるほどの利益を得た[79]。ホール事業への投資に対しては銀行系列のリース会社から「潤沢な」資金を提供され、調達にさほど困難はなかった。このように新規参入は、急激な市場成長によって、有利な投資先として広く認識され、金融的基盤も与えられるなかで促された。

新規参入の増加は、個別のホールにとっては隣接するホールが増えていくことを意味し、競争の激化を引き起こす。Mホールは、次に見るように出玉率を上げることでこれに対応した。フィーバー機導入後の出玉率は、一九八一年八～九月平均九六・五パーセントであったのが、その後三カ月平均で、八一年第４四半期一〇九・七パーセント、八二年第１四半期一〇六・四パーセント、第２四半期一〇七・四パーセント、第３四半期一〇八・三パーセント、第４四半期一一三・八パーセント、八三年第１四半期一一一・二パーセント、第２四半期一一〇・〇パーセントへと、この期間約一五ポイント増加しており、八三年七月には一三一・七パーセントまでに上昇した。これは、「デジタル式パチンコ機（フィーバー機）のブームが相変わらず続いているなか、出玉率を前期よりも約一割アップ[80]」しており、出玉率は意識的に上げた結果であった。

このような状況は、新規参入が続く限り、Mホールにとって不可避だったであろう。一九八三年後半以降は、八八年になるまで出玉率が判明しない。一九八八年五月～八九年四月の「当期の営業成績の概要」によると、近隣のパチンコ店との競争が激しくなるなか、出玉率を前期一二六・一パーセントから一三四・二パーセントと八・一ポイント引き上げたことによって売上高は改善し、前期よりも一億五一九万八〇〇〇円の増加となった。

しかし、その結果、粗利益率は約四・一パーセント低下した。出玉率を八・一ポイント上昇させた結果低下した粗利益率五・四パーセントを埋め合わせるため、景品交換率を従来の六八パーセントから一ポイント引き下げた。にもかかわらず粗利益率上昇の効果は一・三四ポイントにとどまり、最終的に粗利益率は前期より四・一ポイント悪化した。

ここでいう粗利益率の計算式は判明しないが、ホールの営業上の利益は一般的に粗利益から、ホール経営に要する人件費、光熱費、機械代（M商会の資料では「消耗備品」）などを差し引いて計算される。この経費を差し引いた「総利益」について、Mホールは同期の収益について次のように書き残している。すなわち、出玉率や交換率の操作というすでに触れた経営改善のための手段が現に実施されていたことが記述されているが、そうした方策を懸命に展開していたにもかかわらず、Mホールの当期パチンコ事業全体の収益は、「売上総利益において経費面においては人件費の増と台の入れ替えによる消耗備品の増等で……当期は四千二九万一千円の赤字計上」となった。

繰り返しになるが、Mホールは、競争激化の下で、出玉率の引き上げによって客を引き止めようとしたのであり、その効果は売上高上昇に表れていた。ある程度の客を確保（客単価の上昇も同じ効果）しながらも、当然の結果として利益率の低下を甘受した。それを補うために実施した景品交換率の引き下げは、勝った客の店離れにつながるし、近隣ホールとの駆け引きのなかで調整せざるをえないため、持続的競争手段にすることはできない。出玉率は、フィーバー機導入後上昇する傾向にあったが、新規参入によってさらなる引き上げ競争が繰り広げられた。一九八九年四月決算時には、積極的競争手段である台の入替えに伴う経費増加によって、利益を確保できなかったのであろう。バブル経済を背景とした人件費等の経費上昇は、外的条件としてM商会の経営をさらに苦しい状況に突き落としたかもしれない。出玉率調整——釘師の熟練の技術——に依存した従来の経営のあり方のみでは、もはや経営維持が困難であるという限界に直面したのである。

（3）ホール事業の行き詰まり

「当期の営業成績の概要」[81]の記載によると、M商会のホール事業は、一九七〇年代末に黒字経営であった。その状態が一九八〇年代前半まで続いたのち、八五年上期（五～一〇月）に赤字に転落した後、黒字と赤字が交錯するようになり、八八年度以降については「赤字」「大幅な赤字」となった。

ホール事業の収益悪化と営業との関連性について、M商会は次のように記録している。一九八二年から八三年にかけては、デジタル式パチンコ機械のブームによって出玉率を前期よりも約一割アップした。一九八三年七月に導入したデジタル式の新機種が人気を得て八四年五月まで順調に売り上げが伸びた。そのなかで出玉率は上昇し、景品の交換回数も増大、そして景品による利益が向上したことに加え、特殊景品の仕入れ値段が一九八四年一月より一個二〇四円五〇銭から二〇四円に低下し、利益を大幅拡大して黒字決算となった。

しかし、出玉率の上昇が度々指摘されるなか、一九八四年六月から実施されたフィーバー機の設置台数規制などにより、売り上げは激減し、近隣ホールとの競争が激しくなると、出玉率をさらに引き上げた結果、経費を賄えるほどの収益確保が困難になった。「一九八九年五月~九〇年四月」には、出玉率を全期にわたって引き上げたにもかかわらず減収を余儀なくされて大幅赤字となり、八八年以降は、赤字が恒常化した。

何らかの決断を迫られた一九八九年七月に開かれた株主総会では、「現在のぱちんこ業界は、豪華な作りの店舗が脚光を浴びている中で、浄心店ぱちんこ遊技場〔Mホール〕の成績不振は、建物老朽化および駐車場不足による他店舗競合力の衰退が大きな原因」[82]と指摘され、総事業費約一〇億円を投資して本社ビル新築に伴う新しいホールの開店が決定された。こうして一九九一年に新築に伴う店舗拡大が実現した。もっとも、金利負担の増加や競争激化のなかで、当分の間は厳しい経営状況が続くことになる。

フィーバー機による華々しいパチンコ市場の巨大化に隠されたM商会のこのような苦しい経営状態は、伝統的なホール事業の限界を示している。すなわち、近隣ホールに対抗し、ひたすら出玉率を引き上げたことによる行き詰まりである。それが粗利益率を悪化させ、収益はじり貧状態に陥った。従来の熟練技術に依存した釘調整の対抗策だけでは、フィーバー機がもたらしたはずの安定的な収益基盤を自ら突き崩す結果となった。確率に制御される機械が標準的体系となっていくにつれ、経営側は、釘調整によって直接規定されない大当たりの機構を活かした営業方法を、釘師の世界とは別のかたちで確立する必要があった。そうしたブレークスルーを、伝統的営業を固持した

M商会で発見することはできなかった。

おわりに

本章での、M商会のホールの分析結果を繰り返す必要はないだろう。ここでは、Mホールのケースを踏まえ、産業全体に共通して起きた変化をまとめることにする。パチンコ産業の一九八〇年代における飛躍的な発展要因を、ホール経営上の変化とメーカーの機械供給体制に注目して要約すると、次のようになる。

第一に、ホール経営については、それまでの産業のあり方に対して、一九八〇年代において起きた重要な変化とは、射幸性の上昇がもたらした売上高の急増に伴って、ホール経営が基盤にする収益構造がより安定性を増したことであった。それは、フィーバー機の導入が可能にした二つの手段によって実現していった。

一つは、確率に制御される大当たりの仕組みが売上高の変動幅の調整を容易にし、トータルの収支基盤を安定化させる可能性を切り開いたことであった。一九五〇年代においては、機械の高い射幸性を事業の計画性を高めつつ制御することは難しく、ホール経営は不安定な収益構造を持っていた。経営の安定化は、射幸性の高い機械を禁ずる外的な規制を条件とした、釘調整のノウハウの蓄積によって可能になった。一九五〇年代と八〇年代の共通点は、射幸性の高まりによる市場成長でなく、経営の安定性向上の側面にあったのである。これに加えて、一九八〇年代の意義は、熟練に依存した釘調整から解放される可能性を開き、経営の自立性の領域を広げたことにあるということができる。従来の勘による不規則性の高い釘調整の範囲を狭めて出玉率――客の勝率――が機械体系への依存を強めたのは、経営側の資本によるコントロールの世界――経営成果がより予測可能な状況にもつながる――が広がったことを意味する。(83) もう一つの収益基盤が安定化した要因は、特殊景品への交換比率が高まったことが影響してホールの収益率が改善したことである。

第二に、突然現れたブームに対応するフィーバー機の供給体制については、他社による類似品が投入され、生産規模のシェアとでもいえる対応が見られた。生産の季節性が著しく、流行の浮き沈みが激しいという特徴があるため、機械メーカーの生産設備は、通常、人気機種が現れたときに短期間に供給できる規模ではない。フィーバーへの需要が急激に伸びたときに、特許登録されたフィーバーが安価な許諾料で供与され、他メーカーの類似品が投入されたことは、全国にわたって急激に伸びていく需要につながったと思われる。これを可能にする前提条件は、一九七〇年代までにすでに定着したメーカー間における生産設備抑制と開発リスクを小さくする相互依存関係であった。

その結果、ホールでは、機械の入替えの回数を従来に比べて増やし、供給の制約を緩和するように対応することができた。そして、メーカーが頻繁で小規模な機械の入替えに応じることができると、「新装開店」という営業手段がそれまで以上に容易に利用できるようになった。

他方で、成長性があったがゆえに活発な新規参入が行われ、競争状態は新しい局面を迎えた。確率による大当たり構造を持つフィーバー機は、本来的には、属人的で熟練技術である釘調整を無用にするものであった。ところが、激化していく競争のなかで取られた対策といえば、例えばMホールは、釘調整に依存した出玉率上昇という旧来の手段であった。それは、釘調整を必ずしも必要としない[84]フィーバー機の特性を十分活かしたホール経営のあり方ではなかった。

このように見ると、フィーバー機導入後のMホールの対応が、経営全般の方法において収益基盤を突き崩すように出玉率上昇を繰り返していたことは、その後のホール経営の方向性を展望する際に示唆的である。フィーバー機への規制という条件が加えられて以降、同機械の確率性が本来与える経営上の安定性の享受を「遠まわし」にした可能性はあった。[85]しかし、いったん起きた変化の兆しは、新規参入が進行するなかで、新しい経営方法の模索にもつながったと思われる。

Mホールの収益が恒常的赤字となるなかで、店舗規模を拡大して店舗の移転に収益改善を期待するようになったのは、旧来の手段の限界を経験するなかで突破口を見つけようとしたことを意味する。「現在のぱちんこ業界は、豪華な作りの店舗が脚光を浴びている中で、浄心店ぱちんこ遊技場の成績不振は、建物老朽化および駐車場不足による他店舗競合力の衰退が大きな原因」と鋭く分析しているように、業界全体で見るといわゆる「近代化投資」に重点を置いたリニューアル化が脚光を浴びるようになる。

Mホールではまだ見えなかった新しい経営上の選択肢は、経費の節約による収益確保や営業力による集客方法に求めることができる。大規模な郊外型店、多店舗展開など、この時期に台頭するホール事業の大企業経営は、ホール経営およびメーカーとの取引関係の変化に影響する可能性を持っている。その意味を考えることは一九八〇年代の画期性を別の観点から照射することになる。次章ではこの点を検討する。

付表　フィーバー機導入によるホール売上の分散減少の検証

【使用データ】あるパチンコホールの日次売上データ（1969年8月1日～86年4月30日）よりフィーバー機への入替えが行われた1981年4月の前後各31カ月分のデータ（フィーバー機導入前：1978年9月1日～81年3月31日，フィーバー機導入後：1981年5月1日～83年12月31日）を抽出し，月ごとの売上の標準偏差，平均から算出した変動係数（＝標準偏差÷平均）を用いる（表付-3，表付-4）。

【検定方法】フィーバー機導入前と比較し，導入後の変動係数が小さい場合，フィーバー機導入により売上の分散は減少しているといえる。そこで導入前後の変動係数に対し，母平均の差の検定を行う。

　ここでShapiro-Wilk検定を行ったところ，フィーバー機導入前は $W=0.976$，$p=0.701$，導入後は $W=0.936$，$p=0.064$ であり，両分布とも正規性を仮定することができる。また，両分散を F 検定により検定した結果，有意差が認められた（$p=0.004<0.05$）。そこで，Welchの t 検定を用い検定を行う。

【検定結果】帰無仮説をフィーバー機導入前の変動係数の平均が導入後と等しいとし，片側検定を行った。その結果，表付-2のように，有意差が認められた（$p=1.113\times10^{-5}<0.001$）。したがってフィーバー機導入後の変動係数は導入前と比較して小さいことから，フィーバー機導入によりパチンコホールの売上は分散が減少しているといえる。

表付-1　フィーバー機導入前後の変動係数

	フィーバー機導入前	フィーバー機導入後
平均	2.086×10^{-1}	1.694×10^{-1}
不偏分散	5.925×10^{-4}	1.591×10^{-3}
観測数	31	31

表付-2　Welchの t 検定結果

t 値	4.679
自由度	50
p 値	1.113×10^{-5}

表付-3　フィーバー機導入前

年度	月	1日平均売上高	最大値	最小値	標準偏差	変動係数（標準偏差/平均値）
1978	9	765,378	1,204,600	497,800	178,032	0.2326
	10	663,825	1,045,700	488,000	138,241	0.2082
	11	621,230	807,500	475,800	98,263	0.1582
	12	560,264	865,100	402,200	99,336	0.1773
1979	1	608,879	851,500	412,700	132,164	0.2171
	2	617,112	896,700	418,900	126,171	0.2045
	3	664,950	1,061,000	432,500	144,092	0.2167

（つづく）

年度	月	1日平均売上高	最大値	最小値	標準偏差	変動係数（標準偏差/平均値）
1979	4	675,841	953,100	490,700	128,110	0.1896
	5	659,204	1,002,400	486,000	137,548	0.2087
	6	613,489	912,200	411,900	118,217	0.1927
	7	593,104	846,700	420,100	113,869	0.1920
	8	597,775	850,800	447,700	113,398	0.1897
	9	563,019	803,400	409,000	118,016	0.2096
	10	558,875	878,100	315,800	125,812	0.2251
	11	684,419	984,300	533,200	118,803	0.1736
	12	673,250	1,067,100	445,900	159,408	0.2368
1980	1	588,379	851,200	397,200	121,443	0.2064
	2	577,077	798,900	432,300	116,136	0.2012
	3	549,989	799,400	424,700	104,827	0.1906
	4	556,493	764,200	418,100	106,015	0.1905
	5	543,946	888,000	392,500	136,545	0.2510
	6	533,267	834,800	332,900	141,710	0.2657
	7	493,336	754,500	357,000	103,786	0.2104
	8	487,004	709,700	299,500	109,233	0.2243
	9	377,940	533,000	220,900	91,861	0.2431
	10	1,008,118	1,497,900	554,800	252,722	0.2507
	11	1,052,341	1,477,600	590,000	209,604	0.1992
	12	891,668	1,264,900	366,500	176,311	0.1977
1981	1	1,034,682	1,436,100	702,500	226,491	0.2189
	2	1,050,300	1,481,700	800,900	192,349	0.1831
	3	978,693	1,384,200	615,100	198,287	0.2026

表付-4　フィーバー機導入後

年度	月	1日平均売上高	最大値	最小値	標準偏差	変動係数（標準偏差/平均値）
1981	5	1,719,221	2,408,400	1,296,000	316,364	0.1840
	6	2,141,331	3,015,100	1,595,400	408,733	0.1909
	7	2,176,568	2,911,000	1,648,000	364,743	0.1676
	8	2,188,375	2,980,400	1,531,200	368,275	0.1683
	9	1,921,900	2,688,300	1,302,300	368,231	0.1916
	10	1,595,104	2,388,300	1,141,800	315,194	0.1976
	11	1,690,607	2,732,000	728,800	426,155	0.2521
	12	2,152,725	2,770,300	1,729,600	354,571	0.1647
1982	1	2,364,039	3,218,600	1,852,700	355,272	0.1503
	2	2,299,344	2,941,500	1,705,900	369,959	0.1609
	3	2,416,218	3,597,500	958,700	505,092	0.2090
	4	2,746,052	3,582,500	2,001,700	413,524	0.1506

年度	月	1 日平均売上高	最大値	最小値	標準偏差	変動係数（標準偏差/平均値）
1982	5	2,385,800	3,059,800	1,826,600	371,023	0.1555
	6	2,337,667	3,218,100	966,100	474,256	0.2029
	7	2,758,264	3,400,300	2,225,400	293,257	0.1063
	8	2,711,396	3,410,700	2,122,000	313,140	0.1155
	9	2,476,496	3,150,500	1,801,500	353,884	0.1429
	10	2,449,864	3,872,700	1,459,000	613,082	0.2503
	11	2,908,448	3,804,600	2,395,000	446,241	0.1534
	12	2,819,182	3,711,200	2,043,200	437,566	0.1552
1983	1	2,978,396	3,948,700	2,301,700	477,113	0.1602
	2	2,711,344	3,453,700	2,096,400	364,234	0.1343
	3	2,706,404	3,918,300	1,245,800	499,975	0.1847
	4	3,045,578	3,916,200	2,332,200	380,153	0.1248
	5	3,001,546	3,835,100	2,433,800	401,830	0.1339
	7	4,279,100	6,051,700	969,400	1,154,119	0.2697
	8	4,691,014	6,140,300	3,581,200	606,982	0.1294
	9	4,605,667	5,931,200	3,605,600	686,223	0.1490
	10	4,288,121	5,348,300	3,059,500	603,903	0.1408
	11	3,980,896	5,599,700	1,605,500	854,506	0.2147
	12	3,969,732	5,182,300	3,050,800	552,489	0.1392

資料）鈴木広人（北海道大学大学院経済学研究院）作成。原資料は，図 4-3 に同じ。

第5章　パチンコホールにおける大規模経営の出現

はじめに

本章では、一九八〇年代を、パチンコホール（以下、ホール）経営のあり方がどのような方向に向かって変容しようとしたかという視点から照射する。この作業は、第4章で分析したフィーバー機の登場が引き金となって起こった変化のもう一つの側面を明らかにするプロセスであるが、単に前章を補うためのものではない。今日のホール経営を理解する上で見逃すことのできない、変容の起点を発見するとともにその意味を吟味することを意図している。

フィーバー機の人気の影響は、M商会が経験したようなホールの売上高を著しく増大させる表面的現象にとどまらなかった。高い射幸性を持った機械の持続的な人気が産業の高い成長率を作り出し、それに引き付けられて新規参入が相次いだ[1]。規制が加えられたことと、新しいホールの出現が出玉率の引き上げ競争を招いたことが影響し、ホールの収益は圧迫されていった。激化していく競合関係は、ちょうど一九五〇年代の産業創成期のブームがそうであったように、個別ホールにとっては安定的経営を脅かす要因となった。その解決策は、かつては公的な介入による射幸性の全面的抑制という外的な契機によって方向づけられたのとは異なり、個々のホールの企業活動のなか

で模索されることになった。(2)

収益率が低下するなか、M商会の取った対策は、単一の店舗展開のもとで台数を増加させないまま、従来の釘師の熟練的技術に依存して出玉率を調整するというものであった。その結果、出玉率を引き上げれば利益が縮小し、営業状態は行き詰まっていった。フィーバー機は、確率によって大当たりが決まるため、釘師の調整のみで出玉率が決まっていた機械に比べ、熟練技術への依存度は下がるはずであった。フィーバー機の機械本来の特性に合わせた経営方法を、M商会のなかからは見つけることができなかった。

M商会の動きに対して、ホール業界を広く見渡すと、ホール経営における新しい試みはすでに動き出していた。駅前や繁華街に立地するのが当然であったホール展開が郊外に広がる（郊外型ホールの登場）とともに一店当たりの台数が拡大し、都道府県を超えた多店舗展開が注目されていく。この時代に頭角を現したホールの特徴とその経営的意味について、フィーバー機の登場との関連性から検討する必要がある。また、人通りが少ないため劣悪と思われた立地条件から考えると、郊外型ホールの定着は、客の側に起きた何らかの変化も示唆する。客のニーズは、パチンコ産業の外側にあるより広い文脈のなかで、彼らの生活する場や働く環境など社会の仕組みに関わっているため、どちらかといえばゆっくりとした変化として現れる。それゆえ、新しい経営形態、あるいは営業方法の台頭を歴史的に跡づける本章では、その要因となった需要側の変容にも目を配り一九七〇年代まで遡って検討する。

それでは、「フィーバー機の機械本来の特性に合わせた経営方法」とはどのような可能性を持つものであろうか。考察に先立ち、機械の特徴に関連づけられる経営の原理的方向性について検討しておこう。

フィーバー機の高い射幸性による売上高の増加は、産業全体を巨大化させただけでなく、個別ホール事業の経営規模を一気に引き上げる効果を表面的にはもたらすものであった。ホール経営は従来に比べて格段に大きいフローの資金量を抱えるようになる。規模拡大の基本的条件をフィーバー機が与えたことにより、いってみれば、個人経営のいわゆる「街のパチンコ屋」から、大規模経営に変貌できる可能性が切り開かれたのである。

さらに、フィーバー機の確率性という要素は、台数規模の拡大を必要とするという内在的性質を有している。第４章で検証したように、フィーバー機の確率が出玉率の構成要因になると、売上高の分散が抑えられ事業の見通しが立てやすくなる。この分散は、設置台数の規模に比例して逓減するため、一ホールの総出玉率の達成度は一定規模まで設置台数が増えるほど上昇する。つまり、設定した出玉率から大きく乖離しない売上高の維持は設置台数の規模を拡大するほど容易になるため、予測した収益基盤を維持して事業の計画性を高めようとすると台数規模の拡大は必然的になる。

ただし、機械を増やせば計画性が自ずと高まるということではない。事業の計画性は、どの程度の機械台数が適切なのか、台の入替えの規模およびタイミング、機械の選定、予算配分など、経営における管理の側面をより大きくする。つまり、毎日の営業実績の正確な分析に基づいた総合的判断が必要となり、そのためには管理能力に精通した人的資源とそれをサポートする仕組みを整えることが要求される。

他方で、新規参入が出玉率の引き上げ競争を刺激して利益率が低下すると、それを補う対策が求められる。薄利多売の効果が狙える台数増大による規模拡大は、一般的に想定できる手段である。ただし、一店舗としての規模拡大には限界がある。ホールのようなサービス業の商圏は人口規模や客の生活空間の広がりに規定されるからである。一万、二万台のホールを建設し、全国から客が訪れることを期待するのは論外であろう。コンビニエンスストアがデパートのような規模で広域の商圏を想定するのではなく、小規模で多数の店舗を展開することと類似している。したがって、規模拡大は、会社の経営に対して原理的には同じ効果を持つ別の形態、例えば多店舗展開のかたちをとって表れる。

こうして、フィーバー機が与えた企業成長の可能性を実現するような、確率性に適合的な台数規模を模索する、また収益率の低下を克服する方策を探る際、台数規模の増大と多店舗による拠点展開の形態が同時に推し進められることになる。このような規模拡大が、M商会の場合、積極的には行われていなかった[3]のである。

フィーバー機の確率性が需要側の遊技態度に与える変化にも目を向ける必要がある。フィーバー機の確率が規定する偶然性は、従来の技術のハードルを相対的に低め(4)、客の裾野を広げる可能性を持つものである。偶然性の要素が重要になると、客は勝率上昇への期待から、遊技時間を延長しがちになる。大当たりを制御する確率とは、機械本来的には毎回において当たる可能性を有する(5)。しかし、トータルの回数の増加によって「確率の実現性が高まる」と考えられるから、客にとっては、断続的遊技に比べて遊技時間の経過とともに当たるという期待度が高まるのである(6)。

ホールの経営側も遊技時間を重視するようになる。客の滞在時間が延びると売上高が増加するため、ホールにとっても都合が良いからである。したがって、客が長くいられる環境を整えておくことは長時間遊技の潜在的欲求を引き出す方法として、ホールが選択できる一つの要素になる。もちろん、客には予算制約があり、フィーバー機の高い射幸性はそれをより厳しくする――あっという間に玉がなくなる――から、遊技時間を無制限では延長できない。営業実績は時間延長を躊躇する客を睨みながらの現場の具体的な対応次第となる。いうまでもないが、客が期待を保ち続けるように、ホールは出玉率を高水準で維持――いかに収益のバランスをとるかの工夫が求められる――しておくことが不可欠であり、競争が激しくなると、出玉率の上昇はさらに促される。この状態が当たるだろうという客の主観的な判断に基づく期待値をさらに高め、偶然性への依存を助長し、遊技時間の延長はますます進展する。

長時間遊技は、フィーバー機が導入される前から、郊外型ホールの経営には親和的であった。駅周辺のように人々の流動性の高い場所のホールは、相対的に出玉率を低く設定し(7)、隙間時間に立ち寄って勝つことができるそこそこの技術のある客を基盤にしていた。回転率の上昇が期待できるため、長時間遊技を誘発する、あるいはそうした潜在的欲求に対応しようという動機を積極的には持てない。それに対して、客にとって時間コストがかかる郊外店の場合、回転率向上を望むことは難しい。どちらかといえば一回訪れたときの滞在時間を延ばすことによって売上高の増大を期待する。

このような状態でフィーバー機が導入されると、当たる確率に対する期待の高まりに促されて客の長時間遊技が助長される。そうした潜在的ニーズに対して、例えば、駅前店などに典型的に見られた煙草の煙に包まれた狭い空間という遊技環境を問題視すれば、ホール内環境整備に注力することとなる。環境整備には追加的な投資が必要になるため、高い回転率が期待できる駅前店では、そのような目配りは必ずしも得策でなかったと思われる。また、ハード面での快適な環境のみならず、それに合わせたソフト面での接客サービスの向上の欲求も芽生えてくる。このような対応は従来のように機械など直接利益を生み出す設備への投資のように、発見しやすいものではない。また、機械の入替えが年二回というように慣行的なものではなくなっていくため、どの程度の周期で、どの程度の規模で実行するかも企業の意思決定に依拠した、マネジメント能力の問題となる。

規模拡大や長時間遊技への注目とそのための投資の方向性は、フィーバー機がこの時代に提示した新しい需要に応えるための一つの方策になると考えられる。このような試みがそれまでなかったということではない。特定の企業の選択に過ぎなかったものが、フィーバー機によってそれへの対応が全面化させられていくということになる。したがって、そのような事例がどのように登場し定着したのか、その経営的帰結がどのようなものであったかが、フィーバー機に適した新しい経営の成立として検討されなければならない課題となる。このようなフィーバー機がもたらした新しい可能性に関して、代表的ホール企業であるマルハンの経営に焦点を当てて考察する。まずは、フィーバー機の出現前から始まっていた、需要のあり方の変化がどのような経営形態を作り出していったかを追う。

一　郊外型ホールの歴史的展開

一九七〇年代に入ると「新しい傾向」として郊外型ホールが注目されるようになった。全国遊技業協同組合連合会（以下、全遊協）は、一九七三年から翌年にかけて、全国の遊技場組合に依頼して郊外型に関する調査を実施している。調査を行ったこと自体に、ある時代に登場した新しい動きとして読み取ることができる。

それまでは人の流動性が高い場所が好条件として認識され、駅前や商店街に集積地が形成されることもあった。例えば、一九五一年に「パチンコ屋」を開業したい読者に対して提示された手引きのうち最も重視されたのが、立地条件であった。営業は場所次第であるとし、「駅や映画館などの近くで人の集まるところ、人通りの多いところ」[8]が挙げられている。この認識は歴史を重ねても基本的に変わらず、一九六〇年代はじめ頃においても、「もともと駅前附近といえばビル街であり人の移動も多くパチンコ屋としては最高のところに位置している」[9]と考えられていた。しかし長らく常識であったこうした認識や従来の駅前の風景とは異なる現象が、一九七〇年代に目立ち始めたのである。

郊外型ホールについての定義は明確ではない。例えば、対概念となる市内中心部に対して、駅からの距離など立地上の相違点に関する基準を設定することもできよう。車でのアクセスを可能にする駐車場などの付帯設備に注目する可能性もあろう。他に、周辺地域の居住人口の密度を重視することも郊外型と市内のホールを区分する方法になる。

本章では先述の全遊協が行った調査に基づいて郊外型ホールを概観する。同調査では「郊外店」を「設備、場所に関係なく、何十台という広い駐車場を備えた豪華な設備を有する遊技場」[10]としている。同じ機関が継続的に行った調査に基づいて、郊外型が特定の時代に出現する、ということに注目する。従来とは違った立地条件のホールはそれを可能にした社会的基盤の変化——需要に影響する社会の変容——を語ってくれる。

（1）郊外型ホールの出現とその社会的基盤

①発見される郊外型市場

表5-1は、全遊協が一九七三年一月から七四年八月にかけて郊外型ホールに関して行った調査結果である。表に見るように新規事業者と既存業者という分け方は興味深いが、調査結果が「過当競争防止対策の問題点」[11]という記事にまとめられていることに区分の意図が表れている。背景には、業界の外側からホール事業に進出した事例が目立っており、特にボウリング場、ショッピングセンター、モーテルなどにホールを併設したケースなど、郊外型に分類される業態による新規参入が競争を助長するという警戒心があった[12]。調査の意図はさておき、ここでは郊外型が新しい客のニーズを捉えたことを重視し、まずはそれがどの程度進行したかを調査結果から把握する。

表5-1　郊外型ホールの展開：全遊協調査結果（1973年1月〜74年8月）

地区	新規事業		既存業者による開業		計
	郊外	市内	郊外	市内	
全国* A	259	233	125	169	786
新規・既存計 B	492		294		
比率（%）	33.0	29.6	15.9	21.5	100.0
A/B（%）	52.6	47.4	42.5	57.5	

注）＊不明であった東京を除く。
資料）「過当競争防止対策の問題点」『全遊連弘報』1975年9月15日，3頁より作成。

郊外型への注目の高まりは特定地域におけるホールの廃業、新規開店の様子にも表れつつあった。全貌は明らかではないが、東京、大阪に次いでホール数の多い愛知県の場合、一九七三年一〇月時点で、一〇軒の既存のホールが廃業し、年内までに廃業が見込まれる既存店の代わりに同数ほどの郊外店の開設が計画されていると報じられた[13]。名古屋市から一五キロメートル離れた一宮市では、三九ホールのうち、七ホールが廃業し、八つの郊外店が開業した。ボウリング場事業の斜陽化を受け多角化を図る過程で郊外型ホールを開いた浜松のP店ではそれまでの立地に関する認識から「こんな辺ぴな場所にパチンコ屋を開いてはたして儲かるのだろうか」という心配は良い意味で裏切られ、「開けてみると、予想をはるかに上回る客」であったという。(14)事後的には「立地革命」(15)、先見の明と称される投資であろうが、このケースは、最初から期待されての試みではなかった。それゆえ全般的な営業状況は意外な結果として見られ、一宮市の例では、郊外店の台当りの売上高（二〇〇〇〜三〇〇〇円）は市街地（一五〇〇〜二〇〇〇円）の約一・五倍の好成績を上げたと報じられている。

全国的な様子に目を向けてみると（表5-1）、新規に開設された七八六ホールに占める郊外型は、半分に近い四八・九パーセントであった。その内訳では、既存業者は六割に近い比率で市内立地を選択していたが、開設数の約六割を占める新規にホール事業に参入した業者は半分以上が郊外型の展開を志向したことが判明する。つまり、郊外型は既存業者より新しくホール業界に参入する者にとって、期待できるビジネスとして認識されやすかったのである。ホール事業に対して、新しい需要や市場発見を新業態に結びつける試みが新規参入者によって提示された側面が垣間見られる。この点をより広い時代背景から理解するため、以下、郊外型ホールを出現させた一般的背景に迫る。それは、市内のホールに対して集客力の面で持っていた不利な条件が緩和されるいくつかの変化であった。

②車の普及と「消費」の郊外化

まず、モータリゼーションによって商圏が広がり、人の流れに変化が起きたことの影響である。周知のように、一九七〇年代初頭までの高度成長期は、所得の大きな伸びに伴って車など耐久消費財の購入が顕著に増えた時代であった。(16)この結果、一九七〇年に二二・一パーセントに過ぎなかった乗用車の普及率は、七五年に四一・二パーセント、七八年に五割を超え、八〇年には五七・二パーセント(17)にまで上昇し、同年の乗用車一台当たり人口は四・九人に達した。(18)

乗用車が普及するにつれて新しい生活スタイルがもたらされた。例えば、経済企画庁が行った一九七三年九月の消費動向調査によると、ドライブは、未婚サラリーマンが「した」レジャーのなかで前年同期に比べて最も増加率が高かった。[19] 自動車の普及は、直接的には新しい遊びを生み出し、間接的には人々の動く範囲を拡大させて人の流れの分散化をもたらすことによって別の市場を作り出す。先述した浜松のP店の場合、「無料駐車場をつくれば、かなり遠くからでもこれる。例えば一〇キロの道のりでも車ならせいぜい一五分。車で、七、八分の距離の人を対象にしても、半径五キロメートル。いくら郊外とはいっても、まるっきり山の中ではないからこの範囲なら十分に人口はある[20]」とされ、駅前の流動人口ではなく中長距離の範囲の集客が基盤となった。このように、移動する人々の動きを追いかけて新業態が出現するなかで、郊外型ホールが登場したと理解することができる。

他方で住居環境の変化による商圏の再編は、ホールの立地条件の変数となった。増加傾向にあった郊外の居住人口は、彼らの生活を支える様々なサービスを必要としたであろうから、そこに新しいマーケットが形成される可能性があった。この総合的な現象が、人口移動による様々な消費の郊外化である。近畿地域の人口流動に限るが、業界誌が伝えた一九七〇年度の国勢調査の結果によると、大阪市、神戸市、京都市の中心市街地は毎年人口が減少している。[21] 大阪市の例では、一〇キロメートル圏は停滞しているのに対して、二〇～四〇キロメートル圏地域の人口集積は著しく、外郭への流出が進んでいた。そして、予測される人口増加の方向は、二〇キロメートル圏内から三〇キロメートル圏に移っていくとされた。このように拡大していく大都市圏の形成は、市内の昼間人口を増加させながら、夜間・週末人口規模を規定する居住地域が分散化する傾向をもたらした。それに伴って古い商店街が衰退する一方で、新商業地区の開発が進んだ。[22] こうした商圏の変化は、市街地立地のホールにおける盛衰[23]や郊外型ホールの台頭に影響を与えたと考えられる。

商圏変化を表す指標は容易に見つかる。例えば、スーパーマーケットなど大規模小売店が郊外に立地する比率は、全都市において一九七四年から七九年までの間に二〇・六パーセントから三七・七パーセントへと約二倍近く上昇した。[24] 郊外型大規模小売店が市内の商店街やスーパーマーケットに対して持つ立地上の不利さと独自性は、市内立地に対する郊外型ホールの位置関係について考える際に示唆を与えてくれる。

モータリゼーションの恩恵を享受し、居住範囲の拡大・分散化を実践した人々は、ホールにとって開拓可能な潜在的市場であった。ドライブイン方式のホールが立地の新しい方向性を示すと伝える業界誌の記事は、その理由について次のように報じている。[25] すなわち、市内は飽和状態であり、客の確保が難しいため出店する余地がなかった、ボウリング場のように、マイカー所有者をターゲットにした方が新時代の経営方式として可能性がある、という。[26] この見通しが当たったケースが現れるなど、その成長性が期待された。[27]

当時コンサルタントを務めていたM氏は記事のなかで次のように助言する。

> パチンコ屋が必ずしも繁華街のど真中でなくてはならない時代も過ぎました。名古屋の郊外には市内から車で三〇分から四〇分の畑の中に二、三軒ありますが、大駐車場付きのデラックス版で、いつも、超満員です……車でわざわざ遊びにきてます……こうした店の特徴は、繁華街のパチンコ店の客に比べ投資額も二〇〇、三〇〇円ではなく例外なく千円以上遊びます」(「大手電鉄からデパートまで　続々パチンコ経営に乗り出す有名企業の脱・本業」『日刊　遊技日本』一九七二年四月号、五三～五七頁)

市街地のホールに比べて客の投資単価が大きく、この市場が、車を所有した上位の階層を対象として成長可能性があることを示唆している。別の調査によると、郊外型ホールの平均消費単価八〇〇～一〇〇〇円は、繁華街にあったホールの約四三〇円のほぼ二倍であった。[28] また、郊外型の場合、「三四歳以下」の若い層が約六七パーセントであったのに対して、繁華街のホールは約三八パーセントに過ぎなかった。繁華街ホールの中心は四五パーセントの「三五歳以上」の中高年層であった。ドライブを楽しむ新世代のニーズをつかんでこの時代に台頭したのが、郊外型ホールであったのである。

以上のように、所得上昇などの社会的変容は郊外型ホールの出現や定着の必要条件であったが、その自明な結果ではなかった。郊外への立地は、市内のホールをそのまま移転したのではなく、駅前などに比べて分散して移動する客を寄せ集める営業方法の工夫が求められたからである。例えば、付随的サービスがそれである。ボウリング場の一部を改造して三〇〇台規模のホールを開設した神奈川県厚木市の事例では、客の対象が経済的にゆとりのある階層であると分析され[29]、そうした客層に対しては店の雰囲気づくりにも配慮することが必要であると提案された[30]。広い駐車場や、喫茶店、レストランなど飲食ができる付帯施設を併設するのはもちろんのこと、サウナ、ビリヤードなどパチンコ以外の要素を取り入れること、さらに派手な内装の設計なども関心を引く効果があるという[31]。なかでもこの時代から増加した椅子の設置は郊外型ホールの方で積極的に取り組まれたと思われる。客の疲れに配慮したサービス向上の一環として、空間的に余裕のある郊外型ホール[32]ならではの遊技環境の整備であり、営業的観点から見れば長時間遊技を後押しするものであった。総合的に、市街地のホールのイメージであった「パチンコ店の持つある種の不健全さ、辛気臭さ[33]」とは異なるイメージが提案された。

③時間の消費とパチンコ

郊外型ホールの基盤として注目すべきもう一つの社会的変化は、余暇時間の延長である。これは消費性向の変化にも影響した。高度成長期までの所得上昇による耐久消費財などの「モノ」の消費比率は、安定成長期といわれた一九七〇年代に入ると、低下し始めた。その代わり、次第に教養娯楽サービス、一般外食、自動車関係費などサービス主体の余暇に関連する消費行動が目立つようになった[34]。これに直接影響を与えたと思われるのが、一九七〇年代前半から普及し始めた週休二日制[35]である。

労働時間の短縮に伴う自由時間の延長によって娯楽に費やせる時間が伸びると期待され、ホール業界でも大いに注目された。その影響は、パチンコ産業全体に対してプラス、マイナス両方の効果を与える可能性があった。余暇時間が増えることによって繁華街など週末に混雑することが予想される場所では客数の上昇が期待できるという声[36]、余暇時間の増大は旅行などにあてられるためパチンコには負の効果をもたらすという悲観論[37]、その反対意見として、依然として予算や時間の制約が大きいため旅行ではなく日常娯楽であるパチンコへの投資を増やすと見る楽観論[38]など多様な意見が提示された。様々な予想は、余裕時間の確保が、大企業など週休二日制を先に導入するところから次第に社会に浸透していくその速度に影響されて一様でないこと、そうした客を対象として立地条件の異なるホールがそれぞれ違う期待を持っていたことを表している。ここでは郊外型ホールの定着に関連して、新しいニーズがどのようなものであったかについて考えてみる。

市街地や駅前店の場合、例えばサラリーマンの隙間時間の活用や帰宅時の立ち寄りなど、彼らのライフスタイルに合わせて短時間で楽しむかたちが主であった。週末の自由時間が増えることになれば、比較的長時間パチンコをすることも可能になる。そうした時間の使い方に対して、市街地や駅前に立地したホールの場合、高い地価などにより利益率を優先し、出玉率を低く設定しながら回転率を高めなければならないため、適切な対応ができない。従来型のホールが適切に対応できないニーズは、乗用車が普及するという条件の下で、住居地域から車でアクセスしやすい場所にある郊外型ホール[39]に与えられたビジネスチャンスとなったであろう。

ただし、週休二日制の実際の影響については、一九七〇年代後半に入ると、その普及率が足踏み状態にあったことも指摘されている[40]から過大評価はできない。週休二日制の影響には限界があるが、ここでは、新制度によって生まれる需要が、郊外型ホールという経営形態によってより満たされた可能性を確認すればよい。

（2）他事業から郊外型ホールへ

郊外型ホールの登場をさらに推し進めた要因は、パチンコ産業の外側にもあった。一九七二年末に発表された『都市新勤労者消費動向調査』の結果に見るように、ボウリングを楽しむ人の数の頭打ち傾向が明確になって以来、一九七〇年代半ばまで、ボウリング場からホールへの転換[41]を伝える記事が度々話題を呼んだ。ボウリング場の急激な斜陽化は誰にも予想できなかったことであり、であるがゆえに、例えば一九七二年の茨城県と秋田県のボウリング場の倒産は衝撃的な出来事として報じられた[42]。前年まで続いていた好調から一転し、一カ月の間に三社が連鎖的に事業を整理したのである[43]。

転換期を迎え産業成長に陰りが見えたボウリング場経営からの転換[44]は、その立地条件から見ると、郊外型ホールの増加として目立って認識されたと思われる。それゆえホールの倒産が続いて不況感が漂うようになると、競争が激化するという視点[45]から業界内の警戒心を誘発した[46]。斜陽化が短期間に進んだため、パチンコ業界から見ればボウリング場事業からの参入は集中的なものとして映り、ボウリング場からの転業や兼営がホール間の競争を助長する[47]という、多少、過剰反応気味の認識にもつながったのである。

確かに、郊外のボウリング場事業の持つ特徴には、ホール事業の併設、あるいはそれへの転換を容易にする側面があった。ボウリング場経営の経験を通して、モータリゼーションが作り出した商圏の広がりを基盤にした客の確保が、ホール事業でも見込めたはずである。また、土地が広いため、駐車場やその他のサービスを提供することができる空間的余裕がある[48]。経営者の立場では、斜陽化する事業が不採算となることで他の事業の探索が動機づけられ、広い不動産資産を有効に活用できることがホール事業に着眼する一つの理由になったと考えられる。

ボウリング場事業から郊外型ホールへの転換と定着に関する示唆的な例として、パチンコチェーンの大手企業、マルハンがある。同社は、一九六〇年代末から七〇年代前半にボウリング場事業に大型投資をしたが、産業の斜陽化に直面して膨大な負債を背負うことになった。既存の三つのボーリング場に加えて、一九七二年一二月にオープンしたボウリング場は、翌年早々から客数が減り始めた[49]。マルハンはこの投資の失敗により会社の存亡に関わる約六〇億円の負債を抱えることになった[50]。そこで、この時点で二店舗に過ぎなかったホールを中心に事業再編を図った。ボウリング場の広い空間や駐車場を利用したいくつかの事業の一環として、駐車場付きのホール事業を展開したことが、同社にとって郊外型のさきがけとなると同時に、再生の契機となった。創業者韓昌祐は、「ボウリング場に良い土地は、パチンコ店にとってもいい物件[51]」であり、「日本一のボウリング王」を目指して全国を飛び回って場所を探した経験は郊外型ホールの立地条件を見極めるノウハウにもなったと回顧している[52]。この成功が郊外型ホール市場の発見となり、その後郊外型を中心としたマルハンの多店舗展開につながった[53]。

（3）女性客出現の時代

新しいニーズが、とりわけ異業種からの参入を伴って積極的に捉えられたとはいえ、一九七〇年代の郊外型ホールが全体に占める比重はなお低く、市内に立地したホールを代替するまでには至っていなかった。全国的傾向を正確に知ることはできないが、全遊協の調査[54]（一九七五年一月～七六年五月）によると、郊外型ホールは北海道、東京、沖縄を除いて一一三六店であり、全国ホール数八八七九店（一九七六年五月三一日時点の北海道、東京、沖縄を除いたもの）のうち一二・八パーセントを占め、全体的に見てようやく一割を超えた段階にあった[55]。郊外型ホールの営業を支える客層が、自動車の普及率にしても、余暇時間の延長にしても、またそれらに影響される生活スタイルにしても、社会的条件が激変しない限り、急激なかたちで作り出されるわけではないからであろう。そうであるがゆえに、広い範囲に及ぶ基盤の変化をただ待つのではなく、流動人口の低さという不利を抱える郊外型ホールから新しい客層を自ら発掘する試みが講じられた。その意味で、業界は新しい客層の開拓に期待し、女性の参加率動向にも敏感であった。

一九七〇年代まで、パチンコ人口の大半は、男性であった。管見の限りこれを直接示す体系的指標はないが、間接的に裏付けるデータとしてサラリーマンのパチンコ参加率がある。経済企画庁の行った独身勤労者の消費に関する調査によると、一九七三年三月に男性勤労者がパチンコを「した」と答えたケースが五七・九パーセントであったのに対して、女性勤労者は一五・六パーセントに過ぎなかった[56]。主な客層が参加率の高い男性であったことは間違いない。ただ、女性勤労者の場合、一九六七年三月に実施した同じ調査で明らかになった七・三パーセントの結果から見ると、約五年の間に倍になっている。一九七七年二月の同調査ではさらに二〇・七パーセントになり、そのまま伸びていくような勢いであったが、七八年二月には一六・四パーセントへと四・三ポイント低下した[57]。しかし一九六〇年代に比べて女性客が増加したのは間違いなく、七〇年代半ば以降さらに上昇する気配も見せていた。手応えの一方で、どの程度の水準に落ち着くのか読めない状況が新市場開拓という先行きへの期待を生み出したのであろう[58]。

このような傾向のなかで、出現しつつあった郊外型ホールにとってみれば、低い女性の参加率こそ、開拓すべき潜在的市場と映った。女性の消費において、一九七三年にパチンコが前年に比べて伸びたことに業界がいっせいに関心を寄せたのも期待の強さゆえのものであった[59]。参加率を上げるため女性客を意識した取り組みが見られるようになった。彼女たちが抵抗なく足を運べるような雰囲気づくりをすること、従業員に対して笑顔によるサービスを教育すること、女性のためのロッカー・クロークルームを完備すること、専用トイレ・景品交換場の女性コーナー・椅子付きの座り島を設置することが奨励された[60]。女性に好まれる雰囲気づくりや景品の品ぞろえなどの積極的取り組みは、新しい市場としての女性開拓への希望の表れであると理解できる。これらの改善が、一九七〇年代前半に進んだ電動式機械の普及——技術的ハードルを下げ、客層を広げた——[61]や椅子の導入と相まって、女性客の取り込みにある程度の効果をもたらしたと思われる。

一九八〇年代に入って、フィーバー機の出現、つまり確率によって高まった偶然性という機械の特徴が加わると、テクニックがないと見られる主婦や六〇歳以上の人まで客層として取り込んだとされ[62]、「女性客の上昇」が以前よりましてして目立った現象として認識されるようになる[63]。

女性が男性と並んで主要な客層になる、あるいはパチンコのジェンダー性が消えるほどの変化が推し進められたことを示す確たる証拠は見当たらない。女性客層について体系的なデータは得られないが、断片的情報からその進展を拾い上げてみる。

一九八〇年代の回想によると、七〇年代末に女性客は四割を占めるようになったという指摘もあるが[64]、全女性に対するパチンコをする女性の比率（参加率）を見ると、七六年時点の一四パーセントから、八四年は一六・三パーセントになり、[65] 二ポイントとわずかな増加にとどまった。フィーバー機が一つの潮流になった一九八〇年代末に行われた六七のホールへのアンケート調査によると、約九割（五六件）のホールが女性客の比率は三〇パーセント以下であると答えた。[66] 三〇パーセント台は、回答があった六二社のうち全体の一割にとどまったが、最高約四〇パーセントのホールもあった。[67] 女性の参加傾向の変化には限界があり、全体の傾向とすることはできないが、一九七〇年代から行われたホール内環境の整備など様々な取り組みが、増えていく女性客をターゲットとして、期待を込めて取られた対応であったことは間違いない。

二　日常生活とパチンコ消費

前節の検討を踏まえてパチンコを消費する人たちのあり方にも目を向け、一九八〇年代に進行する変化の要因を探ることにしよう。そのため、一九七九年に行われた消費者調査を使用し、消費者側から見たパチンコおよびホール営業に対する認識について検討する。『需要動向調査報告書　余暇生活関連品　その四　娯楽産業編』（中小企業振興事業団中小企業情報センター編、一九八〇年）は、需要動向の把握という意図のもと、パチンコを対象にしてなされた本格的調査としては最初のものであるが、[68] 一九八〇年代を目前に調査されたことはとりわけ意義深い。この前後で産業が大きく変わるため、産業史を大局的に分けて一九五〇年代後半から七〇年代末までを一つの区切りとするならば、同調査は需要側の構造的特徴をつかみ取ることのできる恰好の材料となる。さらに、わずかに見出せる新しい欲求を一九八〇年代以降の流れから逆照射することもできる。このような視点から、人々はパチンコを日常のなかでどのように行ったのか、パチンコホールや機械に何を求めていたのか、さらに前節の郊外型ホールなどの新しい傾向にいかに接合していったのかを探ってみたい。

（1）パチンコを消費する人々

報告書は、まず、消費する層について、客層の中心は二〇代から三〇代の男性であることと、変化として一九七〇年代に入ってから女性客が増加したことを指摘する。[69] 年一回以上遊技したパチンコ人口は、余暇開発センターによる別の調査では、成人の約三〇パーセント（男性四六パーセント、女性一四パーセント）という結果から推計し、一九七六年現在で延べ三〇〇〇万人程度であった。

パチンコを選択する理由としては、他の娯楽（ゲーム・ギャンブルとして囲碁・将棋、マージャン、テレビゲーム、競艇・競馬・競輪）と比較して、「暇つぶし」の効用を評価している。同時に「少ない金額」が挙げられており、金銭的コストが相対的に低いことが他の娯楽と比較しての効用となっている。

本章の関心からすると、ホールの立地に関する結果は興味深い。最寄り性が強いため「手軽にできる」ことが魅力と思われており、パチンコの持つアクセスの利便性が評価されている。利用の仕方では、男性は「自宅の近所」、「帰宅途中の乗換駅」、女性は「買い物途中の商店街」が挙げられている。非日常的経験を目的とするレジャーではなく、生活に密着したかたちで行われていることが垣間見られる。

関連して一回当たりの平均時間は三〇分～一時間程度が全体の三割を占めており、女性は三〇分以下の比率が高かった。[70] 他に、パチンコの魅力としては「一人で楽しめる」が多く選択されており、先述の「暇つぶし」、「手軽にできる」という特性とも関連している。[71] 月平均投資額は男性四〇〇〇円、女性一四〇〇円程度で、男性の場合マージャン、公営ギャンブルに比べて安価であった。

月一回以上パチンコを楽しむ人[72]へのアンケート調査でも、その動機を「少ないお金で時間をつぶせる」、「景品が得られる」、「どこでも手軽にできる」が多く指摘され、先述した全体の傾向と大差なかった。このうち景品に関しては、煙草（男性）や菓子（女性）を得られることが他のゲームと比較しての魅力として評価されている。これに対して、「金がもうかる」は景品重視より相対的に低く[73]、男性の二〇代以下や高頻度利用者に限って高い順位にあった。パチンコの魅力は、金銭的見返りそのものという単独の要素からではなく、時間の消費、利便性、低い投資コスト、景品獲得など総合的側面から理解することができる。

（2）水面下の変化

パチンコは、歴史的に見れば、一九五〇年代前半には多様な客層を抱え込んでいたが、五五年の規制を挟み、高度成長期に突入するとサラリーマンの絶大な支持を獲得する。第1章で検討したように、規制は偶然性に依存する射幸性を厳しく制限し、顧客の技量（腕前）が介在する余地を高めたが、これ以降パチンコの需要人口は男性という偏った集団に絞り込まれ、遊技人口三〇〇〇万人の時代となった。一九七〇年代に電動式機械が登場し、求められる技量が比較的低下すると、異なる嗜好や要求を持った消費者として女性客が増えることで男女のアンバランスを多少解消するかたちで大衆が参加する性格を維持した。

手ごろな使用額、一時間前後の遊技時間、最寄り性のあるホールの利用など、以上の調査結果によると、第一節で概観した広範囲の社会の変化は消費のあり方にさほど影響しなかったように見える。従来のパチンコの特徴と連続性をもつ結果になったからである。郊外に立地するという先端的試みは、この時点では主流になっていない部分的市場に依存していたともいえる。そうした限界的存在が、第4章で明らかになった伝統的ホール経営の突破口の一つになることの手がかりを、同調査が物語る小さな変化を注意深く観察することによって探ってみよう。

そこで注目したいのが月一回以上パチンコをする人（ファン）への調査である。経験的にも、理論的にも、やがて消費に変革をもたらす新しい財やサービスの普及は、リスクを取る冒険者の行動によって動き出すといわれているからである[74]。

調査結果によると、ファンの利用時間は余裕のある休日、平日の夕方・夜の順という結果が得られた。ホールの選択基準は、男性ファンの場合は、「玉の出の良さ」を指摘する比率が最も高かったが、これは必ずしも「儲かるということではなく、適度の時間を過ごすことができる場所の提供をも意味している」[75]と分析されている。ホールの選択基準として次にアクセスの利便性が指摘されており、立地条件も重要であった。それに対して女性ファンが気にしていることは、過半数以上が挙げた「店内の雰囲気」であった。

男性ファンの場合、日常生活の大半を占める平日より休日の優先順位が高く、玉の出の良さと時間が過ごせることが指摘されている。郊外型ホールが比較的高い出玉率を維持すれば、また社会で休日が増加するにつれて、「休日の客」も呼び込めるイベント・企画を開催すれば、比較的余裕のある時間を利用して訪れる男性客は増えていっただろう。

女性ファンの場合、遊技環境がホールを選択する基準となっている。女性ファンが重視する環境を整えることで、潜在的な女性客の市場を掘り起こすことができただろう。郊外型ホールは、出玉率を上げて勝ちやすくする、「女性客」を意識した雰囲気作りに投資を行い、景品の品ぞろえを工夫するなどして事業の生き残りの可能性を見出していくことになる。このように見ると、全体の客に占める比率は依然として低いものの、女性客の登場は新たに台頭する立地条件の変化を後押ししたと思われる。

実際に、同調査では郊外型ホールの定着を知りうる次のような結果が得られた。不況の影響もあって全体的に客数が減少するなか、郊外型ホールと駅前・繁華街の市内のホールにおいて、前者では「郊外店に車で来る」人々に支えられ客が増えたケースが減少したケースより多く、後者ではその逆の結果となった[76]。郊外型ホールを利用する客は、不況によって消費を控える傾向が相対的に小さかったことを示唆している。社会の広範にわたる変動（ライフスタイル、居住環境、制度に関連する変化）が、経済面で多少余裕のある階層による、長時間遊技の消費行動を創り出し、その新しいビジネスチャンスを捉えた主体が郊外型ホールであったと理解することができる。

三　フィーバー機導入と大型化の進行

(1) 郊外型ホールの新しい展開

一九八〇年に出現したフィーバー機の人気が明らかになり、ホール数が増加に転じる（図序-3）なか、郊外型と見られる店舗の開店が勢いを増した。新規開店したホールに関して行った一九八一年から八二年までの調査結果（表5-2）によると、郊外型が全体の約六割を占めており、市内のそれを上回っていた。その後、一九八三年調査では六四・三パーセントと郊外型の開店傾向がさらに強まったものの、八七年調査では四三・四パーセントという結果（『全遊連弘報』一九八三年三月一五日、三頁）となった。

郊外型の開店が一方向的に進んだわけではなかったが、有力な選択肢として定着したことは間違いない。検討すべきは、以上の立地選択がもたらした全体の変化であろう。そこで東京都遊技業協同組合名簿に掲載されたホールの所在地より、フィーバー機が出現した時期を挟んだ立地の変化について示す。

表5-2　新規店舗の設置場所：全遊協調査結果（1981年11月～82年7月）

	店舗数（軒）	比率（%）
郊外店	394	58.1
市内店	284	41.9
計	678	100.0

資料）「新規開店と廃業状況　益々大型店が進出の傾向　全遊協調べ」『全有連弘報』1982年10月15日，4頁より作成。

東京都の場合、郊外型を定義することは難しく、これまでの本章の検討で想定してきた駐車場の設置についても不明である。しかし、郊外型は関東などの大都市圏より地方において出店が進んだとされていたから[77]、東京都の立地の傾向に何らかの変化が表れるならそれを全体的動向とすることも可能であろう。ここでは、一九八〇年代以降の市場条件との関連性、つまりフィーバー機がもたらした競争の激化が立地条件においてどのような状況をもたらしたか、また七〇年代の郊外型との関連についても考えたい。

一九七五年と九三年の東京都遊技業協同組合の名簿[78]の情報を用いて七五年と

九三年の所在地情報を比較する。図5-1(1)は、一九七五年の一〇二六件のうち住所の不明確なものを除いたデータ一〇一八件、九三年の一五〇九件のうち同じ条件で抽出した一五〇八件を、東京都の地図上にプロットしたものである。ここから立地状況における変化を読み取ってみよう。

まず、一九七五年と九三年の両年における立地は、駅周辺を中心にしている点に変わりはなく、全体的には鉄道沿線に即して展開している。鉄道線および駅は、二〇〇一年度の情報であり、一九七五年と九三年の間の新しい敷設や新設された駅など、二〇年間の変化の影響を追跡しながら分析することはできない。推測を交えて変化についてまとめると、一九七五年時点ですでにホールのあった駅周辺でさらに増えていくとともに、ホールのなかった駅——七五年と九三年の間に新設されたかどうかはさしあたり問わない——にも進出していくかたちでホールは拡散した。

ただ、単にホールが新規に増えただけではなく、一九七五年のホール（○）が九三年に消えた代わりに、近接する場所に新たなホール（▲）が登場するケースが散見され、約二〇年の間に激しい入れ替わりがあったことが予想される。実際に一九七五年の一〇二五ホールのうち、五四・九パーセントの五六三ホールが九三年までの間に退出した。存続はそれを下回って四六一ホールにとどまった。[79]しかも、存続したホールのうち約一七パーセントに該当する七九ホールは名義が変更されており、事業維持の困難なケースが相当数含まれている。このようなケースは何らかの理由で退出するホールの場所が異なる事業主によって好立地と評価されたことを示す。すでに触れたように、一九七〇年代末、業界は全体的に営業不振に見舞われており（序図-3、第4章第一節）、確かに、それが大きく作用したであろう一九七五年から八二年の間に、退出したホール（五六三）の五七・〇パーセントが集中した。注目したいのは、フィーバー機の人気による成長のもとで新規参入した一〇四八ホールが、七九の名義変更したケースと異なって、退出するホールとは違う場所を選択している点である。それはどのような傾向を持つ立地であっただろうか。

一九七五年と九三年の間に見られるホールのロケーション変化は、市内からより遠いところへという方向性を持

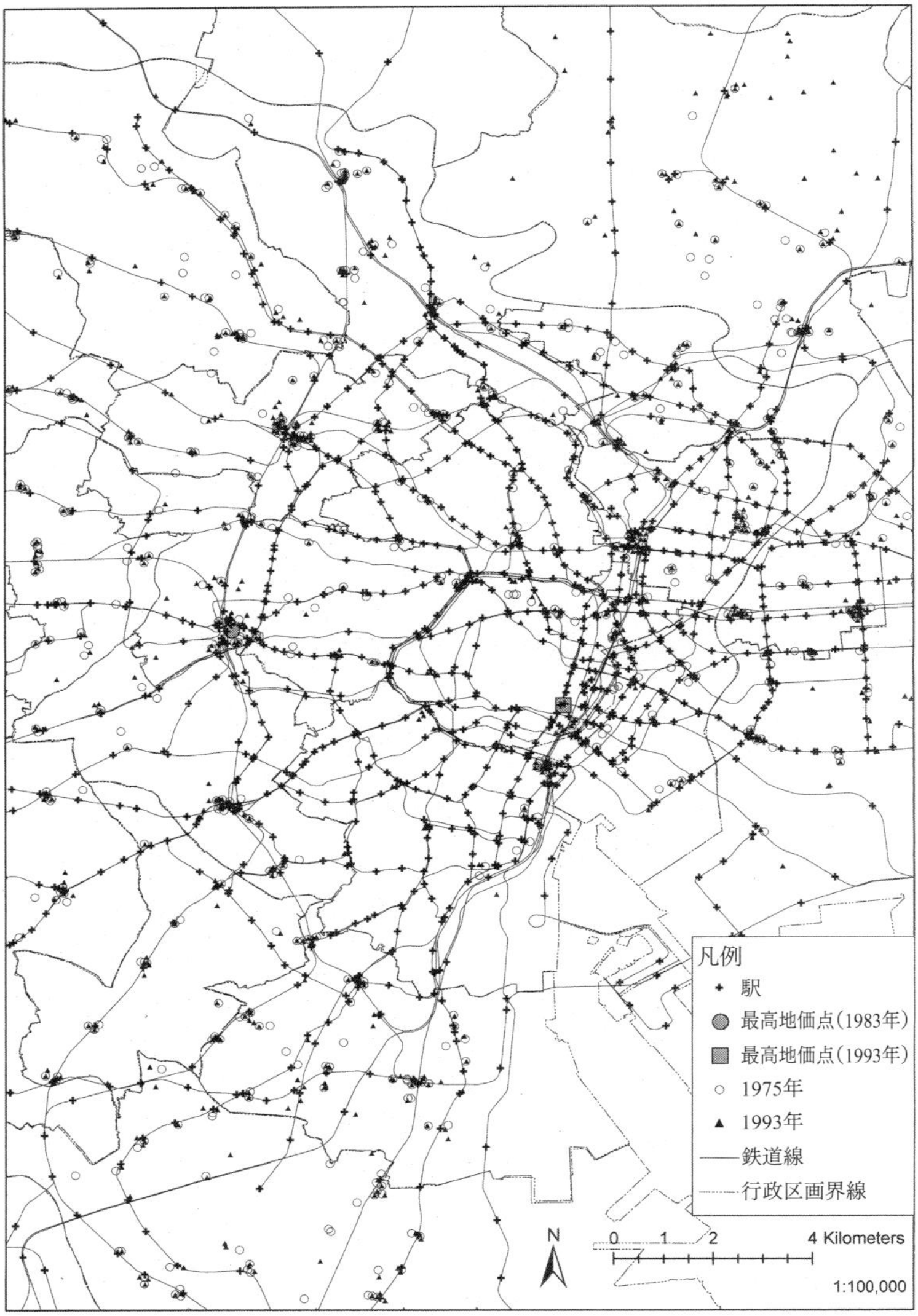

図 5-1（1） 立地変化（1975・93 年）

資料）鉄道線および鉄道駅は GIS ホームページ（国土交通省国土政策局国土情報課），国土数値情報ダウンロードサービス，鉄道時系列データ，平成 23 年度（http://nlftp.mlit.go.jp/ksj/gml/datalist/KsjTmplt-N05-v1_3.html，閲覧日 2017 年 9 月 17 日），パチンコホールは東京都遊技業協同組合・東京都遊技場組合連合会『都遊協・都遊連組合員名簿』1975 年，1993 年より作成。

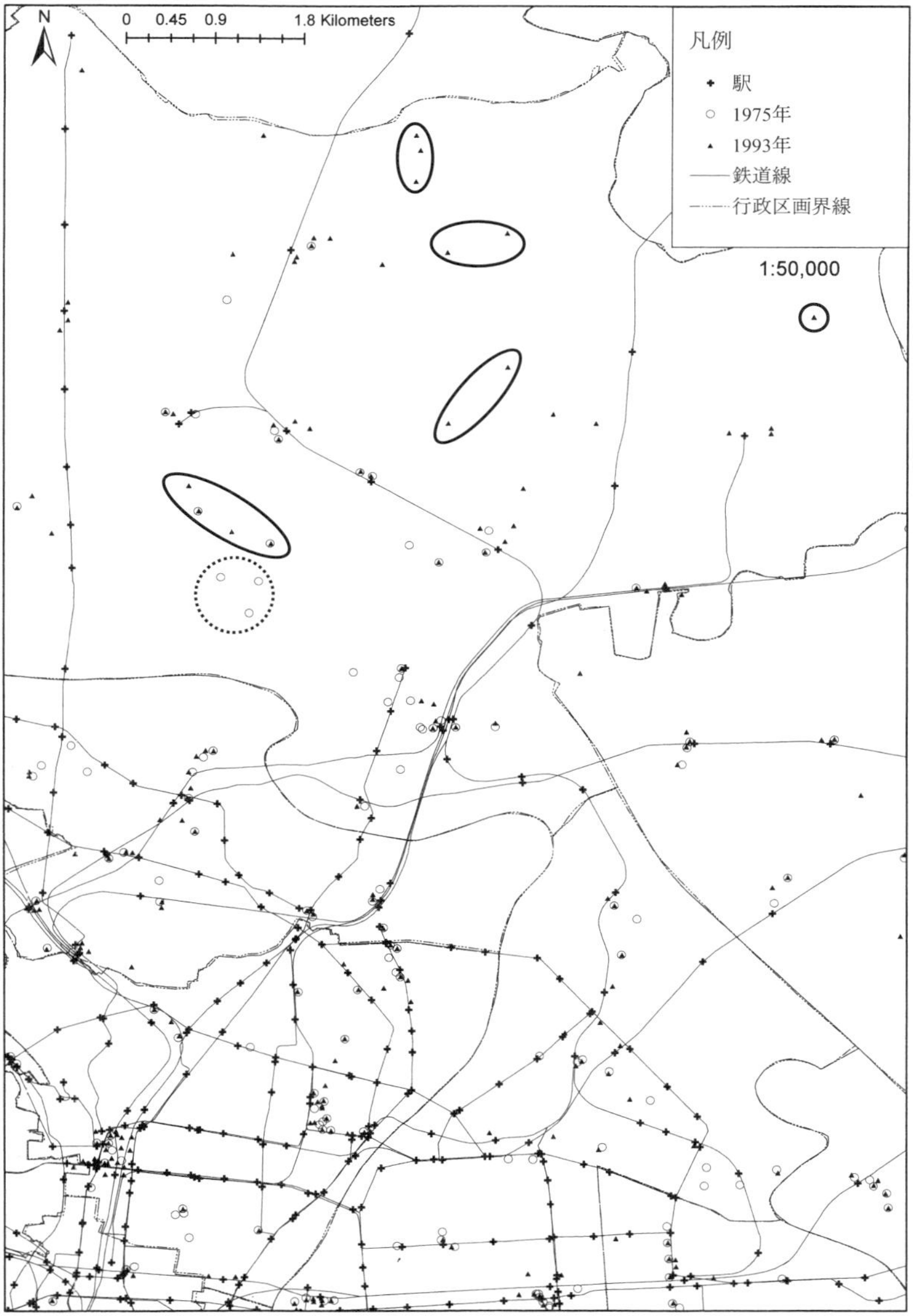

図 5-1（2）　拡大図

注）駅から 1 キロメートル以上離れているホールについて，1975 年は◌で，93 年は○で囲んでいる。

ち、それはより地価の安い場所であったと思われる。この点を、いくつかのデータより検証する。まず、大まかなイメージは、図5-1(2)でつかめる。これまでの分析では郊外型ホールを駐車場付きとして定義したが、同図の資料から直接それを知ることはできないものの、駅からの距離を想定すると車でのアクセスが便利である場所のホールは駐車場付きの可能性が高い。このような推測から、図5-1(2)を観察すると、駅から一キロメートル――徒歩一五分前後――以上離れており、駅前の店舗とは異なる立地条件のホールを示すケース（一九七五年は破線、九三年は実線で囲んである）が、一九七五年のホール（○）より九三年のホール（▲）においてより多く看取される。一九七五年から九三年の間の東京都において、駐車場を必要とする郊外型ホールによって参入するという傾向を捉えることができる。

この傾向について統計処理の結果から示す。ハーバード大学地理分析センター（Center for Geographic Analysis）のＧＩＳのスペシャリストであるフェイ・カーンズ（Fei Carnes）の協力のもとでArcGISの「最接近」（ポイントからポイントまでの最短距離を計算）機能を使用し、二〇一四年現在の鉄道駅の情報（データベースは、国土交通省国土政策局国土情報課、http://nlftp.mlit.go.jp/ksj-e/gml/datalist/KsjTmplt-N05.html より）、図5-1のホールの住所から、駅からホールまでの最短距離を計った。駅からホールまでの距離は道路上の長さが正確であるが、ここでは便宜上地図上の最短距離を計算した。一九九三年の平均距離が七五年のそれより長くなっていれば、七五年から九三年までの間に車でのアクセスを想定した郊外型ホールの立地が進んでいると考えることができる。その逆の結果は、郊外型ホールの台頭が部分的現象であったことを表すであろう。計算可能な一九七五年の一〇一八店と九三年の一五〇六店の平均値を求めた結果によると、七五年の一九八・〇六五メートル平均距離から、九三年の二五九・三九五メートルになり、約六一メートル（三一パーセント増）遠くなった。このなかには先述したように一九九三年でも健在であった駅周辺の立地が多く含まれているから、平均距離の長距離化の結果に影響したはずの郊外型ホールの立地が増加していることは間違いない。

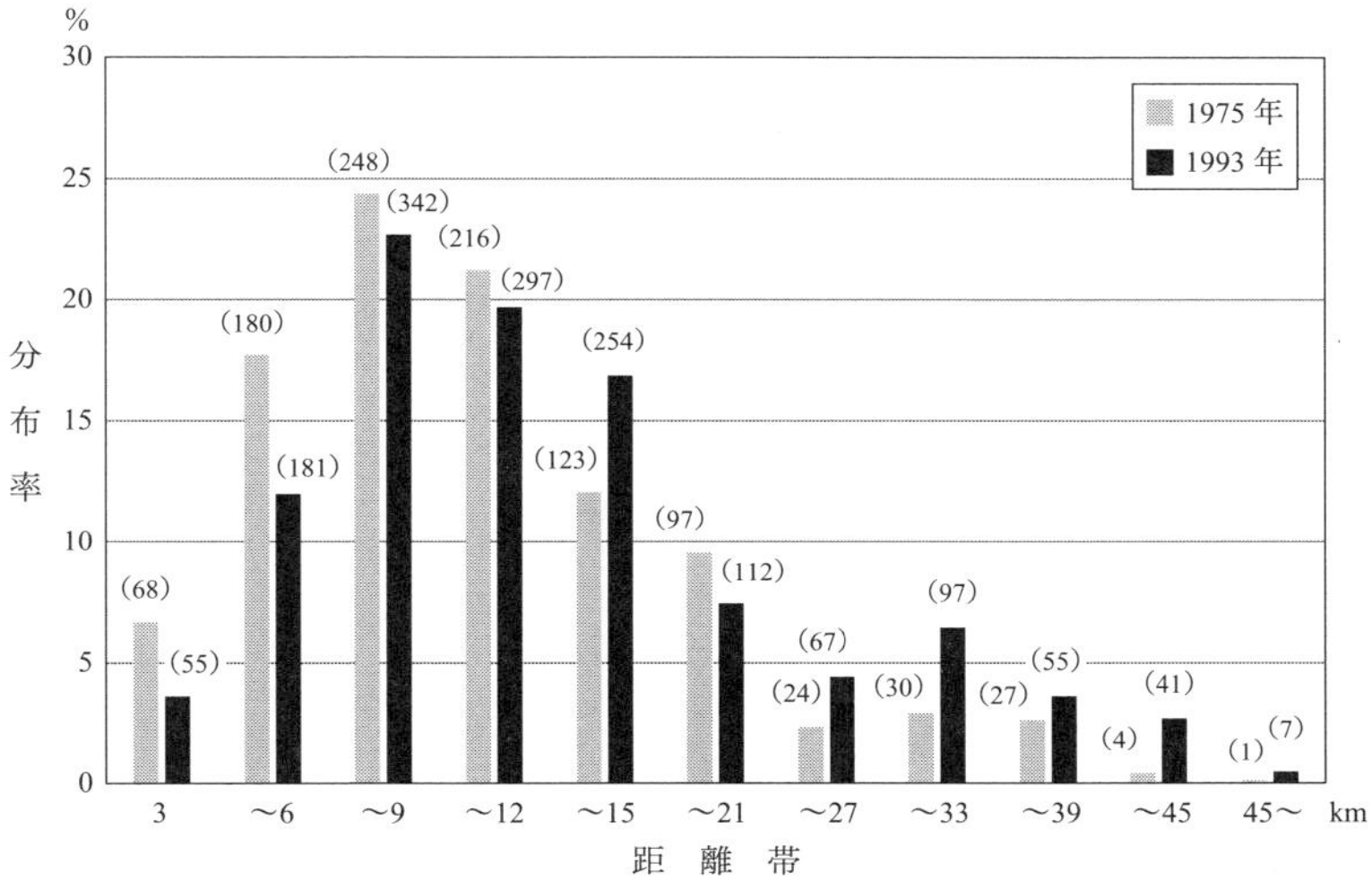

図 5-2　ホールの最高地価点からの距離別立地率（1975・93年）

注1）1975年の最高地価点は「東京都新宿区新宿3-24-3」であり，93年は「東京都中央区銀座6-9-5」である。なお，1975年の地価公示データは入手できないため，83年の情報を使用した。
2）21キロメートル以降は，6キロメートル単位で集計し直した。この操作によって1975年と93年の間に見られる差異は変化しない。
3）（　）内の数字はホール数の実数である。
資料）地価は，国土交通省ホームページ「国土数値情報ダウンロードサービス」(http://nlftp.mlit.go.jp/ksj/gml/datalist/KsjTmplt-L01-v2_3.html，閲覧日2017年9月12日)，1983年，93年の地価公示データより作成。パチンコホールは，図5-1に同じ。

新規に参入したホールが従来と異なった場所を選択した結果は，一九九三年の立地において全体としてどのような特徴として表れるだろうか。この点に関連して，別の指標として「郊外化」の進展を測ることにする。市内立地を象徴する最高地価点を起点にして，距離別の空間におけるホールの分布率を集計した。一九七五年の地価は入手できないため，八三年の最高地価点の「新宿区新宿三―二四―三」，九三年の「中央区銀座六―九―五」を基準にホールの商圏といわれる三キロメートル間隔の距離帯を想定し，その空間に立地した七五年，九三年のホール数の全体に占めるパーセンテージを取る。図5-2はその結果を示している。両年において，最高地価点に近いところに多くのホールが分布する傾向は変わらないが，一九七五年に比べて九三年の方が，より遠い場所の方に立地する傾向が

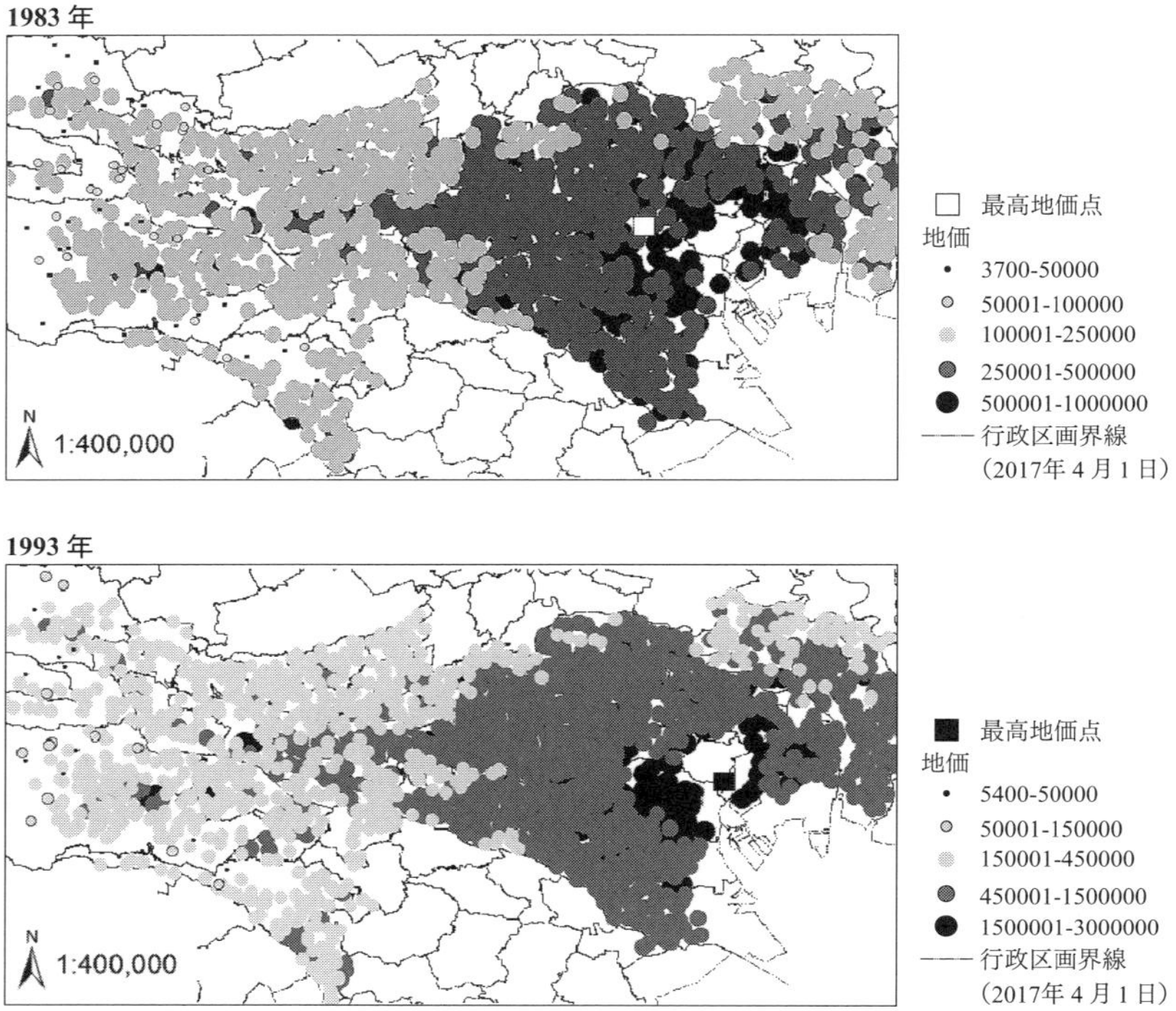

図5-3　東京都の地価分布（1983年・93年）

資料）国土交通省ホームページ「国土数値情報ダウンロードサービス」（http://nlftp.mlit.go.jp/ksj/gml/datalist/KsjTmplt-L01-v2_3.html，閲覧日2017年9月13日）1983年，93年の地価公示データより作成。

あることが明白である。

このような動向は、図5-3に示したように、東京都の地価が最高地価点から離れた場所ほど低価格であり、地代の安いところを選んだホールが増えたことを意味する。郊外型ホール化の進展は、第一節で概観した社会の広範囲の変化に伴った生活および消費の空間的再配置を、ホール事業が立地によって表現したものである。と同時に、図5-1(2)に見たような駅前展開とは異なるアクセスを想定した立地を含めて、全体としての郊外への空間的広がりの現象は、パチンコ産業の成長を人々の生活空間の変化に積極的に合わせて展開した結果でもあった。

以上のようにフィーバー機の出現による市場成長は、一方では、大勢の流動人口の取り込みを狙った駅前への進出を刺激し、他方では、流動人口以外の客層を取り込む必要があるところに立地したホールの増加をもたらした。全国的に見れば、すでに検討したように、新規開店において郊外型、あるいは郊外化した立地が積極的に選択された。

東京都の立地分布の変化を理解する際には、日本国内では阪神圏と並んで最も鉄道輸送網が稠密に発達している地域であることを考慮する必要がある。その意味で、東京都の場合は、いわゆる郊外型ホールだけでなく、地下鉄の延伸や新規の郊外通勤線の建設などによって生まれる駅前などに新しいビジネスチャンスを見出して駅前展開を中心としながら、全体的な「郊外化」現象も伴っていた。従って、郊外化した立地や郊外型ホールは、市場成長を前提に、市内の駅周辺などへの進出余地が少なくなっていく時点から進む、ある種の限界的な事業形態であった可能性もある。しかし、一九八〇年代の現象はすでに進んでいた七〇年代からの郊外型ホール展開の単なる延長線上のものではなかったと思われる。

郊外型ホールは、第一節で考察したようにフィーバー機導入前の一九七〇年代において、パチンコ産業の外側の社会的変化と、そこから生まれた新しいニーズに対応して成長することができた。それに対して、フィーバー機導入後の郊外型ホールは、第4章で分析したパチンコ産業内で起きた変化との関連性を考える必要がある。著しい射幸性を好む客の需要に対応し、市場成長のもとで経営規模の拡大を実現する方法として、積極的に郊外型ホール化は推し進められたのではないだろうか。それは、釘調整の経営上の意味が小さくなったなかで、新体系の機械の有利性を生かせる経営方法でもあった。このような解釈からこの時代のホール事業を眺めるため、大型化の実態を検討する。

（2）一九八〇年代の大型化の進展

産業の急発展のもとで企業成長が可能になると、それを実現すべくホール規模の大型化はさらに進行した。市内

表5-3　フィーバー機導入前後のホールの台数規模（東京都）

台数規模	1975年		1982年		1988年[1)]		1993年	
〜100台	184店	17.9%	145店	16.1%	154店	13.6%	224店	14.8%
101〜150台	238店	23.2%	183店	20.4%	161店	14.2%	179店	11.9%
151〜200台	203店	19.8%	182店	**20.2%**	216店	19.0%	251店	16.6%
201〜250台	176店	17.2%	147店	16.4%	229店	**20.2%**	298店	**19.7%**
251〜300台	91店	8.9%	103店	**11.5%**	188店	**16.6%**	269店	**17.8%**
301〜350台	61店	5.9%	61店	**6.8%**	100店	**8.8%**	153店	**10.1%**
351〜400台	28店	2.7%	26店	**2.9%**	40店	**3.5%**	52店	**3.4%**
401〜500台	36店	3.5%	28店	3.1%	47店	**4.1%**	65店	**4.3%**
500台〜							17店	**1.1%**
欠	9店	0.9%	24店	2.7%		0.0%	1店	0.1%
総　計	1,026店	100.0%	899店	100.0%	1,135店	100.0%	1,509店	100.0%
平均台数規模	188.0台		193.2台		211.6台		219.6台	

注1）「千住組合」「石神井組合」「目白組合」に所属しているホールは記載がないため，1991年の名簿で補った。
　2）太線で囲った数字は各年の比率の高い上位2つの階層を，太字は1975年に対して割合が増加した階層を示す。
資料）東京都遊技業協同組合・東京都遊技場組合連合会『都遊協・都遊連組合員名簿』1975年，82年，88年，91年，93年より作成。

に立地したホールは、台数規模の拡大の限界に直面する。モータリゼーションや住居地の分散化・拡大化による商圏の変化を基盤とし、女性客の取り込みといった新しい客の確保が期待できるようになると、郊外への移転や郊外型による新規参入が積極的に選択されると考えられる。そのような背景から大型化が進行したことを表5-3は示す。

郊外型ホールは、登場した当初から安価な土地代を利用して大型化した外型をとっていた。場所にもよるだろうが、市街地の価格に比べてほぼ三分の一となるケースもあった[80]。一九六五年以降、ホール数が横ばいで推移するなかで、ホールの設置台数は一九七〇年の一五七万台から七八年の推定二〇〇万台になり、一ホール当たり平均台数は一六五台から一九〇台に増加した[81]。前掲一九七五~七六年の調査では、郊外型が半分近くを占める新規事業参入者の一一三六店舗は五七万八五八〇台を設置しており、一店舗当たりの平均規模は二四五台で、全体の平均的規模（一九〇・一台）[82]より五〇台以上、上回っていた。

この調査では対象外であった東京都でも、確実に大型化が進んだ。東京都遊技業協同組合の名簿を使用した表5-3には、一九七五年に加え、フィーバー機導入直後の八二年と、八〇年代の影響が反映された八八年、そして九三年までを対象にし、機械の設置台数の階層別比率および当該年度の平均規模について集計してある。フィーバー機の出現を挟んで大型化が進んだことは、平均規模が拡大した点と、太線で囲った部分（台数規模の比率が上位の階層）が年を追うごとに規模の大きいものにシフトしている点に表される。

時間経過による変化で注目すべきは、まず、一九七五〜八二年の期間に一〇〇店以上のホールが減少したのは、七〇年代末の不況の結果であろう（第4章第一節）。この期間に新規に参入したホール（一九五店）の一九八二年の台数規模が二〇二・二台であったのに対し、退出したホール（三二二店）の七五年のそれは一五一・六台であり、退出は比較的小規模のホールに集中した。その結果、一九八二年の規模階層も七五年より上の階層の比率が上昇し、平均規模は七五年の約三パーセント増の約一九三台であった。

一九八二年から八八年までの間には新規参入が活発に行われ、二三六店が増加した。平均台数規模も約二〇台増加と著しく、その結果約二一二台になった。退出したホール（二〇七店）の一九八二年の平均規模は七五年に退出したホールとほぼ同じ一四九・七台、参入したホール（四四三店）は二一一台規模であり、小規模のホールの退出が目立っている。なかでも、退出したホール規模が含まれる「一〇一〜一五〇台規模」は、他の階層が増加に転じたなかでの減少であった。

一九九三年まででは、新規参入、規模拡大の傾向は継続した。と同時に、すべての階層で増加となった。駅前店の場合、大型店としての立地には限界があったはずだから、好条件の立地であれば小規模での参入も可能だったということであろう。一九八〇年代以降の全体的な市場の成長のもとでは、多様な階層にそれなりのチャンスが与えられたと見ることができる。ただ、階層別の分布率で見ると、小規模の階層が長期的には下がり続けており、規模の大きい階層は存在感が増した。

四　多店舗展開にかけた期待

（1）多店舗展開の進展

フィーバー機がもたらした規模拡大のもう一つの方向性として、多店舗展開はどのように進展したのだろうか。管見の限り全国的な傾向を示す資料は見当たらないが、できる限り傾向をつかむため、東京都の名簿を使用し、一九八〇年代に起きた変化に注目して検討する。

名簿のなかでは多店舗展開という分類があるわけではなく、同じ企業が運営しているホールを体系的に知ることは困難である。そこで、名簿に掲載された経営者情報から同一経営者になっているホールを取り出し、店舗数に基づいて集計を行った。表5-4はその結果である。ただし、この集計は都内に限定され、他府県への出店までは追跡できないため、これに関連する多店舗展開については反映されず、実態より過小評価される。また、同名異人の可能性もあるから、過大評価される側面もある。本項では多店舗展開の年度別集計によって描かれる大まかな傾向から、一九八〇年代がどのような転換期であったかを読み解いてみる。

多店舗展開と判断できる店舗数については、二店舗以上を展開するケースの変化に注目する。表5-4によると、一九七五年時点では、単一店舗の営業が全体の七割も占めており、平均規模約一九〇台（表5-3）の「街のパチンコ屋」が主流といえる状態であった[83]。

不況期を挟んだ後の一九八二年には、ホールが絶対数では減少したが、四、五、八店舗を運営するケースは増加した。このことが影響し、多店舗展開をしているケースに含まれる多店舗総数の比率では、単一店舗比率が四・四ポイント下がった代わりに、二店舗以上を展開するケースに含まれるホールの比率が上昇した。とはいえ、単一店舗経営のホールが約六七パーセントを占めており、多店舗を展開する経営は圧倒的存在にはなっていなかった。

表 5-4　多店舗展開の動向（東京都）

展開店舗数	1975年		1982年		1988年		1993年	
	ケース	多店舗総数	ケース	多店舗総数	ケース	多店舗総数	ケース	多店舗総数
21							1	21
15					1	15	2	30
14							1	14
11					1	11	1	11
10					2	20	1	10
9					1	9	4	36
8			2	16	3	24	1	8
7					2	14	2	14
6	3	18	2	12			3	18
5	1	5	4	20	2	10	6	30
4	5	20	7	28	7	28	16	64
3	22	66	15	45	28	84	57	171
2	94	188	88	176	127	254	145	290
1	729	729	600	600	666	666	790	790
欠			2	2			2	2
店舗総計		1,026		899		1,135		1,509
比率（%）								
20以上								1.4
10〜19						4.1		4.3
5〜10		2.2		5.3		5.0		7.0
2〜4		26.7		27.7		32.2		34.8
1		71.1		66.7		58.7		52.4
欠				0.2				0.1

資料）表5-3に同じ。

一九八八年になると、ホール数が増加するなか、単一店舗経営の割合は低下傾向を続けた。他方で、二店舗以上では八・三ポイント上昇した。特に一〇店舗から一九店舗までの展開は、それまでは見られなかった現象であった。多店舗展開のなかでも、大規模経営につながる新しい局面が始まったことを示唆する。

以上の傾向は、一九九三年にも大きく変わらなかった。単一店舗による経営は、一九八八年からさらに六・三ポイント下がった。この時点でも約五割を占めているから、無視できない経営形態と見ることもできる。しかし、単一店舗の比重が高い特徴のある東京都においては変化の方向性に注目すべきであり、二店舗以上を展開する

表 5-5　有力企業の多店舗展開（1989 年）

展開ホール数（A）	件数（B）	B 比率（%）	総店舗数 C（A × B）	C 比率（%）
1 店舗	14	**20.9**	14	3.5
2～3 店舗	18	**26.9**	41	10.4
4～5 店舗	14	**20.9**	63	**15.9**
6～10 店舗	7	10.4	78	**19.7**
11～15 店舗	4	6.0	52	13.2
16～20 店舗	2	3.0	33	8.4
20 店舗以上	4	6.0	114	**28.9**
総　計	67	100.0	395	100.0

注）太字は，全体に占める比率が高い階層を指す。
資料）矢野経済研究所「有力パチンコ経営企業の戦略」『1989 年パチンコ産業白書』1989 年より作成。

傾向がより強まったこと、五割に近いホールがそうした経営に含まれていることから、多店舗展開の進展が認められる。

（2）有力企業の多店舗展開と期待された機能

一九八〇年代後半、さらに九〇年代になると、存在感を増した多店舗展開であるが、有力と認識された企業への調査では、次の結果が示すようにその傾向がより際立つ。一九八九年に全国二二都道府県のホールを対象として「有力パチンコ店経営企業の戦略」に関するアンケート調査(84)が行われた。「有力」とする選定方法も不明でありサンプル数は六七件に過ぎないが、多店舗展開について、ホール側がどのように考えていたかについて知ることができる。調査では「チェーン化」という用語が使われているが、ここでは厳格な定義づけをせず、同じ会社の下で多数のホールが運営されるという意味で、多店舗展開を扱う。

集計をまとめた表5-5によると、約八割の企業が二店舗以上を運営している。第4章のM商会のような単一店舗の経営形態が、依然として五分の一を占めていると見ることもできるが、少なくとも有力企業のなかで一般的でなかったことは疑う余地がない。

他方で、三割近くを占める二～三店舗展開を本格的多店舗展開として認めることには、慎重を期すべきである。一一店舗以上のホールを運営するケースも一〇件であるが、全体の一五パーセントを占めるに過ぎなかった。しかし、多店舗展開に向けた動きとして、C比率が示すように、その企業の経営ホール数が全体のなかで大きなウェイトを占めており、競争する企業の間でも多店舗を展開する企業のホールが与える影響力は目に見えるかたちで大きくなったと見てよい。このような結果は、実際の影響力、つまり多店舗展開の持つ経済的機能への関心を喚起する。そこで、今日のホール経営の特徴につながる変化を先取りしたものとして、代表的企業が多店舗展開に期待した機能について検討を加える。

実際にこの調査でも、調査時点で「チェーン化」を「行っていない」と答えた三〇件のなかで、その後の展開方針について「興味がある」ホール一四件が、「興味がない」ホール九件（返答なし七件）を上回っており、多店舗展開への関心を示している。「行っている」と答えたホール（二九件）[85]のうち一〇件は「興味がある」とし、引き続きチェーン化を推し進める方針である（「興味がない」一件、回答なしが一八件）。多店舗展開の選択が経済的メリットをもたらすという手応えを踏まえた期待の証しであろう。

「チェーン化」によって得られる経済的効果については、回答があった三一件の内容をまとめると、表5-6のように五つに分類することができる。すなわち、運営面での効率化が図れる「スケールメリット」、内容は明瞭ではないが「人事」に関連するメリット、店舗間の違いを全社レベルで均して安定化をもたらす「収益など経営安定」効果、企業内のホールの営業成績比較による競争原理がもたらしうる（「社内ホール間の競争」）効果、「その他」のメリットである。大きく期待されたのは「スケールメリット」であったが、二六件のうち、情報の入手（表5-6の●）や仕入れ（◎）に関わる費用の削減に関連して効率的運営ができるという共通した認識が認められる。

これらの代表的ホールが注目していたチェーン化を、個別企業が実際に行った軌跡から概観してみる。アンケート調査の対象企業のうち、二〇一三年八月時点でホームページの沿革から出店情報が得られる企業をピックアップし、時代別傾向としてまとめた結果が表5-7である。あわせて、同じ方法で、ランダムに検索した企業二社（愛染興業、金馬車）の情報も付け加えてある。

個別企業の新店舗の開設状況を時間軸で追いかけると、次のようにグループ分けすることができる。

表 5-6　多店舗展開の要因

チェーン化のメリット	件数	理　由				
		スケールメリット（情報，設備などの仕入れ，出費など）による経営合理化	人事	収益など経営安定	社内ホール間の競争	その他
資金の運用が便利である	1	○				
税金の節減および会社の健康のため	1	○				
近隣店舗との競争の場合，フォロー可能	1	○				
数がまとまると仕入れが安くなる	1	◎				
系列会社で機械器具，その他関連商品の販売を行っている	2	◎				
遊技台を各店間で入れ替えでき，また，新台の情報もとれる	1	●◎				
ノウハウが生かせる。利潤の効率化。他店との競争に対応しやすい	1	●				
情報が集まる。経営の効率化，基盤の充実	1	●				
地域的な客層の流れがつかめる	1	●				
地域的に各店の営業戦略が立てられる	1	●				
会社の繁栄。店の知名度が上がる	1	○				
企業イメージの誇示	1	○				
相乗メリット。接触の多様化。時代との関わり	1	○			○	
地域の情報と各店の競争で，社内意識を高揚する	1	●			○	
シェアの拡大を図ることによって売上高および利益の安定的増大を確保する	1	○		○		

チェーン化のメリット	件数	理由				
		スケールメリット（情報，設備などの仕入れ，出費など）による経営合理化	人事	収益など経営安定	社内ホール間の競争	その他
立地条件の良悪も関係する多店化によりさらに経営の基盤を強化していく	1	○		○		
トータルコントロール可能	1	○		○		
店舗の好況，不況の平準化。経営規模の拡大	1	○		○		
成績の良い店と悪い店があり，損益と総合力で補い推進を図り，土台を固める	1	○		○		
客が入らないとき，他店舗の協力で赤字を埋める。従業員のマンネリ化防止	1	○	○	○		
管理費の減。経営情報の増加。人事の交流。労働意欲の啓発	1	◎	○			
機種選定，仕入れ，募集，合理化	1	◎	○			
遊技台も物的な有効活用。人材活用	1	○	○			
従業員のやる気。スケールメリット	1	○	○			
各店の研究を持ち寄ることができ，従業員の交流もできる	1	●	○			
人員確保と節約	1		○			
人事	1		○			
各店舗の売上の対比	1				○	
企業内競争の活性化，並びに企業体力の増強	1				○	
同族経営会社だから	1					○
（空白）	36					
総　計	67	26	8	6	4	1

注）●は地域関連の情報の蓄積，◎は仕入れに関する費用削減効果への期待。
資料）表5-5に同じ。

表 5-7　多店舗展開企業における 1980 年代

データ番号	社名	本社	資本金（万円）	従業員数（判明するアルバイト，名）	設立年度（パチンコホール参入年度）	新店舗数 参入～1980 年	1981～90 年	1991～2000 年	2001～16 年	累積店舗数（HP 情報による 2016 年 5 月現在の店舗数）
①	宮崎商店	岩手県盛岡市	700	228	1937（1974）	1	5	2	1	9（8）
②	日新観光	名古屋市中区	10,000	420（うち，アルバイト 244）	1949（1949）	3	0	2	1	6（5）
③	愛染興業	香川県高松市	4,000	600	1945（1951）	5	6	2	5	18（16）
④	大木屋	愛知県豊橋市	10,000	1,033	1945（1952）	3	9	4	6	22（19）
⑤	播磨屋	大阪市住吉区	10,000	300（160）	1971（1971）	5	1	5	3	14（13）
⑥	一富士興業	広島県福山市	9,000	337	1966（1948）	6	10	6	4	26（22）
⑦	ユーコー	福岡県久留米市	100,000	2,355（系列社，アルバイトを含む）	1948（1974）	2	6	10	19	37（29）
⑧	アメニティーズ	長野県東御市	9,000	540	1953（1974）	1	6	4	6	17（14[2]）
⑨	金馬車[3]	茨城県日立市	10,000	833	1957（1954）	2	4	5	7	18（21）
①						11.1	55.6	22.2	11.1	100 %
②						50.0	0.0	33.3	16.7	100
③						27.8	33.3	11.1	27.8	100
④						13.6	40.9	18.2	27.3	100
⑤						35.7	7.1	35.7	21.4	100
⑥						23.1	38.5	23.1	15.4	100
⑦						5.4	16.2	27.0	51.4	100
⑧						5.9	35.3	23.5	35.3	100
⑨						11.1	22.2	27.8	38.9	100

注 1）網かけは，当該企業が展開した店舗数が多かった時代を示す。
2）アメニティーズグループ傘下には，2 つのホール会社がある。表中は開業年度が判明する会社のホールの情報である。別の運営会社によって 14 ホールを展開している。
3）金馬車は 2015 年 9 月更生計画の認可を得ているため，同表の情報は 2013 年 8 月時点のホームページによる。

まず、②、⑤は、設立後一九八〇年までの期間に開店した（グループ二）。ただし、一九四九年設立の②がホールを追加的に新設したのは、三〇年にわたって二店舗に過ぎない。一九九〇年代以降出店を再開したとはいえ、積極的な店舗展開に踏み切ったようには見えない。⑤は、一九七一年設立後七〇年代に平均二、三年間隔で店舗展開をし、八〇年代に小康状態となった後、九〇年代以降にまた出店を継続している。これらの②、⑤はいずれも一九八〇年代の新店舗への投資には躊躇していた様子がうかがえる。

グループ一に対して店舗展開が一九八〇年代に中心的に行われたのが、①、③、④、⑥（グループ二）である。これらは、それ以前から多店舗経営に乗り出しており、一九八〇年代に入ってより積極的に店舗展開をしたと見られる。一九八〇年代に与えられた市場成長の機会をタイムリーに捉えたということになる。⑦、⑧、⑨の場合、二〇〇〇年代に集中している（グループ三）が、店舗展開に勢いがつく起点は一九八〇年代にあった。

以上のように、一九八〇年代に取った行動は、企業ごとに微妙に異なる。それは企業にとって市場成長の時期やあり方の理解が多様であり、産業への展望・期待を異にしたがゆえに店舗展開の積極性も一様ではなかったことを物語る。しかし、②、⑤を除いて、積極的な時期にずれはあったものの、一九八〇年代において多店舗展開を選択していたことは明らかである。

五　大規模経営の可能性——マルハンの多店舗展開の実態分析

最後に、郊外型ホール、多店舗展開の経済的効果について、経営収益の推移を通して簡単な検討を加える。事例として取り上げるのは、株式会社マルハンである。同社は、一九五七年に京都府で喫茶店を創業し、翌年四月にホール事業に乗り出す（七二年に株式会社として設立）。一九七〇年代から静岡県など府県を越えた展開を進め[86]、二〇一七年三月決算期現在、三二〇のパチンコ・パチスロホール、八のボウリング場・アミューズメント施設（カラオケなど）・その他（ゴルフ場など）の店舗[87]を運営するに至った、全国チェーンを展開する代表的企業である。二〇一六年一月現在運営していた三一六のパチンコ・パチスロホールのうち駐車場付きが二九二、なしが二四（うち東京都内一〇、大阪市内六）など、郊外型ホールとみなせるホールを中心に展開する経営である。

（1）起点としての一九八〇年代

年代別に新設したホール数をまとめると表5-8のようになる。二〇一三年八月[88]現在営業している店舗であるため、過去に開設して廃業したケースは含まれていない。にもかかわらず、これまで検討してきた他企業の傾向、つまり一九八〇年代において多店舗展開に変化が起こったことと共通していることが判明する。二〇〇〇年代に設立された店舗が全体の七割を占めており、確かに同社が積極的な店舗数拡大の路線に突入し、それまでとは全く異なるスピードで、計画的に推し進められたのはこの時代であるが、その起点は一九八〇年代の後半に遡る。

同社社史[89]から開店と閉店に関する情報を補足して店舗展開をトレースし、その転機を確定する。マルハンの営業店舗数は、一九六五年二店舗、七三年三店舗、七五年七店舗であったが、その後閉鎖と開店を重ねた結果、フィーバー機が出現する前の七〇年代末の時点で七店舗になった。一九八〇年代に入ると、八二年時点で八店舗、八四年一一店舗、八六年一二店舗、八八年一八店舗、八九年には二四店舗まで増加した。注目すべきは、一九八六年から八九年の間の動きである。それまでは年間開店店舗数は、多い年で二店舗であったし、二年連続の出店も認められない。一九八六年から四年間の増加店舗数は一二店舗であるから、この期間において年平均三店舗を続けて展開したことになる。

能動的取り組みとみなしうる多店舗展開が一九八〇年代後半に明確化した背景には、マルハンが抱えていた巨額の借金という特殊な事情がある。一九七〇年代のボウリング場事業の失敗は、総額六〇億円の負債を残した。その返済に追われ、資金繰りは常に逼迫していた[90]。一九八〇年代のフィーバー機の人気は繰り上げ返済を可能にし、八六年には完済にこぎ着けたという[91]。マルハンの積極的な多店舗展開が、資金的条件が改善されたタイミングと重なったことは重視されるべきであるが、それは一方でマルハンの特殊事情を超えて、一九八〇年代のフィーバー機の出現との関連でも理解できる動きであろう。

そこで、マルハンの動きを今一度、フィーバー機登場後の急成長と質的変化――例えば、釘調整の熟練技術が与える範囲が狭まる――のもとでの経営規模拡大化として観察してみよう。第4章のM商会の場合、フィーバー機の導入による高い収益率を経験した後、規制と相次ぐ新規参入による競争の激化が収益を圧迫するなか、難しい対応を余儀なくされた。一九七五年以降のマルハンの経営状況を示した図5-4によると、M商会と同様、一九八〇年代前半において売上高・経常利益率（以下、売上高利益率）が急激に改善した後急減していることが認められる。この状況によって立地展開や経営方針の選択において対策を迫られたと思われ、多店舗展開はその答えの一つということになる。

ただ、一九八六年からの動きという素早さに留意すれば、それを単に利益率の低下への対応とするわけにはいかない。多店舗展開は、激化する競争への受動的対策というより、フィーバー機がもたらした市場成長に積極的に反応した企業行動とし

表5-8　マルハンの店舗開設年度（2013年8月現在）

年代		新店舗数	比率（%）
1970年代	75～79年	3	1.0
1980年代	80～84年	4	1.4
	85～89年	9	3.1
1990年代	90～94年	5	1.7
	95～99年	15	5.2
2000年代	2000～04年	100	34.6
	2005～09年	107	37.0
2010年代	2010～14年	46	15.9
その他（ボーリング，ゲームセンター）		9	
ホール総計（その他を含む）		289（298）	100.0

資料）マルハンのホームページ（http://www.maruhan.co.jp/hall/index.html, 閲覧日2013年8月）。2013年8月時点における，店舗検索の各店の開設年度を集計。

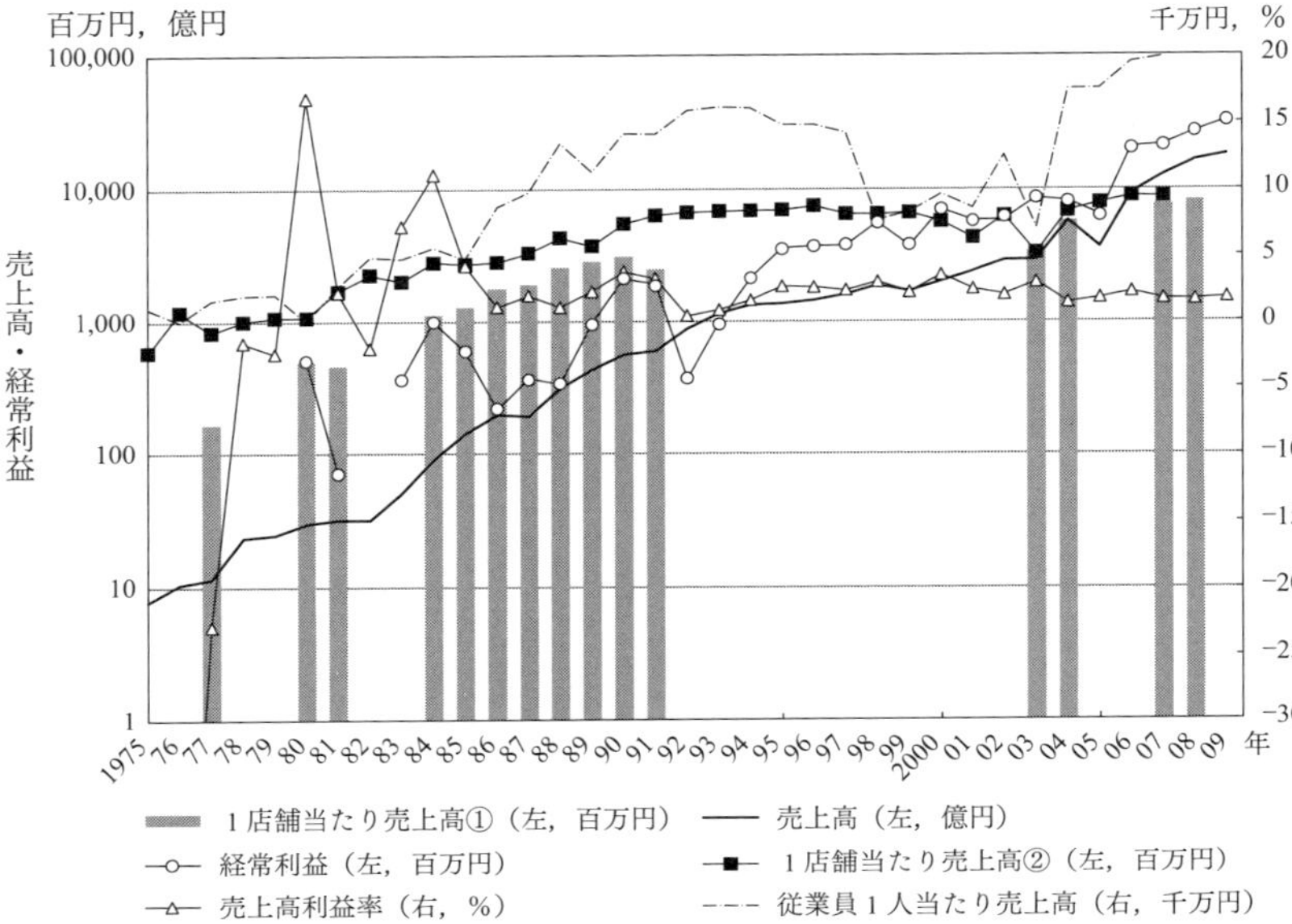

図 5-4　マルハンの経営実績（1975〜2009 年）

注 1）1 店舗当たりの売上高①は，売上高を社史の沿革の開店情報から類推した累積店舗数で割ったものであり，②はホームページの 2013 年 8 月時点で現存するホールの開店情報による店舗数で割ったもの。②は，廃業したホールの情報が不明であるため，店舗数は過少に算定されており，①より大きく計算されている。

2）従業員 1 人当たり売上高は，売上高÷(社員＋アルバイト・パート数）円。アルバイト・パート数は，1998 年以降判明する。

3）売上高（経常）利益率＝経常利益÷売上高

資料）売上高，経常利益，「1 店舗当たりの売上高」の店舗数は，マルハン『The first 50 years 1957–2007——マルハン挑戦の 50 年』出版文化社，2008 年より，「1 店舗当たり売上高②」の店舗数は，マルハンのホームページ（2013 年 8 月現在の http://www.maruhan.co.jp/hall/index.html）より算出。

ての側面をより重視すべきである。M商会のように、駅や商店街に近接する場所という伝統的な立地条件のホールは、新規参入者の登場によって狭い範囲内での激しい競争を強いられやすい。マルハンが展開していた郊外型ホールの市場は新しく、一九七〇年代においてはゆっくりと浸透していたから、まだ開拓の途上にあった。そこでフィーバー機によって市場の成長スピードが早まると、市内のような激しい競争からは相対的に距離をおきながら、店舗を展開できる余地を見つけられたのであろう。

このように見ると、図5-4に表されるマルハンの一九八〇年代前半の売上高利益率の増減は業界全般が経験した状況にマルハンも直面していることを表してはいるが、と同時に、八六年以降のさらなる低下には結びつかなかったことは注目に値する。安定的な推移を呈した後[92]、一九八九年以降上昇する傾向すら見られるのは、同社が能動的に成長戦略を展開した結果と思われる。この点は、多店舗がどのように展開されたか、その効果の内実はどのようなものであったかを踏まえて考察しなければならない。以下、マルハンの多店舗展開にどのような経済的機能があったかについて具体的に検討する。

留意したいのは、個別のホールが競争相手に対してとらなければならない戦術的営業方法と、全社的な店舗展開とでは、その目的も効果も異なる次元のものであるという点である。一つの店舗が他のホールと直接競争するときの優位性は、その地域の客の嗜向に合わせた機械の選定や台の入替えのタイミング（新装開店の時期）、接客などのサービスの内容、出玉率の調整など、毎日の営業方法に関連する。そのように地域社会に根差して他のホールと競争しながら運営する一つの店舗にとって、全社的な多店舗展開がどのように直接競争力につながるかは明確ではない。

以上のことを念頭に置きながら、マルハンの一九九〇年代初頭における全ホールの営業状況を概観し、多店舗展開がどのような効果をもたらしていたかを検討する。先にその効果についてまとめると、経営的ノウハウにおいては、ホール間の営業成績の比較・分析が行われる過程で様々な発見が蓄積されること、規模拡大など改装後の開店や新規に開設するホールが、大放出サービスなど、一定の期間に負担する投資額を全社レベルで補塡できる体制が安定化すること、というものであった。前掲表5-6に期待する効果として挙げられた店舗間の競争原理、情報の蓄積、全社レベルでの収益などの安定化についてと、整合的な結果といえよう。

(2) 地域集中の合理性

表5-9は、一九九〇年一〇月から九二年一一月にかけて、マルハンが運営していたホールの営業状況と開店情報を示している。「全店売上高一覧表」と題された元の資料は、営業している全ホールに関して、例えば「一九九〇年一〇月」、「一九九二年一一月」のように月単位で作成されている。各ホールから寄せられた情報に基づいて本社で集約したものである。同資料から、「事業所名」「売上高」、「景品高」、「割数」、「入金額」(および売上高に対する比率)、「粗利益」(同)、一台当たりの売上(および順位)、同粗利(および順位)、「稼働率」(一九九二年二月から一一月に限る)が判明する。

これらのデータより、ホール別の二六カ月の営業結果について月単位の平均を求め、台数を推計(売上高÷一台当たりの売上)、景品割引率(出玉の景品への交換率)を計算し、その結果を表5-9にまとめた。同表の右端の欄には新装開店、あるいは新規に開設した内容を記載しており、該当するホールの平均値は開店後のデータで計算している。一覧表の情報がどのように検討され、各ホールの営業にどのようにフィードバックされたかは不明である。しかし、一台当たりの売上や粗利のように比較可能な単位として記録されていることと、順位が付けられていることから考えると、比較の意図は明確である。

まず、マルハンが特定地域に集中してホールを展開したことが認められる。表5-9は元の資料上の区分をほぼ再現して地域別にまとめているが、全三六ホールのうち、半数以上の二〇のホールが静岡県に立地している。ホール番号は設立年に即して付けられており、順番を追ってみると京都府に最初の①ホールを出店した後、追加的出店は大阪府、兵庫県へと広げながらも関西地域に限定されていた。一九八六年からの積極的展開においては、⑨ホール以降、関西地域では兵庫県を中心に展開しながら、静岡県に集中して進出した。二地域のホールは全体の約八五パーセントも占めており、地域的集中は意図的に行われたといって良い。

このような店舗展開の狙いについては、前掲表5-6で指摘された経営効率化に関する効果のうち、地域性に関連する情報蓄積（●印）を思い出させる。この地域的集中は、いくつかの要因が考えられる。まず制度的影響がある。一九四八年制定の「風俗営業取締法」（五九年に「風俗営業等取締法」）から「風俗営業等の規制及び業務の適正化等による法律」へと大きく改正された一九八五年までは、各地域で販売される機械はメーカーが都道府県別の公安委員会で許認可を受けたものに限定されていたため、ホールによる購入も地域別に違いがあった。[93] 店舗の地域的分散は、機械選定および取り扱いノウハウにおいても規模の経済の利点を打ち消す。この制度的枠組みは客に好まれる射幸性の高低に地域差をもって影響するだろうし、地域別の消費のあり方を把握することがホールの営業方法においても決定的となる。営業のノウハウの蓄積において特定の地域を中心としてホールの場所を決定することは理に適っている。

地域集中的なホール展開は、管理の面でも効率的であったと思われる。一九七〇年代から漸次的に進んでいくホールのコンピュータ制御が全面化するまでは、ホールを近接して展開することで監督者の目の届く範囲での管理も容易にしたであろう。

（3）営業成績の差が生み出す情報資源

地域的に集中していたとはいえ、表5-9に再び戻ってみると、営業状況は多様であった。例えば台数の格差が大きく、最小規模二二〇台（静岡県の㉖ホールと㉗ホール）と最大規模五一六台（静岡県の㉔ホール）の間には二・三倍の開きが存在する。台数規模に影響されて神奈川県㉙ホールと大阪府②ホールの売上高や粗利益は、最高水準

要（1990 年 10 月～92 年 11 月）

1 台当たり				台数	新装開店・新規開設[8]
売上	売上順位	粗利	粗利順位		
820.3	27	9.9	36	252	1992 年 6～7 月台数拡大改装，7 月新装開店
997.1	14	101.8	26	328	
1,433.4	2	208.8	1	360	1990 年 10～12 月改装，12 月新装開店
759.5	31	106.9	21	220	1990 年？～12 月改装，12 月新装開店
1,028.8	12	150.3	5	364	
844.3	26	82.4	31	275	
818.2	28	86.9	29	315	1992 年 2 月新装開店，10 月台数拡大
1,207.5	5	169.5	4	348	1991 年 6～8 月台数拡大改装，8 月新装開店
1,459.0	1	140.1	8	293	公式の開設年は 1991 年となっているが，90 年 12 月のデータ（後掲表 5-10）も残っている
897.4	22	127.6	13	295	
936.6	20	125.7	15	297	
852.8	25	104.5	23	303	
675.6	34	74.7	32	454	
617.5	36	103.8	25	303	
921.8	21	111.0	20	357	1992 年 6 月，新装開店
1,067.3	9	112.4	19	364	1992 年 2 月，新装開店
1,254.3	4	205.0	2	364	1990 年 10～12 月台数拡大改装，12 月新装開店
956.4	17	104.2	24	314	1992 年 9 月途中から休業，11 月現在休業中
959.2	16	125.3	16	430	1992 年 9 月途中から休業，11 月現在休業中
948.1	18	135.6	10	515	1992 年 2～3 月に台数を 354 台から 370 台に拡大。9 月途中から休業，11 月現在休業中
639.8	35	67.3	33	516	1990 年 10～11 月改装，新装開店
997.2	13	116.0	18	367	1990 年 10 月，新規開設
724.2	33	60.4	34	373	1991 年 2 月，新規開設。1992 年 6 月新装開店
875.7	23	104.7	22	335	1991 年 11 月，新規開設
735.7	32	95.5	27	357	
782.6	29	87.5	28	363	
1,174.8	7	123.0	17	297	1992 年 3～4 月，4 月新装開店
973.8	15	138.4	9	324	
869.2	24	117.7	16	340	
762.4	30	85.2	30	364	
1,052.4	11	130.7	12	220	
1,057.1	10	145.4	6	220	
1,137.9	8	133.3	11	240	
1,179.5	6	173.6	3	360	1991 年 4 月新規開設
1,322.8	3	140.4	7	500	
937.4	19	54.7	35	249	1990 年 10 月，11 月に新装開店（10 月，11 月の売上利益率が「－」，割数が両月 15.7 以上であることから推測）
963.3		115.6		338	

勝った玉数÷交換した玉数）と類似しているが，金額ベースで計算したもの。

60 パーセントの交換率で景品に換算すると，玉 1 個当たり 3.4 円の価値で客に還元されることになる。

値は 1990 年 10 月から 92 年 8 月までのデータで計算。
⑯，㉗，㊱は当該月の平均売上高が他の月のそれより少なく，マイナス売上利益率，赤字の粗利などで，休業

表 5-9　マルハンの店舗概

地区区分[1]	都道府県	ホール名	設立年度	売上高	景品高	割数[2]	粗利益	売上高利益率[3]（%）	交換率[4]（%）	稼働率[6]
関西地区	京都府	①ホール	1957	206,725	321,403	15.55	2,501	1.2	63.54	45.68
	大阪府	⑥ホール	1983	321,280	459,117	14.28	33,007	10.3	62.79	54.42
		⑦ホール	1983	501,282	690,378	13.39	75,597	14.6	61.66	67.86
	兵庫県	②ホール	1973	167,099	227,911	13.62	23,582	14.2	62.97	40.89
		③ホール	1975	388,492	535,421	13.79	54,860	14.0	62.31	53.26
		⑨ホール	1986	186,304	260,552	13.99	23,763	12.7	62.38	37.63
		㉟ホール	不明	258,206	365,923	14.14	27,644	10.8	63.01	53.86
		④ホール	1975	420,204	571,282	13.61	59,305	14.0	63.17	56.96
		㉚ホール	1991	312,550	426,886	13.64	43,070	13.9	63.13	54.34
		⑩ホール	1986	264,746	364,129	13.75	37,744	14.3	62.34	46.14
		⑮ホール	1987	278,552	383,501	13.79	37,546	13.4	62.84	54.48
		⑱ホール	1988	258,694	360,633	13.95	31,872	11.9	62.90	50.74
		㉑ホール	1989	209,103	293,235	14.04	22,359	10.6	63.68	39.63
		㉒ホール	1989	187,700	249,485	13.31	31,626	16.4	62.56	35.08
静岡地区	静岡県	㉓ホール	1989	329,092	469,847	14.26	39,754	12.2	61.58	42.16
		⑤ホール	1982	388,501	566,027	14.52	41,048	10.8	61.38	52.22
		⑧ホール	1983	456,279	620,137	13.60	74,727	15.9	61.53	53.29
		⑪ホール	1986	300,135	433,777	14.39	32,825	11.2	61.61	43.60
		⑫ホール	1986	312,826	444,052	14.20	39,250	12.5	61.61	40.78
		⑯ホール	1987	382,435	534,490	13.96	50,612	13.4	62.08	39.91
		㉔ホール	1989	258,137	389,403	15.03	26,500	10.4	59.49	28.68
		㉛ホール	1991	363,482	522,247	14.32	41,966	11.6	61.56	44.26
		㉜ホール	1991	289,232	433,513	15.01	22,757	7.9	61.47	34.04
		㉝ホール	1991	293,053	431,593	14.73	35,013	12.0	59.79	37.70
		⑬ホール	1986	262,832	370,952	14.09	34,284	12.8	61.61	39.47
		⑭ホール	1986	284,150	407,217	14.33	33,806	11.9	61.48	36.30
		⑰ホール	1987	349,255	506,118	14.50	40,814	11.7	60.94	52.06
		⑲ホール	1988	313,824	431,465	13.76	44,391	14.3	62.45	41.59
		⑳ホール	1988	295,531	415,067	14.03	40,166	13.7	61.52	44.62
		㉕ホール	1989	277,796	400,971	14.40	31,164	11.3	61.51	30.82
		㉖ホール	1989	231,529	331,558	14.31	28,841	12.0	61.13	49.62
		㉗ホール	1989	232,541	328,400	14.12	32,072	13.8	61.04	45.51
		㉘ホール	1989	273,058	387,752	14.18	32,147	11.9	62.13	56.12
		㉞ホール	1991	424,622	590,540	13.91	62,728	14.2	61.28	51.76
関東地区	神奈川県	㉙ホール	1990	661,377	903,500	13.66	70,456	10.6	65.40	50.73
	茨城県	㊱ホール	不明	233,738	344,363	14.74	14,746	6.2	63.59	44.17
平　均[5]				310,399	438,135	14.14	38,182	12.1	62.10	45.84

注 1）マルハンの区分による。
2）割数＝景品高÷売上高× 10。確率や釘調整によってどの程度客が勝ったかを表す要素。出玉率（客が
3）売上高利益率＝粗利益÷売上高
4）交換率＝(売上高－粗利益)÷景品高。交換率とは，出玉の「原価」と景品の交換価値。4円で買った玉を
5）平均値は，改装した後の月平均値であり，改装・開店した月および翌月分は除いた。
6）稼働率は，1992 年 1 月まではデータがないため，2～11 月の平均値である。
7）⑪，⑫，⑯は 1992 年 10 月から 11 月までデータはない。9 月からの改装のための休業と考えられ，平均
8）②，④，⑰は資料上「改装のため休業中」の後再開，⑧，⑱，⑲，⑳は当該月のデータなしの「空白」，
および改装した月を判断した。

資料）マルハン提供資料「全店売上高一覧表」1990 年 10 月～92 年 11 月より作成。

の前者が最低水準の後者の三〜四倍もある。月平均の売上高に占める粗利益で計算した売上高利益率においても一・二や六・二パーセントから、一五・九パーセントまであり、約一〇ポイントの開きがある。台数規模の影響を除外した一台当たりの売上高と粗利も様々であり、最低値に対する最高値のホールの倍率は、それぞれ二・四倍(兵庫県㉚ホール一四五九円、同県㉒ホールの六一七・五円)、三・八倍(大阪府の⑦ホール二〇八・八と茨城県㊱ホール(94)五四・七)である。

ホールごとに多様な経営状況が見られる一方で、「交換率」は最低五九・四九パーセントから最高六五・四パーセントの間の開きはあるものの、平均約六二・一パーセント前後の水準にある。交換率とは、客が得た玉(出玉)が実質的にはどの程度の景品の価値であるかを、景品売上高と粗利から計算したものである。元の資料に基づいて各ホールの約二年間の月別の動向を確認してみると、表5-9に示された平均値の水準で保たれている。玉から約四割が割り引かれて景品に交換されていたことになり、ばらつきは各地域の違いとして理解することができる。

このような営業状況の差異性は、経営側にとって、それ自体が問題発見のシグナルとなる。要因分析や格差の是正への動機づけになり、相対的に下位にあるホールの課題の改善を促す。そこで、差異性を生み出したいくつかの要因について検討する。各地域の客の嗜向や周辺の競合ホールの影響は、指標の水準に影響する要因であろう。そのような点が、各ホールレベルで営業上の重要な要素になることを認めた上で、項をあらため、全社レベルの動きを推測するために、表5-9に見られる要素間の影響を検出してみる。

(4) 選択されるホールとは

まず、図5-5に示されるように、台数規模が大きくなるほど売上利益率は下がる。ただし、マルハンのホールの平均的な台数規模(前掲表5-9、三三八台)が含まれる約三〇〇台においては売上利益率の高低が幅広く分布し

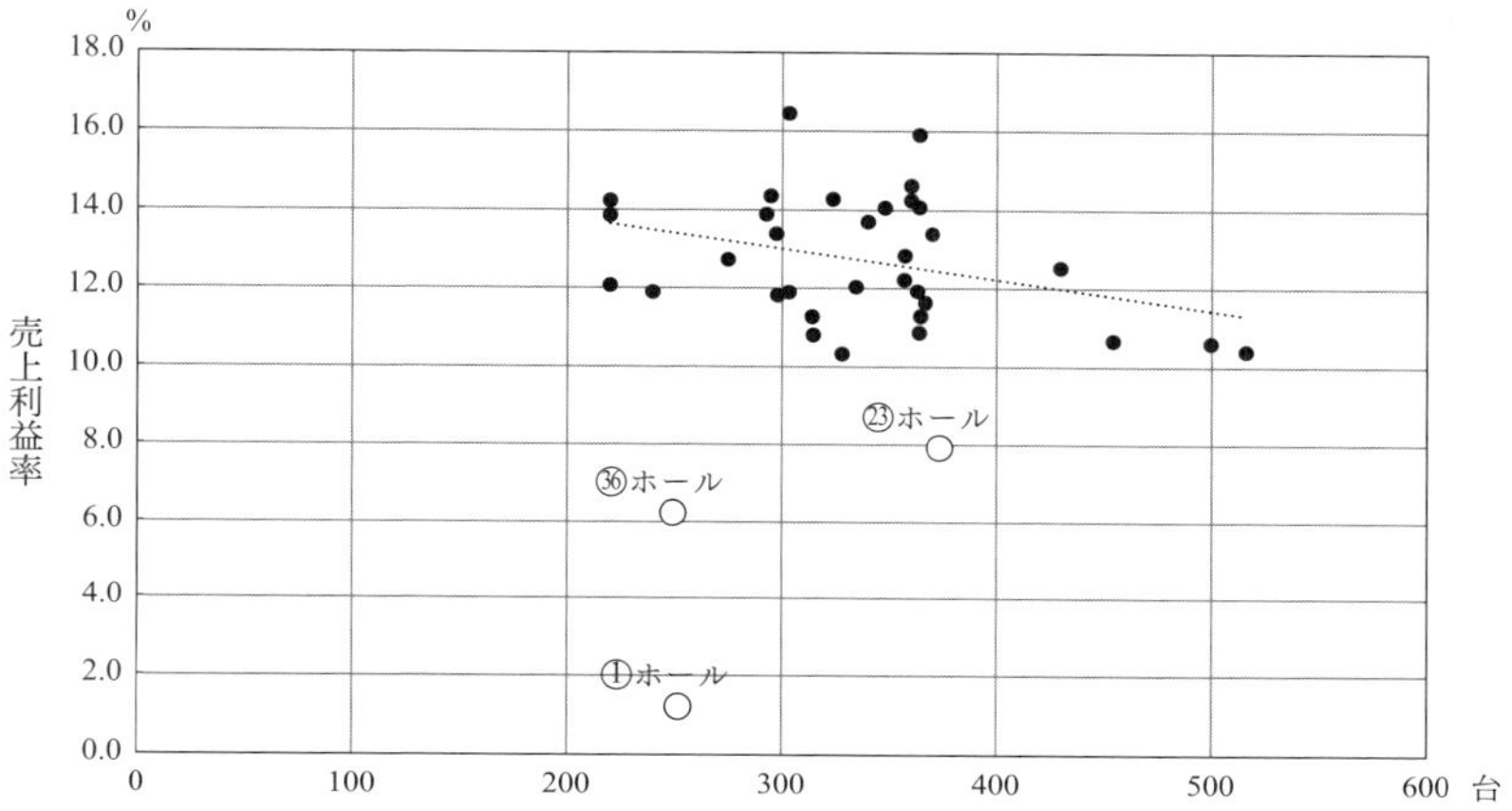

図 5-5　台数規模と売上高利益率（1990 年 10 月〜92 年 11 月）

資料）表 5-9 に同じ。

ている。四〇〇台以上のホールを除けば、逆相関関係は必ずしも明確ではない。規模を拡大することが利益率上昇につながる可能性も持っていたと見ることができる。多店舗を運営する企業の規模関連の投資は個別のホールレベルでは決定できる事柄ではないから、図5-5のような結果は拡大への判断において有効な情報になりうる。全体の動向から乖離している①、㉓ホールは新装開店したことが影響しており、㊱のホールは成績不振であったことを表している[95]。

売上利益率に直接影響を与えた要因として、割数を挙げることができる（図5-6）。割数は、営業後最終的に総計された「景品売上高÷売上高（貸玉料）×10[96]」で計算される。出玉率に類似しているが、より経営的概念を持った指標である[97]。このような指標を使うことには、毎日行う釘調整による出玉率のコントロールという営業現場での具体的なアクションが、どのような経営的結果をもたらすかを金額ベースで評価するという意図が盛り込まれている。元資料の性格から考えると、マルハン本社が各ホールの状況を判断したり、全社レベルの経営の方向性を模索したりする上で必要なより適切な「情報形態」ということになる。

割数には、機械の確率に規定される当たりと開け・締めの釘

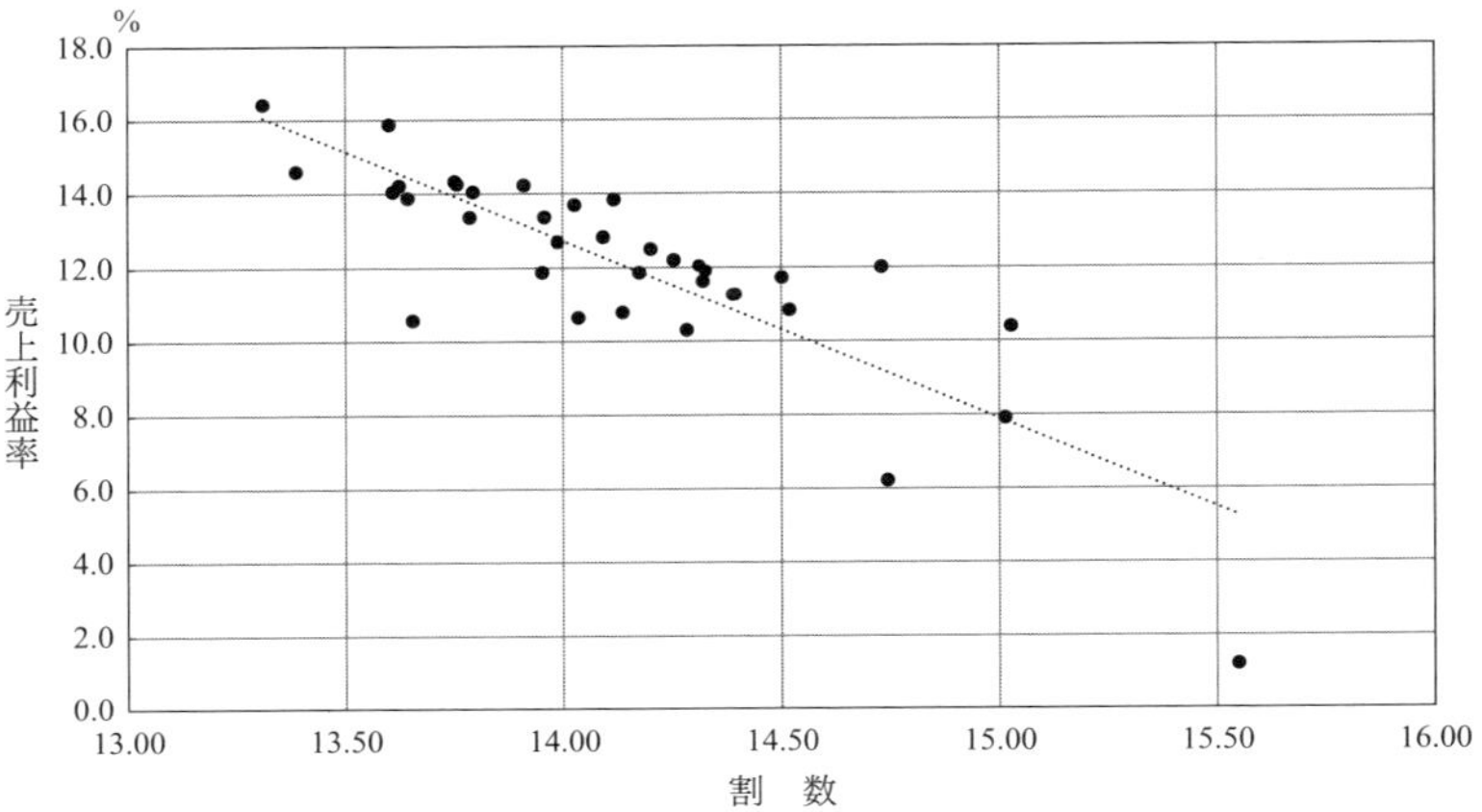

図 5-6　割数が売上利益率に与えた影響（1990 年 10 月〜92 年 11 月）

資料）表 5-9 に同じ。

調整双方による出玉率が影響する。そのようなホールの事前的調整に対する客の遊技結果（客数、遊技時間）によって最終的に割数が変動し、売上利益率もそれに影響されて上下する。出玉率を経由して割数が高（低）くなると売上利益率は低（高）くなる逆相関関係を図 5-6 は示しているのである。このように割数は、プログラムですでに決まっている確率を除いて、ホールの主体的な取り組みとしての釘調整で変動する要素であり、またその高低から客を呼び寄せる意図を表す代理変数として理解できる。留意したいのは、確率自体はホール側でコントロールできないという点である。図には説明可能な指標として直接組み込まれないが、集客にあたってホール間で取りうる差別化の方法は、どのような機械を選定するかということと、集客を左右してきた釘調整の役割低下を補う独自の要素を、例えばどのような付加的サービスとして提供できるかということに向かうようになる。これらの総合的結果が図 5-6 であることは強調しておこう。

客の入りに直接影響した出玉率を反映する割数の高低によって、ホールは、営業状況をどのようにコントロールできたのだろうか。客がどの程度入ったかについては、機械の稼働率で考えることができる。マルハンのデータから稼働率の情報が判明

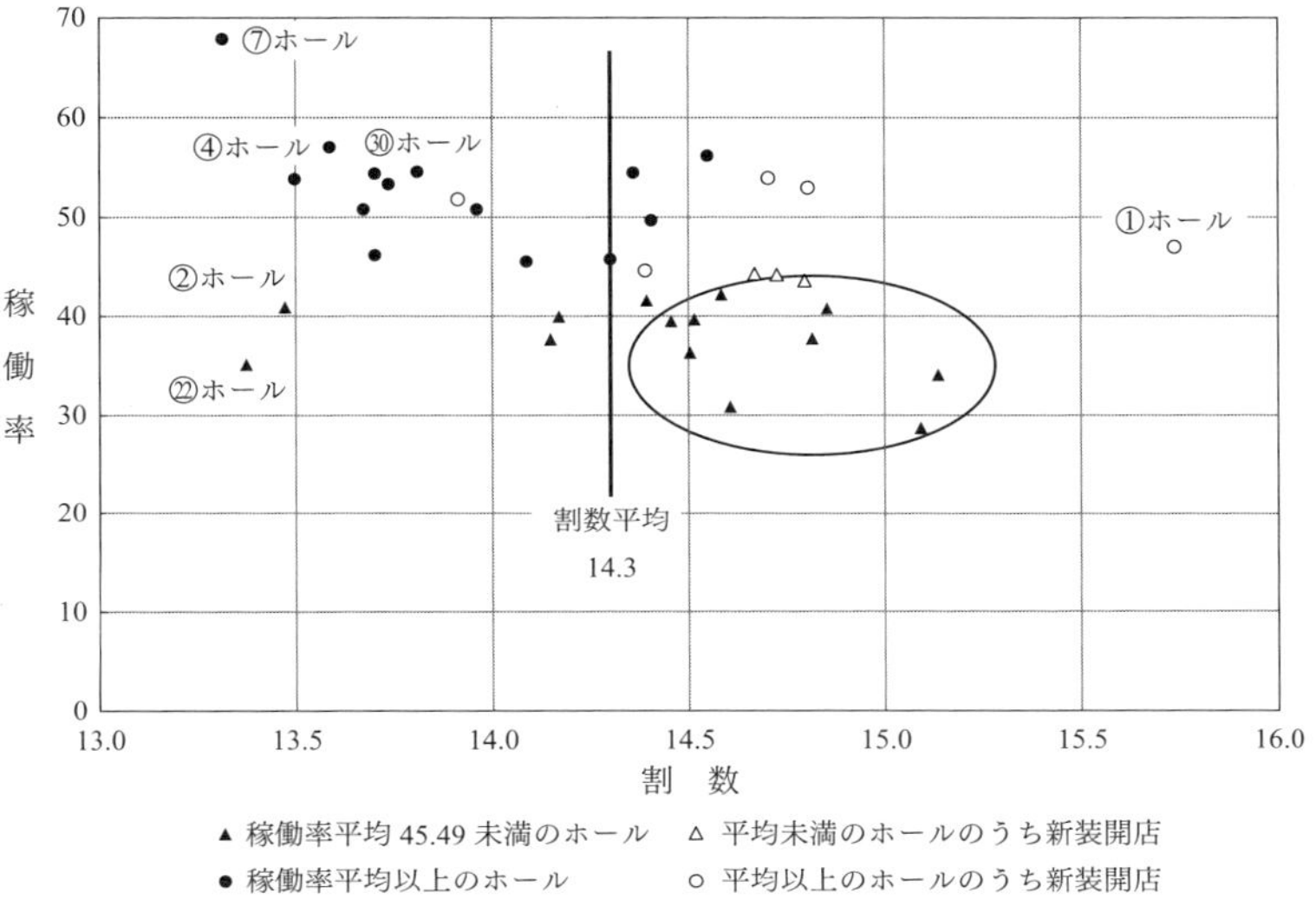

図 5-7　割数と稼働率（1990 年 10 月～92 年 11 月）

資料）表 5-9 に同じ。

するのは、一九九二年二月以降である。この時期に店舗間の比較要素として稼働率が加えられたことに、稼働率を重視するようになった経営側の意思が表されている[98]。その状況が分かる一九九二年二月から同年一一月までを対象にして、各ホールの割数の平均値を改めて求め（そのため前掲表5-9とは異なる）、稼働率に与えた影響をまとめたのが図5-7である。

稼働率が判明する一〇カ月間の全ホールの平均値は四五・四九パーセントである。この時期における郊外型ホール展開を特徴とするマルハンの稼働率水準ということになる。五割を切っていることとそれ自体の評価は難しい。稼働率は午後二時など二回、全機械に占める使用機械の比率で計算されている[99]。主要客であるサラリーマンの勤務形態を考えると混雑しない時間帯に測定されている。稼働率水準が高くなる多忙な時間帯の営業結果を示すものではなく、問題点が発見しやすいという意味で一つの経営的バロメーターになる。その状態を改善することが営業のボトムアップにつながれば、稼働率に注目することは経営全体を望ましい方向に持っていくための有効な方法となる。売上高に直接影響する客数の規模が判明する平均稼働率は、マルハンの売上利益率を約一二パーセント（一九九二年二〜一一月の全ホール平均）で維持できる水準であったということができる。

興味深いことに、稼働率と割数は緩やかに逆相関関係にあり、勝つことだけがパチンコ消費の目的ではない可能性を示す（図5-7）。確かに、割数が平均値より高いグループには新装開店したホールが多数含まれ、客を呼ぶために玉を出していたことが分かる。また、割数が全ホールの平均値を下回って最も低い㉒と②ホールは、稼働率も低く、なかなか勝たせてもらえないホールは客の足が遠ざかっていたように見える。

ただ、㉒ホールは、集客自体に問題を抱えていたようである。同ホールは、神戸市西区の西神ニュータウンにあるショッピングモール内に一九八九年に開設された。ニュータウンはまだ開発途中にあった。一九九〇年当時、約三割しか完成していなかったことが集客困難の要因として挙げられている[100]。一九七三年に開店した②ホールの場合、兵庫県の中心地域に立地し、七から八の競合店に激しい競争を強いられ、集客は困難であった[101]。一九九〇年一二月に改築改装した後は客が急増する結果も見られたが[102]、競争による営業の苦しさが低い稼働率に表れていることになる。これら二ホールの場合は、割数の水準が平均値を下回っており、その引き上げが集客の有効な方法になる可能性を示している。

二ホールを除く稼働率の平均値以下のグループは、興味深いことに、割数との逆相関の傾向が平均値以上のグループに比べて強い。割数が高くなるよう出玉率を上げても、客が訪れて稼働率を押し上げる、という明確な関係を見出せないのである。客をより多く呼びたいというホールの意図が、高い水準の稼働率によって利益率を上げる結果につながらなかったと理解することができる。地域的特徴や周辺のホールとの競争によって、割数の高い水準と低い稼働率は決まっているかもしれない。そうであるなら、図5-7は、競争のなかで単なる高い割数による営業活動だけでは優位な地位を築けないという可能性も暗示している。少なくとも郊外型ホールの客は、大放出のサービスや勝つ、ということだけに反応して訪れてはいない。

例えば、最も高い稼働率を記録した⑦ホールは、割数も最も低い一三・三二でありながら他のホールに比べて集客力を持っていたことになる。割数が低くてもホールを訪れるということは、客が出玉率以外の要因に引き寄せられていることを意味する。⑦ホールの経営パフォーマンスに営業の独自の取り組みが影響したなら、それは他のホールにも横展開できるマルハンのノウハウになる。

④と㉚は、ほぼ同じ水準の高い稼働率と低い水準の割数であり、有数の成績を収めている（一台当たりの売上高・粗利の順位は一〇位以内）。両ホールともに神戸市西区に立地しており、マルハンホール同士での競争も想定される距離内にあった。しかし両店は、一九九一年に関西有数のホールチェーン店（高山物産）の大型ホールが新規開設されてから苦しい競争を強いられていたものを、[103]マルハンの二つのホールで攻略した結果、優位に立つようになったというから、[104]多店舗展開は競争の上で固有の手段を有することにもなる。

もちろん、サービス業のように各地域の多様な需要が営業に影響する場合、画一的な営業方法やトップダウンの指示が有効とは限らない。しかし、あるホールに関して稼働率が平均値以下であるという判断は、比較できる情報に基づいて本社レベルで可能になる結果に対する評価である。格差の発見が稼働率などを是正するリアクションにつながるかどうかは別としても、少なくとも営業成績の良いホールの事例とその要因の情報が本社に蓄積されていくことは重要である。

（5）イベントと集客能力——釘師依存からの脱却の模索

相対的に営業成績が悪いホールにおいては、どのように客に足を運んでもらえるか、より長く利用してもらうためにはどうすれば良いのか、などの工夫が必要になる。駅前店のような立地であれば認知は容易である。それに対して郊外型ホールは、店自体、そして新装開店およびそれに伴うサービスを認知させる宣伝などがより重要であろうし、わざわざ足を運ばせる魅力的なサービスも求められるため、客を「呼ぶ」、つまり客に選択してもらうというのが最も難しい。客を呼ぶことにおいて、割数は一つの要素に過ぎず、ホールの宣伝や広告自体が効果的でなければ、出玉率を上げても、望むような成果が得られないことになる。その意味で一度限りではないリピーターとなってくれる安定的な客層を確立することが重要であり、割数以外のサービスにも重点を置くことが一つの改善策になる。

このような割数と稼働率の関連性は、一九七〇年代に新しく出現した客層へのサービスとも整合的な結果である。第一節で検討したように、郊外型ホールの客は、比較的金銭面で余裕のある層であり、また女性客も増え、時間を過ごすのを楽しむために雰囲気をより重視するなど、駅前店の客とは異なったニーズを持っていた。

客層や需要の変化を端的に示す事例は、特別イベントやいわゆる新装開店の台の入替えの際にマルハンが実施したサービスの内容である。このようなイベントは、従来の常連客が機械に食傷しないようにし、また新しい客を開拓するという両方の意図があり、そのサービス内容からどのような客を想定しているかが分かる。新装開店の一般的風景となった賑わいは、高い出玉率を狙った新しい客や、技術的に慣れていない客層が訪れることによって生まれた。[105] 一九九四年五月一二日から一三日に新しく機械を入れ替えて開店した⑭ホールの場合も、割数に重点を置いて客に勝たせるサービスが実施されたことに変わりはなかった。[106] しかしそれに加えてブランドもののTシャツ、ポロシャツなどの景品の品ぞろえを豊富にし、マルハン独自のマナーによる接客サービスを提供した。出玉率の要素以外のサービスが工夫されたのである。

同年一九九四年一〇月二三日に開店一〇周年を迎えた⑦ホールの記念イベントでも、従来に比べ一風変わった様子を観察することができる。優秀な成績で常に上位を維持する⑦ホールであったが、[107] ブランド米、日本産の松茸、イタリア製高級セーターを「破格の値段」で提供し、市販で入手しにくいJリーググッズなどのような景品提供に力を入れたのは、[108] 男性客以外の客層も想定した取り組みとして読み取れる。イベントの意図通り、福袋のような割安の高級品など景品の内容に重点を置いたサービスに関心を示す家族連れやカップルに加えて「デパートの特売場

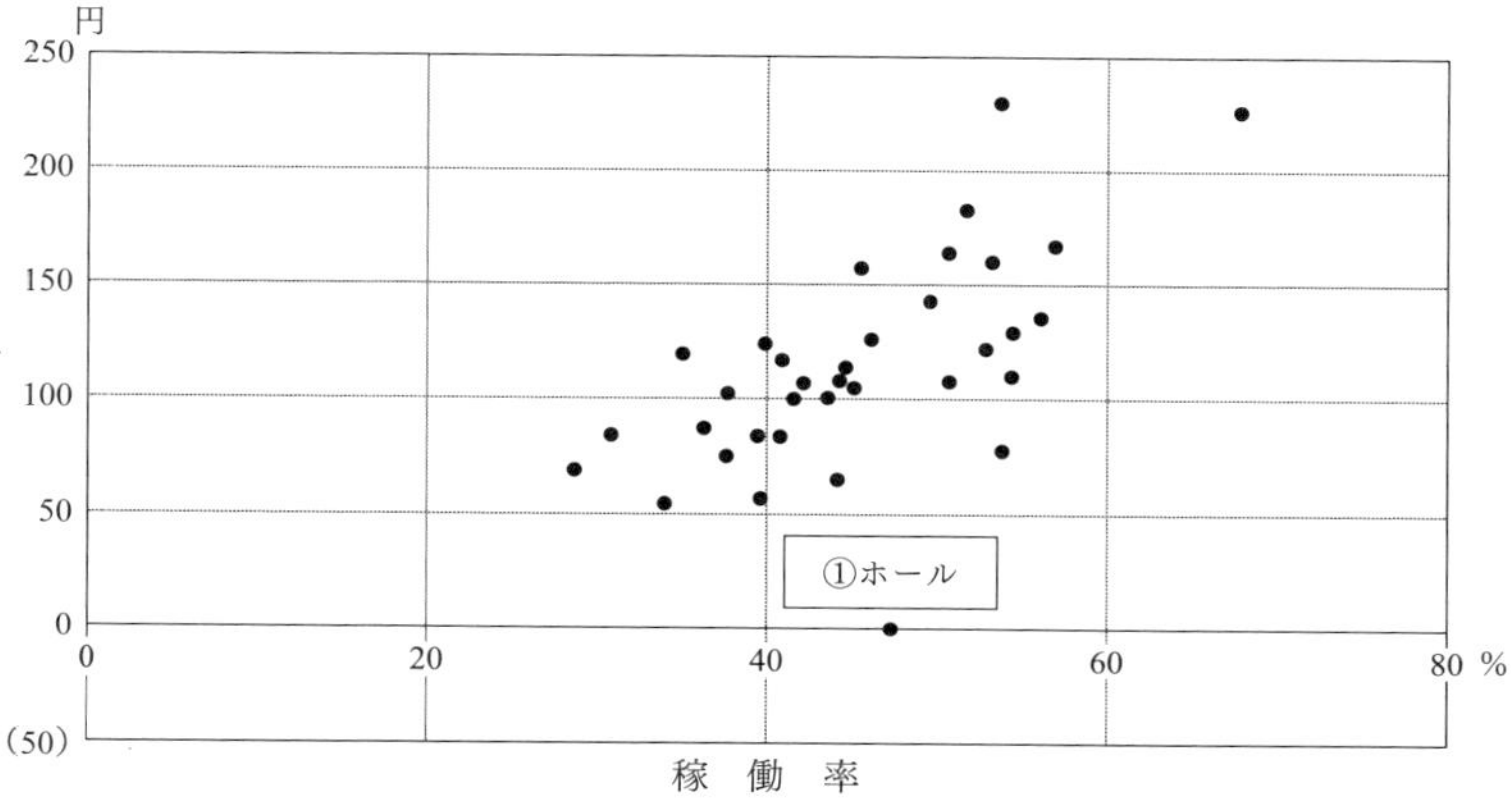

図 5-8　稼働率と1台当たりの粗利（1992年2〜11月）

資料）表5-9に同じ。

のような雰囲気を持ったお客様」で店内は溢れていた。イベント内容に魅かれて訪れる客には、それまでとは異なる多様性が見られたという。未婚の男性サラリーマンを想定していた一九七〇年代とは異なり、「お父さん」として、「彼氏」として、家族や同伴者を伴ってくる。そうした男性の時間の過ごし方を考慮したサービスが提案されているのである。

以上のような客層の変化を捉えようとする試みが、常連客の確保にどの程度結びついたか、その証拠を見つけることは困難である。重要なのは、郊外型ホールはこのような企画を出し続けることが求められるという点である。継続的イベントの工夫と実施は、釘師の熟練の技に依存して出玉率の調整のみで客を呼び寄せる営業とは異なり、アイデアを創出し続ける組織的対応がますます重要になることを意味する。

マルハンが稼働率を比較可能な情報として付け加えたのは、図5-8が示すように、その上昇が一台当たりの粗利に好影響を与えていたことからも首肯できる。一台当たりの売上についても同様の結果が得られた。一九九二年七月に改装したことが影響し、割数が高く設定されたため一台当たりの粗利はマイナスになっている①ホールを除いて、おおよそ稼働率が高いホールの方が粗利も大きい結果となった。稼働率が各ホールの営業成績を規定した

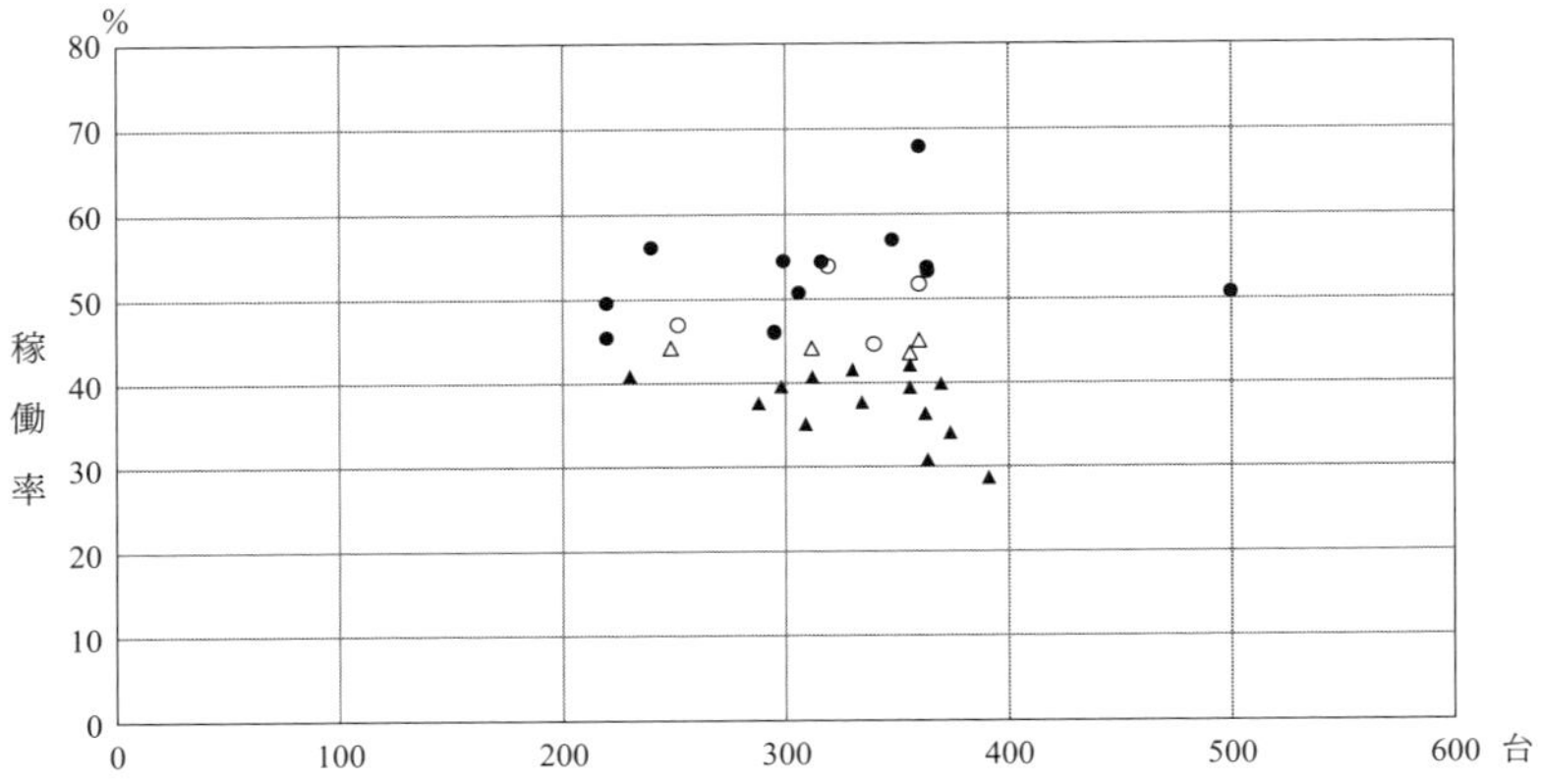

図 5-9　台数規模と稼働率（1992 年 2〜11 月）

資料）表 5-9 に同じ。

ことが分かる。

したがって、台数規模を拡大するときは稼働率をどのように維持するか、上昇させるかが決定的な問題になったと思われる。約三〇〇台までは台数拡大が売上利益率の改善につながる可能性もあったから、より多くの客を呼び込む方法こそが鍵を握っていた。図5-9は、一見、規模が大きいこと自体が客にとって、そのホールを訪れる直接的動機にはならなかったことを物語る。しかし、この傾向は逆相関関係がより顕著な平均値の約四五・〇以下のグループで強く、上位の稼働率を記録したグループではその関係は必ずしも明確ではない。むしろ、台数規模が大きいホールの方が稼働率を高い水準で維持しているようである。例えば気に入る機械を発見できる選択肢が多様である、他の客と好きな機種をめぐって争わなくてもすむなど、客の機械の選定においてスケールメリットが効いた可能性がある。新装開店、リニューアル・オープン、新規開設のホールは、平均線近くにあるが、これらのホールは傾向的に割数が高いため、稼働率がその後どのように変動するかは不透明である。

（6）改装という営業戦術

ここではこの時期にマルハンが行った休業を挟んだ開店および新規開設したホールについて、その時点の経営状況を分析し、多店舗展開の全社レベルでの意味を考えてみる。新規開設の四ホールと休業を挟んで開店した一一ホール[109]について、表5-10に概略を示した。検討の前に、後者の休業と開店について事例の性格をまず確定しておこう。

休業後再開店した一一のホールと、使用データの期間の最後の時点（一九九二年一一月現在）において休業中の三つを加えた一四ホールは、二六カ月の間に新しく開設した五つを除く三一ホールの約四四パーセントを占める。[110]このうち、①、④、⑧、㉟は台数規模拡大を伴っており、②、④、⑦、⑧（以上、表5-10）、⑪、⑫、⑯（以上、前掲表5-9。一九九二年一一月現在休業中）の七ホールは一カ月以上の休業日があった。

休業する目的には、第4章で考察した、新機械への入替えを行う新装開店がある。客の機械へのマンネリ化を払拭するため、定期的に機械の一定数を新機種に入れ替えるというものである。時期の選択に応じて、周辺のホールとの競争上、また新規顧客の獲得の上で、有効な戦術となる。開店後は玉の放出サービスが行われることが多く、出玉率を上げるため割数は高めになる。この場合の休業日は、第4章のM商会のように、通常、台の入替作業のために必要な数日間に限られる。月単位で整理されているマルハンの情報からは、新装開店を行ったかどうかは判然としない。表5-10の㉔、㉜、㉟、㊱は改装月の売上高から判断すると休業日が少なかったと思われ、通常の新装開店の可能性が高い。その他は、休業情報が明記された場合や月の経営状況に影響するほど比較的長期の休業があり、新装開店とは異なる意味合いを持つと考えられる。

それではマルハンの比較的長期の休業の目的は、どこにあったのだろうか。この時期における既存店舗の改装は、全社的に取り組んだ設備面の近代化を伴っていた。[111]その意思決定は、現場レベルの判断に基づいてなされるわけではないから、先述した通常の新装開店が持つ性格とは異なる。機械の入替えによる新装開店の目的や性格との

表 5-10　新装開店，リニューアル・オープン，新規開店と営業状況

（単位：千円）

新装・新規	ホール名		年月	売上高	景品高	割数	粗利益	売上高粗利益率（%）	景品割引率（%）
新装開店，リニューアル・オープン	㊱ホール	改装月	1990 年 10 月	224,913	352,434	15.67	▲ 1052	▲ 0.47	64.12
		翌月	11 月	256,853	402,305	15.66	▲ 171	▲ 0.07	63.89
	㉔ホール	改装月	1990 年 10 月	266,319	456,169	17.13	▲ 14,002	▲ 5.26	61.45
		翌月	11 月	253,384	422,938	16.69	▲ 6,437	▲ 2.54	61.43
	⑦ホール	改装月	1990 年 12 月	99,930	145,245	14.53	6,992	7.00	63.99
		翌月	1991 年 1 月	578,044	767,111	13.27	87,600	15.15	63.93
	⑧ホール	改装月	1990 年 12 月	186,711	304,930	16.33	▲ 1,142	▲ 0.61	61.61
		翌月	1991 年 1 月	437,134	586,101	13.41	76,019	17.39	61.61
	④ホール	改装月	1991 年 8 月	333,279	546,933	16.41	▲ 14,885	▲ 4.47	63.66
		翌月	9 月	446,545	631,171	14.13	45,152	10.11	63.59
	②ホール	改装月	1991 年 12 月	40,341	65,577	16.26	▲ 1,200	▲ 2.97	63.35
		翌月	1992 年 1 月	204,602	278,818	13.63	27,967	13.67	63.35
	⑤ホール	改装月	1992 年 2 月	359,159	598,744	16.67	▲ 9,161	▲ 2.55	61.52
		翌月	3 月	510,580	804,353	15.75	15,857	3.11	61.51
	⑰ホール	改装月	1992 年 4 月	99,748	164,005	16.44	▲ 1,423	▲ 1.43	61.69
		翌月	5 月	407,609	586,635	14.39	45,840	11.25	61.67
	㉜ホール	改装月	1992 年 6 月	242,926	401,741	16.54	▲ 5,416	▲ 2.23	61.82
		翌月	7 月	258,388	410,426	15.88	5,201	2.01	61.69
	①ホール	改装月	1992 年 7 月	6,864	17,693	25.78	▲ 4,225		62.67
		翌月	8 月	268,117	436,913	16.30	▲ 7,833	▲ 2.92	63.16
	㉟ホール	改装月	1992 年 2 月	256,539	408,771	15.93	▲ 633	▲ 0.25	62.91
		翌月	3 月	316,793	477,847	15.08	17,108	5.40	62.72
		規模拡大	1992 年 10 月	392,350	533,733	13.60	56,062	14.29	63.01
		翌月	11 月	339,219	461,065	13.59	47,747	14.08	63.22
	平均	改装月				17.06 (16.78)	▲ 4,195 (826)	▲ 1.20 (0.087)	
		翌月				14.93 (14.82)	27,846 (29,504)	6.60 (7.22)	
新規開設	㉛ホール	開設月	1990 年 10 月	6,168	20,858	33.82	▲ 7,037	▲ 114.09	63.31
		翌月	11 月	465,881	811,377	17.42	▲ 33,433	▲ 7.18	61.54
	㉚ホール	開設月	1990 年 12 月	61,133	98,150	16.06	▲ 668	▲ 1.09	62.97
		翌月	1991 年 1 月	311,741	406,626	13.04	54,038	17.33	63.38
	㉜ホール	開設月	1991 年 2 月	120,388	280,479	23.30	▲ 52,709	▲ 43.78	61.71
		翌月	3 月	412,884	712,701	17.26	▲ 27,087	▲ 6.56	61.73
	㉞ホール	開設月	1991 年 4 月	103,662	227,608	21.96	▲ 35,980	▲ 34.71	61.35
		翌月	5 月	508,121	792,278	15.59	19,182	3.78	61.71
	㉝ホール	開設月	1991 年 11 月	127,377	223,947	17.58	▲ 14,113	▲ 11.08	63.18
		翌月	12 月	282,517	438,989	15.54	13,186	4.67	61.35
	平均	開設月				22.54	▲ 22,101	▲ 40.95	
		翌月				15.77	5,177	2.41	

注）新装開店の平均は，㉟の規模拡大の結果を除いたものであり，括弧内はそれを含むものである。
資料）表 5-9 に同じ。

表5-11　新装開店，リニューアル・オープンの効果

（単位：千円）

ホール名		売上高	景品高	粗利益	売上高粗利益率(%)	1台当たり				台数
						売上	順位	粗利	順位	
④ホール	改装前平均	260,322	370,837	30,174	11.6	877.94	16	101.80	17	296
	改装後平均	418,323	567,005	60,316	14.3	1,202.07	7	172.31	6	348
	変化率	161	153	200	123.5	136.92	↑	169.27	↑	117
⑤ホール	改装前平均	342,545	487,810	42,331	12.46	941.05	14	115.73	17	364
	改装後平均	468,821	688,581	47,906	10.23	1,287.98	4	131.63	15	364
	変化率	137	141	113	82.07	136.87	↑	113.74	↑	100
⑰ホール	改装前平均	243,927	346,335	30,611	12.5	829.69	22	98.03	20	294
	改装後平均	339,529	492,698	39,976	11.8	1,139.57	8	117.53	12	298
	変化率	139	142	131	94.0	137.35	↑	119.89	↑	101
㉜ホール	改装前平均	306,530	456,137	25,225	8.33	749.43	25	66.74	30	373
	改装後平均	231,975	343,713	26,107	11.24	620.23	31	69.80	29	374
	変化率	76	75	103	135	82.76	↓	104.58	↑	100
㉟ホール	改装前平均	225,938	311,111	29,177	12.24	724.1	27	92.9	23	312
	改装後平均	298,907	442,469	21,938	7.33	958.0	19	70.3	31	312
	変化率	132	142	75	59.85	132.3	↑	75.7	↓	100
	台数拡大後平均	365,785	497,399	51,905	14.19	1,051.1	10	149.2	7	348
	変化率	122	112	237	193.61	109.7	↑	212.1	↑	112
①ホール	改装前平均	119,020	172,948	8,919	7.6	551.02	33	40.95	33	216
	改装後平均	206,725	321,403	2,501	1.2	820.33	21	9.93	34	252
	変化率	174	186	28	15.8	148.88	↑	24.26	↓	117

注）順位は全ホールに占めるもの。
資料）表5-9に同じ。

区分を重視し、ここでは中長期の休業後の開店をリニューアル・オープンとする。リニューアル・オープンも機械の交換や出玉率の調整を伴うため新装開店と同様の効果を営業にもたらすだろうから、このような取り組みが個別ホールの営業と企業全体に与えた短期的影響を分析することは可能である。以下、リニューアル・オープンおよび新装開店を合わせて改装とし、営業のあり方と効果を検討する。

表5-10は、改装したホールと新規ホールの開店した月および翌月の経営状況を表したものである。改装した月は、割数が約一七として平均の一四・三より三ポイントも高く設定され、その影響で、粗利益、売上利益率ともにマイナスになっている。しかし、その翌月には、割数を約一四・九へと、ほぼ平均値水準まで引き下げた結果、粗利は黒字に、それに連動してマイナスであった売上利益率はプラスに転じており、改善を見せた。㉟ホールは、一九九二年二月に再開店した後、一〇月に台数規模を五二台拡大したが、これに伴って

玉を出した影響は月単位の割数としては判明しない。改装に伴う営業状況の変化は、新規開設した四ホールの開店した月の場合も同様であった。

このうち、改装の前後でその効果が経営的状況にいかに反映されたかを、変化の比較が可能な五ホールについてまとめたのが表5‐11である。㉜を除く四ホールの売上が一・三倍から一・六倍増加し、他の経営指標においても改善が認められる。機械台数が増加した④ホールは、売上の上昇率が他のホールに比べて高い。しかし規模拡大の一・二倍より、売上利益率、一台当たりの売上、粗利などの上昇が顕著であるから、新装開店あるいはリニューアル・オープンの効果と見てよい。

もっとも、すべてのケースに当てはまるとは限らない。㉜ホールの場合、一台当たりの粗利が増加し、売上利益率も改善したものの、長期的な営業状態に関連する客数の増加や遊技時間の長時間化によって売上高などの経営状態が改善したとはいいがたい。周辺のホールとの競争状況など、他の要因に関わる何らかの問題を抱えていた可能性がある。とはいえ全体的に、改装は、マルハンの各ホールにおいて経営改善の効果をもたらしたといえる。

（7）多店舗展開と経営

最後に、各ホールの状況を踏まえ、マルハンの全社的経営状況を約二年間について、考察する。

図5‐10(1)と図5‐10(2)は三六ホールを合算したマルハン全体の経営状況について、トータルの規模と一台当たりに分けて利益率と売上高などの増加や改善を示したものである。総売上高の推移（図5‐10(1)）は、月別の変動、新規開店、改装のための休業などが影響して増減するものの――特に一九九二年一〇～一一月には三ホールが休業――、近似線が描くように二年の間に緩やかに増加した。粗利益率は売上高の増大のスピードには及ばなかったが、規模拡大のもとで改善したことが見て取れる。これは、全社レベルでの平均割数が漸減していることと裏腹の関係からであった。他方で、一台当たりの場合においても、売上高、粗利がともに改善した。

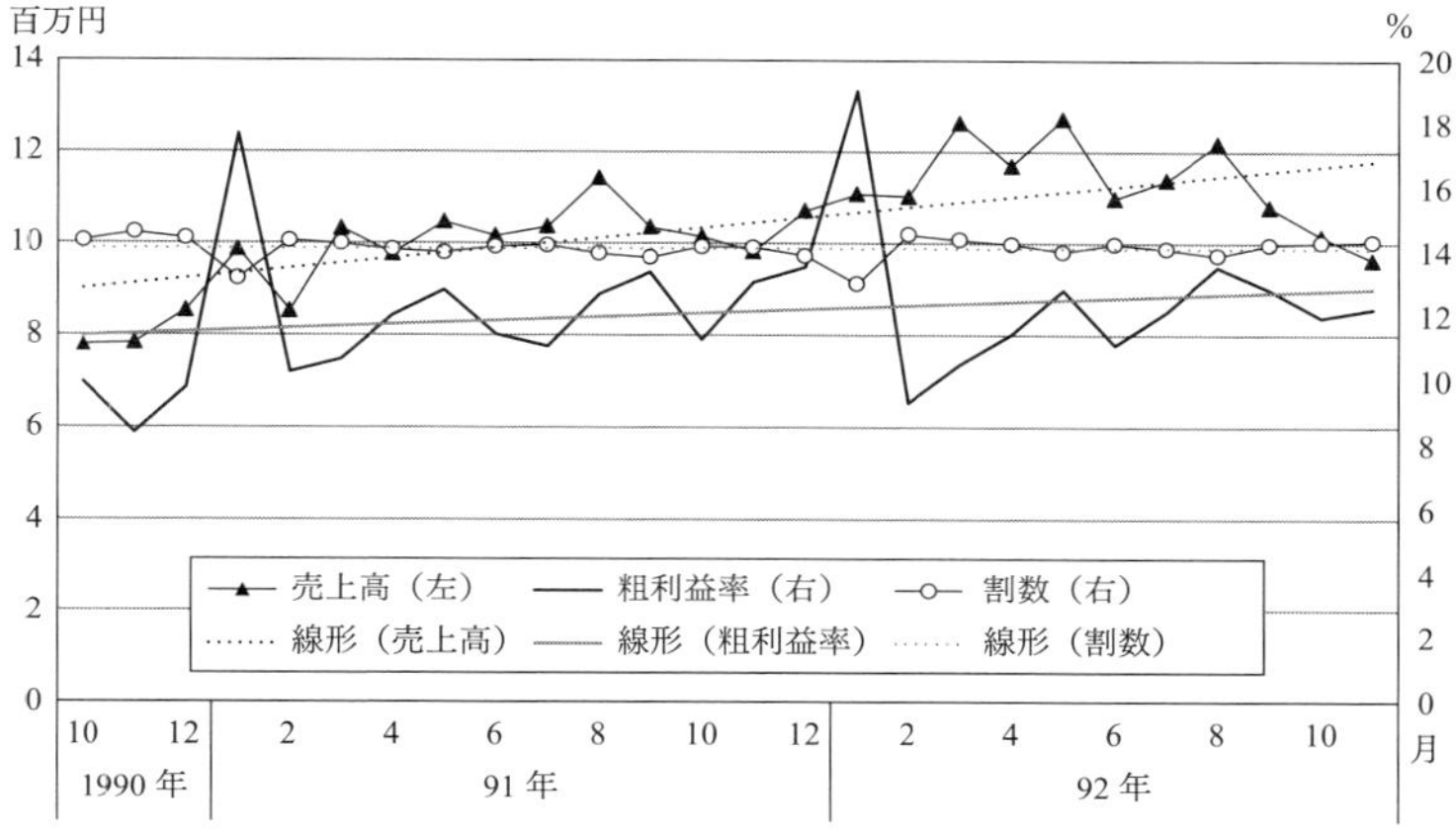

図5-10（1） 総売上高と粗利益率（1990年10月〜92年11月）

資料）表5-9に同じ。

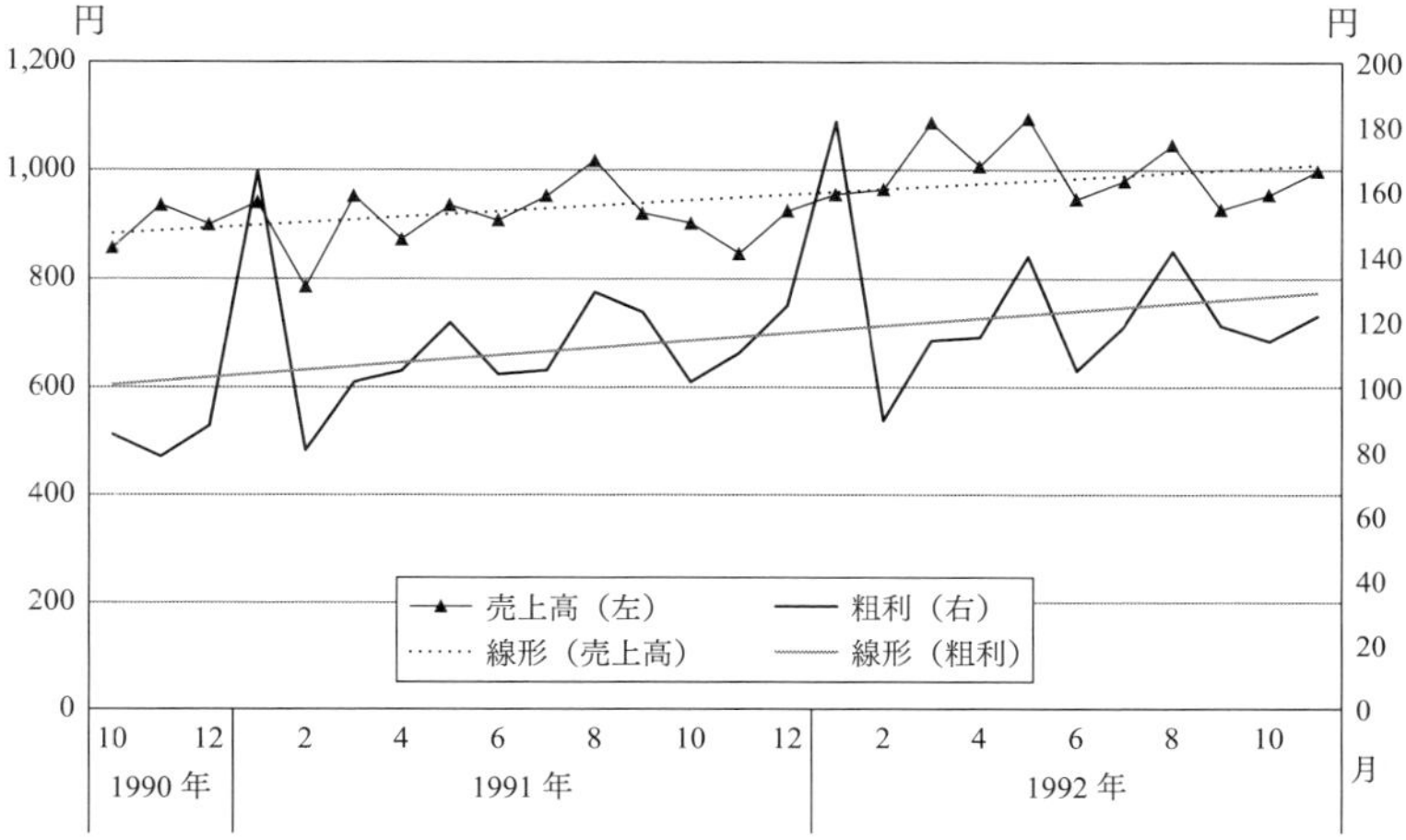

図5-10（2） 1台当たりの売上高と粗利（1990年10月〜92年11月）

注）売上高＝全ホールの総売上÷総台数，粗利＝総粗利益÷総台数。総台数は，1カ月すべて休業しているホールの分は除いている。開店日が明確ではない場合は，その月の分を含めて計算した。例えば，リニューアル・オープン日が1月の下旬である場合，営業日数が少なかったため売上高・粗利は平均に比べて小さい。それを台数で割ると1台当たりの売上高・粗利は平均以下となる。したがって全体的に1台当たりの売上高・粗利は少なめに表れる。

資料）表5-9に同じ。

これらの点について、前掲図5-4のマルハンの多店舗展開と経営パフォーマンスを関連づけて考察する。一九七〇年代末の乱高下する売上高利益率や経常利益の不安定要因は明らかではないが、第4章の分析を踏まえるとフィーバー機登場の前に業界全体が直面していた不況の影響であったと考えられる。その後、売上高は一九七〇年代後半以降、二〇〇〇年まで深刻な不調が見られず、順調に伸びていった。とりたてて画期を持たないまま拡大していくところに、同社の経営の安定性が表れている。フィーバー機が出現した後の一九八一年から八四年まで、四店舗の増設とともに、売上高は対前年比で約四〇〜七七パーセント増の勢いで増加し、他の時期に比べて急激に成長した。それは、約三〇〜六〇パーセント増加した一店舗当たりの売上高にも表れている。もっともそれは長くは続かず、規制が強まるとともに（第4章）、売上高全体では一九八五年に対前年比でマイナス、一店舗当たりの売上高でも八四年に対前年比マイナスとなった。売上高利益率に関しては、フィーバー機の出現とともに一九八〇年から改善していたが、八三年以降は一パーセント台に低下した。この背景には、第4章で検討したように、フィーバー機の規制による影響や、新規参入業者によって競争が激しくなり、出玉率が上昇したことがあろう。

このような状況のなか、一九八六年からのマルハンの店舗数の増加は、売上高の順調な伸び（一店舗当たりのそれも同様）や売上高利益率の改善に結びついていった。こうした経営的結果から、一九八〇年代後半からの出店を能動的、あるいは意識的展開と見ることができよう。一九九〇年からはバブル景気の終焉を先取りしたかのように売上高利益率の悪化や経常利益の大幅な下落を呈したが、それは二年にとどまった。一九九〇年代前半では、その後に比べると勢いは衰えたものの出店が続き、三〇兆円市場としてパチンコ産業が注目を浴びた九〇年代後半からは店舗開設のラッシュ（前掲表5-8）が始まった。一九九二年以降九〇年代末まで一店舗当たりの売上高も安定的に推移しており、多店舗展開は、年平均売上高利益率を二・六七パーセントで持続しながら、店舗数の増加とともに、売上高、経常利益の成長に貢献したと見ることができる。少なくとも、一九八〇年代後半にM商会の収益で観察された度々の赤字状態を、マルハンでは見つけることができず、多店舗展開が収益悪化に結びついたわけではなかった、ということはいえそうである。釘師による出玉率の調整と、その競争的引き上げによって収益圧迫を余儀なくされる、という状態とは異なる一つの突破口がそこには垣間見られる。

多店舗展開による安定的な収益基盤の確保がなぜ、どのように実現したかについての総合的検討はなお今後の課題であるが[112]、本節の分析を踏まえて以上のマルハンの実績から次のような仮説的評価ができる。すなわち、多店舗展開はホール展開をさらに容易にするという自己補強的な機能を内包すると考えられる。この効果には二つの経路が用意されている。第一に、既存ホールの営業への影響である。Mホール（第4章）の事例で示されたように、単独ホールの場合、出玉率の上昇や割数の水準はそのまま財務上のマイナス収益のかたちで表れる。このような状況では、例えば、出玉率を高めて玉を出すサービス日を持続する——客の獲得のための積極的営業方法であり競争手段でもある——期間は内部留保や資本調達の力に依存することになる。それに対して、マルハンの多店舗展開においては、全社経営のレベルからすれば、他店舗の通常営業から補塡する状態で、新装開店やリニューアル・オープンによる積極的営業手法が持続的に展開できるし、より安定的な資金状況を保証する。企業単位の売上高増をもたらす多店舗を積極的に展開するという意味で経営に好影響を与えるとともに、そうした全社レベルでの効果が一巡して各ホールにとっても新装開店の営業方法が安定的なものになるといえよう。

自己補強的な機能をもたらす第二の経路に、新店舗の出店費用の節約が考えられる。本章では資料上の問題から十分に考察できなかったが、例えば、規格化された店舗作りによる設計図の標準化、あるいはその転用は追加的な設計費用を削減し、他の店舗で検証済みの機械の流用可能性は設備費用を削減する。規模の経済による利点のみならず、これらは出店のタイミングをずらし、一事業所単位の投資を繰り返すことによって生まれるアドバンテージである。他の条件が同じであれば、多数の出店による規模の経済の効果はもちろんのこと、回を重ねるとともに出店費用の圧縮の方途もより洗練するだろうし、一店舗ホールに比べて投資資金の回収期間の短縮が期待できる。

おわりに

本章冒頭で提起した課題は、一九八〇年代にあらわれたホール事業の注目すべき点を考察することであった。一九九〇年代初期までを一つの時代として考察する本書との関連でいえば、長期存続のために解決すべき問題の検証を行った他章の論述に対し、本章の主要な関心は様々な動きのなかで次の時代を主導していく動きを捉えることにあった。提示した課題に簡潔に答えるなら、暫定的に、郊外化、大規模化、多店舗化の試みが一九八〇年代を転換点として進展した、ということができよう。

ただ、一九八〇年代を画期とするほど目立った現象を見つけることは困難であった。郊外化はそれ以前から進行していたし、多店舗展開は全面化したとまではいいがたく、大型化を含め、いずれも漸次的な進展であったといわざるをえない。それまでの流れを汲む連続的側面か、それとも次の時代により強くつながっている断絶的側面か、これらを二項対立的に捉えることでは、新しい発見はない。その後大型化、多店舗展開が加速化することから見て、一九八〇年代との関連性を問うことはやはり重要であろう。そこで、小さな動きを注意深く観察し、新しい方向性がなぜ顕著に表れなかったかに留意しながら、どのような意味で転換点であり、起点となったかについて、捉え直してみよう。マルハンを事例として、本章では分析の対象外とした動きも補足しながらその後の大規模経営への展望とする。

注目すべき三つの点を手がかりとして挙げたい。まず、第一に、フィーバー機が内包している規模拡大に親和的な性格である。確率は台数が増加すれば分散が小さくなる性質があり、一ホールの規模拡大によって経営の安定化を達成しやすくなることはすでに指摘した。確率に制御される機械がホール内を席巻すると、機械技術の進歩は、規模拡大に向けた、不可逆的変化を呼びおこすことになる。競争が激化するとこの方向性に拍車がかかり、経営の論理はさらに多店舗展開も進展させる。

第二に注目したいのは、マルハンの多店舗から集められた多様な営業実態という現場からの情報である。マルハンにとって多数の店舗を展開してから一九九〇年代初期までとは、ホール経営の方向性に関連する様々な情報を読み取る時代であった。地域、設置台数、おそらく立地条件や周辺環境（競争的状況）によって多様さの内実は異なるだろうが、全社レベルで把握されるばらつきを伴った各ホールの情報はそれ自体として資源であったと思われる。ただし、それは、蓄積される状態を指しているのであって、利用されたことを意味しない。エディス・ペンローズのいう未利用の資源[113]を援用するなら、この時期がマルハンにとっては未利用の余剰の情報が「発見」された時代となったといえる。

上記の二点と深く関連して第三に注目すべきマルハンの動きは、一九八九年から始まった人材教育および本社機能の構築への取り組み[114]、さらに九三年からの大卒採用の開始および人材育成の本格化[115]である。第4章で強調したように、フィーバー機は、伝統的な営業方法の中心であった熟練技能としての釘調整と釘師の存在意義を低下させた。従って、フィーバー機が切り開いた将来には、熟練世界からの経営の自律性が高まるとともに、釘調整に代わって営業の鍵を握るノウハウの模索が売上に直結する課題となる。他方で、企業内に個性的な営業方法や格差に関する情報が発見されると、これらをどのように利用し是正するかが新しい課題として浮上する。二つの課題を担える主体として期待されたのは、言い換えれば「未利用の情報」を次の成長の資源として利用できるのは、従来型の釘師や店長ではなく、新しいタイプの責任者であった。彼らには、様々な情報が分析できる能力とともにそれを営業に活かすことが求められる。マルハンではこのような新しいタイプの店長の育成が一九九二年から試験的に行われ、二年後には静岡県の約二〇の全店舗の「古い体質の店長」[116]に置き換わった。これを起点として人材育成に拍車がかかり、二〇〇〇年代になると大卒の社員が八年以上の現場経験で店長となることができ、またそれ以上の経験年数で複数店舗のホールを管理するエリア長になるキャリアパスが確立した[117]。マルハンの事例が業界の普遍的状況を体現しながらも、先駆的試みを展開したことは、鍛冶博之[118]が一九九〇年代を、ホール企業がイメージ刷新とともに大卒採用に積極的に取り組んだ時代としたことからもいえる。

この動きの意味について、R・トムスンは興味深い示唆を与えてくれる。一九世紀のミシン業界を分析した彼の研究によれば、代理店など販売拠点を通した学習と二次的発明との間に存在する強い相関関係を明らかにした[119]。開発研究に影響を与える販売の重要性は、サービス業のホール事業、とりわけ伝統的な営業においては自明なものではなかった。本章第五節で見たマルハンの店舗間でのばらつきのある業績は、改善に向けた分析を要請しつつ、遊技を行う空間提供にとどまっていた従来のサービスからの脱却を促したのではないだろうか。その実質的な過程となったのは、多店舗のあり方を体系的に分析できる本社の能力に加えて、上からのフィードバックを受け入れる現場能力の構築と、自主的に出し物、イベントなどの営業企画が組織として持続する仕組み作りといえよう。

フィーバー機の設置は、規制や、一九八五年の新要件以降ゲームの種類（権利物、羽根物）が登場するまで限られていたし、バブル期の高い土地代、人手不足の社会一般の事情も影響し、一九八〇年代から九〇年代初期までにおいて経営の大規模化は顕著ではなかった。産業の変化からこの時代を眺めると、ホール責任者の店長クラスの確保が多店舗展開において最初のボトルネックであったように思われる。求められたのは、旧来のような技量を持つ釘師ではなく、多様な情報を利用し、総合的判断ができる新しいタイプの人材であった。それゆえ、その採用を、「渡り釘師」など一九七〇年代までには典型的であった外部市場[120]に求めることはできなかった。企業内での人材育成は時間でしか解決できない問題でもあった。マルハンがこの時期に推し進めた様々な試みを読み直すと、フィーバー機が持ち込んだ成長の可能性を実現すべく、蓄積された未利用の情報の発見や店長の育成に注目するなど、模索のプロセスであったということができる。

一九八〇年代から九〇年代初期までとは、資源の「発見」の時代であり、人材育成を通して次の時代へと連続性を持つ起点であった。マルハンの制度や組織づくりは二〇〇〇年代に入って本格化する[121]。この動きは、本章の冒頭で「フィーバー機の機械本来の特性に合わせた経営方法」に関連して指摘した、管理の領域の広がりへの対応を意味するが、それに先立って現場スタッフと責任者の人材育成が始まったことの意義は大きい。一九九〇年代初期までの時代は、夜明け前の準備期間であったということができよう。こうしてマルハンの多店舗展開は、前掲表５-８に見るように、人材育成が進行して組織作りがスタートした一九九〇年代を踏まえ、二〇〇〇年代の異なる段階へと突入する。

業界全体を見渡したとき、マルハンの動きが意味することは、一九八〇年代を転換点とした大規模経営の展開がそのまま一直線に進むのではなく、マルハンがとった戦略——人材育成および組織・仕組みづくり——が企業間競争において優位性獲得の重要な要素となり、それ自体が新たな時代を準備したことであろう。一九九〇年代の経験と二〇〇〇年以降の展開に関する本格的分析は、本書の課題を超えており、他日を期したい。

補論　パチンコと在日韓国・朝鮮人

はじめに

「パチンコ産業は定住外国人を中心とする、日本のエスニシティ（異民族集団）たちが育て、築き上げた国内最大のエスニック産業」であり、「全国のパチンコ店の数は一万八二四四件（九五年一二月現在・警察庁生活安全局調べ）。……一業者が複数の法人や個人名義で経営しているケースも多く、パチンコ業者の総数は六〇〇〇〜七〇〇〇業者と推定される。このうち、日本人業者は二五パーセント前後、残りの七〇パーセント強は在日コリアンやチャイニーズなど、定住外国人の経営によるものと言われて」いる。(1) これとは多少違う説明であっても、一般的に在日韓国・朝鮮人をパチンコ産業の主要な担い手とする認識に大きな差異はないといってよい。正確な統計資料から確認することはできないが、序章で触れたように、在日韓国・朝鮮人とパチンコ産業の関係性は、様々なかたちで語り継がれてきた。ただ、パチンコ産業の発展に伴い、在日韓国・朝鮮人との関わりが変化していったことについては、これまで関心が向けられてこなかったように思われる。

拙著『「在日企業」の産業経済史——その社会的基盤とダイナミズム』で示したように、パチンコ産業と在日韓国・朝鮮人の強い関連性は歴史的要因によって生じた出来事であった。従って、特定の民族集団に結びつけられるというパチンコ産業の民族的性格は、その要因の変化や条件によって変わりうる。拙著では、パチンコ産業を、主に在日韓国・朝鮮人の企業活動のなかで果たした役割という観点から照射したが、ここでは、本書の産業史を踏まえ、在日韓国・朝鮮人との関わりの変化に焦点を当てて考察する。この点を実証的に考察できる歴史資料は十分にはないため、これまでの分析を最大限利用しながら、パチンコ産業の発展史に、在日韓国・朝鮮人企業の参入分野と成長時期を重ねてみる方法を取り、産業における民族企業の見取り図を提示する。

一 パチンコを生業とする人々(2)

まず、パチンコ産業に在日韓国・朝鮮人が関連づけられる根拠として次の二点を提示して行論を進めたい。一つは、在日韓国・朝鮮人の企業活動において、パチンコ産業——特にパチンコホール（以下、ホール）事業（この点については後述）——が、民族集団内の産業構成上、中核的位置を占めただけでなく、産業の構成比の変化を歴史的に牽引するなど、その重要性を増したことである。(3) もう一つの点は、パチンコ産業において、在日韓国・朝鮮人企業が産業全体に占める比重を割り出すことは困難とはいえ、創業者が韓国・朝鮮人の民族的出自を持ったマルハン（ホール）や平和（メーカー）などが、産業発展のエポックを画した有力企業に成長したことである。(4) この二点をもたらした要因がそれぞれ異なることについては、順次述べていく。

在日韓国・朝鮮人はいつ、どのようなかたちでパチンコ産業に関わるようになったのだろうか。その契機は、一九五〇年代前半に起きたパチンコブームであった。様々な人々が高い収益と噂されるパチンコを生業とするなか、在日韓国・朝鮮人もその一員となった。在日韓国・朝鮮人の一九五〇年代の全国的動向は判明しないが、広島県の在日韓国・朝鮮人業者の様子が分かる断片的な情報が残っている。朝鮮人が結成した(5)広島の遊技業者連絡協議という団体は、一九五五年三月現在、一〇〇名ほどのメンバーを擁していた。(6) 同年の広島県内の総ホール数は不明であるが、一九五四年には七二九、五六年には一八六であった。[7] 一九五五年四月施行の「連発式機械の禁止措置令」（以下、禁止令）実施の直前であり、ホール数が急減していく時期（第1章）に当たるため、日本人業者を含む全体のホール数も、在日韓国・朝鮮人業者のそれも日々変動したであろう。そのため比重を確定することは困難であるが、在日韓国・朝鮮人のホールは、一九五五年規制の影響が本格化する前の五四年の県内ホール数を基準にすると約一四パーセント、五四年と五六年の中間値の四五九店を基準にすると約二五パーセントになる。

重要なのは、何パーセントを占めていたか、それが高いか低いかを確定することというより、この時点で在日韓国・朝鮮人がホールの事業経験を有していることである。[8] 同民族の企業活動では、パチンコ産業に限らず、ある同胞の特定産業での事業経験が他の同胞にとって有意義な情報として伝播して事業選択に影響するかたちで、コミュニティ内に特定産業の情報が蓄積された。このような作用によって、在日韓国・朝鮮人の企業活動はいくつかの分野に集中するという特徴を有していた。パチンコ産業の発展において転換点となった一九五五年時点において、ホール事業に携わる在日韓国・朝鮮人業者が多数いたことは、コミュニティのなかにすでに蓄積された情報資源があったこと、それが更新されていく可能性があったことを意味する。ただし、この可能性は、パチンコ産業がその後どのような展開を見せるかがまだ不透明な、一九五五年という転換点においてのものであることにも留意すべきである。すなわち、情報資源がさらに蓄積されていくかどうかは自明ではなく、在日韓国・朝鮮人がそれを選択し続けるかに依存しており、またその選択に影響を与える様々な要因もあった。次にこの点について検討する。

パチンコ産業と在日韓国・朝鮮人の関連性をより深く考察するために、同民族のパチンコ産業への参入[9]について次の三点は指摘するに値する。パチンコ産業の時期区分に即して、ホールとメーカーに分けて在日韓国・朝鮮人の関わりを観察すると、[10] 第一に、産業が急成長した一九四〇年代末から五〇年代前半までは、ホールとメーカーの両分野に参入していたが、五五年規制後は、ホール事業に絞られた。限定された部門に参入した背景として、ホール事業の安定的な収益構造の発見（第1章）、機械市場の混乱および事業の不安定性（第2章）が考えられる。パチンコ機械市場は一九八〇年代になるまでメーカーの退出が続き、新規参入は活発ではなかった（図序-1、第3章）から、在日韓国・朝鮮人の事業選択も同じであったことになる。在日韓国・朝鮮人の企業活動の特徴を作り出した、コミュニティに蓄積された情報や資源を得ることによってある業種に参入するという作用は、基本的にもうかる事業に関連していた。また、名古屋のパチンコ機械のように産業集積が形成された場合、情報は特定の場所に蓄積された。一九五五年以降長期にわたって成長産業であったパチンコ産業の場合も、コミュニティ資源に依存して事業を立ち上げる際、事業の発見はパチンコ機械の製造分野ではなく全国に存在するホール事業に向けられたのである。

第二に、日本人のパチンコ産業への参入動機に影響する社会環境が、一九五五年の禁止令の規制と前後して変化したと考えられ、その主要な担い手が在日韓国・朝鮮人に絞られた。この転換は、戦後復興期にパチンコ産業が隆盛を迎えたという時代性とも関連づけて理解することが必要である。パチンコが戦前においては、香具師によって営まれたとされた[11]から、他の地域から流入する人々の仕事という印象をもたれたであろう。ただ、復興期は、経済状況が安定的とはいえず、様々な人々が高い流動性を帯びながら仕事を探していた時期であり、パチンコもそのなかの一つの選択肢であった。移動式から店舗形態へと変わり、全国に市場が広がるなか、様々な人々がパチンコブームに乗ってホール事業に参入し、パチンコ機械を改良した（第1章、第2章）。在日韓国・朝鮮人もその多様なグループの一つに過ぎなかった。しかし、射幸性の高まり（賭博性）や暴力団との関わりは一九五五年規制をもたらし、パチンコ産業にネガティブなイメージを刻印した。負のイメージと先行きの不透明性は不況下で日本人の退出を促し、パチンコは、高度成長期に入ると他のより安定的な選択肢が与えられた日本人には敬遠される事業となった。

それに対して、在日韓国・朝鮮人には日本人一般ほど職業選択の自由は与えられなかった。[12]同民族にとってホール事業は、選択しうるいくつかの可能性のうち、事業経験という現実的根拠を持つ貴重な機会に映った。パチンコ産業への参入の動機は、このような労働市場との関連だけではなかった。在日韓国・朝鮮人の主力事業であった各種製造業のなかには、例えば織物など一九五〇年代から斜陽化に直面した分野があった。事業経験のある人たちは、成長するホール事業に転換した。また、建築業、土木工事業などですでに他分野で成功を収めた人たちも、多角化の一環として成長するホール市場に参入するようになった。このような複合的動機に促され、パチンコ産業は、在日韓国・朝鮮人に引き続き選び取られることになった。こうして、日本人の参入が抑えられるなかで、パチンコ産業の担い手としての在日韓国・朝鮮人のプレゼンスは増した。

もっとも、複合的なインセンティブを持ったとはいえ、在日韓国・朝鮮人のパチンコの継続的な選択と参入が、当然の結果と見るのも早計である。一般的に事業の立ち上げは労働市場への参加より困難であり、他事業の経験をもとにしたパチンコ産業への投資も容易ではない。参入を可能にした条件とは何か。第三に、コミュニティ内の関連資源の蓄積およびその作用は在日韓国・朝鮮人の参入を刺激し、計画性（計算可能性）の高まったホール事業での起業が継続された。事業選択の動機を具体化する基盤となったのが、このコミュニティ機能(13)である。

コミュニティ機能とは、在日韓国・朝鮮人が起業、あるいは特定の事業に参入する際、事業の発見・選択など関連する情報や資金などの資源がコミュニティを経由して調達されることを指す。職業、産業関連で蓄積された情報は、在日韓国・朝鮮人同士の関係性――経済的取引はもちろん、日常的付き合い、民族行事の実践、教育機関など民族団体の活動への参加など――のなかで伝播し、フォーマル・インフォーマルに蓄積した資金が民族系金融機関などの金融制度（組織）を通してコミュニティのなかで供与された。このようなコミュニティ機能が影響した結果、在日韓国・朝鮮人は、特定の製造業分野、土木工事業など主要産業のほか、ホールに集中して事業を展開した。主要産業が成長する限り資源は時間とともに蓄積され、同民族による参入をますます容易にする環境が作り出された。

このようにコミュニティ機能はホール事業に限られたものではなかったし、また在日韓国・朝鮮人特有のことでもない。他の民族集団や日本人の同郷会にも、類以した現象がある[14]。人々が職業や事業について孤立した個人としてではなく、一次帰属集団や他人との関わりのなかで選択を行うことは普遍的である。日本人同郷会を想定すれば分かるように、在日韓国・朝鮮人コミュニティ機能の作用は、在日韓国・朝鮮人が、コミュニティ外部との関わりを持たないことを必ずしも意味せず、外部環境から得られる資源――人的資源、情報、資金――も可能な限り活用するものであった。

パチンコ産業に関する情報について見ると、一九五五年までの経験が初期条件[15]となり、関連情報は在日韓国・朝鮮人の事業選択に活用されることを通じて上書きされ続け、パチンコ関連の情報は日本人に敬遠される間に、非日本人の空間であるコミュニティに非対称的に蓄積された。これにより、手の届く範囲で情報に容易に触れられる在日韓国・朝鮮人は、パチンコ産業の担い手の予備軍となっていった。

資金蓄積とパチンコ産業への供給において、一九五〇年代前半から在日韓国・朝鮮人が自ら設立した民族系金融機関[16]は中心的役割を果たした。一九五二年に最初の同和信用組合（のちに朝銀東京）が設立されて以降、六〇年代には全国展開を成し遂げ、八三年時点で、全国四四の都道府県に七七の信用組合が民族系金融機関として設立された。自律的金融インフラを持っているがゆえに、パチンコ産業に関連するコミュニティ情報に触れて潜在的な担い手となった在日韓国・朝鮮人は、産業の景況情報に敏感に反応し、素早い起業を実現することができた。民族系金融機関がパチンコ産業との取引を積極的に試みたことも重要である。民族系金融機関は産業別取引において、製造業、土木工事業など在日韓国・朝鮮人の他の主要産業に比べて、ホール事業との取引傾向が強かった。この特徴は、別の角度から見ると、一般金融市場におけるパチンコ産業の資金調達の困難性を示すとともに、在日韓国・朝鮮人のコミュニティがそうした産業金融上の欠陥を補ったことを語ってくれる。

以上のように、パチンコ産業、とりわけホール事業との関係を在日韓国・朝鮮人コミュニティが深めた時期は、一九五五年以降となる。それには、一方では復興期から高度成長期へと大きく変わっていく日本社会の状況や、産業自体の性格やビジネスのあり方の変化があり、そのような環境下での、日本人と在日韓国・朝鮮人それぞれに異なる事業選択の可能性が影響した。他方では、在日韓国・朝鮮人は、一九五五年の禁止令を境にして、複合的な参入動機のもとで、コミュニティ機能によって情報にいち早く接すると、積極的な資金提供を行う金融機関に支えられて好況時に素早く参入を果たすようになり、それ以前より深く、かつ主体的にホール事業に関わるようになった。

こうして、コミュニティ機能はパチンコ産業と同民族の関係を緊密にする具体的な基盤となった。コミュニティ内に蓄積された情報に触れる機会を持ちにくかったコミュニティ外の人々には、パチンコ産業を取り巻く環境が高いリスクとして認識された。高いリスクを負わない限り、ホール事業がビジネスチャンスとして射程範囲に入ることはなかったのである。

二　企業成長、産業発展、そして在日韓国・朝鮮人企業(17)

もっとも、いったん参入を果たした在日韓国・朝鮮人事業が組織を成長させて有力企業になっていくプロセスにおいて、コミュニティ機能は後景に退いていた。さらなる成長のためには、企業独自の資源調達が必要であった(18)。すなわち、マルハン、平和などの有力企業の経済組織としての技術・ノウハウ・資金・人材に関わる資源蓄積は、コミュニティに開かれたものではなかった。個別企業内に閉じられたかたちで行われ、そのプロセスにおいて参入時点で重要であった同胞間の情報共有が前面化することはなかった。第2章で検討したように平和などパチンコ機械メーカーの組織化において、民族独自の注目すべき動きは観察されず、市場の秩序化が民族境界線を超えて模索されたことは、コミュニティ機能が必然的に持ち込まれるわけではないことを別の側面から表している。そして、成長に必要な追加的資源は、コミュニティを超える市場や社会とのより広い関係性のなかで調達された。以下、この様子について資金を例にして具体的に見る。

先述のように、民族系金融機関はコミュニティの外側の一般金融市場に対して産業金融上補完関係にあったが、これはどのような意味を持ったであろうか。民族系金融機関は一般の金融機関から敬遠される可能性の高かったパチンコ産業に対して、金融インフラ的役割を果たした。しかし、個別企業とパチンコ産業の成長に伴って拡大していく資金需要への対応においては限界を露呈した。パチンコ産業の発展に対して重要な資金提供者となったのは、一般の金融機関であった。例えば、一九七〇年代において経営規模が大きく、多店舗展開などさらなる事業拡大に挑む在日韓国・朝鮮人の資金需要には、信用金庫や相互銀行が対応した。特に相互銀行の役割は、在日韓国・朝鮮人個別企業の取引金融機関の事例[19]にとどまらず、ホール事業が含まれる「映画、娯楽」部門貸出残高（一九六八年統計）から見た日本全体の実績においても他の金融機関に比べて重要[20]であった。

このことは、次の二つの側面から眺める必要がある。一つは、金融市場で不利とされる在日韓国・朝鮮人がどのように一般の金融機関との取引を開始したか、もう一つは、一般の金融機関は、なぜパチンコ産業と取引をしたのか、である。

在日韓国・朝鮮人による一般の金融機関との取引の開拓は、信用力を獲得することが前提になる。その一つのルートとして、民族系金融機関との取引によって起業し、その実績をもって一般の金融機関との取引が可能になる場合——一般の金融機関が有力企業と判断して貸出開始を申し出たケースがそのことを雄弁に語ってくれる——があった。重要なのは、これが可能になるのも、民族系金融機関がいわば「エンジェル投資家」のような役割を果たし、スタートアップを支えてくれる期間が保証されているからである。この期間を利用して、在日韓国・朝鮮人企業が実績をあげていけば、一般金融機関にも優良企業と認知される可能性が生まれる。二つ目のルートは、他産業で培った信用力をベースに多角化、事業転換でホール事業に参入するケースである。この場合はすでに地方銀行や相互銀行が取引先になっている。金融機関として、一般的にはパチンコに対する融資リスクを負うことに慎重であったとしても、事業主や企業との信頼関係がある場合、新規事業としてのホール事業に資金を供与する可能性があったと考えられる。例えば、公共事業の多い土木工事業は返済可能性が高い安定的な事業であり、長期間この分野で実績のあった在日韓国・朝鮮人には、地方銀行からの融資が行われた(21)。製造業のなかでは、例えば、分業構造において信用力のある日本人との取引が長期的に維持できた場合、それ自体が一般の金融機関から見て在日韓国・朝鮮人への信用につながった(22)。この実績をもって一般の金融市場でも事業資金の融資を得ることができたと考えられる。

一般の金融機関である相互銀行がホール事業に注目した背景は定かではないが、循環する現金規模が大きい事業の特徴が作用した可能性がある。ホールの日々の現金収入は、貸出の資金基盤になる預金確保が困難な金融機関にとって、取引の魅力的な理由になりうる。実際に、この問題を抱えていた民族系金融機関にとってホール事業との取引は預金基盤を固める貴重な方途となった。在日韓国・朝鮮人の貯蓄が十分ではなかったため、民族系金融機関は預金確保がボトルネックとなって旺盛な資金需要に応じることが難しかった(23)。とりわけ設立後の初期段階にあたる一九五〇年代後半から六〇年代まで、預金基盤の安定化は民族系金融機関にとって最大の課題であった。ホール事業は預金に対する貸出需要が他産業に比べて低く、民族系金融機関の預金確保において重要な役割を果たしたのである。このような特徴が、同じ問題を抱える一般の金融機関にとって魅力的に見えた可能性は十分あった。他にも、有力企業をめぐる他の金融機関との競争も影響しただろう(24)。

このような状況は上位の金融機関、例えば都市銀行との取引については、より厳しい制約があったということを推測させる。一九九〇年代に多店舗展開を見せた少数の大企業を除けば、資金調達には限界があった。さらに中小企業に対する政策金融の担い手である中小企業金融公庫や商工組合中央金庫などが、パチンコ産業を融資対象とする制度融資を構築することはなかったし、ましてや日本開発銀行などの政策金融の視野には入っていなかった(25)。その意味では、ホールの経営は、民族系金融機関などのコミュニティの資源に育てられながら、成長とともに自力で金融取引の相手先を広げていったということができる。

三 パチンコはもはやビジネスチャンス

さて、一九八〇年代以降、パチンコ産業がそのあり方を変えると、「高い成長率」はそれ自体がビジネスチャンスのシグナルとなり、新しい参入者が現れた。それは、在日韓国・朝鮮人コミュニティのインフォーマルな情報伝播によって「もうかる」との認識を持ちつつも、合理的「経済人」に還元しきれない生身の人間が、多様な主観的動機からパチンコを生業として選択していた従来の状況とは異なる局面をもたらした。巨大な市場として認知された後、さらに成長が見込まれる事業に投資するという組織的意思決定を下す企業が、コミュニティを超えて登場するようになったのである。(26)

経済全体が低成長を迎えるなかで、パチンコ産業の高い成長率は魅力的な投資先とされた。(27) ホールの高い利益は様々な業界から注目されたが、売り上げが伸び悩んでいた業界、例えば客の利用の面で相乗効果があった大型スーパーがホールに参入したことは社会的関心を集めた。(28) フィーバー機の登場により、釘調整の熟練技術を持つ釘師の調達という営業ノウハウの制約が相対的に小さくなった時点からは（第4章、第5章）、ビジネスチャンスとして認識できれば、拡大した投資規模の資金的問題が解決できる企業にしてみれば参入のハードルは高いものに映らなかっただろう。

他方で、この急成長の段階において、在日韓国・朝鮮人が起業する際のコミュニティ機能はどのような対応を見せたのだろうか。一九八〇年代以降の成長が在日韓国・朝鮮人の参入のあり方を変動させたかどうか、その結果はパチンコ産業の民族的性格にどのような影響を与えたか、これらについて検討し、参入における民族という境界線の変化を追う。

コミュニティの機能はそれまでと同じく作用していた。[29] より注意深く有力な民族系金融機関の動きを観察すると、注目すべき組織的取り組みが積極性を増していた。民族系金融機関は在日韓国・朝鮮人の企業家のネットワーク強化に乗り出し、同胞同士が自主的にビジネス情報を交換するプラットフォーム構築に注力した。同時に、民族系金融機関自ら、ホールに関する事業分析を行いながら、非関連産業の在日韓国・朝鮮人を含めて企業家に出店関連の情報を提供し、フィーバー機の人気に沸くホール事業への参入意欲を刺激した。人のつながりという個人の関係性によってインフォーマルなかたちで伝播していた情報を、有力民族系金融機関は、組織的に生産して蓄積し、循環させたのである。従来のネットワークを通した民族間の関係性の作用に、金融機関による関与が加わると、ホール事業への参入がより体系化したことはいうまでもない。

ただし、このような対応は、コミュニティ全体から見れば部分的であった。というのも、その取り組みの効果は、大阪など、在日韓国・朝鮮人の集住都市に形成された大きなコミュニティを基盤にして成長した民族系金融機関の組織能力に依存して発揮された。しかも、そもそも民族系金融機関はすべてが資金力に限界のある信用組合であったため、成長する企業、巨大市場化したパチンコ産業が必要な資金需要に十分には応えられなかった。フィーバー機により、大規模な多店舗展開が求められる経営形態になっていくと（第5章）、民族系金融機関の対応は困難となっていった。[30] パチンコ産業の規模から見て、コミュニティ機能の重要性は産業金融の量的な面では低下した。ホール事業の初期投資および追加的資金需要の規模が拡大するにつれて、在日韓国・朝鮮人の参入は、十分な資金供与ができる一般の金融機関からの調達が不可欠となった。

以上のように限界性を見せつつも機能したコミュニティ資源に支えられた在日韓国・朝鮮人の参入に対し、コミュニティの外側——日本社会一般——では、パチンコ産業の高い成長率こそ、ビジネスチャンスのシグナルになった。高成長率は、資金提供者である一般の金融機関にとっても、取引態度に何らかの変化をもたらしうる条件

表補-1　苗字分類表

分類方法	(1) 韓	(2) 韓日中 or 韓日	(3) 韓中	(4) その他
分類 1	剛／姜／洪／咸／朴／全／尹／権／權／閔／盧／廖／裵／任／卞／崔／申／丁／金／白	林／南／柳／張／辺／池／元／安／方／史／西／廉／梁／劉／文・成・河・金(以上，韓日)	荘／馬／陳／羅／彭／蔣／李／魏／王／韓／宋／孫／周／千／趙／揚／高／呉／徐／鄭	顧／戴／傅／詹／何／謝／柯／苗／繆／泰
分類 2	剛／姜／洪／咸／朴／全／尹／権／權／閔／盧／廖／裵／任／卞／崔／申／文／元／方／史／西／廉／劉／成／丁／金／白／河	林／南／柳	荘／馬／陳／羅／彭／蔣／李／魏／王／韓／宋／孫／周／千／趙／鄭／張／楊／辺／池／安／高／呉／徐／梁	顧／戴／傅／詹／何／謝／柯／苗／繆／泰

注 1）(1) 韓は，韓国人と推定した苗字，(2) 韓日は，韓国人と日本人両方の可能性がある苗字，(3) 韓中は，韓国人と中国人両方の可能性がある苗字，(4) その他は，中国人の可能性が高い苗字，とした。
2）分類 1：主に三文字の名前をピックアップし，①日本人は「苗字由来 net」(http://ko.wikipedia.org/wiki/%ED%95%9C%EA%B5%AD%EC%9D%98_%EC%84%B1%EC%94%A8_%EB%AA%A9%EB%A1%9D#. E3. 84. B1)，②韓国人は「한국의 성씨 목록」(韓国の苗字目録，http://myoji-yurai.net/searchResult.htm?myojiKanji=%E6%9F%AF) の苗字検索サイトを参照し，①で登録がない苗字で②で確認できるものは (1) 韓国人に，①で「池」のように「在日の東アジア（中国・韓国・朝鮮）姓にみられる」(韓日中)，「文」のように「在日の朝鮮半島（韓国・朝鮮）姓にもみられる」(韓日)，「林」「河」のように①②両方で確認できるものは (2) に，①で検索できるが，「鄭」のように「在日の東アジア（中国・韓国・朝鮮）姓に多くみられる」の場合は (3) に，「金」のように「在日の朝鮮半島（韓国・朝鮮）姓に多くみられる」場合は (1) に，①と②で検索できないものは (4) 中国人を含むその他，に分類した。
3）分類 2：分類 1 の (2) のうち，日本人名としても一般的と思われる苗字（林，南，柳）を除き，「在日の朝鮮半島（韓国・朝鮮）姓にもみられる」苗字は (1) に，「在日の東アジア（中国・韓国・朝鮮）姓にみられる」苗字は (3) に分類した。
4）通名が記載されている場合は在日韓国・朝鮮人と判断し，(1) に分類。
資料）東京都遊技業協同組合・東京都遊技場組合連合会『都遊協・都遊連組合員名簿』1975 年，82 年，88 年，1993 年より作成。

であろう。この状況変化がホール事業の民族性に与えたインパクトを，東京都遊技業協同組合の名簿の組合員名から，出自における傾向を推計することによって考察する。

組合員名の情報といっても，最も有力な手がかりとなるのは，姓名に過ぎないから，この分析に限界が大きいことはあらかじめ断っておく。一般的に在日韓国・朝鮮人は通名使用が多いとされ，組合員名から正確な実態を引き出すことは困難である。加えて，日本人としてカウントされる通名の在日韓国・朝鮮人の比率自体が，時期によって上昇（下降）する可能性もある。後者の難点を処理することは技術的に不可能であるため，この分析では「在日韓国・朝鮮人のうち通名を使用する者の比重は概ね一定である」と仮定せざるをえなかった。

表補-2　外国人ホール比率の推移

分類1表		出自				全店舗数
年度		(1) 韓	(2) 韓日 中 or 韓日	(3) 韓中	(4) 中	外国人比率
1975	店舗数	79	68	106	11	1,026
	比率（%）	7.7	6.6	10.3	1.1	19.1
1982	店舗数	64	41	64	9	899
	比率（%）	7.1	4.6	7.1	1.0	15.2
1988	店舗数	72	50	70	10	1,135
	比率（%）	6.3	4.4	6.2	0.9	13.4
1993	店舗数	91	61	86	11	1,509
	比率（%）	6.0	4.0	5.7	0.7	12.5
分類2表		**出自**				**全店舗数**
年度		(1) 韓	(2) 韓日 中 or 韓日	(3) 韓中	(4) 中	外国人比率
1975	店舗数	94	42	116	11	1,026
	比率（%）	9.2	4.1	11.3	1.1	21.5
1982	店舗数	70	28	68	10	899
	比率（%）	7.8	3.1	7.6	1.1	16.5
1988	店舗数	87	33	70	10	1,135
	比率（%）	7.7	2.9	6.2	0.9	14.7
1993	店舗数	108	48	81	11	1,509
	比率（%）	7.2	3.2	5.4	0.7	13.3

資料）表補-1 に同じ。

通名使用に関して歴史的変化が分かる調査は見当たらないが、一九八〇年代を挟む時期を検討するここでの問題関心に関わって、一九八六年の神奈川県調査の結果は一つの目安になる。その調査によると、本名のみで生活している人は三・五パーセント、本名と通名を使い分けている人は五八・九パーセント、通名のみで生活している人は三七・〇パーセントであった。[31] 通名使用は、九五・九パーセントにも上る。約六割の通名と本名を使い分ける人たちが、ビジネス、そしてパチンコホールという特定の分野においてどちらの選択をするかによって、東京都遊技業協同組合名簿のデータの質が左右されることになる。公安委員会からホール営業の許可を得る際には本名での申請になるが、名簿作成においては特に決まりはなく[32]、組合員名は作成者の判断によって通名か本名かになる。これをコントロールする方法は今のところないため、全組合員に占める在日韓国・朝鮮人の真の割合ではなく、出自の異なる集団からの参入傾向について一九八〇年代にどのような特徴的な変化を見出すことができるかに関心を集中したい。

表補-1には、組合員名に関する作業内容をまとめて示してある。名前から、在日韓国・朝鮮人、在日中国人等、パチンコ産業に関わりが指摘される集団に多い三文字の名前[33]をピックアップし、日本人、非日本人に分け、苗字によって表補-1のような分類を行った。姓名に関する情報に基づいて出自を特定するという集計のゆがみをできるだけ小さくするために、分類1と分類2の二通りの分類で集計した。

表補-2によると、一九七五年時点で「本名」を基準にした非日本人比率は、約二〇パーセントである。通名は日本人としてカウントされ、可視化できない在日韓国・朝鮮人まで検出することはできない[34]。この補論の冒頭で引用したように、非日本人が七割を占めると噂される状況と対照すると低いと感じられるだろうが、日本の総人口の約〇・五パーセントである在日韓国・朝鮮人の人口構成比——帰化した人を含めると約〇・七パーセント——を基準にすると、特定事業および特定地域において低く見積もって二割を占めていることは、驚くに値する水準である。ただし、この点についてはこれ以上探ることはできない。

表補-2から特に注目したい点は、非日本人の比率が、日本人を多く算定した分類1、非日本人を多く算定した分類2、どちらによっても、一九八〇年代を挟んで低減したことである。通名使用の傾向が変化する一般的事情を排除するという留保付きではあるが、一九八〇年代を挟んで非日本人比率は低下した。

四　変わる社会環境

表補-2の非日本人比率の低下については、時期に関連してより厳密に考える必要がある。一九七五年と八二年の間では、不況を挟んで退出が多く、相対的に非日本人の比率が下がったことの正確な要因は不明とはいえ、この期間においては比較的規模の小さいホールの退出が激しかった（第5章）。小規模のホールを本名の在日韓国・朝鮮人に関連づけることについては、相関関係も、因果関係も、別の検討を要するため、これ以上立ち入らない。いずれにしても、日本人（企業）の参入は、次に述べるように、より広い範囲でパチンコ産業の環境が整えられる時期を待って実現したと思われる。

パチンコ産業は、一九五五年規制に関わって暴力団との関係が疑われるなど、ダーティーなイメージによって、長らく日本人が積極的に関与することが少なかった。暴力団が主要な経営主体として参入する可能性は排除されてきた（第1章）ため、産業との関わりは主にみかじめ料[35]を通してであった。一九六〇年代から地域によって組合ぐるみで排除運動が展開されたものの、完全排除という結果には結びつかなかった[36]。ホール事業によって支払われたみかじめ料の全貌は明らかではないが、それでも、成果とされる変化が報告されている。警察庁の一九八二年の調査によると全国の暴力団組織は一九六三年をピークに減少し、団体数と組織構成員は、六五年から八二年の間に、それぞれ約三九パーセント、三六パーセント減となった[37]。その要因の一つとして遊技場組合などが暴力団と絶縁宣言するなど暴力排除運動を展開したことが挙げられている。このような取り組みが成果を収めたことは、一九六〇年代前半に相次いで起こった資金源を断たれた暴力団のホールへのいやがらせ事件が物語る[38]。

全国規模での絶縁に向けた契機は一九九二年「暴力団員による不当な行為の防止等に関する法律」の制定まで待つことになった。その後、ホール業界あげての暴力団排除組織の結成、「みかじめ料不払い宣言」、店内に掲示する暴力団排除、「適マーク」等の交付など、不当要求拒否の徹底化が行われた。[39] 一九九七年の東京都調査結果によると、ホールは依然としてみかじめ料を支払っていると報じられたが、一ホール当たり売り上げの平均一パーセント弱の規模であり、[40] 縮小する傾向にあったと思われる。この対策が意味することは、社会的マイナスイメージの一つの要因であった暴力団との関わりへの対策が、地域ごとの組合、個別企業による努力に依存していたそれまでの状況から、行政や業界のタイアップ活動のもとで、産業全体の実態として改善できるようになったということであろう。実態面における暴力団との関連性の弱化が、パチンコ産業の成長——他の事業との比較も含め——への注目とも相まって、日本人の参入を本格化させていったのではないだろうか。このようにして、一九九〇年代以降、それまでの産業成長のなかで育ったマルハンのようなエスニック企業家の企業の継続的な成長に加え、ビジネスチャンスと認識した日本人（企業）の参入も広がり、民族性が希薄化されるに至ったということができる。

変化は機械市場でも起きた。一九八〇年代末まで機械メーカー数は、二〇社（図序-1）で維持された。一九八〇年代以降の市場成長の後、八〇年代末から有力メーカーが株式市場への上場を果たすと、メーカー間の相互依存関係（第2章、第3章）において中核的役割を果たした日本遊技機特許運営連盟が一九九九年に解散する。[41] その後、パチンコ機械への新規参入が相次いだ。

おわりに

在日韓国・朝鮮人は他の事業に比較してパチンコ産業に重要な関わりを持っていた。ただ、それは様々な要素の複雑な作用によって変化していく長期の流れとして理解しなければならない。両者の関係性をより正確に捉えれば、それは環境条件の歴史性と民族コミュニティのあり方に規定されており、状況に応じて変化する可能性が内包されたものであった。

パチンコと在日韓国・朝鮮人の緊密な関係性は、それが彼らの主要な企業活動であったことにとどまらない。パチンコ産業の担い手となる彼らの参入をバックアップしたコミュニティ機能との関わりからも重要であった。在日韓国・朝鮮人がパチンコ産業を選択する際に常に前提になったのは、パチンコ産業が成長しているというシグナルであり、コミュニティは情報発信の母体であった。その意味で、本書で見てきたようにパチンコ産業の発展の起点は産業の内在的な仕組みとして組み込まれたものであり、その仕組みはコミュニティの外側にあるものであったから、彼らはパチンコ産業の発展を与件として、これに積極的に反応したのであった。

在日韓国・朝鮮人の経営する個別のホール企業は、多店舗展開のような成長に関わる資源（例えば、資金）に関しては、すでに一九七〇年代にコミュニティの外からの調達が不可欠であった。[42] パチンコ産業関連の企業成長は、閉鎖的コミュニティのなかで完結するものではなく、一般の経済社会と地続きで理解しなければならない部分がさらに大きくなった。この点から考えれば、資金などの資源調達に関連してパチンコ産業を純粋な在日韓国・朝鮮人の産業として見ることには慎重にならなければならない。とはいえ、一店舗での営業も長期にわたって中心的経営形態であったし、在日韓国・朝鮮人コミュニティは、民族系金融機関の成長およびそれに伴う組織的情報蓄積などによって産業参入を促進した時期まで、産業を支える重要な基盤であった。

それでも、一九八〇年代に入り、産業成長のスピードが急激になると、コミュニティの経済成長が、それに歩調を合わせることは困難になった。先に指摘したように産業発展の起点は、在日韓国・朝鮮人コミュニティの外側にある幅広い諸産業の技術発展との接点にあった。そして、在日韓国・朝鮮人の個別企業のホール経営は、多店舗展開、大規模化に加え、情報管理のコンピュータ化等の設備投資の負担が大きくなるにつれて、資金および経営面での資源調達におけるコミュニティ外への依存の高まりが決定的なものとなった。そのような状況は、従来在日韓国・朝鮮人のコミュニティが重要な役割を果たした起業、参入段階における限界を際立たせた。[43]

パチンコ産業が巨大化し、そのことによってパチンコを取り巻く社会環境も変わった。市場の情報や産業金融によって一般社会からの参入が広がった。パチンコ産業に対する日本社会の評価が好転したことも背景となっていた。それは在日韓国・朝鮮人からすれば一方向的な環境の変化に過ぎないように見えるが、ことは複雑である。パチンコと在日韓国・朝鮮人との関連性は、コミュニティ機能の変容——特に民族系金融機関の状況[44]——、同民族が社会のなかで選び取りうる選択肢の範囲からも影響を受ける。その結果がパチンコ産業における「民族性」の希釈化である。パチンコ産業と在日韓国・朝鮮人の関係とは、運命的必然性というよりは、歴史的出会いであったのである。

終章　ブラックボックス化されてきた産業

はじめに

パチンコが周縁経済から巨大市場へ至るプロセスは、事業（産業）存続のための「安定化」を模索する「自立的」仕組みが出来上がっていく過程であった。

ここでいう「安定化」とは事業（産業）の存立を困難にする諸要素が取り除かれていくことである。それは、競争を排除して静態的な状況に向けて進んだ、ということを意味しない。むしろ、不安定要因のコントロールは、パチンコ機械の開発とサービスの提供をめぐる市場競争の前提となる事業（産業）の内在的条件を提供したと見るべきであろう。その意味で、「安定化」こそが、事業（産業）の長期存続に可能性を付与する基盤となり、結果的には、これがダイナミックな変化の契機となった。

「自立的」とは、規制から完全に自由な立場を築くということではない。規制体系を与件とし、そのルールによって戦略上の選択肢に一定の制約を受けるとしても、その下で事業者が主体的な経営努力を払う余地はあるだろう。パチンコ産業は、戦後「風俗営業取締法」制定によって行政の監視下に置かれ、規制産業の範疇に入った。同法に基づく規制は、産業・経済発展を目指す上で必要な公的規制(1)というより、青少年を保護し、風俗営業の健全化(2)

を図って社会的福祉を向上する措置としての性格を持つ。従って、営業の自由や市場競争による経済活動が認められるとはいえ、規制の基本的立場は、発生しうる付随的な社会問題という観点から産業の肥大化を傍観するわけにはいかない、というものであっただろう。多くの娯楽が生まれては斜陽化していくなかで、パチンコ産業が存続した事実は、同産業の巨大市場への成長が予定調和的ではなく、制限された範囲で促された市場競争を通して、成し遂げられたものであったことを示唆している。自立的仕組みに注目する視点を持つというのは、規制下で市場競争を展開する企業行動に注目し、それを規定した諸要因を含めて検討するということである。

本書では、以上のような「安定化」と「自立的」仕組みの解明という視点からパチンコ産業の内在的理解を示すように心掛けた。定型化されたイメージが繰り返して語られる一方で、実態への洞察は必ずしも十分ではなく、パチンコ産業はブラックボックス化されたままであった。典型的な語りから漠然と認識されてきたパチンコ産業の発展について、そのイメージと本書が描いたものの間にあった乖離を示しえたなら、多少なりとも歴史書としての役割を果たしたことになろう。

一　各章のまとめ

時代を特徴づける動きに注目すると、パチンコ産業に突きつけられてきた折々の課題が浮かび上がる。続出する問題は、当時から見れば遠い未来であった今日の巨大市場への成長を夢見るどころか、明日の存続すら不透明という危機感を与えるものであった。何より、事業自体の不安定性は産業の自立的存立を困難にした。その他にも、違法な景品交換や、そこへの関与を試みる暴力団の介在など、いわゆる地下経済に括られる活動が容易に見つかり、暴力団への資金源になることに対する社会的批判も強く、規制当局もパチンコを取り巻く活動を看過しえない状況であった。揺籃期パチンコ産業の分業化の過程で発生したこれらの問題の解決なしに、産業の存続はありえなかった。

一九五〇年代には、パチンコが定着する上で最初に乗り越えなければならなかった障害を解決する見通しが立ち、産業としての礎石が築かれた（第1章）。第一に、ホール事業は、一九五五年の「連発式機械の禁止措置令」（以下、連発式禁止令または禁止令）を契機として、不安定な収益構造から脱却できる存続可能な基盤が見つかった。規制前においては、人々の射幸性――ギャンブル性――への欲望を刺激し、連発式機械の人気が、機械の開発者やパチンコホール（以下、ホール）営業者の企業行動に跳ね返って相互作用するなか、業者間の競争は、射幸性のより高い機械の開発合戦というかたちで展開された。射幸性を追い求める客と事業者双方の行動と、それによるホール事業の不安定化は、最終的には一九五五年の禁止令という規制によって終焉を迎える。こうして射幸性が社会的に抑制されるなか、ホールは釘調整を中心とした経営ノウハウの蓄積を安定的な収益基盤とし、事業の計画性が確保されるようになった。

産業存続につながった第二の契機は、暴力団との関わりを排除する景品交換の制度化の可能性を見出したことである。一九五〇年代半ばから、今日の三店方式と呼ばれる景品交換の端緒となるアイデアが各地で試験的に実行された。地下経済化する資金の流れを可視化して暴力団を排除したい警察の指導を受けたケースもあり、新たな景品交換制度は一九六〇年代以降全国に浸透していった。この動きは、パチンコの存続や発展において二つの意味合いを持つ。一つは、違法となる景品の買取行為への厳しい取締りを受け、ホールの事業主は、それに代わる利益の源泉を、サービス改善など営業ノウハウの蓄積に求めなければならなくなったことである。もう一つの意義は、ホールおよび景品交換の事業化に必要な公安委員会による認可のプロセスにおいて、暴力団関係者などが排除されることに関連する。こうした人々は、必ずしもホール事業の経営それ自体を目的としているわけではなかったから、収益事業への再投資に対する誘因は高くなかったと考えられる。三店方式の導入には、より再投資志向の強い人々がホール経営の主要な担い手となっていく契機としての意味が、あったのではないだろうか。

ただ、一九五五年の禁止令が機械体系に強制的な技術後退をもたらし、メーカーの競争条件が大きく変わったことによって、パチンコ産業は新しい問題を抱えることとなった。ホールの一斉退出により機械供給が過剰化したことに加え、規制が与えた開発リスクと生産の季節性も、メーカーに厳しい条件を課した。客を飽きさせない新しい機械の継続的な開発はパチンコ存立の鍵であったが、乱売競争はメーカー経営を脅かした。メーカーの経営基盤の安定化は、パチンコ存続に関わる重大な課題となった。

一九五五年規制後、供給過剰の状態にあったパチンコ機械市場は、平均的製造原価に物品税および特許料の諸費用を積み上げた価格による取引が困難な状態で、有力メーカーまで退出の危機に追い込まれていた。産業の技術発展を担う開発志向的企業の存立基盤の確保が求められ、一九六〇年代に、市場が持つ競争促進機能を回復すべく、組織化が進展した（第2章）。組織化の焦点は市場価格の回復に定められ、物品税と特許料を度外視した乱売行為や、無断の特許侵害による違法な模造品に対する監視体制づくりが急がれた。納税およびロイヤルティ支払いのルール作りと、その監視体制の整備において要の役割を期待されたのが、日本遊技機工業組合（日工組）と日本遊技機特許運営連盟（日特連）である。日工組のメンバーを株主とする日特連は、納税指導にあたる日工組との間で機械の製造情報を共有しながら、特許の許諾を介してメーカーを規律づけた。ルール違反のインサイダー、アウトサイダーに対しては特許権に基づいた差し押さえなどの法的措置によって制裁が加えられた。市場は次第に秩序を取り戻し、新機械を創出し続ける条件が整った。

それでも、一九五五年規制によって開発範囲が厳しく制限されていたため、メーカーは閉塞感に陥っていた。パチンコ機械検定の規制緩和および特許制度の変更は開発を活発化させる可能性を孕んでいたが、これは日特連の特許管理のもとでどのように実現し、日特連はメーカーの開発行動をいかに規定したのだろうか（第3章）。日特連の特許管理は、特許紛争、ロイヤルティ、監視コストを抑制した。こうした環境のもと、開発と模倣によるキャッチアップを媒介して、マーケットシェアランキングの目まぐるしい入れ替わりを伴う競争が促された。一律かつ安価なロイヤルティの付与は、開発を志向するメーカーのモティベーションを低下させる要因にはならなかったのである。

他社への特許許諾は、安価であるがゆえに支払いの順守率を高めるとともに、わずかではあるが許諾を受ける側（類似品で追随する他社を含む）に不利な条件を与えた。同時に、将来、関係性が逆転する場合の担保となった。注目すべきは、他社による模倣行為が、生産の季節性や流行の不確実性によって過剰になりがちな設備負担を軽減させる意味合いを持ったことである。積極的なメーカーは、設備コストの節約を享受しつつ、シーズンごとの代替需要に対応して一足先に開発に乗り出し、他社が模倣・追随するまでの間、マーケットシェアを伸ばすことが可能であった。開発で先行した時間的優位に基づく市場拡大に期待をかけたメーカーは、開発志向的になりえたのである。他方、追随するメーカーの側には、模倣を通して開発力や製造技術を高めるキャッチアップの機会が与えられた。日特連が与える条件の下、一番手、二番手の双方が、他社との開発・生産シェアリングを通じて流行や規制に起因する開発リスクおよび生産設備の負担を、緩和したのである。メーカー経営の不確実性を低下させるこうした関係性は、客をマンネリ化させない機械の更新――ホールの新装開店――を支える柔軟な仕組みとしても機能し、開発競争の促進は、一九七〇年代末のフィーバー機登場につながった。

ホールおよびメーカーの事業安定化および景品交換の制度化などの環境整備を基準にすると、パチンコ産業が存続しうる再生産体制は一九五〇年代後半から七〇年代までの長い道のりの末に整った。その産業発展の基盤がフィーバー機によって揺らぎ、時代遅れになっていくのだが、新しい機械体系は、まずは著しい射幸性の上昇という外衣をまとって衝撃的に出現し、社会におけるパチンコの存立構造を大きく旋回させた。

それまでのホール事業の経営ノウハウは、一九八〇年代に入ると、フィーバー機の登場により根本的な修正を迫られることとなった（第4章）。従来の営業方法はどのような意味で行き詰まっていったのだろうか。

フィーバー機は、射幸性を一気に高めて市場を急成長させ、勝率において客の技量より、機械に組み込まれた確率に制御される偶然性への依存を強めた。求められる技量が低下したことは客の裾野を広げたものの、射幸性の高まりは一九五〇年代の経験のようなギャンブル熱が再燃することを予見させるものであった。ホール事業において一九五〇年代のような状況が再来するなら、それは産業の存続を脅かす事業の不安定化への逆戻りを意味した。しかしながら確率性に大きく依存するフィーバー機は、熟練技術による釘調整の役割を低下させながら、結果的に売上高の変動も抑え、事業の計画性をより高めた。著しい市場成長は、事業の計算可能性を阻害しないかたちで実現されたのである。社会的にもある程度の高い射幸性が容認され、フィーバー機がもたらした変化は方向性として不動のものとなった。

巨大化する市場成長の水面下では、産業の内実に関わる不可逆的変化も着々と進んでいた。ホールの機械導入に関して、メーカーとの一対一（少数）の取引関係は過去のものとなりつつあった。複数のメーカーからの頻繁な機械導入という形式は、ホールがフィーバー機設置のために取った一時的な方便に終わることなく、その後、定着していった。釘調整に依存した伝統的営業方法に固執したホール経営は、行き詰まりを見せた。熟練の世界を築いた釘調整に代わって機械自体、つまり資本の力への依存度を強めつつ、フィーバー機本来の特性に合った新しい経営への模索が始まった。長い歳月をかけて整った再生産基盤は、皮肉にも、その申し子であるフィーバー機による著しい成長の時代を迎えて根底から崩れ始めたのである。

伝統的営業方法に置き換わる次の経営のあり方は、どのように準備され、どのような可能性を持つものだったのだろうか（第5章）。郊外型ホール、大型化、多店舗展開は、確かにそれ以前から萌芽的に進んではいたが、一九八〇年代以降、異なる進展を見せた。確率性に支えられる事業計画性の高まりは、大型化によって実現されやすい。新規参入がもたらした競争の激化はその方向性を不可避的なものにした。大型化は、郊外型ホールの多店舗展開としても進展し、第一に、「事業所規模の経済」や、多店舗展開それ自体が一層の店舗追加を容易にするという企業レベルのアドバンテージ――「企業規模の経済」――の効果をもたらした。[3] 第二に、様々な情報が蓄積され、釘師を中心とする経営ノウハウ＝熟練的世界に支配される釘調整とは異なる情報管理の必要性を自覚させた。こうした新たなタイプの情報管理こそ、次の時代において競争優位を支える鍵となるものだった。

一九八〇年代から九〇年代にかけて、市場を牽引するホール経営の方向性が顕在化したことを受け、いよいよ機械市場の変化が表舞台に表れる。開発・生産シェアリングというメーカー同士の関係性が全面的に瓦解する事態は、目前に迫っていた。

二　日特連の解散――一つの時代の終焉

一九九七年、公正取引委員会はパチンコ機械の特許権を集めて特許プールを形成した有力メーカー一〇社と日特連に対して、「結合・通謀して参入を排除する方針がとられ、これに基づいて制限的な許諾契約が競争を実質的に制限した」とし、独占禁止法三条前段（私的独占の禁止）を適用して制限的な許諾契約の排除措置を命じた。[4] この勧告審決を受けてから二年後の一九九九年、被告側は日特連の自主的解散に踏み切った。[5]

特許プールに独占禁止法を適用した最初の判例となったこの事件に対しては、すでに様々な法的解釈の検討、判決への批判、事実認定の是非が問われてきた。[6] 同事件で問題になったのは一九八〇年代以降の動きであり、事件の本質や審決の批判的検討は、本書の分析範囲を超えている。本章では、公正取引委員会の勧告事項ではなかったにもかかわらず、日特連が解散に至ったことに焦点を当て、これを歴史的文脈から考えてみたい。

公正取引委員会の審決で問題になったのは、遊技球の自動補給機とパチスロの企業が機械市場に参入しようとした際、被告らが特許許諾を拒否する手段でもってそれを妨害したかどうかであり、勧告はその行為を事実として認定したものにほかならなかった。[7] 一九六六年に平和から独立したSANKYOなどいくつかの例を除けば（表3-4）、機械市場への活発な新規参入は、五五年以来のこととなる。一九八〇年代の市場成長後、有力メーカーの上場が相次ぐなか、パチンコに対する社会的認識の変化が機械市場において表れた出来事と考える。

日特連の解散は、公正取引委員会の勧告を受けた特許管理体制の見直しであった。公正取引委員会の審決では、第一義的には公正取引委員会の勧告を受けた有力企業一〇社と、その他のメーカー間での開発能力の格差が浮き彫りになった。日特連の管理する特許の利用は日工組のメンバー、つまりパチンコ機械を製造するほとんどのメーカーに許容されていたのに対して、開発主体は限定されていた（第3章）。それゆえに、一九七〇年代においても少数のライセンサーと多数のライセンシー間の利害対立への対応が求められた。この時点では従来のメーカー間関係が維持されるかたちで調整がなされた（第3章）から、他社の生産能力が持つ補完的役割が重視されたと考えることができる。田中悟・林秀弥の実証的検討は、開発能力の不均衡な構図が二〇〇〇年においても維持されていたことを示している。[8] 日特連が与えるアドバンテージを活かしてフリーライダーとなり、生産能力の分担に積極的な役割を果たすメーカーの存在により、特許開発の能力差は簡単には埋められなかったのである。他方で、ロイヤルティは依然として安価に抑えられていた。日特連の解散はこの非対称的な特許開発力への対処と考えられる。

ただし、開発力の格差と日特連の解散は、直接結びつけられるものとはいえないだろう。先述のように一九七〇年代の対応では、日特連の維持に基づく生産体制にも意義が見出されていたからである。そこで、メーカー間関係に影響する取引慣行と設備能力の実態に注目する。

第2章、第3章で明らかにしたように、メーカーは、日特連の機能に支えられて他メーカーと開発・生産シェアリングの関係を保ち、一九七〇年代において一社当たり年平均約三万九五六七台（図序-3、図序-5の七一～八〇年より。以下の平均製造台数は、これによる）規模の生産（月産三二九七台）を行っていた。この体制は、他社を日特連の傘下に置くことによって、規制産業の性格上必要な監視――他社の行為が規制を招くことがある――機能を期待できるという付随的効果をあわせもっていた。ホールは年二、三回の機械の入替えを慣習化し、その下で単一（もしくは少数）のメーカーとの長期取引が築かれた。これはホール営業のパフォーマンスが特定のメーカーの特定の機械というより、店側の釘調整のノウハウによって左右されていたからであった。

開発・生産の相互依存関係は、しかし、一九八〇年代以降ホールとメーカーの取引のあり方やホールの買い替え慣行が変化するなか、次第に形骸化したと思われる。多数のメーカーとの取引が常態化し、ホールの新装開店のための入替需要は小規模台数で高頻度化する傾向となった（第4章）。他方で、一九八〇年代のメーカーの年平均製造台数は、一一万七五八八台（月産九七九九台）、七〇年代に比べて約三倍に拡大した。生産台数はさらに増大し、一九九〇年代（九一〜九七年）の平均生産台数は、七〇年代の四倍以上の約一八万二六三七台（月産一万五二二〇台）となった。活発な新規参入が見られたホール部門とは異なって、メーカー数は二〇社で安定していたから（図序-3）、一九八〇年代以降、急激に市場成長するパチンコ機械の供給は、もっぱら既存メーカーの操業率の上昇や生産能力の拡充によって対応したことになる。

一九七〇年代までの抑制的設備投資は、ホールのパチンコ台の入替えが予測可能な決まった時期に発生し、かつ機械需要が急激には伸びない限りで可能であったし、その範囲で他社製品の模造——生産能力の業界としての共有——も容認された。後発企業に模倣されるまでのマーケットシェアの拡大可能性が、開発志向的な先発企業の存立基盤であった（第3章）。一九八〇年代の急成長は、それまで生産能力が抑制されていたがゆえに、メーカーに需給逼迫の問題をより鮮烈に認識させたに違いない。次のようにホール側の営業方法が変化すると、市場成長によって拡張した各社の生産能力を震源として、メーカー間関係に亀裂が走るようになる。

ホール側では、フィーバー機の確率による出玉率を実現する台数拡大の過程で、多様な機械の選択——多数のメーカーとの取引を含む——や新装開店が営業上の有効な戦術として以前よりも積極的に利用されるようになった。この結果、メーカーは固定的な取引先を失った反面、市場開拓のチャンスも与えられ、さらに次のような対応を迫られたと思われる。

第一に、頻度を増す機械更新需要に合わせた開発体制である。他社の類似品の容認は、次の入替えまでという区切られた期間に即した開発戦略によるものであった。ホールの新装開店が店舗ごとの事情によって不定期的、かつ高頻度になると、従来の開発体制が根ざした慣例的なシーズンは曖昧になる。第二に、拡大した生産能力を考慮した生産及び販売体制である。各社の設備能力の拡充は、類似品製造によって生産能力を分担するメーカーからその拠り所を奪い取る。さらに、ホールが多数のメーカーとの取引にシフトし、高頻度・小規模の入替えが常態化すると、決まったシーズンにまとまった規模で、一ホール単位で取引先を開拓してマーケットシェアを伸ばすという従来の体制は、とりわけ開発志向的な有力メーカーにして、開発から製造、販売によるコストの回収までのあり方に不自由さを感じさせるようになったに違いない。この全容の実態を示すことはできないが、少なくとも、生産能力の伸長と取引慣行の変容により、従来の企業間関係の見直しが検討されたと見ることは許される推測であろう。

それでは、日特連の解散はどのような方向性を見据えて実行されたのであろうか。一九九〇年代以降、機械の製造台数が激しい変動を呈する（図序-3）ことは示唆に富む。生産能力が拡充したにもかかわらず、市場はむしろ変動要因が増したことがうかがえる。このような状況で、拡充した生産設備を維持するには、他社による追随を認めることはできなかっただろう。日特連の解散は、市場における他社との関係性がもっぱら競争に規定されるようになったこと、開発リスクと背中合わせの過剰気味の設備能力の負担を個々の企業が引き受ける選択がなされたことを意味する。すなわち、競争は他社との共存関係にメリットを見出し、その下で競争が展開される体制から、競争によって他社を退出に追い込むことも辞さない体制へと変わりえた。推測の範囲を超えないが、短期化、曖昧化したシーズンを狙う開発のリスクと小規模供給による生産コストの増加は、個別企業にいっそうの合理化を求めるものであろう。

メーカーの生産のあり方やホールとの取引関係の変容から、一九九〇年代後半の日特連の自主的解散を位置づけるなら、それは、日特連を中心とした、競争促進的でありながら相互依存も持続させていたメーカー間関係の解消、と見ることができるのではなかろうか。長らくパチンコ産業の発展を支えてきた枠組みは、釘調整といった熟練の重要性が低下することによって、まずはホール経営から構造変化の起点が与えられたのだが、メーカー間の協調的な関係が解消されたことにより、いよいよその終幕は決定づけられた。日特連の解散は、後者を象徴する事件として理解することができる。こうしてパチンコ産業は一つの時代の終焉を迎えるとともに、それまでとは異なる競争にさらされながら新たな歩みを進めていくことになる(9)。

三　規制と産業発展

パチンコ産業の巨大市場への発展において、規制の意味合いはどのように理解できるだろうか。序章で提示したように、本書では規制の主体を公的機関に限定せず、市場のプレイヤーの行動を規律づけるルール作りや組織化も含める広義の概念を採用した。パチンコ産業に関わる次なる動きとその結果にも注目して、規制と産業発展について整理する。

第一に、高い射幸性によるホール事業の収益基盤の不安定さに対して、警察の一九五五年の禁止令という規制はギャンブル性を抑制した。もっとも、規制は安定した収益基盤の発見に向かう起点ではあったが、産業発展に直結するものではない。そうではなく、規制が、パチンコ産業の直面するどのような難点をコントロールしたかが重要である。ここから産業形成において不可欠な要素が浮き彫りになるだろう。当時ホール事業を不安定ならしめた要因――機械の材料や家内手工業的製造による均一性に欠けた品質（技術問題）、著しい射幸性およびそれを助長する競争――を、熟練技術による釘調整では制御できず、客もホール側も射幸性への過度な傾斜を止めることはできなかった。複合的な不安定要素を取り除いたのが外的ショックとしての規制ではあったが、安定的な収益基盤の確保による計画性のある事業への転換は、射幸性が抑えられた上で、経営ノウハウの蓄積によって実現できた。規制は、ホール経営の持続的な収益を作り出すノウハウの蓄積を可能にする前提条件を与えたのである。

規制は、他方では、ホール事業と異なる条件を機械市場に課した。第二に注目したいのは、市場の持つ競争促進機能が正常に発揮されているとは認め難いほどの、機械の乱売による混乱状況が、メーカーの取り組みとしての広義の規制——企業の自主規制・組織化——によって鎮静化したことである。組織化は、価格への直接コントロールを禁止する戦後体制のもとでは適正価格の回復という方向性に限界を持っていた。しかし、日特連は、物品税の未納や無断複製による乱売を規制するルールを敷いて市場プレイヤーを規律づけ、違反するアウトサイダーの排除によって市場の秩序回復に一定の成果を収めた。産業形成や発展において、市場が持つ競争促進機能は無条件で与えられたわけではない。財やサービスの実態から切り離された機会主義的な競争でなく、事業に内在的な諸要素に基づいた競争が展開されるためには開発能力や生産技術のような経営資源の蓄積が不可欠である。そうした企業行動が実現する上で、市場の秩序化（規制）が達成されなければならなかった。

かつて橋本寿朗・武田晴人は、カルテルについて市場メカニズムの部分的修正という捉え方を示した。(10) そこでは、協定によって価格競争が制限されたその先に、競争が停止する状態が訪れるわけではないことが明らかにされた。価格という競争の一側面が制限されても、企業は、価格を与件として利益を拡大するための工夫を始め、例えば品質やコストなど特定された競争範囲に集中的に資源を投入することができる。(11) パチンコ機械の市場でも類似した原理が働いたと考えられる。すなわち、規制と特許によって著しい価格競争を制限されたとしても、むしろそうであったがゆえに、客を引き付ける創意工夫に力を注ぐことも可能になる。フリーライダーとなる企業も存在したとはいえ、秩序、基盤が与えられたからこそメーカー間の開発競争が展開されたのである。

規制は、メーカーの開発行動に特定の方向性を与えたという意味で、どのような規定性を持ったかを吟味してみる必要がある。これが第三点である。警察の規制は、基本的には射幸性抑制に関連して行われ、社会との緊張関係から突発的に不確実な方向で変更される可能性も常にあった。その限りで、こうした規制は開発のリスクを高めるものであり、潜在的参入者には障壁となる。この点に関連して規制は相反する二方向の影響を与える。一方では、既存のメーカーによる開発情報の蓄積に有利性を与える。しかし他方で、一九五五年規制によるM商会の地位の変化、六九年の規制緩和後の市場状況、八〇年以降のデジタル・パチンコの登場とそれへの規制に見るように、突発的規制や規制緩和は競争条件の変化をもたらして既存メーカーの優位性自体を無意味にし、そこに他の企業が新たな地位を獲得する可能性を生じさせる。

注目すべき四つ目の点は、機械開発にあたって規制が特定の制約条件を明確にしたことに関連する。規制は、企業側にとっては、乗り越えるべき目標を明確化するため、資源の投入を比較的狭い範囲に集中させることができる。連発式を規制した一九五五年の禁止令の後、メーカーは、狭められた範囲内で遊技客の関心を引き付けることに全力を挙げて努めたし、機械の規制が緩和されると、フィーバー機が典型であるが、新たな技術や意匠が凝らされるようになったことは繰り返し指摘した通りである。このような側面を重視すれば、規制は必ずしも業界を一方的に抑制するものではなく、機械開発のブレークスルーや技術発展のダイナミズムの起点として作用する可能性を持つものでもあることが見出せるだろう。

おわりに――M商会とマルハンの間

M商会の単一ホールの経営（第4章）と、店舗数業界一位のマルハンの三〇〇店経営（第5章）を直接比較する必要はない。大規模郊外型ホールのチェーン化が唯一の選択肢ではなく、Mホールは地下鉄駅と商店街に近い空間に根差し、より生活に密着したサービスを二〇一〇年まで提供していた。立地条件の良い市内店には、単独店としても長らく存立し続けられる独自の基盤があったのだろう。以下の事例は、両者の間に存在した違いを考えるにふさわしい素材を提供してくれる。

一九九一年頃、M商会が経営の行き詰まりに苦しんだ末にリニューアルオープンにこぎ着けようとした時期と重なるが、ガーデングループの代表者は、家族経営から企業へ、具体的には単一ホール営業から多店舗経営への転換を決心した(12)。明治大学を卒業した在日韓国・朝鮮人の出自を持つ代表者は、先代の残したホールを受け継いで軌道に乗せており、経営は順調であった。転機は、同社ホールのほか四店舗が存在していた北浦和駅周辺に、同社の規模を上回る大型ホールが二店も進出するという情報によって訪れた。競争激化への対策に苦心した経営者の結論は、いくつものホールを作って有数の企業になるという、「生き残るための改革」の開始であった。業界の流れにガーデングループの戦略を位置づけるなら、こうした転換は決して早いものではなかった。

多店舗経営を実施に移すに至るまでに、いくつもの山を乗り越えなければならないことは、戦略転換を決断した当初には気付かれていなかった。まず着手したことは多店舗を動かしていくための人材の確保であったが、その方向性を定めるのに先立って社員をまとめる理念づくりが必要であったことにも、後で気付くことになる。企業として営業、財務などの組織づくりを急がなければならなかったし、会社の戦略的転換は既存社員による合意、既存社員の会社への関わりの変化を求め、そのための教育を要した。当時の社会状況ではホール会社に必要な人材を一般の労働市場から確保することは決して容易ではなく、最初は経営者の人脈を通じた辛抱強い説得を頼りにした。そうした挑戦的取り組みに応えてくれるキーパーソンの存在なしに、次の段階に進むことはありえなかった。なかでも、資金調達は困難を極めた。実績を上げていた既存ホールの取引先は信用組合であり、借入の内容も運転資金を中心としていた。二店舗の開設に必要な資金を調達するためには、信用組合より上位の金融機関、例えば信用金庫、地方銀行などからの融資が不可欠であった。有力金融機関から融資を取りつけることは容易ではなく、地方銀行と信用金庫に既存ホールの口座など家族の名義を動員して七つの口座を開設することから取引を始めなければならなかった。こうした苦労の例は枚挙にいとまがない。

ガーデングループの多店舗展開が動き出して経営が安定するまでの過程は、フィーバー機出現以降の市場成長が与えたチャンスを実らせていくことがいかに険しい道であったか、それを乗り越えた先に見えてきた異なる経営の世界がどのようなものであったか、を如実に示してくれる。ガーデングループは、二〇一六年一二月末に社員一一五〇名（アルバイトを含む）を抱えて三〇店を展開する売上高一一〇〇億円の企業になっている。

最後に残った疑問は、序章で提示した、在日韓国・朝鮮人についての語りとパチンコ産業が結びつけられる点であろう。在日韓国・朝鮮人による企業を産業構成から見ると主要業種として、土木事業、京都の友禅、西陣織、焼き肉レストラン、神戸市長田区のケミカルシューズなどがあるが(13)、これらが民族的性格から語られることは、焼肉レストランの基盤としての文化要因への注目を除けば、ほとんどない。もちろん、在日韓国・朝鮮人の企業は、友禅においても蒸・水洗業という「過酷な」工程など、外国人が携わる典型的特性を持った分野に集中してきた。しかし、焼き肉レストランを含めて、パチンコホールほど固定化した否定的な観念によって理解されることはない。

パチンコ産業と在日韓国・朝鮮人との関連性の背景には、双方が日本社会のなかで歴史的に背負わなければならなかった位置づけがあり、両者の関連性は、それぞれ異なる文脈で刻印されたマイナスイメージが結びつけられた結果として理解されるべきものではなかろうか。成長した時代のスパン、市場の空間的広がりにおいて他産業の追随を許さないパチンコ産業の影響力は、その大きさの分だけ、在日韓国・朝鮮人との関連づけを、より長く、より広範囲にわたって、社会の隅々に持続させたのであろう。

補論で見たパチンコ産業における「民族性」の希釈化とは、単に日本人企業数の増加によって在日韓国・朝鮮人企業の地位が低下した、あるいは民族性の濃度が薄まった状態を指しているのではない。Mホールによって描かれた事業安定化、ガーデングループの変貌、マルハンの成長する経営のあり方、そして本書で説明に努めた巨大市場に至る歴史的プロセスは、組織化、事業安定化、市場競争のあり方、技術革新など、他産業の発展や企業成長でも同様に重視される焦点を明らかにしたという点で、決して特殊なストーリーではない。巨大市場への成長を地下市場の拡大によってではなく、そうした周縁経済からの脱却と長期存続を志向する企業活動の連鎖として置き換えてみたとき、そこにはパチンコ産業と在日韓国・朝鮮人双方に対する二重の否定的な観念とは異なる語りがありうる。民族性の希釈化とは、従来のイメージから解き放たれたありのままの姿に目を向ける態度ではないだろうか。

巨大市場が今立ち向かっている状況の考察は、本書とは地続きでありながら、また別の物語としてあり、それは次の課題である。

注

序章

（1）尾佐竹猛『賭博と掏摸の研究』總葉社書店、一九二五年。

（2）「第一二回国会　参議委員予算委員会会議録第一六号　昭和二六年一一月一五日」『第一八部』一六、一四〇頁。以下の国会での議論については、特に断りがない限り、引用文を含めてこれによる。

（3）敗戦後早くも一九四六年に東京と京都で日本競馬会の競馬が再開され、四八年に政府直営となった（守屋毅編『現代日本文化における伝統と変容六　日本人と遊び』ドメス出版、一九八九年、一六一頁）。一九四八年には自転車競技法など法整備が進み、小倉市で最初のレースが開かれた。地方自治体が財政問題を解決するため競輪事業の運営に乗り出したことについては、通商産業政策史編纂委員会編・長谷川信編著『通商産業政策史七　機械情報産業政策』経済産業調査会、二〇一三年、一六三～一六四頁を参照。地方財政から見た公営競技という手段について、大宅壮一は「賭博国家」と称して次のように説明する。「下関では……市民の生活は困難になり市民税の滞納甚だしく、競輪収入で辛うじてその穴を埋めているという……全国都市の渇望の的になっているのは川崎市である。……この市に住んでいる私の友人は、収入は私よりも遥かに上回っているのだが、市民税は私の場合と比べてお話にならぬ少額……市立学校の校舎は完備して……市民住宅もどしどし建ちつつある……道路でも川崎市に入ったとたんによくなっている……ガスや水道の施設なども、東京や横浜市民を羨ましがらせている。これは川崎が工業都市で、市内に有力な会社を多く擁しているせいでもあるが、競輪による収入に負うところはなはだ大である。……こんな風だから、全国どこもかしこも競輪熱は盛んで、なかなか衰えそうもない。これに味をしめて競馬も県営や市営でやろうという計画を進めている」（……の中略は引用者による。以下同様）（大宅壮一「賭博国家はいつまで続くか」『ファイナンス・ダイジェスト』五（一〇）、一九五一年、七〇～七一頁）。

（4）賭博を公然と行う公営競技に対する社会の批判は長期にわたって根強くあった。摘発された八百長やノミ行為などの不正、違法な営業が取り上げられ、それへの暴力団の関わりなど社会への悪影響を懸念する廃止論、反対論は繰り返し持ち出された。実際に、競輪事業に関して、何度も存廃問題が議論された。専門家を交えた競輪運営審議会（一九五九～六〇年）の答申、公営競技調査会（一九六〇年）の制度の再検討、公営競技問題懇談会（一九七七年）の答申を受け、競輪事業は維持されることにはなったが、事業の健全化を図り、発生しうる問題を予防するために法律改正が行われた。継続の理由として指摘されたのは、一九六一年に出された公営競技調査会の答申によると、事業資金からの交付金による関連産業の助成、社会福祉事業や地方団体の財政上の貢献と、また廃止になったときに発生するそれらに代わる財源の確保、関係者の失業問題と非公開賭博の助長の対策等の問題であった。これに関連する一連の論議や委員会の答申については、通商産業政策史編纂委員会編・長谷川編著前掲『機械情報産業政策』一六三～一九二頁を参照。

（5）廃止論で問題として常に挙げられるのは、暴力団への資金源になることであった（通商産業政策史編纂委員会編・長谷川編著前掲『機械情報産業政策』一六三～一九二頁）。

（6）政策決定に関わる公的な場でパチンコの廃止が検討されたことは、管見の限り見当たらない。池田勇人蔵相や当時の人々が風俗営業であるパチンコホールを賭博として見ていたことからも分かるように、公営ギャンブルを廃止すべきという世論やそれに後押しされた政策的検討は、パチンコのあり方や存続に間接的に影響するものと考えられる。前掲注4を参照。

（7）「是か非か　宝くじ　競輪　パチンコ　本社世論調査　過半数が廃止論　卅代は宝くじの愛好者」『毎日新聞』一九五一年一二月三〇日。

（8）新明正道「時論要解　パチンコの流行　日本文化の象徴」『時事通信　時事解説版』一八三五、一九五一年、二三一三～二三一四頁。新明によって選択された意見が当時の世論を客観的に洞察する上で適切かという疑問を持たれるかもしれない。ここでは、賛否両論の意見を確認することに主眼がある。この時点の新明の様々な意見の取り上げ方は、パチンコを受け入れる立場に立ったものであった。後掲する一九五四年の新明の記事（注13）からは、明確な立場が読み取れないことを考えると、取り上げ方自体に時代の雰囲気が反映されているかもしれない。

（9）「パチンコ社会学」『週刊朝日』一九五一年一〇月一四日号、一一頁。

（10）イラストに見える子供のような一八歳以下の入場は、一九五一年の「風俗営業取締法」改正によって禁止され、それ以降厳しく取り締まられることになる。

（11）増川宏一『賭博の日本史』平凡社選書、一九八九年。前掲注4も参照。

（12）『広辞苑』第六版、岩波書店、一九九七年。

（13）以下、新明正道「時論要解　連発式パチンコの禁止」『時事通信　時事解説版』二七二八、一九五四年、三一二九～三一三〇頁。

（14）例えば、『毎日新聞』の社説「健全な社会を作るために」（一九五四年一一月一九日）、新聞投書欄に寄せられた様々な市民の意見（「国民の声」『毎日新聞』一九五四年一一月二二日、「声」『東京新聞』一九五四年一一月二三日）は、禁止すべきと意見の一致を見ている。

（15）当時の呼び方であり、警察年鑑、警察白書などで使われている。パチンコ屋とパチンコホールの名称の区分は台数規模が基準であり、小規模を前者と、比較的大きい規模を後者としていたようである（森田正「広島県におけるパチンコ課税の実情と対策」『税』八（一）、一九五三年、六八頁）。

（16）「パチンコ昔と今」『実業の世界』五四（五）、一九五七年、一頁。

（17）資本に余裕のあった者がスマートボールへ転向した例（中村三郎「連発式禁止後のパチンコ課税の運営」『税』一〇（八）、一九五五年、五一～五二頁）や不透明な業界の将来を理由に事業を整理する親戚からパチンコホールを引き受けて業界最大手となったマルハンの例（韓昌祐『十六歳漂流難民から始まった二兆円企業――パチンコ業で五兆円をめざすマルハンの挑戦』出版文化社、二〇〇八年、韓載香「エスニック企業家」宮本又郎・加護野忠男・企業家研究フォーラム編『企業家学のすすめ』有斐閣、二〇一四年）を参照。

（18）こうした見方は、風俗営業への取締りの有り様が時代と共に変化したことを示した永井良和『風俗営業取締り』講談社選書メチエ、二〇〇二年にも共通する。同書の第二章、第三章を参照。また、日本人のギャンブル自体に対する認識も時代と共に変化した。本文の一九五一年の『毎日新聞』による世論調査ではほとんどの人が否定的意見を持っていたが、九三年の余暇開発センターの調査によると、「ギャンブル的行為に対する是非」について、「悪いことではない」が約七一パーセントであったのに対して、「良いことではない」は約一三パーセントの結果となった（通商産業政策史編纂委員会編・長谷川編著前掲『機械情報産業政策』一八四頁）。パチンコへの認識にも変化が見える。例えば、一九八〇年代に入って、「パチンコへの見方も変わったのだろうか。最近のサラ金に対する非難をみると、ある時期の競輪非難、そしてその前のパチンコ批判を思い出す。事件の要因として共通しているために、禁止論や強い規制論がでた。サラ金地獄のきっかけにこれらのギャンブルが関係しているはずなのに、そうした批判は最近少ない。ギャンブル非難が風化したのか、パチンコなどは遊びの一つとして定着したのか」（「ギャンブルに好・不況——集客努力の差くっきり」『日本経済新聞』一九八三年八月一二日、夕刊三頁）という指摘がある。また、「パチンコの定着ぶりを示すものに、ショッピングセンターへの導入がある。撤退した店舗の穴埋めには集客力のあるパチンコ店を充てる。高い保証金も収益力の高さで十分支払うことができる。それに、他のテナントと競合しない。スーパーの不振店舗の転換業種としても候補にあがっている。計画はあってもパチンコ店との調整があって、実現の例は少ないが、パチンコへの見方は徐々に変わっている」（同）など、他のビジネスとの相乗効果を期待する投資対象として見られるようになった。

(19) このようなことは、パチンコホール業界が組合を中心に射幸性の抑制に取り組む「自主規制」や社会還元名目の募金や寄付活動に表れる。前者の例は本書第4章を参照。後者は、地域のパチンコホール組合史を繙くと関連する活動を簡単に見つけることができる。例えば、広島県遊技業組合は、パチンコのイメージ改善のため余り玉を集めた「善意の箱」運動（一九七四年から毎年）で各種の福祉事業に寄付を行った（「創立三〇周年記念回顧座談会」創立三〇周年記念大会記念誌部会編『30th Anniversary 新たなる健全娯楽の道をめざして。広島県遊技業協同組合創立三〇周年記念誌』広島県遊技業協同組合、一九九三年、四四〜四五頁、五三頁）。その他、山口県でも、地域のボランティアや防犯活動等に寄付している（「組合創立四〇周年記念座談会」遊技業共同組合編『四〇年の回顧——山口県遊協四〇年の足跡』山口県遊技業協同組合、一九九三年、九二〜九三頁）。公益性のあるところに寄付するなどの社会還元は、社会的使命としての役割を意識する企業が行う活動と異ならない。しかし社会における存在意義をこのような活動によっても求められていると自覚するところにパチンコの特殊性がある。また社会とギャンブル産業との関係性として、高額の税金を課すことの背後にある考え方や社会的合意については、アメリカのギャンブル産業への課税を分析した Bret F. Meich, "The Power to Destroy : The Psychology of Gaming Taxation," *Gambling Law Rewiew and Economics*, 12 (5), pp.458-465 を参照。

(20) 例えば、「パチンコ店収入三〇兆円　九四年調査全サービス業の二六パーセント　不況知らず、五年で倍」『朝日新聞』一九九六年一月二六日。

(21) 谷岡一郎は、パチンコの市場規模の把握方法について、他の公営競技やアメリカのギャンブルと比較しながら批判的に推定している（谷岡一郎『現代パチンコ文化考』ちくま新書、一九九八年、第一章）。谷岡は、パチンコの市場規模を、公営ギャンブルやアメリカのカジノのように、客が賭けた総額——借りた玉を繰り返して打った場合その回数に応じて使ったすべてが賭けた金額になり、三〇兆円より多いはず——から勝って現金に交換した額を差し引いて計算する、つまり客が負けた分として見る必要性を指摘する（同、二二〜二九頁）。ただ、パチンコの場合、客がパチンコに賭けた総額と勝率に関して公開された歴史的データは、管見の限り存在しない。

(22) 売上高は、「一台当たりの一日売上高×一年の営業日数×全国の設置台数」で計算される。この推計式から分かるように、一台当たりの一日売上高の平均額が全体の市場規模の大小に大きく影響する。平均売上高は、地域、立地条件、店舗規模などによって大きく異なる。谷岡前掲『現代パチンコ文化考』第一章、間部洋一『驚異のパチンコ・ビジネス——知られざる一三兆円産業の内幕』素朴社、一九九〇年、三六〜四三頁を参照。ちなみに一九九六年の市場規模は、一台の平均一日売上高を二万円、設置台数三九〇万台とした推計である。

(23) 客のネットの使用額は、玉を借りるため使った金(A)から勝った場合獲得する景品、さらに現金によって回収した分(B)を差し引いた分(A－B)となるため、Aで計算される売上高による市場規模に疑問が提示されているのである。Bを決定する平均の勝率に関しては、間部洋一は、一九八七年時点で、約六割とする(間部前掲『驚異のパチンコ・ビジネス』三七頁)。ただし、この還元率も論者によって異なり、根拠は明確ではない。これに関連して精度の高いデータを、パチンコホール向けのコンピュータシステムを開発するダイコク電機株式会社が提供している。計算方法は明らかにされていないが、同社のシステムが導入されたホールのデータから推計した売上高と、そこから景品売上高を差し引いて計算した粗利とされる。発表された二〇一一年から一五年までの平均粗利率を求めると、約一五パーセントであった(DKダイコク電気株式会社ホームページ「業界環境」http://www.daikoku.co.jp/ir/ir_investor/environment/、閲覧日二〇一七年五月七日)。仮にこの粗利率を一九九六年の市場規模に適用すると、粗利で計算される市場規模は約四兆五二〇〇億円となる。ただ、これは谷岡一郎が説明したギャンブル産業の市場規模の計算(谷岡前掲『現代パチンコ文化考』第一章)に従った結果である。パチンコ市場をどのような計算で把握することが適切であるかの基準については合意されていないようである。

(24) 「桐生の中島さん、金持ち世界二七位　パチンコ『タイガー』で」『毎日新聞』一九八九年八月二三日、東京夕刊。

(25) 「パチンコ屋及び回胴式遊技機等を設置して客に遊技をさせる事業所数」(国家公安委員会、警察庁編『平成二八年版　警察白書』二〇一六年)。

(26) 矢野経済研究所『全国パチンコ経営企業数及び店舗数に関する調査結果二〇一五』二〇一六年。

(27) 日本生産性本部編『レジャー白書　少子化時代のキッズレジャー』二〇一六年より。

(28) 「平成二四年経済センサス――活動調査」(総務省統計局ホームページ「統計データ」http://www.e-stat.go.jp/SG1/estat/List.do?bid=000001053304&cycode=0、閲覧日二〇一七年四月二七日)。

(29) 「平成一八年事業所・企業統計調査」(総務省統計局ホームページ「統計データ」http://www.e-stat.go.jp/SG1/estat/List.do?bid=000001008300&cycode=0、閲覧日二〇一七年四月二七日)。

(30) 杉山一夫『パチンコ誕生――シネマの世紀の大衆娯楽』創元社、二〇〇八年。

(31) 例えば、「三十五年のあゆみ」編集委員会『三五年のあゆみ』日本遊技機工業組合、一九九五年、二一頁、全国遊技業組合連会編『全遊連(協)二十五年史』一九七七年、三一一頁。

(32) コリントゲーム起源説への疑問は、室伏哲郎『未来産業としてのパチンコ――パチンコからパチーノへ』二期出版、一九九四年、正村竹一資料室『正村竹一資料室　第二章　パチンコミュージアム』一九九七年、山田清一・今泉秀夫編『ヨーロッパに生まれ日本で育ったパチンコ百年史』アド・サークル、二〇〇二年、神保美佳『パチンコ年代記――銀玉に愛を込めて』バジリコ、二〇〇七年などによって提起されていた。杉山一夫の貢献は特許資料に基づいてその進化を技術的な特徴から跡付け、さらに日本で何が真似され、どのような技術的変化があったか、パチンコが日本でどのように普及したのかに関する仮説を提示したことにある。伝播に関する杉山の仮説と筆者の批判については後述する。

(33) アド・サークル設立五〇周年記念誌編集委員会編『株式会社アド・サークル設立五〇周年記念誌――『グリーンべると』と『王様手帖』が語りかけるパチンコ・パチスロ半世紀』二〇一四年、一五頁。最初のパチンコ屋専門店は、一九三〇年に愛知県警の許可を受けた平野パチンコ店とされる(同)。

(34) 同上。

（35）一九六六年にレイモンド・バーノンによって提唱されたもので、当初は製品ライフサイクルと貿易構造や生産拠点の海外移転との関連を説明するモデルであったが、近年は戦略論、マーケティング論、政策論のなかで積極的に取り入れられている（Raymond Vernon, "International Investment and International Trade in the Product Cycle," *The Quarterly Journal of Economics*, 80 (2), 1966, pp. 190–207, Anita M. McGahan and Brian S. Silverman, "How Does Innovative Activity Change as Industries Mature?" *International Journal of Industrial Organization*, 19, 2001, pp. 1141–1160)。政策に関する研究としては、花田真一「産業サイクルに応じた政策設定の重要性——銭湯産業を事例として」『社會科學研究』六二（二）、二〇一一年、一一一～一三七頁、戦略に関しては、山田英夫「製品ライフサイクルから見たＯＥＭ戦略」『研究技術計画』七（三）、一九九三年、二三三～二四〇頁などがある。

（36）Abraham Mesgena, "Life Cycle of Japanese Auto Industry : A Four Stage Analysis Based on Six Dimensions"『アジア太平洋研究科論集』一一、二〇〇六年、二一一～二三二頁。

（37）例えば、ＶＴＲ産業について六段階の区分をしてライフサイクルに基づく分析を試みた、樋口徹「ＶＴＲ産業のライフサイクル」『作新総合政策研究』六、二〇〇六年、一九～三四頁。

（38）産業の立ち上げや成長の段階で様々な制約が立ちはだかっていたことは、多くの産業史研究で指摘されている。それらは、市場の創設自体や過小性、原料調達、生産技術、チャネル問題などに関わる困難であり、製品市場や産業によっても成長の度合いによっても様々である。関連する研究は枚挙にいとまがないが、本書の問題意識に関連してとりわけ有効な視点を与えてくれたのは橋本寿朗・武田晴人編『両大戦間期日本のカルテル』御茶の水書房、一九八五年、武田晴人編『日本産業発展のダイナミズム』東京大学出版会、一九九五年である。

（39）浅野義光『システム産業シリーズ　レジャー産業』日本経済新聞社、一九七〇年、二〇六～二二一頁。一九七〇年前後は日本人の「選択的支出」に関連する分野、特にレジャー産業の経済規模が著しく大きくなり、新しい成長産業とされるようになった時期であった。そうした社会的変化を反映すべく、行政でもレジャーに関する関心を高め、選択的消費に関する様々な調査に本格的に動き出したのが一九七〇年代以降である。

（40）「特別レポート　通産省がはじめてまとめた余暇問題レポート　我が国余暇の現状と余暇時代への展望　パチンコの伸びは低いと分析」『月刊　遊技日本』一九七三年四月号、五六～六一頁。また、産業構造審議会・人間部会が組織され、日本人の余暇の現状分析と将来を予測した通商産業省余暇開発産業室編『わが国余暇の現状と余暇時代への展望』通商産業調査会、一九七三年がまとめられている。

（41）競輪の利益金や補助金、その他政府系金融機関、民間企業五社が資金源になったといわれている。二〇〇〇年に「財団法人自由時間デザイン協会」に改組し、二〇〇三年三月に解散した後は「社会経済生産性本部」に吸収された。この再編に伴い、『レジャー白書』も、同協会と同生産性本部に引き継がれ、刊行されている。

（42）浅野前掲『レジャー産業』二一六～二一七頁。

（43）Min Jin Lee, *Pachinko*, New York : Gran Central Publishing, 2017.

（44）例えば、Krys Lee, "Home but Not Home : Four Generations of an Ethnic Korean Family in Japan," *The New York Times*, February 2, 2017, アメリカの公営ラジオ放送（NPR : National Public Radio）の紹介（Lynn Neary, " 'Pachinko' Is A Family Saga Of Exile, Discrimination, ... And Japanese Pinball," Npr, "The Week's Best Stories from Npr Books," http: //www. npr. org/2017/02/06/513304628/pachinko-is-a-family-saga-of-exile-discrimination-and-japanese-pinball, 閲覧日二〇一七年四月三日）、BBC.com が推薦する二〇一七年の小説として

(BBC.com, "Ten books to read in 2017," http://www.bbc.com/culture/story/20161216-ten-books-to-read-in-2017, 閲覧日二〇一七年四月三日)、Chicago Review of Books による推奨する今月の新しい本 (Chicago Review of Books, "The 10 Best New Books to Read This February," February 1, 2017, https://chireviewofbooks.com/2017/01/31/the-10-best-new-books-to-read-this-february/, 閲覧日二〇一七年四月三日) として選定されるなど他にも多数あり、マスコミでの注目度は非常に高かった。

(45) Lauren Stacks, "Why Min Jin Lee's New Novel 'Pachinko' Took 30 Years to Write," Chicago Review of Books, "Book Reviews, Author Interviews, and Literary News," https://chireviewofbooks.com/2016/05/12/bea-16-why-min-jin-lees-new-novel-took-30-years-to-write/, 閲覧日四月三日。

(46) Lynn Neary,op. cit.," 'Pachinko' Is A Family Saga Of Exile, Discrimination, ... And Japanese Pinball."

(47) David Blake Willis and Soo im Lee, "Korean Minority Entrepreneurs in Japan," edited by Léo-Paul Dana, *Handbook of Research on Ethnic Minority Entrepreneurship : A Co-evolutionary View on Resource Management*, Cheltenham : Edward Elgar Publishing, 2007.

(48) 例えば、姜誠『五グラムの攻防戦――パチンコ三〇兆円産業の光と影』集英社、一九九六年、第五章を参照。

(49) このような見解については、韓載香『「在日企業」の産業経済史――その社会的基盤とダイナミズム』名古屋大学出版会、二〇一〇年の第三章で、提示したことがある。

(50) 調査は、本書での利用など研究目的のために実施したのではなく、講義内容や説明の方向性を決める上で受講者の意見を参照したいという趣旨からであった。そのため、設問内容や年齢・性別などを考慮したサンプルの抽出などを工夫し、統計分析に耐えうるアンケート調査として設計されておらず、有効回答と判断することも、一般化するのにも問題が大きい。にもかかわらず、ここで取り上げる理由は、結果に表れている興味深い変化に注目したいからである。

(51) もっとも、一般的に民族マイノリティが集中する大都市と、地方都市の結果比較は、地域差を差し引いて考える必要がある。ただし、同じ趣旨で実施した、東京都内のR大学（二〇一〇年四月）、静岡市のS大（二〇一二年九月）の二〇歳前後の大学生に対するアンケートでも、北海道大学とほぼ同じ結果であったから、表で明らかになった違いは世代間によるものと見て大きな間違いはない。

(52) 急いで付け加えなければならないのは、加藤千香子（「〈周辺〉層と都市社会――川崎のスラム街から」大門正克他編『高度成長の時代三　成長と冷戦への問い』大月書店、二〇一一年）が指摘したように、戦後の日本社会のなかで在日韓国・朝鮮人の存在自体が見えなくなっていたことである。この点が両者の関連づけの認識を弱めた側面があろう。これは慎重に考慮すべき点であり、筆者の指摘は、産業のあり方が変化した点にも目を向ける必要があることと、型にはまった見方では産業実態や在日韓国・朝鮮人の現実を理解する上で限界があるというものである。

(53) 例えば、阪井すみお『パチンコ裏物語』彩図社、二〇一〇年、別冊宝島編集部編『コワ〜いパチンコ店の話』宝島社、二〇一一年など、タイトルを彩っている表現はそれぞれの著者の視点を象徴していよう。

(54) 例えば、「脱税王はパチンコ」『朝日新聞』一九七五年四月二四日。

(55) 「病院、いぜん、〝脱税王〟」『朝日新聞』一九七六年五月一六日。

(56) 亀井俊介編『パチンコけんけん学々』善本社、一九九〇年。

(57) 多田道太郎『遊びと日本人』筑摩書房、一九七四年、四六〜四七頁。

(58) 加藤秀俊『パチンコと日本人』講談社現代新書、一九八四年。

(59) 石毛直道「パチンコ——遊びの中の仕事」守屋毅編『現代日本文化における伝統と変容六　日本人と遊び』ドメス出版、一九八九年。
(60) 谷岡前掲『現代パチンコ文化考』。
(61) 竹内宏「パチンコ商法の秘密」『中央公論経営問題』一一（三）、一九七二年、二六八〜二八一頁、同『路地裏の経済学』新潮文庫、一九八三年に所収。
(62)「特別対談『路地裏のパチンコ経済学』長期総合研究所理事長　竹内宏」室伏前掲『未来産業としてのパチンコ』。
(63) もちろん、竹内のいう「路地裏」は、周縁的な経済活動から日本経済の本質を見ようとした新しい視点としての提案である。
(64) 鍛冶博之『パチンコホール企業改革の研究』文眞堂、二〇一五年。
(65) 川合均『パチンコ国富論——二一世紀アミューズメント産業の幕開け』ダイヤモンド社、一九九五年、一頁。
(66) 間部前掲『驚異のパチンコ・ビジネス』。巨大市場という経済性に関連し、パチンコを提供する側の経営基盤や産業としての分析として、室伏前掲『未来産業としてのパチンコ』、姜前掲『五グラムの攻防戦』、宮塚利雄『パチンコ学講座』講談社、一九九七年など、多数ある。これらは、巨大産業として注目を浴びた当時の状況を反映してパチンコ産業の構造的特徴だけでなく、将来のための改革案を提案している。
(67) 中澤徳吉『パチンコビジネスのすべてがわかる本』（山下出版、一九九五年）は、出店計画、立地選定、店舗管理などに関する解説本である。他に前田進『パチンコ店経営のすべて』経営情報出版社、一九九一年、吉田由紀雄『遊技店立て直し屋が語る　儲かるパチンコ　ちょっといい話』三恵書房、一九八九年など、枚挙にいとまがない。
(68) 鍛冶博之「パチンコホールにおける経営改革の諸要因」『同志社大学大学院商学論集』四一（二）、二〇〇六年、六一〜九〇頁、同「パチンコホール業界の現代的課題と対策（I）」『社会科学』七八、二〇〇七年、二三〜四七頁、同「パチンコホール業界の現代的課題と対策（II）」『社会科学』七九、二〇〇七年、五九〜八二頁、同「ダイエーによるパチンコ業界への参入」『社会科学』八三、二〇〇九年、九九〜一二五頁、同「異業種企業によるパチンコ業界への参入実態」『社会科学』八五、二〇〇九年、七九〜一〇九頁、同「パチンコホール企業改革の促進要因——二〇〇〇年代の場合」『同志社商学』六一（六）、二〇一〇年、五九六〜六二四頁などを参照。これらを集大成したのが、鍛冶前掲『パチンコホール企業改革の研究』である。
(69) 前掲注18の世論調査でギャンブルへの認識が変わったことは、社会的な目線の制約が次第に弱まったことを意味する。谷岡は、パチンコを含むギャンブルの社会での受容を支える考え方について、「非犯罪化」を紹介している。特定の宗教や価値観が支配的であった時代に、非倫理的・非道徳的な行為として刑法上禁止されていたものには、例えばアメリカの飲酒法で規制された飲酒がある。先進国では、価値観が多様化するなか、ポルノのように具体的な個人への犯罪被害がないとされた行為は、実際の法益の被害がないとして犯罪という定義から外されてきた。この動きを非犯罪化という（谷岡前掲『現代パチンコ文化考』一五〇〜一五一頁）。この非犯罪化の考え方は、一九六一年の公営競技調査委員会答申における公営競技の存廃をめぐる議論にも共通する。
(70) 杉山前掲『パチンコ誕生』。
(71) 本書第1章の図1-2（左）を参照。
(72)「地方公営ギャンブル寒い冬、『職員ボーナス・手当削れ』——経営改善へ自治省お触れ」『日本経済新聞』一九八三年一一月二四日、三頁、「公営ギャンブル青息——岸和田競輪、赤字解消妙案なし」『日本経済新聞』一九八三年三月一〇日、一〇頁を参照。
(73) 橋本・武田前掲『両大戦間期日本のカルテル』。

（74）韓前掲『「在日企業」の産業経済史』を参照。同段落の関連言及は、同書分析による。

（75）竹内は、日本のレジャー産業の三つの特質について、第一に「道」レジャー――休息を取る欧米と異なって動き回りながら何かをすること――、第二に急速な伝播と衰退、第三にターミナル中心の日常レジャー、とする（竹内前掲『路地裏の経済学』第三章）。第二点の指摘から考えると、パチンコは一九七〇年代まで他のレジャーに比べて相対的に成長が目立っていたわけではなかったことになる。

（76）アナログ式に大当たりを判定したり、玉を振り分けたりする装置（株式会社パチンコビレッジホームページ「パチンコ・パチスロ用語辞典」http://www.pachinkovillage.com/glossary/?p = 713、閲覧日二〇一七年六月一日）。

（77）同年の機械基準の緩和により三六種の「役物」使用が許可された（「二十五年のあゆみ」編集委員会編『二十五年のあゆみ』日本遊技機工業組合、一九八五年、二四～二五頁）。

（78）一九八二年、フィーバー・タイプ機の導入を一ホール当たり三〇パーセントに限定した（「三十年のあゆみ」編集委員会編『三十年のあゆみ』日本遊技機工業組合、一九九〇年、二六～二七頁）。

（79）同上、三七頁。

（80）パチスロの前身オリンピアマシンは、一九六四年に開発された。それ以前、一九五八年にラッキーゲームという和製スロットマシンが登場したが、当時の価格がパチンコの二〇倍であり、定着せずいったん途絶えたとされる（遊技通信社編『遊技通信創刊六〇周年記念特別号　遊技通信でみるパチンコ業界の六〇年』二〇一一年、三四頁）。オリンピアマシンは一九七〇年代までパチンコより大きく、一台当たりの価格はパチンコの約一〇倍の価格であった。そのため専門店に設置されていたが、「パチンコサイズスロット」（パチスロ）が開発され一九八〇年代から小型化、低価格化が進み、次第にパチンコホールにも設置されるようになった（以上、同、八一～八二頁を参照）。

第1章

（1）戦前は風俗営業に関する包括的法律体系はなかった。その代わり、帝都東京の遊技場取締規則などの警視庁令のように、地方別に営業内容に即して独自の府県令が制定され、警察の強い権限のもとで広い範囲の風俗営業を対象とした取締りが行われていた（永井良和『風俗営業取締り』講談社選書メチエ、二〇〇二年、二二頁）。永井良和は、「風俗営業取締法」は敗戦後新憲法の施行に伴って、警察機構の不在のなかで起こりうる歓楽街の混乱を小さくするため急ぎ足で制定された（七六頁）とする。戦後の警察の権限縮小など、同法の性格については同書の第二章を参照。

（2）なお、「パチンコホール」については、遊技場、遊戯場、パチンコ屋など様々な呼び方があり、統計上でも歴史的に変化してきた。本書では、混乱を避けるため、行政管理庁行政管理統計主幹編『日本標準産業分類――分類項目名、説明及び内容例示、五十音索引表　一九七二年三月改訂』一九七二年から名称が統一されて今日に至っていることに依拠し、すべて「パチンコホール」とする。

（3）第三号業種。第一号の業種は「待合、料理店、カフェーその他客席で客の接待をして客に遊興又は飲食をさせる営業」、第二号のそれは「キャバレー、ダンスホールその他設備を設けて客にダンスをさせる営業」である。

（4）許認可が各都道府県の公安委員会に委任されたことに関連して、永井良和は対象とする業種の範囲も縮小されており、戦前の風俗営業に対する警察の取締りの権限が小さくなったことを指摘している（永井前掲『風俗営業取締り』七六～七七頁）。戦前においては、風俗営業を横断する統一的法令はなく、業種ごとに設けられた法令（各府県令）の一群が全体として統制に関わるかたちをとっていた（二二〜二三頁、四二〜四五頁）。例えば、遊技場に対する「遊技場取締規則」などがある。同規則は戦後も効力を持っていた。しかし、一九四七年新憲法制定に伴った「日本国憲法施行の際現に効力を有する命令の規定の効力などに関する法律」によって失効になった（六二頁）。警察の取締りの根拠がなくなったため発生する混乱に対処することを目的とした制定されたのが、「風俗営業取締法」であった。「風俗営業」を網羅的にカバーしたものであり、パチンコも同法の体系に編入されることになった。永井は「風俗営業取締法」は、風俗営業を包括的に管理する法体系の成立と指摘しながらも、同法の成立が充分な論議を欠いたまま矢継ぎ早に決められ、対象とする風俗営業の範囲が縮小されたことなどを踏まえ、警察の強い権限の下で管理されていた戦前に比べてむしろ規制が弱化したとしている（第二章を参照）。

（5）一九五四年「地方税法の一部を改正する法律（附則四三項による改正）」（法律第九五号）により「風俗営業取締法」が改正され、以降「パチンコ屋」が同法第一条第三号に射幸性の伴う遊技場営業として例示されるようになった（滝田一成「風俗営業に関する一問題——ぱちんこ遊技の健全化について」『警察学論集』一八（六）、一九六五年、六一頁）。

（6）「パチンコ流行ぶりはただただあきれるばかりである。……文庫本を買う金が玉を買う方に回され若い学生や工員も頭が空っぽになりつつある。……住宅街では買い物かごを下げた主婦がおかず代を資本にガラガラ回している姿をよく見受ける」（「天声人語」『朝日新聞』一九五二年六月二五日）。

（7）「池田さん、慎重な第一声　生活向上が建前　競輪、パチンコは廃止へ」『朝日新聞』一九五二年一〇月三一日。

（8）本書序章を参照。

（9）伏見由紀子「パチンコの機械裏から」『人生手帖』四（五）、一九五五年、三四〜三九頁。伏見は、一九五四年前後に一年余りの期間、諸事情で仕方なくホールで働いていたという。

（10）例えば、全国遊技業組合連合会編『全遊連（協）二十五年史』一九七七年、七〇〜七一頁（年表）、一四八〜一六五頁（「業界二五年を語る座談会　隆盛時代から連発式禁止前後」）、竹内宏「パチンコ商法の秘密」『中央公論』一九七〇年三月。

（11）表1-1のピーク時の一九五三年当時、許認可を受けていないと思われるアウトサイダーが一万軒ほどあったという指摘もある（神保美佳『パチンコ年代記——銀玉に愛を込めて』バジリコ、二〇〇七年、二九頁）。

（12）「年表・関連法規・各種書式」（三十年史編集委員会編『東京都遊連（協）三十年史』東京都遊技場組合連合会、一九八一年、三三七頁［年表］）。

（13）若宮健『なぜ韓国は、パチンコを全廃できたのか』祥伝社新書、二〇一〇年。

（14）「対談・パチンコ創世記を語る」『遊技通信』一九五五年七月三〇日、「パチンコのルーツ」遊技通信社『創刊五〇年特別記念号　パチンコの八〇年』二〇〇一年、六七頁。パチンコは一九二〇年代に出現したとされ、「露店、夜店、縁日等で子供を対象に御目見得してパチンコ遊技の華々しい?……スタートを切った」（日本遊技新聞社『パチンコ百科事典』一九五三年、一八頁）。

（15）その後製造・設計技術の改善が進み、一九八〇年代以降、新しい体系の機械が登場して釘調整の役割が相対的に低下すると、多様な機械のなかでどのような機械を選択するかの重要性がより高まると考えられる。

（16）M商会については、創業者の伝記、鈴木笑子『天の釘——現代パチンコをつくった男　正村竹一』晩聲社、二〇〇一年に詳しい。内部資料や経営陣である家族、その他関係者の証言に基づいており、本章も同書に負うところが大きい。

（17）娯楽雑誌『ホープ』が改名して生活指導雑誌として再出発したも

のとされる(『実業之日本社七十年史』実業之日本社、一九六七年、一六六頁)。

(18)「パチンコ機変遷の殿として、業界にその黄金時代を誇る元祖……正村遊技機を挙げる」(日本遊技新聞社前掲『パチンコ百科事典』四〇頁)。

(19)『帝国銀行会社要録』記載のこの内容は、先述したM商会の事業内容、「パチンコ機械の販売業及び遊技場の経営」とは一致しておらず、同書の区分のうち「メーカー・ホール兼業社」としてもカウントされていない。また、従業員数四〇〇人にはOEMメーカーのそれを含んでいる可能性があり、約五億円の年商にホール事業が含まれているかどうかも定かではない。このように、企業の境界が調査の主体によって異なることはありうる。確かにM商会は、実態として、M氏による管理の面では製造部門が下請工場にまで及んでいるから『帝国銀行会社要録』の分類は間違っていない。会計上の「株式会社M商会」という経営主体としては「機械販売事業」と「ホール事業」に限られる。ここでの目的は、行う事業を厳密に定義することではなく、当時M商会がパチンコ産業において重要な地位にあったことを確認することである。

(20)鈴木笑子によると、一九五四年から五五年まで、下請工場を含めて七工場の従業員数は、一五四年から五五年まで、一工場あたり七〇から一〇〇程度であったという(鈴木前掲『天の釘』二七七頁)。

(21)機械改良の重要性についてはパチンコに関連する業界誌やどの書籍でも指摘されており、意見の違いはない(事実誤認もあるが詳細な指摘は割愛する)。ただ、後述する正村ゲージ、オール物、連発式機械など、技術それぞれが異なる人や企業によって発明されたものであるため、この時期のパチンコ産業の成長にどのように貢献したかについての評価は厳密には行われてこなかった。中小零細企業の技術については実証的分析を行うことは困難であり、本書では諸見解を統合するかたちで、ホール事業の経営という視点から注目すべき技術について解釈を行う。

(22)鈴木前掲『天の釘』一三五~一四一頁。

(23)「ゲージ板の打開に大山商店の新製品」『遊技通信』一九五一年一〇月二五日。

(24)同上。

(25)以下、小物の釘の配列に対する正村ゲージの特徴に関する叙述は、特に断りのない限り、鈴木前掲『天の釘』一二〇~一三五頁を参照し、図1-1に関する筆者の理解に基づいている。

(26)百巣編集室編『ザ・パチンコ——パチンコ台図鑑』リブロポート、一九八五年、六頁。

(27)入賞口の周辺の釘を調整することによって客の入賞率をコントロールするという点は、戦前以来の機械や小物においても同じ営業側の技術であった。

(28)同段落の機械に関する説明は、日本遊技機工業組合提供資料の「遊技機の変遷と法的規制」、日本遊技新聞社前掲『パチンコ百科事典』一七~四〇頁、百巣編集室編前掲『ザ・パチンコ』六~一八頁に基づいている。

(29)「当時の小物では入った玉もボトンボトンと云う程度の出方」であったが、「一〇個の玉がザーと流れるように出てくると言う機械化されたものは業界の一大発明」のオール物によって「業界は長足の発展を見る」と評価された(「パチンコ隆盛期(一)」『遊技通信』一九五二年一〇月五日、「パチンコ隆盛期(二)」同、一九五二年一〇月一五日)。

(30)山田清一・今泉秀夫編『ヨーロッパに生まれ日本で育ったパチンコ百年史』アド・サークル、二〇〇二年、一四〇頁。

(31)この機能を支える機構(玉の補給機構)の改良は、長期的な産業発展のために不可欠な要素であった。第一の要因は、本書第2章で説明するように玉の自動補給および管理に最も人手がいったので、その改善であった。一九五〇年代までは機械の列と列(業界語では島という）の間に作られた狭い空間に人が入り、手作業で玉を補給していた。一九六〇年代から機械内部の補給装置に代わり、その後次第に全ホールにわたる補給機構として機械から独立するようになる（「飛玉得宝伝　竹屋五十年の歩み」編纂室編『飛玉得宝伝――竹屋五十年の歩み』竹屋、一九九六年）。第二の要因は、玉の価格が一九七二年三円、七八年四円へと著しい値上げがないなかで、ホールの売上高と客の満足度の増大は、それぞれ発射玉と入賞玉の増加に依存するしかなかった点である。より大量の数の玉を供給・回収できる機械の改善と補給機構の発展は、市場成長に伴って求められる不可欠な条件であった。これは、連発式機械が禁止されていた一九六〇年代においては緊急な問題ではなかったと思われる。しかし、規制緩和後の一九七〇年代以降、とりわけ射幸性の高いフィーバー機の導入に伴ってこれへの対応を迫られるようになる。

(32)「飛玉得宝伝　竹屋五十年の歩み」編纂室編前掲『飛玉得宝伝』二四頁。

(33)神保前掲『パチンコ年代記』三〇頁。

(34)連発式、循環式など、連続発射が可能な機械の登場は、付随的影響をもたらした。パチンコは、戦前以来、その起源でもあった一銭銅貨――後にコイン――を使うメダル式（メタル式ともいう）と、その禁止とともに登場した玉で打つ剛球式が併存していた（「対談・パチンコの創成期を語る」『遊技通信』一九五五年七月三〇日〔遊技通信社編『遊技通信六〇周年記念特別号　遊技通信でみるパチンコ業界の六〇年』二〇一一年、一八～二〇頁に収録〕、「特集　業界むかしむかし　名古屋市　藤井正一氏に聞く」『遊技通信』一九五六年一一月一二日〔同、一六～一七頁に収録〕、証言者の藤井は最初に剛球式を開発し、名古屋の警察に営業の許可を得たという）。戦後北関東ではこのメダル式でパチンコが復活し、群馬県などでは長く親しまれるという地域的特徴となった。しかし、射幸性が高い連発式機械が人気を得ると、メダル式はそれに対応できず、これ以降姿を消した（遊技通信社前掲『遊技通信でみるパチンコ業界の六〇年』一五頁、鈴木前掲『天の釘』一八一頁）。

(35)「創刊一周年記念特集　ベニヤ一枚にも苦心　M式の本家であるM氏と伊藤主幹との対談」『遊技通信』一九五二年一〇月五日。

(36)「名古屋の駅裏や、神戸、宮崎辺りのMでなければ客のつかない地方へゆくと、堂々と一枚×百円という値がつけられて〔ネームプレートが〕取引されている」（「偽物横行に断乎　鉄槌を揮ふ」『遊技通信』一九五三年一月一五日）。M商会は対策として各営業所で直接購入するよう呼びかけたという。

(37)この時代にパチンコ営業に関わるようになった人々の経歴を体系的にまとめることはできないが、記録された逸話を眺めると、復興期という時代性を強く感じさせる。不安定で変動の激しい経済的状況で、様々な業種を渡り歩いた人々が流行したパチンコの収益性に注目して参入したことが分かる。例えば、『百年を築いた人びと　遊技業界人物伝①』（斎藤元誉編、遊技ジャーナル社、一九七二年）は、業界を代表する人々の功績とともに遊技業に参入した動機が紹介されている。業界の重鎮だけにすべての人が一九五〇年前後に業界に入った草分け的存在であり、すでに一つ以上の商売経験を持っていた人物たちである。パチンコ営業を始めたきっかけを見ると、巷で噂になっていることや人々が鋼球と戯れている姿などから自ら市場を発見して参入を決心したケース（同、六一頁、一二三頁）、試験的設置を提案するメーカーの営業活動から半信半疑で始めた後の実績を踏まえ、積極的になったケース（同、七七～七八頁）、なかでも、儲かることを知っている知人からの口コミによって開店したケースが複数あった。例えば、共同経営のケースもこれに該当する（同、一三六頁）。失業状態にあった仙台市の田中吉伸は、知人の勧誘で一九五〇年に同市では三軒目となるホールをオープンした。最初は不振であったが、パチンコの味を覚えて客が次第に増え、勢いがつくと毎日満員状態になったという（同、一五三～一五四頁）。大阪の松尾圭造は一九四九年、香川県の平田清高は五一年に、「結構いける商売」などという知人の勧誘によってそれぞれ開店した（同、二三二頁、一九七頁）。

(38) 「約八割がパチンコ申請　東京三千店を近く突破か」『遊技通信』一九五一年一〇月二五日。以下、同段落はこれによる。

(39) この大規模化は特に東京都で見られた傾向であった（同上）。

(40) 朝日新聞社編『朝日年鑑』一九五三年、二五五頁。

(41) もっとも、公営ギャンブルの市場規模と、パチンコ産業のそれとは、算定基準に違いがある（北原正夫、日本長期信用銀行産業研究会編『レジャー産業』東洋経済新報社、一九七〇年、一六八～一七〇頁）。例えば、一九六七年レジャー産業の規模について、「賭けるスポーツ」は二一五八億円（そのうち競馬は八三三億円）、「商業娯楽」に分類された「パチンコ」は、その約二倍の四一四〇億円であると推計された。「賭けるスポーツ」の規模は、売上高から配当金などの払戻し（約七五パーセント）を差し引き、入場料金を加算したものであるのに対して、パチンコのそれは、「全国ぱちんこ台数×一台当たり売上」で算定されており、景品として客に還元される分を含んでいる。

(42) 『朝日年鑑』一九五三年、二五五頁。

(43) 同段落の記述は、特に断りがない限り、鈴木前掲『天の釘』に依拠している。

(44) この時期にはM氏のように機械の製作や改良に取り組むホール営業者が少なくなかった。現在のように定期的に新台を導入する――新装開店――入替需要は大きくなく、専業としてメーカーが成立するほど機械需要は持続的ではなかった。それゆえ、機械を作る人々は、機械を売りながら各地でパチンコの営業をしていた（斎藤編前掲『百年を築いた人びと』一〇〇頁）。ホールにとってみれば技術的ハードルもさほど高くなく、故障が多かった（同）ため修理は営業上不可欠であったし、客との接点から得た情報から設備や機械に関連するアイデアが浮かぶこともあった（同、一〇一頁）。

(45) このうち、一店に関する資料は一九五一年の会社設立以降では確認できず、後で分析する四ホール（後掲注78）のみであった。

(46) M商会「決算報告書」自昭和二八年八月　至昭和二九年七月より。

(47) 鈴木前掲『天の釘』一七八～一九九頁。なお、釘調整は釘を調整する単なる技術的テクニック以上の経営的知見を必要とした。一九五〇年頃開業した福岡市の佐渡島匡男が共同経営者の営業を観察した証言によると、一カ月ほど赤字を続ける、つまり客に勝たせるため玉を放出する営業方法には驚いたという（斎藤編前掲『百年を築いた人びと』一三六頁）。このようなパチンコ特有の営業の仕方は、他業種のそれとは異なるため、釘調整と計算による事業計画が必要とされる。創業者が「統計帳」を作成させたのはこのような指導を行うためと思われる。

(48) 鈴木は、創業者と弟子たちの間には代理店という契約関係以上の人的な緊密さがあったことを紹介している（鈴木前期『天の釘』一八一～一八三頁、二二五～二三三頁）。M商会からの資金供与によって開店したケースもあった。確認できる資料によると一九五三年の貸し出しは四件で、四〇〇万円から八五〇万円までの規模であった（M商会「決算報告書」自昭和二八年八月　至昭和二九年七月より）。用途が開業資金であったことは、創業者の次女の証言による（二〇〇五年一月一八日調査）。

(49) 鈴木前掲『天の釘』一八〇～一八三頁、二二五～二三三頁。

(50) 「経営研究」『遊技通信』一九五二年二月一五日。

(51) 鈴木前掲『天の釘』一八三頁。

(52) 同上。

（53）同上、二二七頁。

（54）同上、一八三頁。

（55）東京でのマーケットシェア自体は不明であるが、「M」の名声は不動であったろう（前掲注36）。

（56）下請工場の成立過程については、鈴木前掲『天の釘』一七四〜一七八頁、二一四〜二二〇頁を参照。同段落の説明は、特に断りがない限り、これに依拠している。

（57）同上、一七七頁。

（58）「バネは固くてはいかんのだよ。客が朝から晩までやっているのにバネが固いということは手にマメができるということだ。ところがうちのを使えばそういうことはない」（「創刊一周年記念特集　ベニヤ一枚にも苦心　M式の本家であるM氏と伊藤主幹との対談」『遊技通信』一九五二年一〇月五日）。

（59）「私どもの方は、ベニヤの仕入れに一枚一枚非常によく吟味しております。百枚くれれば百枚全部よく調べておる。堅牢に作られており、同時に高品質であった。そして我々の気に入らない物はすぐにつっかえしてしまう」（前掲「創刊一周年記念特集　ベニヤ一枚にも苦心　M式の本家であるM氏と伊藤主幹との対談」）。鈴木前掲『天の釘』一九〇〜一九五頁も参照）。

（60）鈴木前掲『天の釘』一八四〜一九〇頁。

（61）正村竹一資料室編『正村竹一資料室　第二章　パチンコミュージアム』一九九七年、二〇頁。

（62）前掲「創刊一周年記念特集　ベニヤ一枚にも苦心　M式の本家であるM氏と伊藤主幹との対談」。

（63）引用は、同上。

（64）循環式は八〇〇〇円、機関銃式は七五〇〇円であった（日本遊技新聞社前掲『パチンコ百科事典』三一五〜三一七頁）。

（65）岡山県遊技業協同組合の元理事長の千原通禮は、「私の所はあれ〔機関銃式〕が出たお陰で倒産しそうになったんよ。製造過程で調子の悪い機械をいれて」（「座談会」山陽マーケッティングセンター編『三〇年の軌跡　岡山県遊協の三〇年の歩み』岡山県遊技業協同組合、一九九一年、一〇七頁）と、一九五三年、五四年頃、製造不良の機械を導入して経営危機になった経験を伝えている。

（66）「年表・法規・各種書式」三十年史編集員会編前掲『東京都遊連（協）三十年史』三四〇頁。

（67）「（表）警察庁調　全国営業許可数推移」資料編集委員会編『全遊協（連）資料昭和篇（I）二八年〜三三年』全国遊技業組合連合会・全国遊技業協同組合連合会、一九八九年、一八一頁。

（68）経済企画庁編『国民生活白書　国民生活の現状』一九五七年、一一四頁。

（69）通商産業省大臣官房調査統計部編『昭和三〇年　工業統計表　品目編』一九五八年、二三八〜二三九頁。

（70）朝日新聞社編『朝日年鑑』一九五五年、五二六頁。

（71）確かに、名古屋市では一九五二年六月から一年間、ホール数減少と平均規模の拡大が見られ、小規模ホールが淘汰されたという（「名古屋とパチンコ」『中央公論』一九五二年一一月号）。しかし、一九五〇年末に六四九であったのが、五一年一月から五二年三月までの一三カ月の間に開業の六四六を廃業の七五六が上回った結果五三九になった（同調べ）から、まずは多くの退出が発生した不安定な事業であったことを検討すべきであろう。

（72）同年一〇月から二カ月間無許可風俗営業の一斉取締りが実施されたから（警視庁総務室企画課編『昭和二六年　警視庁事務年鑑』一九五三年、一六六〜一六七頁）、その影響を差し引いて考える必要はあるが、廃業数の多さをそれだけでは説明できないだろう。なお、五一二六軒は、五一八二軒の間違い（四〇一九〔前年ホール数〕＋三〇七五＋九八八＋二六九〔他遊技業からパチンコに種別変更〕＋五六〔構造変更〕−三二二五＝五一八二）と思われる。ちなみに、一九五一年末現在ホールは四〇一九となっており、前年年鑑の四二〇〇との差が無視できない。調査した月が異なるためと思われる。詳細は不明であるが、廃業が開業を上回る傾向には変わりない。

(73)「M大福帳」という資料には、一台当たりのアウト玉、セーフ玉、差し引きの数と、店全体の赤字、黒字、釘をどのように調整したのかなどが記録されている(相田洋・赤木昭夫『新電子立国 別巻 ソフトウェア・ビジネス』日本放送出版協会、一九九七年、三〇九～三一一頁)。本章でいう経営ノウハウの蓄積は、M商会の場合、こうした営業状態を表す記録自体の分析や競争ホールの営業の把握能力(同、三〇四～三〇九頁)が含まれ、それらに基づく釘調整と考えられる。ちなみに、この「M大福帳」は、資料上では確認できなかったが、本文の「統計帳」(注47)を指していると思われる。現在のコンピュータ化されたホール経営に活かされている(同上)。安定的「収益基盤」を分析する本章では、金額ベースで考えるのが適切であるため、「営業統計表」、または内容は同じだが異なる資料名の「統計表」を使用する。

(74)中島健吉『風雲五十年』彩書房、一九九七年、二五～二六頁。

(75)斎藤編前掲『百年を築いた人びと』一三六頁。

(76)同上。

(77)「パチンコ太平記」『サンデー毎日』一九五三年一一月八日。

(78)本店、押切店、円頓寺店、松原店の四ホールの「営業統計書」が残っている。注73の「M大福帳」が玉数の記録であったのに対して、「営業統計表」は金額ベースである。

(79)鈴木前掲『天の釘』二〇二～二〇六頁。

(80)八島拓「パチンコの上前をはねる 珍商売買取屋」『丸』七(一〇)、一九五四年、六八頁。大阪市で一九五一年にホール営業を始めた松尾圭三は、セミプロ以上の客によって「釘師の調整如何によっては一か月も持たずにポシャってしまう遊技場が後を絶たない時代[一九五〇年代前半と思われる]」(斎藤編前掲『百年を築いた人びと』二三三頁)であったと振り返る。

(81)業界でいう粗利益は、本文の「売上高－景品売上高」に、「景品交換率による利益」(客への交換額－景品仕入額)を足したものである。この時期のM商会の資料からは景品の交換率および仕入高が判明しないため、図1-3の注1の計算に基づいて粗利益とする。本書第4章では、残存するデータを使用して景品の仕入高の計算をする。

(82)本章ではプロットに影響する主要な要因を、釘の「開け」と「締め」として考えている。ホール側がコントロール可能な要素に焦点を当てるため、客の機械選択による影響は捨象した。

(83)この度合いは、機械の品質によって大きく変化すると思われる。また、前述したように、釘調整において、客の技量向上と他のホールとの競争要因は重要であるから、粗利益率のばらつきは、それらの要因の結果かもしれない。その意味で釘調整との関連で粗利益率のあり方を分析することには、限界があるといわざるをえない。しかし、本章では、釘調整を品質や、他ホールとの競争などに影響された営業実績を踏まえてなされるプロセスとして考えており、時間経過を含んでいるデータは、それらの諸要素が考慮されていく結果として捉えることはできるであろう。

(84)武田晴人編『日本経済の戦後復興――未完の構造転換』有斐閣、二〇〇七年、五五～五六頁。

(85)「保存版資料 パチンコ産業五〇年史 一九四五～一九九八(年表)」『PLAYGRAPH』一九九九年九月号、一〇五頁。

(86)中村三郎「連発式禁止後のパチンコ課税の運営」『税』一〇(八)、一九五五年、四九頁。

(87)森田正「広島県におけるパチンコ課税の実情と対策」『税』八(一)、一九五三年、六七～六九頁。森田は、振るわない課税問題を解決するために、営業実態を考慮し、景品代を控除して税込利用料金として課税すると共に、あわせて「土地の階地等による差額」を設ける外形標準課税の方途を導入することを提案する。以下、広島県に関連する記述はこれによる。

(88)「各地で起こる不当入場税と斗ふ業界」『遊技通信』一九五三年一月二五日。

(89)「全国遊技場組合連合会　第二回大勢拡大委員会議事録」（資料編集委員会編前掲『全遊協（連）資料昭和篇（Ⅰ）二八年～三三年』に収録）。

(90)前掲「各地で起こる不当入場税と斗ふ業界」。

(91)「遊技場の外形課税に就いて　自治柴田課長と本社伊藤主幹との対話」『遊技通信』一九五三年二月二五日。

(92)一九六四年の法改正により、更新期間は三カ月に延長（「年表・法規・各種書式」三十年史編集委員会編前掲『東京都遊連（協）三十年史』三五四頁）。

(93)中村前掲「連発式禁止後のパチンコ課税の運営」四九～五〇頁。

(94)同上。

(95)同上、五〇頁。

(96)同上。

(97)「年表・法規・各種書式」三十年史編集委員会編前掲『東京都遊連（協）三十年史』三二九～三三〇頁。

(98)全国遊技業組合連合会編前掲『全遊連（協）二十五年史』一二七頁。なお、このように遊技に関する諸規定が各都道府県の条例に定められたことを考えれば、地域ごとに異なる規制のあり方に即した分析が必要であろう。実際に、入場税の課税率も地域によって格差があり、飯塚市（福岡県）・宇部市（山口県）では射幸性の高い機関銃式機械が禁止されることもあった（「機関銃号等の問題近く解決か」『遊技通信』一九五三年九月五日）。しかし、一九五五年六月にかけて、月別のホール数の様子を地域別で見ると、減少の動向はほぼ同じであった（「単発式パチンコ機械制限機順位監視緩和方嘆願の要旨一九五五年五月一三日」全国遊技業組合連合会編前掲『全遊連（協）二十五年史』に収録）。このように本章は、都道府県別に異なった規制のあり方を織り込んだかたちで、全国に及ぼした影響と、共通する変化に注目していることを強調しておきたい。

(99)警視庁総監室企画課編前掲『昭和二六年　警視庁事務年鑑』一七一～一七二頁。

(100)「新規開業制限せず　警視庁保安部保安係警部　鈴木吉助」『遊技通信』一九五二年一〇月五日。

(101)森田前掲「広島県におけるパチンコ課税の実情と対策」六七頁。

(102)連続打ちが容易で、一分に一三〇発以上の発射が可能な射幸心をそそる機械が想定されている（「パチンコ取締り措置再検討に関する請願書」資料編集委員会前掲『全遊協（連）資料昭和篇（Ⅰ）二八年～三三年』に収録）。

(103)同上。愛知県など、地域によって一九五五年五月実施。

(104)同上。

(105)「連発式禁止の波紋」『月刊遊機』一九五四年一二月。

(106)警視庁総監室企画課編前掲『昭和二六年　警視庁事務年鑑』一七二頁。なお、業界新聞では一九五三年六月煙草の買取り屋が問題として登場するようになった（「煙草の買取り屋」『遊技通信』一九五三年六月一五日）。

(107)「年表・法規・各種書式」三十年史編集委員会編前掲『東京都遊連（協）三十年史』三五一頁。

(108)「昭和二九年度　全国遊技場組合連合会　第二回幹部会議議事録」（資料編集委員会編前掲『全遊協（連）資料昭和篇（Ⅰ）二八年～三三年』八九頁）。一九五四年一一月以降一回一〇〇円以下に定められたようである（「第二の焦点　パチンコで息抜こう　大衆のための健全娯楽化図る　パチンコ業界　転機に立つ本場〝名古屋〟の表情」『野田経済』八九六、一九六三年、八一頁）。この上限額の規定は、賞品は刑法第一八五条但書に規定する「一時の娯楽に供するもの」でなければならないという制約の下でパチンコ営業が認められることに基づいている（滝田前掲「風俗営業に関する一問題」六二〜六四頁）。
（109）八島前掲「パチンコの上前をはねる　珍商売買取屋」六九頁。
（110）「風俗営業取締法」の一九五四年四月改正では、「第六章　営業行為の基準　第二三条」に「現金又は有価証券等を商品として提供しないこと」を禁止事項として明文化した。そして一九八五年「風俗営業等の規制及び業務の適正化等に関する法律」の施行以降、営業者による景品の買取りは「禁止行為」として違法となっている。
（111）前掲「昭和二九年度　全国遊技場組合連合会　第二回幹部会議議事録」七六〜一一七頁。この会議では、このような取締りの背景について、パチンコに対する世論が厳しくなったことが強調された。大阪府では、民生常務委員協議会から弊害説を内容とした陳情書が提出されたとされ（同、八六〜八七頁）、こうした世論はホールと買人の関係やホールの暴力団関係に関連していると思われる。
（112）同上、八五〜八六頁。また、一九五四年一一月三〇日には、東京では警察によって無許可営業および買人使用の罪で、一七名が三五日から一五日の営業停止処分とされた。
（113）八島前掲「パチンコの上前をはねる　珍商売買取屋」六八頁。
（114）同上、六八〜六九頁。
（115）以下の武井事件については、警視庁総務部企画課編『昭和三十一年　警視庁事務年鑑』一九五七年、二六四〜二六五頁による。
（116）「景品買いが暴力団の資金源となっていたのは明らか」（全国遊技業組合連合会編前掲『全遊連（協）二十五年史』七〇頁〔年表〕）であった。
（117）前掲「昭和二九年度　全国遊技場組合連合会　第二回幹部会議議事録」七六〜一二八頁には、買人対策として各地の取り組みについてまとめられている。例えば、川崎市では、失業者団体による買取りを試みており、同じ試みは北海道、仙台でも行われているという（同、九四頁）。
（118）「新春の禁止運動をきる」『月刊遊機』一九五五年新春特別号。
（119）遊技機製造工業組合の顧問弁護士の発言（「業界はこれでよいのか」『月刊遊機』一九五五年五月号）。
（120）同上。
（121）三十年史編集員会編前掲『東京都遊連（協）三十年史』三三八頁、三四〇頁。全貌を明らかにすることは困難であるが、広島県の「暴力団の追放運動」（斎藤編前掲『百年を築いた人びと』一二四頁）等、その他の地域でも暴力団の関与を解決しようとする関連団体による取り組みがあった。東京都の取り組みについては、「東京総連緊急理事会　百四十余名追放等を決議す」（『遊技通信』一九五六年七月一五日、二頁）、愛知県については「暴力団更生資金問題」（『遊技新聞』一九六三年三月五日、三頁）、「盛り上がる暴力団追放運動」（『遊技新聞』一九六三年三月二五日、五頁）、福岡県については「福岡市業者八十名が防犯組織で暴力追放」（『遊技新聞』一九六四年、一一月五日、一九頁）などがあり、このような動きを見つけることは特に一九六〇年代において容易である。
（122）「単発式で減ったバイ人達」『月刊遊機』一九五五年五月号。
（123）三十年史編集員会編前掲『東京都遊連（協）三十年史』三四二〜三四三頁。
（124）警視庁総務部企画課前掲『昭和三十一年　警視庁事務年鑑』二六四〜二六五頁。
（125）一九五三年から五四年にかけて減少した約一万七〇〇〇軒（表1-1）に、納税と更新の紐付けによって更新できなかったホールが含まれていた可能性についてはすでに指摘した。禁止令後の状況を見る限り、これらの多くはそのまま転廃業になったと思われる。和歌山県では徴税強化を図り、禁止令実施後にその前と比べて把握率が上昇する成果があったと報告されている（中村前掲「連発式禁止後のパチンコ課税の運営」五一～五二頁）。このように禁止令実施に前後した時期には課税・徴税も制度的改善が進行し、また組合による各地の納税運動が成果を上げる――例えば、新潟県の組合による納入徴収の代行業務など（斎藤編前掲『百年を築いた人びと』一〇一～一〇二頁）――ようになった。ホール事業が納税制度という篩にかけられ、耐えうる体力を備えたものに絞られていったと考えることができる。禁止令は、ホール営業の経営に関する質的転換をより厳しく突きつける契機を与えたことになる。

(126)　設置台は入替えの度に公安委員会の許可を受ける必要がある。一斉規制であったからこの業務の集中もホールの開店の支障となった可能性がある。

(127)　「改造屋という名の新商売」『月刊遊機』一九五五年四月号。

(128)　改造機の需要は、純単発式への完全な切り替えまで改造機が使用可能な猶予期間が設けられたことも影響したであろう。五月に禁止令を実施した和歌山県では、七月一日以降純単発式への完全な切り替えを行った（中村前掲「連発式禁止後のパチンコ課税の運営」五一頁）。この点を勘案しても、改造機設置がホールの単発式機械への投資意欲を下げたことや、本文にあるように潤沢でない内部留保の状態と関連があることはいえよう。

(129)　本章では、禁止令後の単発式機械の導入に影響した要因として、資料の問題からホール側に注目したが、いうまでもなく供給側に関わる諸問題も考察すべきである。禁止令実施に伴って、公安委員会は、機械に関する様々な規制を新たに設けた。使用可能な機械の細かい仕様に加えて、メーカーは開発した機械を販売に先立って公安委員会にて検定・許可を受けることが義務づけられた。この過程で、公安委員会が機械検定において未経験であったことによって制度実行の現場で混乱が起き、そのため単発式機械の導入がスムーズでなかった可能性がある。詳細は不明であるが、本書第2章では若干の検討を加える。

(130)　「全遊連東北地区協議会　決議一九五三年五月一三日」（資料編集委員会編前掲『全遊協（連）資料昭和篇（Ⅰ）二八年～三三年』に収録）。

(131)　当時の機械が長期間の在庫や作り置きの場合に品質問題が生じることについては、鈴木前掲『天の釘』二七八頁を参照。

(132)　M商会「決算報告書」自昭和三七年八月　至昭和三八年七月より。機械を卸販売するM商会のホールはアンテナショップとしての役割があり、機械の宣伝のため他ホールに先行して設置した可能性が大きい。

(133)　M商会の各期の「決算報告書」によると、機械の法定償却期間は二年であるが、中古機を除く機械の場合、平均して一年以上使用されていた。

(134)　和歌山県では、禁止令を四月一日から実施、ただし七月一日から純単発式への切替えを行ったが、このような地域の動向は表1-7の五月、六月の動向には明確に表れない。M商会への発注がなかったのか、前掲表1-6の福岡のようにホール側の単発式需要がさほど大きくなかったのか、さらなる検討が必要である。

(135)　M商会（旧会社）「決算報告書」自昭和二九年八月　至昭和三〇年七月、M商会（新会社）「決算報告書」自昭和三〇年九月　至昭和三一年八月の貸借対照表、損益計算書より。

(136)　M商会「得意先元帳」の一九五三年八月から五六年までの集計より。

(137)　客数の変化が分かる和歌山県の調査がある。対象店舗数は不明であるが、和歌山市のターミナル・繁華街に立地した七九台規模のホールである。禁止令前の一九五四年三月と実施後の四月のそれぞれ二日間（土曜日、火曜日）に終日立番調査が行われた。調査結果をまとめた表の数字に計算上の齟齬があり、どの情報が正しいか不明な点がある。ここでは、大きな誤差でないと判断したもののみを使用する。調査結果によると、利用客は、三月に七一七人から四月に四九一人——二日の延べ人数と思われる——へと、約三割減の結果となった（中村前掲「連発式禁止後のパチンコ課税の運営」四九頁）。

(138) 和歌山県の調査でも、一台当たりの売上において約三二パーセント減少している（同上）。

(139) 大阪府に関する同時代的観察によると、「ぱちんこ遊技場は前年〔一九五六年〕夏頃まで漸減傾向であったが、この間立地条件の悪いもの、経済基盤の弱いものなどが自然とうたされる一方、再び新規開店の増加、または既存業者の拡張も目立って多くなり遊技機の台数も、本年末は五万七千百九十二台と、昨年末より七千五十一台（一〇・七パーセント）増加した」（大阪府警察本部総務部広報課『大阪府警察年鑑　一九五七』一九五八年、一七九頁）。立地条件の影響などの要因が指摘されており、ホールによって営業状況が異なっていたことが指摘され、M商会の四店舗の違いにおいて示唆する点がある。連発式禁止令後の影響に関する事後的評価としては、「生き残った（ホール）というのは、結局、営業努力もさることながら、立地条件のいいところがどうやらつないでいったというのが全国共通の現象だろうと思います」（「業界二五年を語る座談会　低迷時代だから復興へ」全国遊技業組合連合会編前掲『全遊連（協）二十五年史』一六九頁）とした全遊協副理事長の回顧があり、立地条件について指摘している。

(140) M商会「決算報告書」自昭和二八年八月　至昭和二九年七月より。

(141) この間の所得上昇が一人当たりの投資額の増大に影響した可能性を否定しないが、短期間に表れるものではないため、ここでは機械体系の変化の結果を考察している。機械体系は、投資額の規模とホールの経営ノウハウの蓄積との両方を説明できる要因としても検討する意義がある。

(142) 前掲「昭和二九年度　全国遊技場組合連合会　第二回幹部会議議事録」九三～九四頁。

(143) 遊技通信社編前掲『遊技通信でみるパチンコ業界の六〇年』三六頁。

(144) 「業界二五年を語る座談会四〝第二次隆盛時代と組織強化〟」（全国遊技業組合連合会編前掲『全遊連（協）二十五年史』一九三頁）、遊技通信社編前掲『遊技通信でみるパチンコ業界の六〇年』三六頁。

(145) 当時の府警防犯部長は一般紙に対して、大阪方式について「年間五億円と言われる景品買いの利益が暴力団の資金になるより」はよいという立場から認めざるをえなかったとしており（遊技通信社編前掲『遊技通信でみるパチンコ業界の六〇年』三六頁）、取り締まる側では暴力団への資金の流れを食い止めることが重大であったことが分かる。

(146) 例えば、週刊誌の記事ではあるが、暴力団による「換金行為は人の目につかない所でなされるようになり、時によれば暴力換金が方々で行われるようになってきた」（前掲「第二の焦点　〝パチンコで息抜こう〟大衆のための健全娯楽化図る　パチンコ業界　転期にたつ本場〝名古屋〟の表情」八二頁）と報じられている。

(147) 「パチンコ景品買い取り　岐阜に社会事業団体が誕生」『遊技新聞』一九六二年一二月一五日。

(148) 同上、「岐阜に明るい景品買い窓口　岐阜社会福祉事業協力会」『遊技新聞』一九六三年三月五日。

(149) 「業界二五年を語る座談会二〝隆盛時代から連発禁止前後〟」全国遊技業組合連合会編前掲『全遊連（協）二十五年史』一六二～一六三頁。

(150) 「……愛知県では、ながしましんいちという中警察署長がアドバイスしてくれまして〝三者方式〟でやれということで、八軒の菓子屋が集まって会社を作った……中署長の肝いりがあったということで、お菓子屋さんがやり、その後、共立産業に改組し、納めるのと取りに来るものを別々にし、今日に至っている……」（同上）一六三頁。引用文は、M商会の下請工場の工場長であった武内国栄（一九七八年、日本遊技機工業組合専務理事）による証言である。鈴木笑子の説明によると「菓子屋が集まって」作った会社共立産業（当初の社名は一味商事）は買取所であり、景品問屋として「愛産商会」が設立されている（鈴木前掲『天の釘』三〇八～三一二頁）。M商会も特殊景品を愛産商会――本書第4章を参照――から仕入れるようになる。この三者方式も、法制度の枠組みのなかで暴力団介入を排除しながら換金を制度化する試みのなかで定着したと考えることができる。大阪方式と同様、その過程において暴力団への資金の流れを憂慮する警察の指導が重要な役割を果たしたことを示している。

(151) 同上。

(152) 同上。

(153) 例えば、一九五六年一月から三月までのハンカチの仕入れ枚数は、七万九三三七枚、五万一〇七七枚、四万七九五二枚であった。これらがすべて景品として交換されたとすると、一日平均二五五九枚、一七六一枚、一五四七枚を客が獲得したことになる。一日の来客数は不明であるが、本書第4章のCホール（二〇二台規模、一九八三～八五年）の一日平均三一三～五二一人で計算すると、一日一人当たり五～八枚になる。この計算は、すべての客が獲得した玉すべてを他の景品ではなく、ハンカチに交換したことを想定しているから、実際はより大量のハンカチが一人の手元に渡されたことになる。景品交換額の上昇によるハンカチの増加は使用価値の効用を低下させるだろうから、特殊景品のような役割を果たしていたと考えられる。

(154) 仕入単価が二四～二六円から二七円になっており、この価格の上昇分（仕入単価を二四円で計算した差額は、一九五五年八月から五六年二月まで一一万六八八六円、二万七二〇四円、五万七七六三〇円、六五〇二円、七万二八四円、一七万七五九六円、二二万二〇六三円）を差し引いても上昇傾向であった。

(155) 取引金額の小規模化、取引回数の多頻度化の要因は不明であるが、問屋の資金調達の能力に関わる経営規模に関連していると思われる。特殊景品を客から買い上げる規模が大きくなるほど、問屋は、それに見合った資金調達が必要になる。問屋の調達能力が十分でない場合、ホールへの特殊景品の仕入れは、ロットの小規模化と頻繁化（＝決算回数への増加）によって補うことができると考えられる。

(156) 前掲注150を参照。

(157) 前掲「単発式で減ったバイ人達」。

(158) 全国遊技業組合連合会編前掲『全遊連（協）二十五年史』二七頁（年表）。同時代的にも「小康を得るにいたった」という評価もあった（「昭和三一年度　全国遊技場組合連合会定時総会議事録」資料編集委員会編前掲『全遊協（連）資料昭和編（I）二八年～三三年』二四六頁）。

(159) 下請関係の解除である（鈴木前掲『天の釘』二七七～二八一頁）。このうち伊藤寿夫の工場は機械製造を続け、一九六五年に創業者から名前を与えられ（鈴木前掲『天の釘』三二三頁）、正村機械（一九八三年に㈱まさむら遊機として設立、二〇一一年に㈱オッケーに社名変更）となった。現在は京楽産業グループの傘下にある。

(160) 創業者の次女の証言によると、松原店は一九五六年末頃に閉店となった。円頓寺店は定かではないが、一九六〇年までには整理したという（以上、二〇一五年二月一七日の聞き取り調査）。

(161) M商会は、一九五一年に設立した旧会社から遊技機械の販売や遊技場の経営など主要な事業を引き継ぐかたちで、五五年九月新会社を設立した。この組織替えは、一九五二年に始まった税務関係の査察によって事業の決算ができないためであった。本章では、企業全体としての経営ではなく、一ホールが事業として安定する過程に注目しているため、新会社設立の過程における財務処理、それによる新会社経営における影響など、詳細な説明は割愛した。なお、本章で使用した「統計表」は、新会社設立などの制度的な変化による影響はないと判断し、連続的に分析した。

(162) 創業者の次女による証言（二〇一五年二月一七日の聞き取り調査）。

(163) M商会「改造申請書」（一九六二年六月）によると、一九五六年七月六日付で営業許可となっている。ホール別の「統計表」によると、一九五六年七月に本店の売上高が急増しており、浄心店としてのホール移転および拡大による台数変更が影響したと思われる。本店のその後の売上高の伸びから推測すると、移転して新しい店のかたちで再編したことがその回復に無視できない影響を与えただろうが、収益性の面で押切店・本店が、円頓寺店を閉店する以前に短期間で回復の基調にあったことは、再度強調しておきたい。なお、本店ホールを浄心店として移転したことについては、「縁日娯楽の事業化への道——一九五〇年代におけるパチンコ産業の胎動」（『経営史学』四一（二）、二〇〇六年）では指摘しなかったが、その後の調査によって明らかになったため、本章にて付け加えておく。

(164) 例えば、一九六五年の警察調査では、五五年の連発式禁止令以来大きな問題はなかったが、暴力団の取締りに伴い再び資金源としてのパチンコ問題が注目されるようになったとしている（滝田前掲「風俗営業に関する一問題」五九頁）。

(165) 同上、五九〜七二頁。

(166) 同上、六八頁。他に、違法行為である「パチンコ業者が直接商品の買取を行ていたもの」が二六軒であった。

第2章

(1) 一九六五年前後はチューリップが流行り、五〇年代前半以来の第二のブームといわれるほど人気を呼んでいたが、「このブームの支え手は、主としてサラリーマンである」とされた（「軽バクチ時代とパチンコ」『東邦経済』三六（八）、一九六六年、五四頁）。また「この分野においても女性、特に主婦の進出はいちじるしく……ひところ、パチンコ屋には、ガラの悪い街のあんちゃんばかりというようなことはなくなってきている」（同）と、客層の変化も見られた。ここで指摘された女性客の登場は、その後、継続して増加したかは不明であるが、後の調査によると目立って増加するのは一九七〇年代以降とされる。

(2) 「サラリーマンはパチンコ屋にとって上得意。昼休み、あるいは勤め帰りに一はじきしてもらおうと、いたれりつくせりのサービス合戦が展開されている」（「第二黄金時代を迎えるパチンコ——ブームを支えるマニアの素顔ここにあり」『オール大衆』二一（二）、一九六八年、三六頁）。

(3) 経済企画庁調査局編『独身勤労者の消費生活　昭和四二年三月』一九六七年、三四〜三五頁、第九表。

(4) 小杉武志「レジャーと安全一〇　パチンコ」『安全衛生の広場』九（一〇）、一九六八年、八三頁。

(5) 調査は未婚者が対象であり、全体的に若い年齢層と思われる。年齢別に見ると、「一九歳以下」では五七・二パーセント、「二〇〜二四歳」では五八・七パーセントと、「二五歳以上」の四九・五パーセントより高く、若い層により親しまれている結果になっている（経済企画庁調査局編前掲『独身勤労者の消費生活　昭和四二年三月』三四頁、第九表）。

(6) 前掲「第二黄金時代を迎えるパチンコ」三六頁。

(7) 各ホールでは、そのような楽しみ方が主流である客に対して、「昼休み、あるいは勤め帰りにひとはじきしてもらおう」と、おしぼりの提供、カラーテレビや豪華なソファの設置など、彼らの文化に馴染みの深い「いたれりつくせりのサービス合戦が展開されて」いた（同上）。

（8）宗左近「今月のトピック　葉っぱとパチンコ」『同盟』一六六、一九七二年、四六頁。

（9）前掲「第二黄金時代を迎えるパチンコ」三七頁。

（10）同上、三六頁。本書第4章第二節で紹介するが、一九七九年のパチンコ消費に関する本格的調査では、平均三〇分から一時間までが全体の三割を占めている（中小企業振興事業団中小企業情報センター『需要動向調査報告書　余暇生活関連品　その四　娯楽産業編』一九七九年、一八頁）。

（11）「驚異の技術開発力　パチンコ産業の不思議」『野田経済』一二五四、一九七六年、一三〜一四頁。椅子の設置は、一九七〇年代から台頭した郊外型ホールのように空間的余裕があるところから、広がっていく（「話題を追って〝郊外パチンコ〟」『月刊　遊技日本』一九七三年一二月号）。比較的長い時間遊技するというニーズ（長時間遊技を促したい経営側の意図でもある）に対するサービス改善という側面から進んだと考えられる。本書第5章を参照。

（12）伏見由紀子「パチンコの機械裏から」『人生手帖』四（五）、一九五五年、三四〜三九頁。

（13）その他に、③①と②に分類されず客の手元にある玉も指摘すべきであろう。それらは①として使用する前のものか、②の結果として再度の①か、賞品への交換を予定しているものか、どちらかでありいずれも待機の状態にある。ここでは機械の稼働に関連する機能面に重点を置いているため、①と②のみを取り上げる。

（14）当時は店員の玉の横領問題が頻繁に発生していた。例えば、一九五一年一一月五日の『遊技通信』（「抛物線」、四頁）は、東京都内のホールで起こった事件を報道している。新しく雇われた女性店員が客としてきた父親に五〇〇〇個の玉を流し、煙草二五〇個（金額にして七五〇〇円前後）に交換した事件で、それぞれ横領罪と詐欺罪で送検となった。

（15）一九六〇年に発売されたレコンジスタ・マンモスの説明である（百巣編集室編『ザ・パチンコ――パチンコ台図鑑』リブロポート、一九八五年、二三頁）。これは基本的な技術と機能が同じレコンジスタを改良したものと思われる。同様の技術は試験的には一九五五年に竹屋が開発した無人機によっても提案された（「飛玉得宝伝　竹屋五十年の歩み」編纂室編『飛玉得宝伝――竹屋五十年の歩み』竹屋、一九九六年）。これは玉の補給が計数されて自動的に補給され、配給球も自動的に玉磨機に送られた後、磨かれ、再度補給される原理で、自動化の原型とされる（前掲「驚異の技術開発力」一八頁）。ただ、実用化までは数年の改良が必要であった。鈴木笑子によると、竹屋が立地した名古屋を含む地域では当初無人機の使用は一般化しなかったという（鈴木笑子『天の釘　現代パチンコをつくった男　正村竹一』晩聲社、二〇〇八年、三二六頁）。

（16）詳しくは、鈴木前掲『天の釘』三一四〜三一八頁を参照。

（17）この限界を取り払い、ホール内の全機械に玉を一斉に補給する最初の装置は、西陣が開発して一九六三年に発売した宇宙パイプである（創業五〇周年記念誌編纂委員会『The 50th Anniversary ROAD 創業五〇周年記念誌』ソフィア、二〇〇一年）。

（18）西陣（Nishijin のホームページ「西陣の補給設備の歩み 1960's」https://www.nishijin.co.jp/supply-system/history.html#chronology1960、閲覧日二〇一七年三月四日）、竹屋（Takeya のホームページ「会社情報　会社沿革」http://www.p-takeya.co.jp/profile.html、閲覧日二〇一七年三月四日）、エース電研（ACE DENKEN のホームページ「開発史　補給機器・周辺機器の歩み」http://www.ace-denken.com/company/devlopment.html、閲覧日二〇一七年三月四日）の各ホームページより。自動補給は、最初は機械に内装したかたちで玉の払い出しを自動化する工夫がなされ、一台完結的であった。やがて機械から独立し、機械と機械を連携させて全台を中央で管理できるシステムへと発展する。これに伴うかたちで開発主体にも西陣などの機械メーカーに加えて、エース電研など専門の補給機メーカーの参入という変化が引き起こされた。開発が促進されたことはいうまでもない。玉補給の自動化の完成形は一九七〇年代に確認することができる。一九七六年の観察によると、外れ玉を含めてすべて自動的に還元されるシステムになっていた。玉は、機械の裏から地下室の研磨室へ集められ、一時間に一五万個から二〇万個の割合で自動的に磨かれ、垂直リフトで上部にあるマザータンクに引き上げて貯蔵される。その後、自動的に島ごとの中継タンクへ移動し、各機械に、あるいは自動玉貸機に流れていく（以上、山岡明「パチンコと技術革新」『文藝春秋』五四（一〇）、一九七六年、八四頁）。これに伴い、機械の玉の量は自動的に計算され適宜補給されるようになった。一九五〇年代にパチンコ娘たちが営業中には手で補給、回収を行い、閉店後に洗って研磨していたホール営業に必要な労働は様変わりし、約二〇年後には、ホールのなかで最も人手が必要であったこの仕事に携わる人の影を見ることはできない。

(19)「広告　レコンジスター」『遊技通信』一九六〇年一一月二五日、一六頁。

(20)「広告　レコンジスター」『遊技通信』一九六〇年八月五日、一頁。

(21) エース電研のホームページ「島補給のしくみ」http://www.ace-denken.com/system/ 閲覧日二〇一七年七月一五日。

(22)「広告　レコンジスター」『遊技通信』一九六〇年一二月五日、一頁。このようなレコンジスターの画期性についてはすでに指摘されている。例えば、鈴木は機械体系の転換からこの事態を見ている（鈴木前掲『天の釘』三一八頁）が、本章ではホール経営と産業成長の時代的特徴のコンテクストから読み取っている。

(23) BusinessIPR オープン型特許プール分科会編『特許プールの可能性——技術と権利のラビリンスへの挑戦』発明協会、二〇〇三年、三頁。

(24) 宮井雅明「特許プールに関するアメリカ判例法の研究（一）」『立命館法学』二〇〇、一九八八年、四八四頁。

(25) 特許プールの歴史を手短かにまとめた BusinessIPR オープン型特許プール分科会編前掲『特許プールの可能性』の「第2章　特許プールの進化の歴史」を参照。特許プールとイノベーションの関係については、先駆的事例とされるミシン業界を分析した Ryan Lampe and Petra Moser, "Do Patent Pools Encourage Innovation? Evidence from the Nineteenth-Century Sewing Machine Industry," *The Journal of Economic History*, 70 (4), 2010, pp. 898-920 がある。

(26) 宮井前掲「特許プールに関するアメリカ判例法の研究（一）」四七五～五一三頁、宮井雅明「特許プールに関するアメリカ判例法の研究（二）」『立命館法学』二〇三、一九八九年、二七～五五頁、同「特許プールに関するアメリカ判例法の研究（三）」『立命館法学』二〇四、一九八九年、二〇九～二三三頁。

(27) 西村成弘「日本における知的財産管理の形成——重電機器をめぐる特許係争事件を中心に」『経済論叢』一七四（三）、二〇〇四年、二三四～二五〇頁、西村成弘「特許プールと電球産業統制——東京電気による知的財産管理の展開」『経済論叢』一七五（一）、二〇〇五年、三六～五三頁。

(28) 公正取引委員会「審決」、同「勧告書」（一九九七年（勧）第五号）。

(29) 日特連の機能に関する経済学的検討は、田中悟・林秀弥が行っている（「『パチンコ機特許プール事件』再考」『社會科學研究』六一（二）、二〇一〇年、一三五～一六二頁）。なお、日特連と関連企業の行為に対する判決については、特許プールの活動と独禁法との関連性を提示したものとして高い関心が寄せられ、法学的分析がなされた。荒井登志夫「ぱちんこ機械製造業者の私的独占事件（事件解説）」『公正取引』五六四、一九九七年、六三〜七〇頁、谷原修身「経済法判例研究会　ぱちんこ機械製造業者の私的独占事件――公取委勧告審決平成九・六・二〇」『ジュリスト』一一三〇、一九九八年、江口公典「ぱちんこ機メーカーの特許プールによる参入の排除」『別冊ジュリスト』一六一、二〇〇二年、一一一〜一一三頁、村上政博「パチンコ機パテント・プール事件勧告審決をめぐって（上）」『公正取引』五六九、一九九八年、三七〜四四頁、同「パチンコ機パテント・プール事件勧告審決をめぐって（下）」『公正取引』五七〇、一九九八年、五三〜六二頁、鈴木満「パテント・プールと独占禁止法――パチンコ機メーカー私的独占事件を中心に」『桐蔭論叢』一〇、二〇〇三年、七〜一三頁を参照。

（30）BusinessIPR オープン型特許プール分科会編前掲『特許プールの可能性』三〇〜三四頁。

（31）戦前地域別にどのような管理がなされていたかを知る資料は限られているが、福岡県については、福岡県警察史編さん委員会編『福岡県警察史』一九七八年を参照。

（32）一九五四年一一月警視庁による「連発式機械禁止措置令」発表（一九五〇年四月一日実施、一部の地域は五月一日）、一九五五年二月八日警視庁機械基準決定（「警察庁警視庁の幹部を囲んで新型機を語る座談会　二月一〇日本社主催」『遊技通信』一九五五年二月一九日、三頁）。ちなみに機械基準は地域ごとに公安委員会によって決められた。

（33）前掲「警察庁警視庁の幹部を囲んで新型機を語る座談会　二月一〇日本社主催」三〜七頁。

（34）同上、三頁。

（35）一般社団法人日本遊技機特許協会のホームページ「会社概要」https://jamp.or.jp/　閲覧日二〇一六年六月二七日。

（36）パチンコ・パチスロ台を製造するメーカーの産業組合、日本遊技機工業組合の組合員数（日本遊技機工業組合のホームページ「組合員紹介」http://www.nikkoso.jp/members/index.php、閲覧日二〇一六年六月）。

（37）同上。

（38）「オールものも特許が」『遊技通信』一九五一年一二月二五日。他メーカーのオール物の使用禁止は、一九五〇年代のパチンコのブーム形成にマイナスの影響を与えたかもしれない。

（39）百巣編集室編前掲『ザ・パチンコ』一二頁。

（40）同上。

（41）一九五二年一月に、愛知遊技機製造工業組合と東京都球遊器製造工業組合を統合して全国遊技機製造工業組合連合会が発足した（「製作業者も団結　全国遊技機製造工業組合連合会　創立総会を終了」『遊技通信』一九五二年一月二五日）。その後、関西遊技機製造工業組合（一九五三年）など全国に結成されていた組合を統合して一九五六年結成に至ったのが全国遊技機製造工業組合連合会である（「二十五年のあゆみ」編集委員会編『二十五年のあゆみ』日本遊技機工業組合、一九八五年、一七頁）。いずれも一九五二年に導入された物品税、五五年の連発式禁止令後の規制に対処するため結成された任意団体である。有力メーカーが集中する愛知・東京の組合団体のメンバーが連続していることから、本章では、全工連と統一する。

（42）「豊国特許問題を重視　全工連総会を開き制度を協議　全工連臨時総会」（『遊技通信』一九五五年七月九日）、「特許問題で緊急招集さる」（同）。

（43）「豊国遊機対西陣商会　権利使用と友好的関係結ばる」（『遊技通信』一九五六年七月五日）、「声明書」（同）。以下、豊国と西陣の間で結ばれた契約については、これらの記事による。

（44）「都内に限らず、仙台、新潟、会津若松、沼津、清水、名古屋と遠く四国、九州の果てまでも二式の人気は高まるばかり」（「二式に湧く北海道」『遊技通信』一九五六年六月五日）。この事件に関しては特に断りがない限り、同記事による。

(45) この権利は、「豊国の権利使用でなければ使えないという言い分から、登録に対する異議申請を出して暫く対立状態にあったものを、本年〔一九五六年〕二月に漸く登録になった」（前掲「二式に湧く北海道」）もので、西陣が同権利を取得することによって両社は再び対立関係になった。

(46) 「買い方の遊技場側としては何か問題の起こりそうな機械を買うことを嫌うのは当然……」（前掲「二式に湧く北海道」）。特許紛争がホールにとって傍観できる問題ではなかったことについて、本章第四節の（1）のこだま会館への訴訟事件を参照。

(47) 「広告」『日本遊技界』一九五七年九月二五日。

(48) 百巣編集室編前掲『ザ・パチンコ』二三頁。

(49) 同上、二九頁、六〇頁、鈴木前掲『天の釘』三一四頁。

(50) 「業界発展策と価格維持への道」『日本遊機界』一九五七年九月二五日。

(51) 豊国との契約によって一台当たり一〇〇円のロイヤルティを支払っていた懇話会に対して、研究協会は「台当たり幾らというのではなくて謝礼金制度を採用」するという立場に立っていた（「業界発展と価格維持への道」『日本遊機界』一九五七年九月二五日、「不良業者撲滅え」『日本遊機界』一九五七年一〇月五日）。

(52) 一九四九年に平和商会として創業、五六年に製造のコミック商会、販売の平和工業に分離し、六〇年に東和工業に統合、八八年に平和。

(53) 創業者の伝記、中島健吉『風雲五十年史』彩書房、一九九七年を参照。

(54) 一九五一年に清水鋳工所を設立、五一年に西陣商会に社名変更後、六〇年に販売の西陣、製造のソフィアに分離。以下、西陣。創業者の清水一二の伝記、瀧澤寛『明珠照影――パチンコ界の巨星・清水一二の生涯』中央公論事業出版、一九八〇年を参照。

(55) 「飛玉得宝伝　竹屋五十年の歩み」編纂室編前掲『飛玉得宝伝』。

(56) 本書第1章で明らかにしたM商会の機械の取引価格は次のようである。一九五四年売値（卸・消費者価格）は、七〇〇〇円から八〇〇〇円であったが、五五年四月には単発式になり、五五〇〇円、五七年現在最低四三〇〇円まで下がった（M商会「売掛帳」一九五四〜一九五七年）。

(57) 前掲「業界発展策と価格維持への道」。

(58) このような業者は価格維持を困難にした要因とみなされ、不正業者、モグリ業者というレッテルが貼られた。不正業者は、全工連のインサイダーのなかにも存在した。

(59) 「屋根裏で作っている業者、機械売れ行き不振のため、大多数が、資金の回収が円滑にいかず、予定申告も実際数をはるかに下回って」いた（「近いうちに断　めだつ物品税の滞納」『日本遊機界』一九五六年一二月一五日）。

(60) 「物品税を考えずに乱売するなど論外だが従来まで遊技機物品税については疑義ありとしても対抗してきたが、現在は納めなければならない段階にきていると考えられるが、ホール側では未だに物品税が含まれていることを認識しているところが少ない。遊技機の物品税の無効訴訟は東工組、西陣その他の各メーカーから出されているが、これについては其々敗訴に終わっている例が多い……」（平和商会の中島）（前掲「業界発展策と価格維持への道」）。

(61) 「物品税については長年取上げられている。問題は価格維持に関連していることだ。役物が出来、価格維持に大きな役割を果たしたが、昨年来より再び乱売が出て申し合わせ価格が崩れつつある。その上税金構成（ママ）は激しくつぶれるところもある現状だ。現在機械価格については物品税を含めたものであるが、安く売ったとしても物品税だけは容赦なくとられる」（前掲「業界発展策と価格維持への道」）。
(62)　前掲「豊国遊機対西陣商会　権利使用と友好的関係結ばる」。
(63)　「日本遊技機特許運営連盟・設立　〝戸田構想〟実現に一歩前進」では日特連の設立に至るまでの業界の状況を説明している（『遊技通信』一九六〇年六月一五日）。
(64)　「大部分は模造品の不調に依り、遊技場側が二式に対する営業内容に疑問をもち、ファンもこの程度のものなら……と単発機に走ったために、水泡の如く消えて終わった」（「権利使用と友好的関係むすばる」『遊技通信』一九五六年七月五日）。また、「東京ではジンミットの許可を取るのに相当苦労をしたという話ですがその後でこの類似品が出て処置を受けたと聞いています」（「機械の適正価格はいかにして維持する　メーカー座談会」『日本遊機界』一九五七年五月二五日）という業者の発言も見られた。
(65)　「一九五六年に於ける全工連大ニュース　歴史に輝く人々の足跡を見る」『日本遊機界』一九五六年一二月一五日。
(66)　「ヤミ業者の防止及び販売価格の保持が目的で決定され……たが、この実施は実にむずかしい……」（「問題の「全工連証」は廃止すると決定」『日本遊機界』一九五七年四月二五日）。
(67)　「全工連ニュース　特許問題を中心に　懇話会と研究会で論戦」『遊技通信』一九五七年一〇月五日。
(68)　「物品税協力証紙、漸く軌道に……」『遊技通信』一九六〇年八月一五日。パチンコ機械に対する課税を無効であると訴える裁判は、一九五三年東京地裁で否決され、その後一九五三年の東京高裁、五八年の最高裁でも判決が覆されることはなかった（「課税部品か否かの認定（パチンコ機械）」国税庁『間接国税関係判例集』一九六〇年、一八二〜一八五頁）。
(69)　「私共の研究会は何処までも研究機関として遊技場の進歩のため技術研究をなし、新しい優秀機を開発した場合は吾々協会委員がこれを査定して価値あるものには考案者に対し謝礼金を出す仕組み……」（「不良業者撲滅え」『日本遊機界』一九五七年一〇月五日）。
(70)　「機械の適正価格具体案」『日本遊機界』一九五七年一二月一五日。
(71)　これに後を追うかたちで、全工連と平和の間でコミックの許諾が締結された。
(72)　「日本遊技機特許運営連盟・設立」『遊技通信』一九五九年六月一五日。
(73)　「日増しに激化しつつある日特連の証紙料問題」『遊技通信』一九五九年一一月二五日。
(74)　同上。
(75)　「大同団結の気運濃厚！　平和物産を始め各メーカーが日特連運営に加入か？」、「日特連の正常運営を希望する声多し」『遊技通信』一九五九年一二月五日。
(76)　一九六二年の「中小企業団体の組織に関する法律」の改正施行に伴い、商工組合として改組され、六三年より日本遊技機工業組合となった。日本遊技機工業組合『昭和三七年度　決算報告書』一九六三年、四〜五頁。
(77)　五月二二日、東京・関西商業組合による連合会が結成され、その後九州商組も加入した。機械メーカーを除く機械販売業者、中古機械、部備品商社の横の連絡機関である。
(78)　「国税庁と協議して納税証紙を貼付することに意見が終結（ママ）された」（「東京工組忘年会　組織化への構想発表」『遊技通信』一九六〇年一月一日）。
(79)　発起人総代、平和の中島の経過報告によると、「遊技業業界〔ホール〕は盛んであるが、メーカーにとっては物品税問題で昨年〔一九五九年〕から転機に立っており、数回にわたって告発された事例も出」るなかで、「国税庁とも話して案を作ったのがこの協同組合」であった（「日本遊技機工業協同組合創立さる」『遊技通信』一九六〇年二月二五日）。
(80)　日本遊技機工業協同組合『昭和三五年度　決算総会』一九六一年、

三〜四頁。

(81) 「広告　使って安心、御店も繁昌!!　日本遊技機工業協同組合員メーカー御案内」『遊技通信』一九六一年一月一日。ちなみに、日特連の法人化の段階においては「豊国が保有する特許の使用許諾問題及び日工組脱退に関する件」と報じられており、組合内での対立があったと思われる（「豊国との交渉を続行中」『遊技通信』一九六一年九月五日）。詳細は不明であるが、「交渉は続行中であり円満にいくと思う」（日特連の芳賀宗伍社長）とされ、一九六二年には日特連が豊国の分を組み込んだ特許料を徴収しているから、対立は豊国の特許が日特連に委託管理されるかたちで解決されたようである（日本遊技機特許運営連盟「第二期　事業報告書」『遊技新聞』一九六三年七月五日に転載）。このように、日特連の結成の一九五九年から法人化までの二年の間に、特に豊国の権利をめぐって様々な利害対立があったことは、付け加えておきたい。

(82) 「七月一日より協力証紙添付」『遊技通信』一九六〇年六月五日。

(83) 「一、遊技機などに関する工業所有権の取得、売買、実施権の設定ならびに許諾などに関する事業、二、前項工業所有権の権利擁護及び新製品の育成ならびに遊技機の製造に関する事業、三、前各項に付帯する一切の事業」（㈱日本遊技機特許運営連盟定款」『月刊　日本遊技』一九六一年六月号、六〇〜六一頁）。

(84) 「権利者および実施者の相互間の便宜を計るため豊国遊機販売㈱および東和工業㈱〔一九六〇年に販売部門の平和物産と製造部門のコミック商会を統合して設立〕が所有する権利に係る証紙を取り扱って」きた（「昭和三七年度　事業報告書」『遊技新聞』一九六三年七月五日に転載）。具体的な仕組みは不明であるが、西陣による次の社告から類推できる。「……現在市場に販売されている無人機にかかる特許権は当社が所有しておりますが、当社としては〔日〕特連を通じ昨年一一月四日付けで西陣式無人機製作希望者各位ご案内の文書を全会員に送付し、一一月七日まで西陣に対して製作希望者は申し込む連絡をいたしました。又一一月八日には、午後一時より特連事務所に於いて、西陣との無人機製作についての懇談会を開催し当社より梅崎渉外課長が出席し契約についての西陣として希望事項を提示しました。……そしてその当時出席した左記メーカー、平和物産㈱、三高企業㈱、奥村遊機㈱、㈱モナコ商会の四社のみと契約をいたしました。……一九六一年四月一七日㈱西陣」（『遊技通信』一九六一年四月二五日）。同様に、設立当初の豊国の特許も、日特連が委託業務のかたちで管理していたと思われる。

(85) 「第四条『証紙添付の原則』乙は第一条の実施許諾を受けた遊技場に付き、一台毎に甲が定めた証紙を機械表面釘盤に定められた方法により貼付しなければならないものとする」（「特連とメーカーとの契約書」『遊技通信』一九六一年九月一五日）。

(86) 同上契約書第五条七。

(87) 同上契約書。

(88) 日本遊技機工業協同組合・全国遊技機商業組合連合会「原価計算書」『遊技通信』一九六〇年一一月一五日。

(89) 前掲「日増しに激化しつつある日特連の証紙料問題」。

(90) 「契約書」『遊技通信』一九九五年一一月二五日。

(91) 「業務機構刷新についての説明会」『遊技通信』一九六六年一一月四日。

(92) 同上。値上がりを伴うホールの協調はどのように理解できるだろうか。詳細は不明であるが、日特連が紙面を通じて「物品税協力証　無貼付機に警告　製造・使用の中止措置」（『遊技通信』一九六〇年一〇月五日）をとったことと、後述するように日特連が関わった訴訟過程の事例においてホールが被告となり無貼付機械の証拠保全によって使用禁止になるなど、強力な法的措置が営業に直接影響することが、受け入れざるをえない背景となったと推測

(93) 前掲「物品税協力証紙、漸く軌道に……」。

できる。ちなみに、業界組織化についてホールとメーカーの両組合代表のリーダーシップの役割を抜きに論ずることはできない。一〇〇パーセント納税の目的を達成する上でそれを証明する証紙を添付した機械を購入するホール側の協力が得られたことについて、日工組の組合長の伝記、中島前掲『風雲五十年史』八六～九三頁を参照。

(94) 一九六六年一一月に行われた日工組の組合員会議では、機械の値崩れの原因としての下取りの禁止という議題が上がっている（前掲「業務機構刷新についての説明会」）が、成文化されなかった。下取りの価格設定によってホール側にとっては事実上の値引きが可能であったことを示す。このような取引はパチンコ機械の慣行であった（「全工連ニュース」『遊技通信』一九五八年四月一四日）。

(95)「納税協力証の実施方法は日工組組合員が責任をもって貼付機の販売に当るが、若し無証紙機については地区協議会乃至全遊連に報告の義務があり、これを日工協組に報告する。そして、日工協組では無証紙の実態を徹底的に調査」することになっていた（前掲「物品税協力証紙、漸く軌道に」）。

(96) 日特連は、証紙添付の監視について、中古機の取り扱いに関連して東京・関西商業組合などの商業組合に協力を要請した。「当社が占有する工業所有権に関し、関係者との間において円滑なる実施を許諾するに際し、貴組合に所属の会員が取り扱い中の中古パチンコ機に付き……良識ある中古機取り扱い業者に対しては実施許諾に応ずる方針である」とする一方で、「中古業者と〔日〕特連との契約書」を発表した。この要請は、当時中古機が多く使用されていたため、業界全体に監視の網を張りめぐらせる上では重要であった。残念ながら、実際に契約が行われたかについては不明である（「商業組合への要請書」『日本遊技』一九六一年九月号、一二頁）。

(97) ただし、日特連結成当初においては、日工組と、京浜地区、近畿地区などに分けて調査員を派遣するなど、両組織が連携して調査を行った（「協組・特連合同理事会」『遊技通信』一九六〇年一一月一五日）。

(98)『遊技通信』一九六〇年一〇月二五日。

(99) 具体的な成果については判明しない。他組合の秩序安定を図る上で日特連の法的規制力に裏付けられた協力体制に期待できるのであれば、発見の仕組みが産業全体に行き渡ったこと自体で管理が強化されたと見てよい。

(100) 中島前掲『風雲五十年史』八七～九六頁。

(101)「昭和三六年度事業計画書　窓口一本化の構想について」日本遊技機工業協同組合『昭和三五年度総会』一九六一年、「窓口一本化の意味するもの」（『日本遊技』一九六一年四月号、一二頁）。

(102)「一　事業報告」日本遊技機工業協同組合『昭和三六年度総会』一九六二年、一～四頁。中島前掲『風雲五十年史』八七～九六頁。

(103) 断定的な判断は控えるべきであろうが、この経緯は、公正取引委員会がそれまでの日特連の特許管理などの共同行為を適法の範囲内と暗黙に承認を与えたことを示唆している。

(104)「過日九州商組よりの要請もあり、九州業界へ監視員を派遣したところ相当数の調査依頼がきたが、証紙問題が末端まで徹底しているためか殆ど大きな違反はなかった。ただ五六〔件〕の違反に過ぎない状態……」（「全商工協議会　各単位組合の状況報告」『遊技通信』一九六〇年一〇月一五日）。

(105) 同上。

(106)「当店に於いて使用する弾球遊技機に関して新製品、中古製品を問わず購入及び入れ替えを実施するに際しては日本遊技機特許運営連盟発行の有効なる証紙が機械表面セルロイド盤に貼付されたる製品を使用することを誓約いたします」（「誓約書（一九六〇年一一月七日）」『遊技通信』一九六〇年一一月一五日）。

(107)「事件の和解により〔日〕特連並びに日工組の提唱、推進する物品税協力証紙は従来に勝る効力を発揮することになり、本件解決の占める比重は大きなものがある」「日特連、協力証紙貼付に勝訴！こだま会館事件が解決」『遊技通信』一九六〇年一一月二五日。

(108)「物品税協力証紙貼付に断！　神戸地区事件が円滑に解決」『遊技通信』一九六一年二月一五日。

(109)『遊技新聞』一九六三年七月五日。この決定は、竹内の事件が処理された一九六一年の後約二年が経ってからであるから、同様の事件が続いていたと推測される。

(110)詳細は不明であるが、このケースでは機械取引関連の契約書の提示であった（同上）。

(111)「昭和三七年度　事業報告書」『遊技新聞』一九六三年七月五日に転載。

(112)詳細は不明であるが、特許料三〇〇円は一九六〇年一一月の二〇〇円から値上げしている。証紙料は、特許料と運営費六〇円（日特連と日工組）の合計額で三六〇円であった。

(113)「一二月末、豊国が提出した七回目の研究製品が東京警視庁を漸くパスした」（前掲「豊国遊機対西陣商会　権利使用と友好的関係結ばる」）。このようなことは基本的特徴として現在まで続いている。確認できる事例として、「アルゼの前期経常益八〇％減　パチンコ不認可響く」（『日本経済新聞』二〇〇五年四月一二日）。減益は「新規機種のパチンコが認可されず、販売できなかったことが響いた」とされた。不認可が特に問題となるのは、風営法の改正による機械の新規制（同事例の場合は二〇〇四年七月改正）であるが、改正が予測不可能であることはいうまでもない。

(114)前掲「豊国遊機対西陣商会　権利使用と友好的関係結ばる」。

(115)同上。このような開発における相互依存的関係が実際に成り立っていたことについては、有力メーカー、ＳＡＮＫＹＯの役員による過去を振り返った証言（本書第４章の資料「特許登録されたフィーバーの各社の生産をめぐって」を参照）から知ることができる。簡略して述べると、一九八〇年代に同社が開発したフィーバーの技術に関わる特許を他社に対して低いロイヤルティで使用させた理由について、パチンコ機械の人気が変わりやすく予測が難しいこと、他社の人気機種を作らせてもらった経験があることを挙げている。

(116)「全商工協議会　各単位組合の状況報告」『遊技通信』一九六〇年一〇月二五日。

(117)このような特徴は、パチンコ産業の長い歴史のなかで続いてきた。業界関係者の証言によると、一九九九年前後においてなお、「繁忙期と、閑散期とあって、そのギャップが非常に大きい。全く生産がゼロになる月がありますね」（大手メーカー平和の元工場マネージャーの証言、二〇〇四年一〇月二六日聞き取り調査）。

(118)本書第４章の資料「特許登録されたフィーバーの各社の生産をめぐって」（一三三頁）も参照。

(119)「メーカー遊技場との希望座談会㈣」『遊技通信』一九五二年一〇月二四日。同様の戦略は、西陣にも見られた。

(120)この機能は、参加企業の対等な開発力という条件のもとではじめて意味がある、という反論がありえよう。より効果的という面ではその通りであるが、何社あるかという数の問題ではない。有力な企業数社に限られてもシェアする意味がある。忘れてはならないのは、日特連の他の機能と総合的に考えることであって、メンバーの開発力が不均衡である側面のみを切り取って日特連の存在そのものの意義を否定することは、性急な結論であろう。

(121)中島前掲『風雲五十年史』七四～九六頁。

第3章

(1)余暇開発センター編『レジャー白書　日本の余暇の現状』一九八〇年、二～三頁、伊藤政吉「日本人と娯楽　第二三回　パチンコ

——日本を象徴する娯楽の王様」『レクリエーション』二三〇、一九七九年、三四頁。

（2）一〇三二ホールに対するアンケート調査結果による。中年女性、若い女性が増加したホールはそれぞれ四五パーセント、三二パーセントであり（中小企業振興事業団中小企業情報センター『需要動向調査報告書　余暇生活関連品　その四　娯楽産業編』一九八〇年、八三頁）、一九七〇年代に入って女性客が来るようになったことが指摘されている。その傾向は、特に地方のホールにおいて顕著であった。

（3）伊藤前掲「日本人と娯楽　第二三回　パチンコ——日本を象徴する娯楽の王様」三四頁。

（4）「アンテナ」『東邦経済』四六（四）、一九七六年、一四五頁。

（5）同上。

（6）中小企業振興事業団中小企業情報センター前掲『需要動向調査報告書　余暇生活関連品　その四』八三頁。

（7）橋本寿朗・武田晴人編『両大戦間期日本のカルテル』御茶の水書房、一九八五年。

（8）当時の「風俗営業取締法」の文言からは確認できないが一九八四年に改正（八五年施行）した「風俗営業等の規制及び業務の適正化等に関する法律」（昭和二十三年七月十日法律第百二十二号）には次のように説明されている。第二〇条3「国家公安委員会は、政令で定める種類の遊技機の型式に関し、国家公安委員会規則で、前項の公安委員会の認定につき必要な技術上の規格を定めることができる」、4「前項の規格が定められた場合においては、遊技機の製造業者又は輸入業者は、その製造し、又は輸入する遊技する遊技機の型式が同行の規定による技術上の規格に適合しているか否かについて公安委員会の検定を受けることができる」。

（9）結果書交付を受けた四四六件のうち、二一六件が適合となった（保安通信協会作成の「統計資料」〔平成二八年七月四日〕の「表1型式試験実施状況」より）。中規模の機械メーカー奥村産業で一九九二年から約六年間開発研究に携わっていた、J氏への聞き取り調査（二〇一二年一二月一二日、二〇一三年一月一二日）によると、合格率は、規制の状況によって異なるという。後掲注47を参照。

（10）特許プールが必ずしも活発な特許開発につながらなかったことについては、Ryan Lampe and Petra Moser, "Do Patent Pools Encourage Innovation? Evidence from the Nineteenth-Century Sewing Machine Industry," *The Journal of Economic History*, 70 (4), 2010, pp. 898–920, トラスト法など関連法の運用については、宮井雅明「特許プールに関するアメリカ判例法の研究（一）」『立命館法学』二〇〇、一九八八年、四七五〜五一三頁、同「特許プールに関するアメリカ判例法の研究（二）」『立命館法学』二〇三、一九八九年、二七〜五五頁、同「特許プールに関するアメリカ判例法の研究（三）」『立命館法学』二〇四、一九八九年、二〇九〜二三三頁、日特連と関連各社の独占行為については、BusinessIPRオープン型特許プール分科会編『特許プールの可能性——技術と権利のラビリンスへの挑戦』発明協会、二〇〇三年、三〇〜三四頁、鈴木満「パテント・プールと独占禁止法——パチンコ機メーカー私的独占事件を中心に」『桐蔭論叢』一〇、二〇〇三年、七〜一三頁、村上政博「パチンコ機パテント・プール事件勧告審決をめぐって（上）」『公正取引』五六九、一九九八年、三七〜四四頁、同「パチンコ機パテント・プール事件勧告審決をめぐって（下）」『公正取引』五七〇、一九九八年、五四〜六二頁を参照。

（11）「警察庁　警視庁の幹部を囲んで新型機を語る座談会」『遊技通信』一九五五年二月一九日、三〜六頁、「各地の新型機の基準決定」同、四〜五頁。

（12）「三十年のあゆみ」編集委員会編『三十年のあゆみ』日本遊技機工業組合、一九九〇年、年表、六二〜六四頁。

（13）日本遊技機工業組合「業務機構刷新についての説明会」一九六六年一一月四日。

（14）「警察庁文書通達『パチンコ遊技機の取り扱いについて』」『月刊遊技日本』一九七三年新年特別号、三〇～三一頁。

（15）山田節夫「出願公開制度と技術知識のスピルオーバー効果」『専修経済学論集』四七（一）、二〇一二年、二三～四六頁。

（16）山田の推計によると、一九六四年から七〇年までの毎年の出願・公開ラグ（出願から公開までの平均期間）の平均は、六四年の三・四年から七〇年に四・三年に長期化し、同期間平均で約四年であった（同上、三一頁）。

（17）同上、三〇頁。

（18）同制度の目的は、一九六〇年代後半に、特許出願が急増したため特許審査が遅延し、重複技術開発の増大によって研究開発資金が社会的浪費を大きくしたこと、企業側の特許公開情報の費用が増加したことなどの問題を解消させるためであった（同上、二五頁）。

（19）日本遊技機特許運営連盟「全国遊技機特許権利者協会設立の発想と経過」の作成日は不明であるが、一九七一年の特許法改正を受け、日特連で作成されたと推測される。

（20）六社は初代メンバーであるが、有力企業であり後にはメンバーになっている平和が見当たらないのは不思議である。一九七一年に平和が発売した「脱着分離式」という新型の機械をめぐって、七〇年代半ばまでに及ぶ業界内での対立問題が背景にあったと思われる。「脱着分離式」は遊技機本体とゲージ盤の機能を分離し、新しいゲージ盤だけの取替えを可能にしたもの（「緊急新型特報　業界最前進へパターン整う」『月刊　遊技日本』一九七一年九月号、二六～二九頁）で、ホールの経費節約をコンセプトにした同機種の発売は、メーカー側にとっては売上高の縮小につながるため、業界内に大きな波紋を投げかけた。統計上で確認できるゲージ盤のみの製造は、一九七六年製造台数一三七万二七五台のうち約二パーセントに過ぎなかったが、七八年には一五〇万三七五三台、二一・八パーセントを占めるまで増加した（日本遊技機特許運営連盟「パチンコ機製造台数の推移」〔作成年は、一九六五年から七九年までのデータが記載されていることから、八〇年頃と推定〕）。後年の特許実施料のために調べられた「平成七年度証紙発行数」（公正取引委員会審査関連資料）は製造販売台数を示すものであるが、ゲージ盤の証紙発給数は全体の二四パーセントであった。新しい歴史を作ることになる先駆的開発をめぐる興味深い事件であるが、詳細な分析は他日に譲る。なお、公正取引委員会審査関連資料は、一九九六年、新規参入を集団的に排除したという疑惑のもと、公正取引委員会が日特連とメーカー一〇社に対して行った取り調べの過程で、同委員会の要請に対して日特連が回答として作成した一連の資料群である。

（21）日本遊技機特許運営連盟前掲「全国遊技機特許権利者協会設立の発想と経過」（注19）。前掲公正取引委員会審査関連資料（注20）のうち、「公取供述報告書」（公正取引委員会によるメーカーに対する審査過程で交わされた問答をまとめて日特連選任の弁護士に提出した書類である。一部しか残っていないが、情報共有のための目的もあって、公正取引委員会による取り調べ内容を詳細に再現している。以下「報告書」）に基づいて組織の変化を要約すると、全権協は一九七二年に任意団体として結成された。一九七五年には法人化し、七九年に㈱中央資材として組織体の変更が行われた。ただし、権利者組織の再編は図3-1の組織図や審査委員会（本文にて後述）の運営には大きく影響しなかったし、特に日特連への特許管理の業務委託は変わらなかった。

（22）大一商会の取締役U氏「報告書」（一九九七年二月一二日審査）。

（23）日特連元役員K氏への聞き取り調査（二〇〇四年一一月五日）。

（24）同上。

(25) 具体的には、電動式の開発によって特許料が上昇した。なお、一台当たりの特許料において表2-2と差額が見られるのは、特許料の低下、特許料が賦課されていない機械の存在、資料の問題などが考えられるが、確認できなかった。もっとも、日特連設立当時に徴収されていた豊国遊機製作所の特許は、大半が一九五〇年代半ばに取得されたもので、権利の存続期間が過ぎた可能性がある。表3-1から傾向的に見られる一九六〇年代後半の低価格化は、徴収される特許料がなくなったことを反映している可能性もある。いずれにしても、ここで注目すべきは、一九七三年以降増額する変化である。

(26) 「工業所有権運用に関する業務委託契約書」の第五条、第六条。雛形は一九九六年一月付である。業務委託は一九七二年の全権協の設立と審査委員会の発足に際して開始された。当時の契約書は見当たらないが、前掲日特連の役員K氏によると、大幅な修正はなかった。

(27) 同上契約書、「第一条　甲は別紙目録記載の工業所有権と組合員が製造販売する遊技機械との抵触関係の判断を乙に一任するものとする」。

(28) 大一商会の取締役U氏（前掲「報告書」）。

(29) 詳細は別の機会に譲るが、一九九〇年代以降は異なる傾向が見られる。支払実施料への配分が増加しており、これは一過性のある役物に関する特許料の増加などの結果と思われるし、二つの線が再び同様の軌跡を示しているから、性格に変化が起こった可能性はある。

(30) 争いにならなかった一件を含む（日本遊技機特許運営連盟「特連で過去に起こった裁判」）。特許紛争の増加を裏付けるもう一つの指標は、決算報告書に非連続的に計上される示談金と雑収入である。特許紛争に関わった際の付随的な収入と考えられる。

(31) 広島のホール経営者の日野が改造自作した電動式パチンコ機械に対して、警察庁が一九七二年一一月二五日付でその使用を許可し、それを受け、一九七三年から電動式のパチンコ機械が業界に定着するようになった（「動力発射で新たなファンをつかもう　第一陣の三機種、颯爽の登場」『月刊　遊技日本』一九七三年三月号、一四～一五頁）。詳しくは次節で紹介する。

(32) 「日野氏側の特別な要望によって、事務処理の煩雑を避けて窓口を一本にして欲しいとの要請があった」（公正取引委員会審査関連資料「日本遊技機工業組合組合員が関係する工業所有権に関する紛争処理業務等」より。日野事件に関する内容は、これによる）。

(33) 審査委員会の委員長を務めた日特連元役員K氏への聞き取り調査（二〇〇四年一一月五日）と「報告書」、日特連の「決算報告書」に基づいている。

(34) 審査委員会に関する説明は、特に断りのない限り、日特連の特許係長S氏作成の「報告書」（一九九六年九月一〇日、一〇月三一日、一一月一日審査）による。

(35) 日特連元役員K氏は、弁理士を目指していたため、特許に関する豊富な知識を有する（二〇〇四年一一月五日の聞き取り調査）。一九九九年に日特連が解散するまで委員長を務めていた。

(36) 三洋物産特許部部長H氏「報告書」（一九九七年二月二五日審査）。事例として奥村産業、マルホン、ニューギンが挙げられた。

(37) 全権協の株主の詳細が不明であるため同協会のメンバーと同じであるかは確認できなかったが、全権協は特許を所有している企業であり、審査委員会の新しいメンバーとなる対象は「将来有効となるかもしれない出願が増加した」メーカーであるから、後者の資格はより広く設定されたと考えられる。

(38) 「審査委員会へ提出する権利はどのタイプのパチンコにも関連している権利であり、機種限定、すなわちあるタイプのパチンコ機だけに関連する権利の提出は行わないことになっている」（豊丸産業の研究開発室係長H氏「報告書」一九九六年一〇月一日、一一月一五日審査)。一九九六年の事例では、豊丸産業所有の特許権五〇件のうち、上記基準に基づいて一件のみを審査委員会に審査依頼している。このようにすべての特許権を請求しない理由について、「当社も他社の権利を数多く使っており、ギブアンドテイクの関係である……当社が他社を権利侵害で訴えれば、当社が使っている他社の権利は数多いのでそれに対して権利侵害といわれることになり、困る」(同「報告書」)、「保険的かつ防衛的に所有して自社製品を自社の特許権で保護しておくことで安心して製造、販売できる目的のため」(SANKYOの情報管理室長N氏「報告書」一九九七年二月七日審査)と説明しており、第2章で検討したメーカーの特許に対する考え方——特許利用の相互依存性や生産・販売活動への優先的配慮——をここでも確認することができる。

(39)「報告書」の作成された一九九六年時点では、一月に集められるとされていた。

(40)同上。

(41)日特連の特許係長S氏前掲「報告書」、公正取引委員会審査関連資料「日本遊技機工業組合組合員が関係する工業所有権に関する紛争処理業務等」。

(42)一九六〇年から八三年まで、六三年(大手メーカーのデータ不足)・七五年(データ欠)・七七~八一年(データ欠)を除いて、毎年のシェアの変化を調べたが、表3-4は、同期間における毎年の変動の特徴を再現している。

(43)中小企業振興事業団中小企業情報センター前掲『需要動向調査報告書　余暇生活関連品　その四』五七頁。

(44)一九七〇年代にレジャー関係、余暇市場が他産業より成長が著しかったことは、経済白書で指摘されている(経済企画庁編『昭和五八年版　経済白書　持続的成長への足固め』一九八三年)。

(45)例えば、西陣は、一九七四年九月に行った展示会で、表3-5の資料(創業五〇周年記念誌編纂委員会『The 50th Anniversary ROAD 創業五〇周年記念誌』ソフィア、二〇〇一年、一〇九頁)に掲載された同年発売の六機種のうち、エレックスグランプリ、プレーン、サルカニ、パワーピエロ、エレックスフィッシュの五機種と、その他に「エビラ、ブリッジアベック、パピヨン一一」を発表した(「西陣　秋を飾る個展催す」『月刊　遊技日本』一九七四年九月号、五八~六〇頁)。これら八機種は、無人機、有人機、電動役物の三系列の組み合わせによって二二機種に変化すると伝えられており、このように一回の展示会で発表された機種数は、社史のそれを上回っている。本論では制度変化の影響を読み取ることが目的である。

(46)業界誌『月刊　遊技日本』一九六九年一~一二月号の広告より。

(47)ちなみに開発リスクは、規制のあり方によっても異なる。中規模の機械メーカー奥村産業で一九九二年から約六年間、開発研究に携わっていたJ氏への聞き取り調査(二〇一二年一二月一二日、二〇一三年一月一二日)によると、機械の検査合格率は、一九九〇年代前半においては約九〇パーセント、二〇一〇年頃は約六五パーセントであったという。このような合格率の高低が意味することとして、ここでは、規制の強弱は予測不可能であるため、強化、緩和による影響の側面より規制自体が開発リスクとして認識される側面を強調する。

(48)「激烈なる販売合戦ライバル　平和　西陣」『遊技通信』一九七三年五月一五日。

(49)中小企業振興事業団中小企業情報センター前掲『需要動向調査報告書(余暇生活関連品)その四』。中小企業の代表的商品として、ファッション・住生活・食生活関連商品群に続き、第四の商品群として余暇生活関連が対象となっており、その一環としてのパチンコ産業の消費に関して調査された(同、三頁)。パチンコ産業に対する最初の本格的実態調査の結果をまとめている。調査対象は、東京・大阪の大都市を中心に、中小都市四市(盛岡、長野、松江、熊本）の一五〜五九歳の男女四五〇〇名である（同、一二〜一四頁）。
(50)同上、四八頁。
(51)同上、八七〜八八頁。全国ホールの約一割一〇三二社のうち八四七社の回答に基づいた結果である（七九頁）。
(52)同上、一〇四頁。
(53)日本遊技機工業組合「パチンコ機の設定基準の取り扱いについての経過報告」一九七九年一一月三〇日。
(54)「業界レーダー　スタンバイ〝適切運営〟背景の変化の中に再登場の『電動式』」『月刊　遊技日本』一九七三年八月号、一二〜一三頁。
(55)「……昭和二八年のパチンコの売上総額は二七三二億五六〇〇万円（総台数九七万六〇〇〇台）、この年の政府公認トバク〔宝くじ、競輪、競馬、モーターボート、オートレース〕は総計で一〇六七億円……昭和四六年中のパチンコ総売り上げは、推計六八〇〇億から七〇〇〇億……公営ギャンブルのうちの競輪の売上とほぼ同じ……公営ギャンブルの総売り上げは、……二兆一〇億円……射幸心は……西洋風に生活感覚の一部として定着……。……電動機ぱちんこ……はこうした時代的背景から、押し出されるべくして出た機械……そうした点では百発機、基準撤廃、さらに電動式解禁という一連の措置に、行政側の明らかな肯定を見ることができる……」（同上）。
(56)「緊迫の三問題　全遊協が日工組招き接渉」『月刊　遊技日本』一九七三年八月号、一四〜一六頁。
(57)同上。
(58)開発は広告の前にスタートしており、開発生産性に関わる開発期間は捨象される。また、広告を出さないメーカーの状況は不明である。さらに『月刊　遊技日本』の発行部数が不明で、つまりどの程度の宣伝効果を持ったかも明らかにできないため、考察には限界がある。にもかかわらず、同雑誌は、業界のホットなイシュー、話題の人気機種、代表的ホールの経営形態に関する最新情報を追いかけ、激しい変化を取り上げている。そうした取材側の主体的取り組みを重視し、代表的企業の広告が継続的に掲載されていることなどを踏まえると、ここでの分析は一定の意味を持つといえよう。
(59)「動力発射で新たなファンをつかもう　第一陣の三機種、颯爽の登場」『月刊　遊技日本』一九七三年三月号、一四〜一五頁。
(60)『月刊　遊技日本』一九七三年四月号、二〜三頁。
(61)警察庁の通達（「警察庁　丁防発第一三〇号　昭和四七年一〇月一八日付　新機種ぱちんこ遊技機「日野式一〇〇発手動皿遊技機」の取り扱いについて」）に「日野式」という名称がついていることから見て、電動式機械を指している可能性と、日野氏が関わった企業との何らかの協力関係がある可能性もあるが、確認できなかった。
(62)「トラトラトラ　電動式　陽春に咲く　ハンドルの微差調整にファン緊張　熊本市・大劇ゲームセンターでの電動式活躍レポート」『月刊　遊技日本』一九七三年四月号、五〇〜五一頁。
(63)「トピック追跡　Electric　Motor　電動式一挙にブームへ」『月刊遊技日本』一九七三年五月号、一二〜一四頁。以下、同段落の引用は、これによる。
(64)七月には日野株式会社と大同工業との共催で、日野式大同号の展示会を開いている（「日野式大同号再び展示会　七月一三日〜一五日　東京西川口・八州会館で」『月刊　遊技日本』一九七三年八月号、五七頁）。
(65)前掲「トピック追跡　Electric　Motor　電動式一挙にブームへ」一二〜一四頁。
(66)「広告　Electric Motor　平和式電動機　軽快なグリップ式発射」『月刊　遊技日本』一九七三年六月号、二六頁。

(67)「京楽電動式501　東京の丸越産業が個展」『月刊　遊技日本』一九七三年五月号、一五頁。
(68)「豊国電発機も戦列へ　完璧の殿堂メカとスムーズなダイアル式発射　スカイベルを電動化」『月刊　遊技日本』一九七三年六月号、一九頁、「広告　ニューギン電動機　完璧な電動メカ本格派　遂に登場　ニューギン」『月刊　遊技日本』一九七三年六月号、四八頁。
(69)「広告　ファンの心を大切にする人気のメカ　電動式三洋号　三洋物産」『月刊　遊技日本』一九七三年八月号、三頁。
(70)「広告　エレックスロータリー　西陣」『月刊　遊技日本』一九七三年八月号、四頁。
(71)前掲「激烈なる販売合戦　ライバル　平和　西陣」。
(72)一九七〇年代末に、「お客が電動機械を好む度合いの強い」地域として北海道、関東、九州が指摘されている（中小企業振興事業団中小企業情報センター前掲『需要動向調査報告書　余暇生活関連品　その四』九二頁）。
(73)「News corner 展示会 '73new Model show　史上空前のビッグ・スケール・ショウ」『月刊　遊技日本』一九七三年九月号、一八～二八頁。
(74)「展示会　名古屋で全国新型遊技機展示会　九月九日・一〇日　九時から一八時」『月刊　遊技日本』一九七三年八月号、一〇～一一頁。
(75)前掲「News corner 展示会 '73new Model show　史上空前のビッグ・スケール・ショウ」一八～二八頁。
(76)中小企業振興事業団中小企業情報センター前掲『需要動向調査報告書　余暇生活関連品　その四』九二頁。
(77)「電動機械が出る前の手打ちの時代は、技術の向上によっていくらでも早く打てた。……電動機械が普及して……いくら技術が向上しても、早打ちができないとなれば、パチンコの醍醐味は薄れてしまう」（同上、八六頁）。
(78)「A〔ホールの場合〕機械代が高く、その分お客に無理をさせることになり、その結果客離れになる。更に電動機械は技術の入り込む余地がなく、偶然性が多くなる。B〔ホールの場合〕機械代が高く、結局は出玉率をさげ、客を痛めつけることになるし、客は技術の余地が残っている機械を好む。……電動機械への切り替えは最後の手段として残しておく」同上、八五頁。
(79)「女性の増加はいずれのホールでも指摘されている。『中年女性が増加している』とするホールは三二%、『高齢女性が増加している』とするホールは二四%である」「ここ一〇年くらいの間〔一九七〇年代〕に女性客が来るようになった。いつの間にか増えてきたという印象をもつ……千葉市内商店街〔のホール〕」（同上、八二～八四頁）、「大手電鉄からデパートまで　続々パチンコ経営に乗り出す有名企業の脱・本業」『月刊　遊技日本』一九七二年四月号、五三～五七頁、「追跡ルポ　あれからシリーズ　女性専用コーナー」同、一九七二年六月号、五二～五三頁。
(80)同年の手動式機械は一三四万八四三台（八五・八パーセント）、改造機械が五万二五四六台（三・八パーセント）であった。同段落の製造台数に関しては、日本遊技機特許運営連盟「パチンコ機械製造台数の推移」より。
(81)同上。同時期に行われた別の調査によると、一九七〇年代末の時点では手打ち機械を好む客が、四パーセントであったのに対して、電動式機械を好む客は五八パーセントであり、電動機を選好する傾向は決定的となった（中小企業振興事業団中小企業情報センター前掲『需要動向調査報告書　余暇生活関連品　その四』八五頁）。日本遊技機特許運営連盟「パチンコ機械製造台数の推移」によると、一九七九年の手動式機械は、製造台数一四八万四〇〇〇台のうち約二〇パーセントを占めるまで減少し、その他七六年から統計が取れるようになった遊技盤の製造台数が三一・一パーセントを占めていた。

(82)「広告　技術の豊国のヤクモノ快作!!　New Model　大三元　ホールインワン　豊国販売株式会社」『月刊　遊技日本』一九七三年九月号、三八頁、「広告　レジャー界を革命する平和……本年度の話題を独占　選択ができる組み合わせ遊技プリンスゲーム　スリル満点の組み合わせ遊技パールゲーム　お客が泣き狂っちゃうパチンコ大三元　ナウなニューマシン、最高のフィリング電動式パチンコ　平和」『月刊　遊技日本』一九七三年九月号、四〇～四一頁。

(83) 前掲「News corner 展示会 '73 new Model show　史上空前のビッグ・スケール・ショウ」一八～二八頁。

(84)「平和『大三元』人気爆発　お客が泣き狂っちゃうダイナミック・ゲージ」『月刊　遊技日本』一九七三年一〇月号、六二～六三頁。

(85)「豊国大三元稼働ルポ」『月刊　遊技日本』一九七四年三月号、二〇～二三頁。

(86)「広告　……〝大三元〟のスリルと普通ゲージのアジを巧みにミックスした新ゲージ『東南西北』を注目のうちに発売……〝ヒット〟と〝チューリップ〟を計八個混成させてダイナミックな〝パワーゲージ〟で、そのスリルは、かってない迫力……」『月刊　日本遊技』一九七三年一一月号、一九頁。

(87)『月刊　遊技日本』一九七三年一二月号、六九頁。

(88)「広告　八面六臂!　着脱分離機SPの威力　ゲージ盤だけの入替で新装開店できます。平和株式会社大阪支社」『月刊　遊技日本』一九七四年三月号、四二頁。

(89)「広告　ハラハラ・ドキドキのニューマシン!!　ダイイチから『新登場』」『月刊　遊技日本』一九七四年四月号、一頁。

(90)「広告　確かな手答!　驚異の売上!　豊国の技術が生んだヤクモノ・シリーズ……」『月刊　遊技日本』一九七四年四月号、八頁。

(91)「年二回、台の半分を入れ替えている。……機械は老朽化するから取り替える訳ではなく、客が機械に飽きてくるから取り替える……(東京商店街のホール)」(中小企業振興事業団中小企業情報センター前掲『需要動向調査報告書　余暇生活関連品　その四』八八頁)。

(92) 日本遊技機工業組合「決算報告書」一九七二年、七三年。

(93) 中小企業振興事業団中小企業情報センター編前掲『需要動向調査報告書　余暇生活関連品　その四』一九頁。

(94) 同上。

(95) 同上、八二～八三頁。

(96) 同上。

(97) 同上、八八頁。

(98) 一九八一年一月一日付の「特許問題に関心を」という日特連から発送されたホール宛の手紙から、当時の各社の開発の様子がうかがえる。「毎年一千件を超える特許、実用新案の出願があるなかで」という叙述から、メーカーによる特許開発が活発であったことが分かる。

(99) 瀧澤寛『明珠照影――パチンコ界の巨星・清水一二の生涯』中央公論事業出版、一九八〇年、八五～八六頁。

(100) 本書第1章のM商会が西陣より購入した機械の最低価格(二万六二〇〇円)、最高価格(電動機、四万二一〇〇円)と、製造台数二二万三七八七台(表3-4)より計算(M商会「総勘定元帳」自昭和五一年八月　至昭和五二年七月)。

(101) 日特連の一九八〇年代までの資本金は、八四〇万円。一九九九年解散当時、二一〇〇万円。

(102) 大まかな基準として、データが取れる二〇〇七年の指標を挙げておくと、中小製造企業における研究開発を行った企業の売上高に占める研究開発費の割合は、約一・六パーセント(経済産業省ホームページ「平成一〇年　商工業実態基本調査報告書　総括編

調査結果概要　第9章　中小企業研究開発　2．研究開発費と売上高研究開発費比率」（http://www.meti.go.jp/statistics/tyo/syokozi/result-2/h2d5kcaj.html、閲覧日二〇一七年七月二三日）であった。また、一五〇〇万円を人件費として換算するため、一九七七年の勤労者世帯の月平均の「勤め先収入」二七万三〇〇〇円、世帯収入三三万四〇〇〇円（経済企画庁編『昭和五三年版　国民生活白書　新しい暮らしと地域のなかの連帯』一九七八年、二一～三頁、第一―一表より）で割ると、年平均四・六人、三・七人、程度の給料になる。開発人員は企業と時期によっても異なるだろうが、西陣のような特許開発に力を入れている企業の場合は、十分ではないように思われる。当時の様子は不明であるが、前掲奥村産業で開発研究をしていたJ氏への聞き取り調査によると、二〇一〇年代、三共や平和などの大手の開発人数は一チームだけで二〇人程度、奥村産業の場合七～八人程度という。ちなみに、西陣は一九五〇年代の特許紛争以来（第2章）、防御的戦略から企業方針として積極的に特許開発を行ってきた（滝澤前掲『明珠照影』八五～八六頁）。実際に業界のなかでは一貫して三共と一、二位を争って特許を出願しており、例えば一九八九年から九八年まで西陣が出願した累積件数は、一九九九件（うち実用新案六二件）、パチンコ機械関連のうち約一二・四パーセントでトップであった（日本遊技機特許運営連盟「出願件数」作成年日不明）。

(103) 六五事例のサンプルの性格については留意する必要がある。調査された地域は、大阪府（一九件）と東京都（一六件）の大都市圏に偏っている。その他、神奈川県・埼玉県・山口県（以上、各四件）、兵庫県（三件）、京都府・徳島県・福井県・和歌山県（以上、各二件）、新潟県・宮城県・福岡県・奈良県・愛知県・長野県（以上、各一件）のホールが紹介されている（不明、一件）。台数規模は、二〇〇台以下七件、二〇一～三〇〇台以下二二件、三〇一～四〇〇台以下一二件、四〇一～六〇〇台以下一五件であり、比較的大きなホール中心である。大都市のホールが表す時代の変化に関する代表的特徴といえよう。

(104) もっとも、「東京では一つのホールは一つのメーカー製しか使わない例が多いが、名古屋以西では各社の台を使って……」（前掲「激烈なる販売合戦　ライバル　平和　西陣」いると指摘されている。「各社」との取引については不明である。ここでは、一九七〇年代までのメーカーとホールの関係性に関する時代的な特徴を捉えることが重要である。本書第1章で取り上げたM商会（名古屋市）の場合、一九七〇年代においては正村機械、ニューギン、西陣のうち一社あるいは二社との取引が主であった（一九七〇年代の「元帳」より）状況から、八〇年代になると三社以上の多数のメーカーとの取引になった。

(105) 「OPEN NEWS ボウリング場が併設　バイパス沿いの郊外ホール」『月刊　遊技日本』一九七六年六月号、五六～五七頁。

(106) 詳しくは、本書第1章、第4章を参照。貸玉に対して、客に還元される玉の比率。釘と釘間の傾斜、特に入賞口周辺の釘の調整によって、客の入賞率が決まる。ホールにとって、日々の出玉率の調整（＝釘調整）が、一つの経営ノウハウとなる。

(107) 前掲「激烈なる販売合戦　ライバル　平和　西陣」。このようなサービスは、機械のメンテナンスを含めて、T社の営業マン出身の元役員への聞き取り調査（二〇〇四年五月二三日）からも確認された。メーカーのこうした役割は、この時代の特徴として注目された。他産業からの参入の事例からも垣間見ることができる。斜陽化した映画館や電鉄会社系列会社など、例えば、日活や東映、京成電鉄の子会社京成興業が、事業再編や鉄道沿線の土地活用からホール事業に参入する際、「メーカーに頼って」というように重要な役割を果たしたことが伝えられている（「大手電鉄からデパートまで　続々パチンコ経営に乗り出す有名企業の脱・本業」『月刊　遊技日本』一九七二年四月号、五三～五七頁）。

(108) 青木貞伸「ギャンブルの研究　パチンコ②その繁栄のメカニズム（下）」『月刊ロアジール』二（一二）、一九七八年、三二頁。

(109) このことは、メーカーにとっても、営業活動のなかで機械に対する意見を集約することにより、新機種開発にフィードバックすることも可能になるというメリットがあった。

(110) 営業出身の元T社役員（二〇〇四年五月二三日の聞き取り）。

(111) メーカーにとってすべての取引先に占めるグレーゾーンのホールの比率は、どのような市場基盤を持っていたか、すなわち、大都市・地方というような地域の属性やホールごとの取引量（台数規模）によって各社異なるであろう。例えば、西陣は、東京を中心とした関東地区ではシェア約七〇パーセントと圧倒的に強く、一方、平和は、全国に平均した販売網を持っていたから、取引先の規模と各社の営業力との関連で、中核顧客層の比率は決まると考えられる（前掲「激烈なる販売合戦　ライバル　平和　西陣」）。その他、この局面で重要と思われる要素として、ホールの退出（閉店）と新規参入の傾向がある。参入・退出が激しいほど競争ゾーンの範囲も広くなると考えられる。残念ながらホールの開店率、閉店率については不明である。

(112)「広告は殆ど口コミですよ。だから、いわゆる良い機械、今回いれた平和がいいとか、昔は平和も、一メーカー一店ですから、使ってるオーナーが自分の親しい友人にいうわけ。今使ってる平和がいいから入れとけ。そういう類で機械が選択されとったんです。店長は、自分の友達に、この機械いいというようなレベルです。使用上の性能によって、口コミで売れていくわけですよ」（元T社元役員。二〇〇四年五月二三日の聞き取り調査）。

(113) 同上の聞き取り調査より。

(114) 公表された機種のみ。ここで重要なのは、実際の取引値段の水準ではなく、傾向の把握を通じた値上がりに対する見通しである。

(115) ホールへの取材によってまとめられた記事によると「ホールは年に一～二回必ず機械を入れ替える」とされていた（「驚異の技術開発力　パチンコ産業の不思議」『野田経済』一二五四、一九七六年、一四頁）、中小企業振興事業団中小企業情報センター前掲『需要動向調査報告書　余暇生活関連品　その四』八八頁。

(116) 製造技術の進化により物理的な寿命が長期化すると、入替えは人気寿命に規定される部分が大きくなっていく。人気の度合い次第によって寿命が一年を下回る数カ月のものと数年にわたるものという、短期化と長期化の二極化が同時に進行したと考えられる。

(117)「新台開発にはシェアを一挙に広げるチャンスと共に大量返却の危険が伴う」前掲「激烈なる販売合戦　ライバル　平和　西陣」。

(118) この点を実証することは難しいが、後年の状況から、一九七〇年代のあり方をある程度傍証することができる。日本遊技機工業組合が一九八〇年代初頭に作成したメモと思われる「パチンコ機の新機種商品化に関する取扱規定について」によると、「あるメーカーが一つの機種を開発し市場においてその機種に人気が出ると他のメーカーも追随するように若干の仕様を変更して類似の機種を開発する傾向が顕著にみられる」ことを問題としており、それまでの実態を示している。同組合が一九八〇年代前半に問題にしたのは、当時著しい市場成長をもたらしたSANKYOのフィーバー（本書第4章）への追随的模倣に関連して、規制（不許可）をもたらすような、無秩序的に射幸性を追求する開発であった。この問題を受け、「パチンコ機の新機種商品化に関する取扱規定」が提案されている。同規定の第三条には、「組合員は、他の組合員が自ら開発しすでに許認可を得ている新機種と同等もしくは類似する機械を製造販売するときは事前にその機種に関わる先発メーカーの承諾を得なければならない」としている。この規定が公式に実行されたかどうかは不明であるが、一九九七年の公正取引委員会の審査内容を分析した渋谷達紀は、八三年以降実施されたとしている（渋谷達紀「特許プールと独占禁止法――パチンコ機製

造業者事件を中心に」『公正取引』五六六、一九九七年、二〇頁)。

(119) 論理的説明については本書第２章第四節(3)を、具体的根拠については第４章を参照。

(120) 「パチンコ・マージャン　手軽なレジャーとして再び脚光を浴びる」『レジャー産業資料』七(三)、一九七四年、一一二頁。

(121) 「新台開発にはシェアを一挙に広げるチャンスと共に大量返却の危険が伴う」(前掲「激烈なる販売合戦　ライバル　平和　西陣」)。

(122) 日特連が作成した一九八〇年八月、九月、一〇月の売買契約書から作成された各社機械代一覧表(ホールへの直営売買を除外した卸値)によると、西陣や平和など、当時のトップメーカーについては明らかにされていないが、新台電動機械のうち、スタンダードの場合、最低価格では高尾(推定三万五五九四円)に対して奥村産業(四万三〇〇〇円)の機械代は一・二倍、最高価格では高尾(推定三万六六〇〇円)に対してSANKYO(四万九〇〇〇円)の機械代は一・三倍という価格差があった。当時最も高い機械であった特電の場合、最低価格ではT社(五万四〇〇〇円)に対して三共(六万二〇〇〇円)の機械代は一・一倍、最高価格では高尾(五万七八六四円)に対してSANKYO(九万円)の機械代は一・六倍であった。最も高い機械を売り出しているSANKYOは、一九八〇年にフィーバーを発売し、表3-4に示しているように八二年時点で第二位に浮上して以来、上位を争う企業として君臨した。

(123) 開発のリスクは常につきまとうから、一番手企業でも結果的に開発に失敗することもある。その場合、図3-3のグレーゾーンの取引先を奪われる可能性があるが、例えば西陣のような企業であれば、その取り戻し策も、次の積極的な開発への取り組みのなかで探し求めるであろう。

(124) 開発競争を考えると、表3-9の一九七〇年代前半の製造台数の横這いと設置台数の増加は、一見奇妙である。詳細は割愛するが、設置台数増は中古機械によって説明される。第一次石油危機後の不況のなかで選択された可能性やこの時期のメーカーの供給が新機種を期待するホールに充分には対応できなかったこと(それは価格でも、仕様の問題でもあった)等が考えられる。一時的に小康状態を呈したメーカーの退出は、次期の大量退出に影響したと思われる。

第４章

(1) 中小企業振興事業団中小企業情報センター『需要動向調査報告書　余暇生活関連品　その四　娯楽産業編』一九八〇年、一七頁。

(2) 同上。

(3) 『財界さっぽろ』四(六)、一九六六年、五(六)、一九六七年、六(六)、一九六八年、六(七)、一九六八年、七(六)、一九六九年、八(六)、一九七〇年、九(六)、一九七一年、一〇(六)、一九七二年、一一(六)、一九七三年、一三(六)、一九七五年、一六(六)、一九七八年、二〇(六)、一九八一年、二一(六)、一九八三年に掲載された「高額所得者番付」、「一千万円以上の高額所得者番付」より。

(4) 警察庁『警察白書』各年版、同段落のホール数は同白書による。

(5) 日本遊技機工業組合「決算報告書」各年。

(6) 経済企画庁編『昭和五〇年版　経済白書　新しい安定軌道をめざして』一九七五年、同『昭和五五年版　経済白書　先進国日本の試練と課題』一九八〇年、同『昭和五八年版　経済白書　持続的成長への足固め』一九八三年、同『昭和六〇年版　経済白書　新しい成長とその課題』一九八五年。

(7) 余暇開発センター編『レジャー白書　高まるリゾート需要』一九八七年。

(8) 余暇開発センター編『レジャー白書　分散型余暇社会に向けて』一九九二年。

（9）一九六六年株式会社中央製作所として設立、同年株式会社三共製作所に、九一年に株式会社ＳＡＮＫＹＯに商号変更。本章では、特に断りのない限り、ＳＡＮＫＹＯに統一する。

（10）当時、規制に関わる指示ではフィーバー・タイプの機械をこのように分類していた。

（11）矢野経済研究所『一九八九年　パチンコ産業白書』一九八九年、三頁。フィーバーによる市場成長については、年表のほとんどにおいて記載されている。例えば、「昭・五五　フィーバーパチンコ認可される　昭・五六　ＩＣ利用の役物が増加、フィーバー・タイプ登場で爆発的超特電機ブームとなる、パチンコ総売上高推計三兆円突破」（『二十五年のあゆみ』編集委員会編『二十五年のあゆみ』日本遊技機工業組合、一九八五年、二六～二七頁）など。パチンコ産業の歴史記述でも、「現在（一九八九年）のパチンコの隆盛は、昭和五五年にＳＡＮＫＹＯが開発した『フィーバー機』によるところが大きい」（矢野経済研究所前掲『一九八九年　パチンコ産業白書』三頁）としている。フィーバー登場によるパチンコ産業への影響については、例えば「フィーバーをはじめとするデジパチの台頭は、全国のパチンコ設置台数にも影響を及ぼした。……一九八一年は、デジパチ需要によってホール軒数こそ前年比マイナス二四九軒となっているものの、台数に関してはプラス三万七一三三台の一八六万五千七三五台と、増加に転じている」（神保美佳『パチンコ年代記――銀玉に愛を込めて』バジリコ、二〇〇七年、六三頁）というような指摘がある。

（12）経営の不安定さに関しては、規制の影響を受けやすい側面もある。すなわち、「パチンコが、風営法〔「風俗営業等の規制及び業務の適正化等に関する法律」〕による営業許可業種であるため、法令の変更や行政指導等によって、業界動向が左右されやすく、また、このため長期的な展望による経営がしにくかった」（矢野経済研究所前掲『一九八九年　パチンコ産業白書』四頁）との認識のように、規制は、パチンコ産業を予測困難なビジネスと認識させる一要因として理解されている。経営と規制については、本書第1章を参照。

（13）これには、一九五〇年代においては、機械設計、木製などの部品を使用した製造技術等の要因も影響した。その後、プラスチック製部品への転換も進み、本書第3章で見たように、メーカー間の競争は製造技術の向上をもたらした。一九七〇年代末では、これらによる売上高への変動の影響が改善されていたと思われる。ここでは、この変化を与件と考える。

（14）本書第1章で見たように一九五五年の連発式機械の販売、ホールでの設置を禁止する「連発式機械の禁止措置令」は、「賭博」を違法とする社会的ルールに則って需要者の行動を直接規制する、あるいはそのためパチンコそのものを根絶する意図ではなかった。同時代的に競輪などのギャンブルが社会的に悪影響を与えるという理由から廃止すべきとする論調が台頭しており、それをめぐる動きはパチンコの存立に関連して参考になる。一九五五年から五六年まで行われた「競輪運営審議会」（通産大臣の諮問機関）では、闇のかたちで行われることによる弊害など、ギャンブル廃止による悪影響が焦点となった。同審議会の答申に基づき、公営ギャンブルを認める方向性から「自転車競技法の一部を改正する法律」（一九五七年六月一〇日）が可決され、健全な事業化、賭博性を希薄化する措置が取られた。議論の焦点は廃止の可否からいかに監督するかに移っており、公営ギャンブルの存在を認めた上で業態を監督する政策の立場が示されている。詳しくは、長谷川信編著、通商産業政策史編纂委員会編『通商産業政策史7　機械情報産業政策 1980～2000』経済産業調査会、二〇一三年、一六四～一六六頁を参照。

（15）この点は、創業者の次女の証言による。その後それらがどのように変化したかについて資料から確認することはできなかった。

(16) 仕組みの起源および定着、そして警察の役割について、本書第1章を参照。

(17) 「風俗営業等の規制及び業務の適正化等に関する法律」(一九四八年七月一〇日法律第一二二号)第二三条には、パチンコホールを営む者が次の行為を為してはならないとしている。すなわち、パチンコホール事業者は、「一 現金又は有価証券を商品として提供すること。二 客に提供した賞品を買い取ること。三 遊技用に提供する玉、メダルその他にこれらに類する物を客に営業所外に持ち出させること」が禁止されている。三店方式は、法制の枠組みのなかでは禁止されている現金化を法体系に抵触しないかたちで可能にする制度の定着として理解することができる。なお、ここで説明する景品交換の仕組みは、関連する規制が都道府県によって差があることから、それに応じて地域ごとの違いがある。その差異を承知の上で、本章では、最も典型的と考えられる三店方式に基づいて議論を進める。

(18) 交換率水準については不明であるが、業界関係者によると、地域別に決まっている(業界雑誌の編集長の証言、二〇一三年三月三一日の聞き取り調査による)。ホール経営者への聞き取り調査によると、時代によっても異なる。M商会の資料(「景品」、「元帳」)を見る限り、景品によって様々であるため、景品総額は、経営の裁量で個別景品の交換率が微妙に調整される。いずれにせよ、本文で指摘した理由により、競争ホールに対して大きな差をつけることはできないと考える。

(19) 一九八〇年代の大学卒初任給は平均一〇万円強、新聞購読料は二六〇〇円程度であった。

(20) 近年、この構造は崩れており、問屋によって、交渉によって異なる価格が設定できるという(都内で三店舗を展開する特殊景品問屋の聞き取り調査より、二〇〇六年八月三〇日)。

(21) 日本路面電車同好会名古屋支部編『名古屋の市電と街並』トンボ出版、一九九七年、六二頁。

(22) M商会「総勘定元帳」自昭和五四年八月一日 至昭和五五年七月三一日、「総勘定元帳」自昭和五五年八月一日 至昭和五六年七月三一日より集計。

(23) 一九九六年、Mホールにパチスロを納入したメーカー山佐産業と交わした「売買契約書」(一九九七年一一月一七日)によると、本社のホールは「駅前、繁華街、郊外」の地域区分のうち「繁華街」に分類されていた。

(24) 岡野英一他「『釘師』座談会 パチンコ台は生き物のように敏感です」『宝石』四(六)、一九七六年、一三四〜一四一頁。

(25) 同上、一三七頁。

(26) この記事によると「釘師」という表現は、一九七〇年代において主に関西地域(特に大阪)に限って使われ、複数のホールを任されるかたちで釘を調整していた(同上、一三四頁)。同座談会に出席した釘師のホールのあった関東地域では、営業部長、支配人の肩書であり、ホール専属で働くという関西地域とは異なる雇用形態をとっていた。関東の場合、釘調整だけでなく、店の売上や従業員の労務管理、景品の仕入れを担当していたようで、仕事や責任の範囲が異なってくる。今日の店長やマネージャー、つまり店舗の責任者に当たる。ここでは、統一して釘師とする。

(27) 同上、一三八頁。

(28) 同上、一三七頁。

(29) 同上。

(30) 同上。

(31) Bホールの残存資料には、図4-2の期間の一日の売上高と景品売上高が記録されていた。同店は、家族の証言によると、一九八一年九月以降閉店した。

(32) 経済企画庁編前掲『昭和五五年版 経済白書』。

(33) 「数字が示した減速経済下の実態 経済企画庁『独身勤労者の消費

生活」から　レジャーの実績　男女ともパチンコが減少率最高示す」『月刊　遊技日本』一九七九年特別新年号、七四～七七頁、「不況と過当競争の挟み撃ち　店舗数・設備台数ともに減少　だが平均台数増えホールは大型化の傾向」『月刊　遊技日本』一九七九年四月号、二〇～二一頁、「レジャー白書にみる様変わりの実態　安上がりに苦心　金銭消費型から時間消費型へ」『月刊　遊技日本』一九八〇年七月号、四四～四六頁。

(34)「三十年のあゆみ」編集委員会編『三十年のあゆみ』日本遊技機工業組合、一九九〇年、六六～六七頁。ただ、一九七八年一〇月頃から流行し始めたインベーダーゲームは翌年夏を過ぎると下降線をたどり、ブームは七九年末までとなって長期化しなかった（警察庁『昭和五五年版　警察白書』一九八〇年、一七四頁、遊技通信社編『遊技通信創刊六〇周年記念特別号　遊技通信でみるパチンコ業界の六〇年』遊技通信社、二〇一一年、七六頁）。

(35)一九五〇年代に広島のパチンコホールに就職、その後名古屋のメーカー、パチンコホール経営のコンサルティング、パチンコ専門学校の教師という経歴を持っている（二〇一二年八月四日の聞き取り調査）。以下、釘調整に関する説明は、特に断りのない限り、同調査による。

(36)鈴木笑子『天の釘　現代パチンコをつくった男　正村竹一』晩聲社、二〇〇一年、三七一～三七二頁。そのような機械は、釘を開けたサービス台であった。出し過ぎをホール側でコントロールするという意図もあり、あらかじめ設定しておく。客に対しては玉を出す店として宣伝になる一方、サービス上の不満にもなった。一九八〇年代に入ってからは無制限放出になった。

(37)「温かい釘、都会的釘、郊外的釘、駅前型店の釘」というように、一人の客に二〇分遊んでもらう、あるいは郊外店の場合より長時間の四〇分遊んでもらうための釘にすることもできるという。

(38)パチンコファンに対する面接調査の結果による（「業界最大の課題　若年層ファン離れに歯止めが急務」『全遊連弘報』一五八、一九八〇年）。他方で、営業所と設置台数の減少要因として、雀球、アレンジボールなどのメダル式遊技機やパチスロに替えるホールの増加が指摘されている（「遊技機の多様化が影響　前年比三三五軒の減少」『全遊連弘報』一六八、一九八一年）。

(39)「INTERVIEW 株式会社三共元東京支社長」株式会社アド・サークル設立五〇周年記念誌編集委員会編『『グリーンべると』と『王様手帖』が語りかける　パチンコ・パチスロ半世紀 1963～2013　株式会社アド・サークル設立五〇周年記念誌 50th anniversary since 1963』アド・サークル、二〇一四年、四七頁。

(40)同上。

(41)同上。

(42)「記事採録　ヒット商品開発秘話①　平成一二年二月二三日発行『パチンコ・パチスロ産業フェア二〇〇〇』特別号より」遊技通信社編前掲『遊技通信でみるパチンコ業界の六〇年』七八頁。

(43)前掲「INTERVIEW 株式会社三共元東京支社長」四七頁。以下、同段落は、これによる。

(44)前掲「記事採録　ヒット商品開発秘話①」七九頁。

(45)前掲「INTERVIEW 株式会社三共元東京支社長」四七頁。

(46)この統計処理は、北海道大学大学院経済学研究院の鈴木広人助教の全面的協力および助言がなければできなかった。同氏に深謝する。結果や解釈に関する最終的な責任は筆者にある。

(47)他に、それまでは三〇秒開閉が無制限であったが、一〇回開きに限られることになった（「『超特電』の営業姿勢〝超自粛〟徹底へ焦点『自主規制』強く打ち出し新要件厳しく受け止める」『月刊　遊技日本』一九八一年六月号、一六頁）。その後日本遊技機工業組合は警察庁との折衝を進めた上、射幸性を抑える開発基準を示した「機械基準自主規制」の成案を発表した「10月1日から『超特電』新要件実施」『月刊　遊技日本』一九八一年七月号、一七～

一八頁）。

（48）「超特電機の問題を総括『自主規制維持体制』を大きく打ち出す全遊協三月二九日・非公開理事会」『月刊 遊技日本』一九八二年四月号、一〇～一二頁。競争が激しくなっていく状況で、設置台数の三割規制の直接的影響を測定することは困難であるが、規制後の報告では、業況は平均三割程度低下したという（「『新要件』後の機種『認定』に関心集中一一月二六日・全遊協理事会」『月刊 遊技日本』一九八一年一二月号、一〇～一一頁）。

（49）前掲「『新要件』後の機種『認定』に関心集中一一月二六日・全遊協理事会」。

（50）M商会「自昭和五九年八月　至昭和六〇年七月」期の「当期の営業成績の概要」。

（51）粗利益率の計算式は、業界一般的には、「一－出玉率×景品原価率」とされる。景品原価率は、交換率を指す。景品原価率が不明であるため、入手できるデータから本文に示した式で計算した。そのため、Mホールの景品原価率が変動したことによる利益額の増減と、そうした状況を踏まえた日々の出玉率の調整を把握できない限界はあるが、三年の観察による釘調整の役割の大まかな傾向を検討することは可能であろう。

（52）ただし、釘調整の役割が直線的に低下すると結論づけられない要因も存在した。規制によってフィーバー機の射幸性が抑制され、設置機種にその他の機種が混在していたからである。しかし、フィーバー機の純粋な特徴を確認することは、フィーバー機によって統一される時期への起点として意義深い。また、ここで問題にしているのは、環境条件が変化するに従ってMホールがとった方法に変化があったかどうか、なかったならその意味は何かである。

（53）特殊景品として分類した理由については、本書第1章の注153を参照。

（54）データが取れる後の時期の資料、「昭和五八年八月　領収書綴」、「昭和五八年八月一日　景品Ｉ」より算出した。一般景品より特殊景品の利益率が高い傾向は、時期によって大きな変化があったとは考えにくい。

（55）景品の総合交換率に関する資料は発見できなかった。一九八〇年代後半に六七パーセント前後の報告がなされている。この水準だと、四円の玉が二・六七円で特殊景品に交換されたことになる。

（56）愛産商会は、一九六六年現在、名古屋市二九六と一宮市三八のホールと取引しており、愛知県下に二二社ある業界でモデル会社であったという（「『景品会社』？　という企業の実態は？」『中部遊技タイムス』一九六六年二月二〇日）。

（57）景品交換や仕入ルートの組織化に警察の指導があったことについては、本書第1章、「業界二五年を語る座談会二〝隆盛時代から連発禁止前後〟」、「業界二五年を語る座談会四〝第二次隆盛時代と組織強化〟」全国遊技業組合連合会編『全遊連（協）二十五年史』一九七七年、一六三頁を参照。

（58）鈴木前掲『天の釘』三二三頁。

（59）日本遊技機工業組合「決算報告書」各期。

（60）表3-4によると、正村機械は一九七六年と八二年の間に順位外となった。その後、他企業に吸収合併された。本書第1章の注159を参照。

（61）「元帳」への記載は表4-3のように六月であるが、決算上の処理と思われる。一九八一年四月三日に契約したマルホン工業との「売買契約書」によると、「ビクトリー号」（製品名はセンター・ビクトリーと思われる〔「〝フィーバー・タイプ〟を特別検定」『月刊遊技日本』一九八一年四月、一三頁、一五頁〕）が四月一八日設置されたとされており、その影響で五月以降売上高が急増している（図4-4）。その後六月一～二日を納期とする契約がニューギンとの間で交わされた（「売買契約書」一九八一年五月二五日）。

(62) 同上。
(63) 前掲「〝フィーバー・タイプ〟を特別検定」一二〜一五頁。同誌は毎年発表される機種について紹介し、業界合同の展示会、代表メーカーの個別展示会に関する様子を伝えている。ＳＡＮＫＹＯのフィーバーが紹介された一九八〇年七月以後の記事をまとめると、他社によるフィーバー・タイプの機種が初めて紹介されたのは、八一年四月号の同記事である。
(64) 二府四県共通の近畿地区協議会による検定で、フィーバー・タイプの機種だけを対象に特別に行われた（前掲「〝フィーバー・タイプ〟を特別検定」一二頁）。当時の機械検定はこのように地域別に行われていた。Ｍホールへの導入を考えるためには名古屋市を含む地域の検定に関する情報が必要であるが、大都市を含む地域市場への対応は優先順位が高いと考えられ、近畿地域の検討は代表性を持つと考えられる。
(65) 日本遊技機工業組合「昭和五六年度　決算報告書」。
(66) ちなみに、奥村遊機のフィーバー・タイプの機械名は、ＳＡＮＫＹＯと同じ「フィーバー」であった（前掲「〝フィーバー・タイプ〟を特別検定」一四頁）。
(67) マルホンとの「売買契約書」（一九八一年四月三日）、ニューギンとの「売買契約書」（一九八一年五月二五日）。
(68) 「ビッグ鼎談　パチンコ産業業界総展望」綜合ユニコム編『パチンコ産業年鑑 1983』一九八二年、二六頁。
(69) 本書第３章で分析したように、すべてのメーカーがそうした類似品を作ることができたわけではない。類似品の開発および生産も、それが可能な能力があってのことである。
(70) 同資料については、本書第３章を参照。
(71) 一九八九年七月三一日に本社ビル再築が決定されている（Ｍ商会「第三四回定期株主総会議事録」）。旧店舗（浄心店）の閉店、ホールの本社ビルへの移転（一九九一年九月開店）に向けて、旧店舗の機械の取替えは九〇年二回、九一年一回にとどまったと思われる。
(72) 「盛り場には依然として新規開業がある外、機械入替による新装開店があるのが、目につく。これは関東方面にはあまり見かけない風景であるが、名古屋付近の特徴である。然かもこれに客は相当吸収されてゆく……もちろん店の構造はそのままで機械の入替だけでありながら、開店同様の装飾をしてやっている」（「地方だより　名古屋」『遊技通信』一九五一年一一月二五日）。
(73) 同上。
(74) 同上。
(75) これが個々のホール側の事情によってランダムに起きることなのか、あるいは業界一般的に特定の時期に集中して行われる慣行なのかは、メーカーの開発や生産のあり方に関連するなど、パチンコ機械市場にも影響する。
(76) 綜合ユニコム編前掲『パチンコ産業年鑑 1983』三八頁。異業種からの参入は、一九九〇年代から本格化しており、全般的傾向については、鍛冶博之「ダイエーによるパチンコ業界への参入」『社会科学』八三、二〇〇九年、九九〜一二五頁、同「異業種企業によるパチンコ業界への参入実態」『社会科学』八五、二〇〇九年、七九〜一〇九頁に詳しい。
(77) 「今一般の税務署で話を聞きますと、五〇パーセントが赤字申告……。遊技場は赤字申告はいくらもない……あっても一〇パーセントくらいで、九〇パーセントは黒の申告……黒でも一億以上、二億も申告しているのが、いくらでもあり」綜合ユニコム編前掲『パチンコ産業年鑑 1983』三六頁。他方で、必要資金は、「銀行の系列のリース会社が、五億でも一〇億でも貸すわけ……今の新店舗の七〇〜八〇パーセントは、それを借りてやっている」という指摘もあった（同、三一頁）。
(78) 「東京のある会社が、今の自分のところの業種は構造不況だ……会社には相当資産がある……市場調査をして、今どの業種がいいかなとなったら、パチンコだということが出てきた」（同上、三八頁）。

(79) 韓載香『「在日企業」の産業経済史――その社会的基盤とダイナミズム』名古屋大学出版会、二〇一〇年、一四〇頁。

(80) M商会「当期の営業成績の概要」一九八二年八月～八三年七月。

(81) 貸借対照表および損益計算書などとともに決算時に添付されているメモである。特に断りのない限り同項の社会的環境や経営はこの「当期の営業成績の概要」による。

(82) M商会「第三四回定時株主総会議事録」一九八九年七月三一日。

(83) 「ホールの営業方法も、それまでは一台ごとに緻密な釘調整を行って出玉の割合を計算していたが、フィーバーの登場によって『ホール全体で出玉率の帳尻を合わせる』という形態に、大きくシフトしていく」という内容から、毎日の営業上釘調整の手間が省かれていた様子が見受けられる（神保前掲『パチンコ年代記』五六～五七頁）。

(84) 一九九〇年代後半になると、釘調整の必要性が格段に小さくなったと認識され、その傾向は二〇〇〇年に入ってからは液晶部品の拡大に伴うゲージ数の減少によってさらに強まったという（注35の釘師への聞き取り調査による）。

(85) 一九八五年の「風俗営業等の規制及び業務の適正化等に関する法律」の施行に伴って機械の許認可は、フィーバー機の第一種、権利物の第二種、羽物の第三種に分類されて行われるようになった。二〇〇四年の同法の改正によってこの区分はなくなり、事実上フィーバー機タイプになっていく。

第5章

(1) 鍛冶博之『パチンコホール企業改革の研究』文眞堂、二〇一五年は、特に他業界からホール事業に参入したことを注視してその歴史的展開を明らかにし、一九八〇年代の新規参入に対してもこの点の意義を強調している。同書の第一〇章を参照。

(2) 一九八一年からのフィーバー機に対する規制は、五五年実施の連発式機械の全面的使用禁止と異なり、射幸性の抑制に焦点が当てられた。一九五五年の規制の背後には、暴力団との関わり、ホールが換金に関わるなどの違法な営業、ギャンブル性に対する社会的批判など、複合的理由がある。規制のあり方がなぜ変化したのかは定かではないが、本書第1章で見たように取り上げられた問題が解決された側面や、ある程度の射幸性を容認するなど社会的認識が変わったこと（本書序章の注18および注68）が関連しているだろう。

(3) 本書第4章で指摘したように、M商会が本社ビルの移転に伴ってホール規模を拡大したのは一九九一年であった。それはすでに収益率の低下を何年も経験した後であったから、どちらかといえば追随的で消極的な対策であった。

(4) 「パチンコはかつて、釘の読み、玉のはじき方に修練を積んだ特定の人が勝つものだった。……フィーバー台以降は、電子制御によって勝ち負けのチャンスが誰にも平等になった……」「ハッピー・ニッポン　第二部　人々を覆う気分⑤パチンコ元年　繁栄を支える身近な技術革命」『朝日新聞』一九八五年八月三一日。

(5) 「大当たりがでるかどうかは全くの偶然だ。確率が二百分の一だからといって、回転を始める穴に二百発入れば必ず大当たりとなるわけではない。五百発入っても大当たりにならないかもしれないし、第一発で当たることもある。どっちみち腕のせいではない」（同上）。

(6) 一九九〇年に認められた確率変動――大当たりの確率を上昇させ、次の大当たりを容易に得ることを可能にする――というシステムにより、この傾向は強まる。

(7) 本書第4章で取り上げた釘師が「温かい釘、都会的釘、郊外的釘、駅前型店の釘」（第4章の注37）と説明した釘調整は客の遊技時間を想定しての技術である。つまり「郊外的釘」とは客に長く遊んでもらえるように出玉率を高く設定し、これを多めの台で達成する調整を指し、「都会的釘」や「駅前型店の釘」とはこの逆の調整の仕方を指す。

（8）吉川秀則「常設　新規開業手引　私はパチンコ屋を開業したい」『商店界』三二（三）、一九五一年、七二〜七三頁。

（9）「第二の焦点　パチンコで息抜こう　大衆のための健全娯楽化図る」『野田経済』八九六、一九六三年、八一頁。

（10）「全国パチンコ店最近における実態」『全遊連弘報』一九七六年一〇月一日、一頁。駅からの距離や駐車場規模に関する基準が定かではないため、市内の駐車場付きの駅前店もカウントされる。しかし、駐車場の設置は、客を誘致するという側面から見れば駅からのアクセスの利便性を活かす駅前店より郊外型において重要である。駐車場の有無を基準にして郊外型を捉えるのは、一定の意味のある定義であろう。ちなみに『全遊連弘報』は全国遊技業協同組合連合会の機関誌である。

（11）『全遊連弘報』一九七五年九月一五日、三頁。

（12）主に市内の既存業者の立場から述べられている（「過当競争防止に行政指導　群馬県公委に陳情」『全遊連弘報』一九七三年四月一五日）。

（13）「レジャー特捜班レポート一　チェーン化を可能にした立地革命　郊外パチンコの実態」『レジャー産業資料』六九、一九七三年、二四九頁。同段落は、特に断りがない限り、この記事による。

（14）「東に西に話題の商法　儲け比べ・知恵比べ——駐車場が救いの神　はやりにはやる郊外パチンコ　パチンコインター」『オール生活』二八（二）、一九七三年、二〇六頁。

（15）前掲「レジャー特捜班レポート一　チェーン化を可能にした立地革命　郊外パチンコの実態」。

（16）以下同段落は、経済企画庁編『昭和六〇年版　国民生活白書　戦後四〇年——成熟の時代に向けて』一九八五年、一八五〜一八六頁。耐久財の比率は、安定成長期といわれた一九七〇年代に入ると低下し始めた。その代わり、次第に教養娯楽サービス、一般外食、自動車関係費などサービス主体の余暇に関連する消費行動が目立つようになった。

（17）以上、経済企画庁前掲『昭和六〇年版　国民生活白書』四〇八〜四〇九頁、第Ⅱ—二—三八図「耐久消費財普及の状況」。一九八四年には六割を超え、約六五パーセントになった。

（18）同上、二〇二〜二〇三頁、第Ⅱ—三—一表「国際比較から見た国民生活の現状」。

（19）調査は、東京、大阪、札幌、北九州の各都市に所在する従業員一〇〇人以上の事業所に勤務する三〇歳未満の未婚サラリーマン三〇二八人を対象として行われたものである（「トップは依然パチンコ」『月刊　遊技日本』一九七四年四月号、六二〜六三頁）。

（20）前掲「東に西に話題の商法　儲け比べ・知恵比べ——駐車場が救いの神　はやりにはやる郊外パチンコ　パチンコインター」『オール生活』二八（二）、一九七三年、二〇六頁。

（21）「不況ムードの近畿圏商業の動向と将来　近畿商圏現況レポート」『月刊　遊技日本』一九七一年七月号、五〇〜五四頁。以下の人々については、これによる。

（22）同上。

（23）住居の郊外化による商圏変化がホールの立地に与えた影響については、杉村暢二の長年にわたる地道な調査結果がある。ホールが都市において果たす雰囲気醸成という役割に注目して都市間比較を試みながら、市街地の風景の変化をホールの配置転換から描写した。杉村暢二『都市と遊技場——パチンコ店の地域分析』大明堂、一九九六年を参照。

（24）轟昭吉「大規模小売店立地と商業立地政策——地域経済視点から

とらえた商業立地政策の模索」『城西大学女子短期大学部紀要』三（一）、一九八六年、九四頁、表一による。対象になった大規模小売店は売り場面積一五〇〇平方メートル以上、「郊外」は、工場跡地、田畑等を指す。大規模小売店が郊外に立地する傾向の変化は、巨大都市より、地方大都市、地方大都市周辺の都市、地方中都市、地方小都市になるほど顕著であった。

(25)「ドライブ・イン方式の場外空間の多い遊技場が昨今〔一九七〇年代初め〕大変な人気で東海地方にはぞくぞくとこの形式の新規ホールが登場」（「ああ新開店!! 客もホールも、期待をかけるこの一時！」『月刊　遊技日本』一九七二年八月号、二〇頁）。

(26)「ひしめく都市じゃ新規割り込みの見込みはないし、うまみも乏しい。むしろマイカー時代のフィーリングに乗って、郊外のボウリング場みたいの余裕派の経営……」（同上）。

(27)「テストケースのドライブ・インがての（ママ）ホールが出現。それが見事に当たった」（同上）。

(28)前掲「レジャー特捜班レポート一　チェーン化を可能にしたリッチ革命　郊外パチンコ実態」二五一頁。以下、同段落はこれによる。

(29)「都心のホールでは真似のできないゆとりが……客の方にも判っきり（ママ）した特長を持っている。まずおおむねはマイカー族、もしくは車を比較的自由に利用できる……免許の所有者、その家族、交友関係のものというわけで、まあ経済的にも幾分恵まれている層」（「また一つ郊外パチンコ誕生」『月刊　遊技日本』一九七三年七月号、一〇～一一頁）。

(30)「パチンコというよりもぱちんこ遊技場の雰囲気を見直すというファンの増大」（「話題を追って〝郊外パチンコ〟」『月刊　遊技日本』一九七三年一二月号、二五頁）。

(31)「内装面ではカラフルな壁と照明をふんだんに使」（同上）。

(32)「座り台方式で機械一台当たりのスペースもゆったり取って」（同上）いる。椅子の導入には椅子の構造、高さはもちろん、人間の最も楽な腰掛け方や楽な状態での腕の曲げたときの手首の位置を考慮してパチンコ機械のハンドルの位置がくるように島づくりを考慮するなど、人間に対する科学的要素が組み込まれた（「驚異の技術開発力　パチンコ産業の不思議」『野田経済』一二五四、一九七六年、一三～一四頁）。

(33)同上。

(34)以下同段落は、同上、一八五～一八六頁。

(35)経済企画庁編前掲『昭和六〇年版　国民生活白書』一八二頁。週休二日制、一日半制を実施する事業所は、あわせて一九六六年六・六パーセントから七〇年一五・三パーセントへと、二倍以上上昇した（経済企画庁編『昭和四六年版　国民生活白書　豊かな社会への構図』一九七一年、七一頁）。こうした改善は、一九六八年調査で明らかになった若い人の仕事と余暇に対する認識変化（同、六九頁、第四―一五表「仕事と余暇との関係に対する態度」）に対応した労務対策の結果であったと思われる。すなわち、当時の三〇歳以下の世代は余暇を重視することが明確であり、労働組合にとって、労働時間の短縮は賃金増加に次ぐ重大な要求事案となり、企業側も若手労働力の確保と定着の問題を解決するためそうした要求に応じる必要があった（同、六九～七〇頁）からである。

(36)「繁華街が賑やかになれば当然それだけ客の入りも期待できる」（「パチンコの伸びに期待もてるか　休二日時代にいよいよ突入！　起業のレジャー管理が問題点に」『月刊　遊技日本』一九七三年三月号、一八～二四頁）。

(37)「余暇が増えれば旅行などは有利……逆に短時間の娯楽を提供するパチンコには悪影響」（同上、一八～二四頁）。

(38)「そう簡単に旅行ばかりできるのでもないし、実際に旅行を願望する人は、常に無駄金を使わず積立などで目的を実行している」と予測し、週休二日制で増える余暇時間が普段の消費を延長させる好影響を与え「日頃パチンコで楽しんでる人達は、やはり家の近所のホールを覗く機会が多くなる」としている（同上）。

(39) 同上。

(40) 経済企画庁編前掲『昭和六〇年版　国民生活白書』一八二頁。

(41) こうした業界の認識は、群馬遊技業協同組合が、事業許可規制の徹底を求めて同県公安委員会に陳情書を提出した動きにも表れている（「企業対策として『規制陳情』ボーリング場のP店併営に」『月刊　遊技日本』一九七三年四月号、六四～六五頁）。消費者のボウリング人気の下落は、回復できないと判断されていた。例えば、一九七二年末に行われた経済企画庁の「独身勤労者消費動向調査」では、「する」レジャーのうち、「ボウリングにははっきり頭打ちが示されて減少」したと見られた（「女子のパチンコ党ふえる　独身勤労者の消費者動向」『月刊　遊技日本』一九七三年三月号、一六～一七頁）。

(42) 「一年前（一九七一年）まで好調を伝えられてきたボウリング場業界も、とうとう本格的に転機を迎えた模様で、……茨城、秋田両県下の三社が、ついに倒産したと報じ」（「峠下ったボウリング場」『月刊　遊技日本』一九七二年九月号）。

(43) 「しかもその三件が、一か月間に同時に表面化したことで先行き不振を悲観する経営者も少なくなく、早くも……新計画があちこちで練られ」（同上）。

(44) 例えば、「また一つ郊外パチンコ誕生」『月刊　遊技日本』一九七三年七月号、一〇～一一頁、「OPEN NEWS　花開く『原田商法』徳山・下松・光・新南陽　防南四都市平和パレード」『月刊　遊技日本』一九七五年二月号、二八～三〇頁。

(45) 前掲「峠下ったボウリング場」五一頁。一九六九年のホール数は九四九〇軒であったのが、七一年に九三九三軒、七二年に九三〇四軒まで減少した後、七三年に増加に転じて九七〇一軒になり、七五年には一万六三六軒に至った。一九七三年頃から新規参入が増えた結果を示している。このような状況のなかで過当競争となる可能性が問題視され、その要因としてボウリング場からの転業が指摘されているのである。

(46) 例えば、「女子のパチンコ党増える」『月刊　遊技日本』一九七三年三月号、一六～一七頁。

(47) 「ボウリング場の競争乱立で斜陽化した事業場が、パチンコへの転業や併設の例が……みられる」（前掲「企業対策として『規制陳情』」六四頁）。

(48) 「都心ホールがうらやむほどの裁量のきく土地をもっているから、駐車場ばかりでなく、サービス施設もこれまでの常識にとらわれない自由なレイアウトが行え、実験遊技場として多くの試みや可能性を挑戦することができる」（「今月の新装開店　郊外パチンコトーヨーが誕生　神奈川県大井松田　モデル店舗研究」『月刊　日本遊技』一九七四年三月号、六八～六九頁）。ただし、流動人口を持たないという問題があり、稼働率を上げることは難しいと指摘している（同）。

(49) 韓昌祐『十六歳漂流難民から始まった二兆円企業――パチンコ業で五兆円をめざすマルハンの挑戦』出版文化社、二〇〇八年、第六章、「ぱちんここぼれ話」『マルハンニュース'92新春号』七、一九九二年、一五頁。「ぱちんここぼれ話」は一九九二年当時常務取締役の鈴木正義氏の回想である。

(50) マルハン『The first 50 years 1957-2007――マルハン挑戦の五〇年』出版文化社、二〇〇八年、六四～六五頁、一四〇～一四一頁。

(51) 韓前掲『十六歳漂流難民から始まった二兆円企業』一二五頁。

(52) 「会長トップインタビュー」『販売革新　臨時増刊　MARUHAN スタディ』二〇一〇年七月号、一七頁。

(53) 前掲「ぱちんここぼれ話」一五頁。

(54) 「全国パチンコ店最近における実態」『全遊連弘報』一九七六年一

○月一日、一〜三頁。

(55) 中小企業振興事業団が実施した一九七九年調査(中小企業振興事業団中小企業情報センター『需要動向調査報告書 余暇生活関連品 その四 娯楽産業編』一九七九年)では、八月一七日〜九月一七日の期間に、全国遊技業協同組合連合会加盟のホールのなかから、各都道府県から約一割を抽出してアンケートが行われた(有効回答数八二七、回収率八二・〇パーセント)。その結果によると、駅前、繁華街、商店街、郊外の条件別のホール立地は、それぞれ二八パーセント、一七パーセント、二八パーセント、二〇パーセントであった(七九頁)。本文の全遊協調査と同じではないため過大評価はできないが、五年の間に七ポイントほどの差があり、郊外型ホールが増える傾向にあったことは間違いない。

(56) 経済企画庁調査局編『独身勤労者の消費生活』一九七三年、四八頁、第一一表。調査は、東京、大阪、札幌、北九州、福岡各都市に所在する従業員一〇〇人以上の事業所で働く未婚サラリーマン約三〇〇万人のうち、約三〇〇〇人を抽出して行われたもの。

(57) 経済企画庁調査局編『独身勤労者の消費生活 第二三回』一九七八年、六〜七頁、第四表。これとは別の余暇開発センターの推計によると、一九七六年に年一回以上パチンコをする人は、男性四六パーセント、女性一四パーセントという結果(中小企業振興事業団中小企業情報センター前掲『需要動向調査報告書 余暇生活関連品 その四』一七頁)。

(58) 中小企業振興事業団中小企業情報センター前掲『需要動向調査報告書 余暇生活関連品 その四』八四頁、二九頁。

(59) 「前年〔一九七二年〕同期に比較して増加しているのが……女子ではパチンコという結果が出ており、女性ファン増大を待望する業界にとっては喜ばしい」(「特別レポート 改訂前には大きく伸びていた女性ファン 経企庁調査にみる独身者のレジャー」『月刊遊技日本』一九七三年五月号、一六頁)。

(60) 「女が集まる処には男が集まる 敵は本能寺にあり 女性客を引き付け男性客を獲得するWM作戦」(『月刊 遊技日本』一九七五年八月号、二四〜二五頁)。見出しに見るように、女性客誘致によって主要な基盤である男性客を確保しようとする狙いが読み取れる。

(61) 本書第3章を参照。

(62) 同上。

(63) 「新聞折込『チラシ広告』の効果研究 力強い印象を売り込め」『月刊 遊技日本』一九八二年二月号、二三頁。

(64) 「パチンコファンと女性」綜合ユニコム編『パチンコ産業年鑑1983』一九八二年、六三頁。

(65) 余暇開発センター編『レジャー白書'85』一九八五年、三五頁、表六―二。

(66) 「有力パチンコ店経営企業の戦略」(矢野経済研究所『一九八九年パチンコ産業白書』一九八九年)より集計。

(67) 同上。

(68) 類似するいくつかの資料を参照した結果、この調査から知りうる消費側の特徴は、本書の分析のうち、一九五〇年代から八〇年代を理解する上で、有意義であると考える。本書第4章、第5章の分析では、パチンコ産業は、一九八〇年代のフィーバー機導入後大きく転換するが、消費行動など需要側の変化は、同時代的には大きな変化として観察された結果はなく、九〇年代以降になると明確になると考えられる。この点は、今後の課題である。

(69) 一〇三二ホールに対するアンケート調査結果による。中年女性、若い女性が増加したホールはそれぞれ四五パーセント、三二パーセントであり(中小企業振興事業団中小企業情報センター前掲『需要動向調査報告書 余暇生活関連品 その四』八三頁)、その傾向は、特に地方のホールにおいて顕著であった。

(70) 本書第2章の「はじめに」で引用した一九六〇年代末の「パチンコマニア」の平均遊技時間が約二時間であったことに比べて短く、

多くの人にとって長時間遊技はそれほど一般的ではなかった可能性がある。

(71) 一九七五年にパチンコ情報誌『王様手帖』が行った調査では、月平均六〇〇〇円強を使うという結果が出ている（「アンテナ」『東邦経済』四六（四）、一九七六年、一四五頁）。しかも、一九七八年から貸し玉の料金が三円から四円になっているから、七九年調査の四〇〇〇円の価値はさらに小さくなる。『王様手帖』の調査は比較的高い頻度でパチンコを行う人を、一九七九年の『需要動向調査報告書』はより幅広い人たちを対象にしたことによる違いと思われる。

(72) 男性は二九歳以下が三〇パーセント、三〇代が二五パーセント、四〇代二〇パーセント、五〇代以上が一〇パーセント強であり、全体の約三〇パーセントが独身、女性は二九歳以下と三〇歳以上が半々、独身者が半数を占めている。

(73) 目的として暇つぶしが高い順位になり、金が儲かることが下位になった結果は慎重に評価したほうが良いという指摘がある。アンケート調査に答える人々の心理は、後者であると正直に答えず、前者にしておくことがあるからだという（石毛直道「パチンコ――遊びの中の仕事」守屋毅編『現代日本文化における伝統と変容六　日本人と遊び』ドメス出版、一九八九年、一八九頁）。

(74) 新しい財（サービス）をいち早く採用する顧客層は、初期市場の担い手であり、製品浸透に重要な役割を果たすと見られる。イノベーションの伝播に関する理論で登場する革新の初期採用者（E・ロジャース『技術革新の普及過程』藤竹暁訳、培風館、一九六九年、第四章、第六章）、マーケティングの理論では新製品の市場形成におけるアーリー・アドプターと呼ばれる先駆者（ジェフリー・ムーア『キャズム――ハイテクをブレイクさせる「超」マーケティング理論』川又政治訳、翔泳社、二〇〇二年、一一～一八頁）に該当する。

(75) 中小企業振興事業団中小企業情報センター前掲『需要動向調査報告書　余暇生活関連品　その四』七一頁。

(76) 同上、八一～八三頁。

(77) 同上、七九頁。東北、中部・北陸では郊外立地の比率がそれぞれ三四パーセント、二九パーセントと、高い結果となっており、「近年増加が著しい」とされた郊外立地は、駅前立地のホールが多い関東・近畿（各三五パーセント、四四パーセント）より、地方で進展していた。

(78) 一九七三年時点の組合への加入率は、全国平均は九五・二パーセントであり、加入率の低いグループに分類された東京都は八四・四パーセントであった（「全国パチンコ店最近における実態」『全遊連弘報』一九七六年一〇月一日、一～三頁）。名簿には多少の非会員の情報も掲載されており、八割以上のカバリッジは実態を反映するものとして認められよう。

(79) このうち三ホールは場所変化が見られたが、移転先はいずれも近いところであった。

(80) 「レジャー特捜班レポート一　チェーン化を可能にしたリッチ革命郊外パチンコ実態」『レジャー産業資料』六（一〇）、一九七三年、二五一頁。

(81) 中小企業振興事業団中小企業情報センター前掲『需要動向調査報告書　余暇生活関連品　その四』一七頁。

(82) 北海道、東京都、沖縄を除く。

(83) 一九七九年に実施した、前掲の中小企業振興事業団中小企業情報センターの全国を対象としたアンケート調査結果では、一店舗である場合と多店舗展開している場合の比率は、四九パーセント、五一パーセントであった（中小企業振興事業団中小企業情報センター前掲『需要動向調査報告書　余暇生活関連品　その四』七九頁）から、表5-4に見るように東京都では一店舗展開の比率が著しく高い。駅前店が多いという関東地域の特徴（三五パーセント）

と関連していると思われる。ちなみに二店舗以上の場合では、二ホール二六パーセント、三ホール一二パーセント、四ホール六パーセント、五ホール以上が七パーセントであった。

(84) 「有力パチンコ店経営企業の戦略」矢野経済研究所編前掲『一九八九年　パチンコ産業白書』。対象企業の地域分布は、東京都のホールが一二、愛知県一一、大阪府六、京都府・岩手県各四、宮城県・長野県・青森県各三、秋田県・埼玉県・広島県・岐阜県・福岡県・千葉県・北海道は各二、山形県・新潟県・神奈川県・静岡県・石川県・島根県・静岡県各一である。

(85) その他、「返答なし」が八件。「チェーン化」を「行っていない」三〇件と、表5-5の集計結果の一店舗の一四件が一致しないのは、質問の「チェーン化」と回答者側の理解が異なる、もしくは調査当時は「チェーン化」していないなどの理由が考えられるが、不明である。本章では、企業側の店舗展開における「方針」に関心がある。

(86) 詳しくは、マルハン前掲『The first 50years 1957–2007』を参照。

(87) 「マルハンＣＳＲ報告書二〇一五」(http://www.maruhan.co.jp/csr/pdf/csr_report15_03.pdf　閲覧日二〇一七年八月一日)。マルハンのホームページ(「企業情報・IR 情報　企業概要」http://www.maruhan.co.jp/hall/index.html　閲覧日二〇一七年八月一日)より。

(88) マルハンのホームページより各ホールの開設時期が判明する時点である。開店した年度は二〇一七年八月現在においては判明しない。

(89) マルハン前掲『The first 50 years 1957–2007』。

(90) 韓前掲『十六歳漂流難民から始まった二兆円企業』第六章、第七章、第九章。

(91) マルハン前掲『The first 50 years 1957–2007』七四頁。

(92) 一九八六年以降の売上高利益率は、もちろん先述した負債の返済終了が経常利益改善に影響したこととも関連しているだろう。しかし、一九八〇年代前半の増減自体は説明できないから、八六年以降の売上高利益率の推移も基本的に営業状況から理解すべきである。

(93) 一九八五年からの機械の許認可は、国家公安委員会から指定を受けた「保安通信協会」が一元的に試験を行う機関となった。これ以降、地域集中の必要性は小さくなったであろうが、一九九〇年頃の展開には八五年までの制度の枠組みの影響が色濃く残っていた。

(94) 最も低いのは京都府の①ホール九・九円である。この少ない粗利は、同ホールが一九九二年八月に改装した後の九月から一一月までの平均値である。リニューアル・オープン後に客への還元率を高く設定(平均割数は一五・五五)したことが影響しており、一時的なものと判断して㊱ホールを取った。

(95) 一九九二年六月と同年七月にそれぞれ新装開店した静岡県の㉜と京都府の①ホールは、平均がその後の七〜一一月、八〜一一月で計算されている。客に玉を出して勝たせるサービスを行っていたと思われ、㉜の割数(本文にて後述)は一五・〇一、①のそれは一五・五五と平均一四・一四より高い。その影響で売上利益率は他のホールより低い。茨城県の㊱ホールは、一九九〇年一〇月に新装開店したが、稼働率(本文にて後述)が平均四四・一七パーセントと平均より低く、記録が残っている一九九二年一一月まで低い利益率の状況からなかなか脱却できなかった。

(96) 業界用語では正確に「営業割数」という。これに対して「機械割数」という概念があり、機械ごとに打たれた玉数と払い出された玉数、そして客の手元に積まれてある玉数で計算される。営業割数は営業後に把握されるその日の営業結果であり、機械割数は営業途中でその状況を判断するための指標である。

(97) 割数は、本論の計算式にあるように、出玉が交換された結果としての景品売上高に対する貸玉料であり、客がどの景品を選択したかなど、他の要素を含む経営的な指標である。これに対して、出玉率（出玉数÷貸玉数）は、ホールが機械一台ごとに施す釘調整の実践に関わる概念である。

(98) マルハンの説明によると、それ以前からも稼働率のデータはとっていたという。各店舗からの様々な情報が本社で集約されるが、それらが直ちに有用な経営的情報になるわけではない。ここでは、一覧表のなかで比較される目的で登場する時期から情報として積極的に利用されたと見て、これを重視する。

(99) この点については、マルハンに二〇一六年三月三〇日付のメールによる問い合わせをし、同年四月一二日の返信にて説明していただいた。

(100) 「マルハンプレンティ店」『マルハンニュース』創刊号、一九九〇年、七頁（『社内報　マルハンニュース&ルーチェ　縮刷版Ⅰ　創刊号から五八号まで』二〇〇七年に所収。以下、同縮刷版に所収された『マルハンニュース』の記事は縮刷版に関する詳細を省略して機関紙名のみを記す）。

(101) 「マルハン柏原店」『マルハンニュース』五、一九九一年、三頁。

(102) 同上。

(103) 「マルハン森友店」『マルハンニュース』七、一九九二年、三頁。

(104) 同上。なお、このような結果は、前掲表5-6の多店舗展開に期待する効果のうち、「近隣したホールとの競争において系列店が合同した取り組みが可能である」という指摘の裏付けにもなる。新装開店の期間に行う客を勝たせる玉の放出は、予算の範囲内で決められる。一つのホールで展開できる玉の放出の期間を系列店同士で調整できる場合、それは、予算制約を持つ競争ホールに対し、客の獲得競争をめぐる有効な戦術となる。

(105) 「マルハン松原店　創業一〇周年イベント」『マルハンニュース 1994　NEW YEAR』一五、一九九四年、一五頁。

(106) 「マルハン吉原店　入れ替えイベント　第一弾！」『マルハンニュース』一八、一九九四年、一二頁。以下、同段落は同様。

(107) マルハンは、一九九二年から各店舗の営業成績に基づいて業績表彰を行ってきた。評価基準は、売上予算、入金予算、営業利益予算の達成率、経費の節約率および金額、対前年比伸び率、稼働率などである。④ホールは、各指標の総合評価で決まるグランプリ賞を一九九二年から九四年まで三年連続で受賞している（以上、「九四年度　業績表彰式」『マルハンニュース』一九、一九九五年、四頁）。

(108) 前掲「マルハン松原店　創業一〇周年イベント」。以下、このイベントに関しては同記事による。

(109) ある月の割数の高さ、マイナスの売上高利益率、赤字の粗利などから新装開店、リニューアル・オープンしたと推測。ただし、㉟の規模拡大は外数。

(110) マルハン提供資料「全店売上高一覧表」一九九〇年一〇月～九二年一一月より。

(111) 西原昌祐「年頭の辞」『マルハンニュース』七、一九九二年、一頁。西原昌祐は、創業者韓昌祐の通名である。

(112) 本書での分析対象外になるが、本文で指摘したように二〇〇〇年代に入ってそれまでと異なる形で全国展開を推し進めることになる。一九九〇年代末に一店舗当たりの売上高の傾向的減少が見られる。マルハンは何らかの問題を克服するためにさらなる多店舗展開に入ったと思われる。

(113) エディス・ペンローズ『企業成長の理論』日高千景訳、ダイヤモンド社、二〇一〇年。

(114) マルハン前掲『The first 50 years 1957–2007』七八～七九頁。

(115) 同上、八八頁。

(116) 前掲「会長トップインタビュー」一八頁、韓前掲『十六歳漂流難民から始まった二兆円企業』第一三章。

(117) 八年以上の年数は、一〇人の店長、エリア長の経歴より計算（「店長クローズアップ」、「『二〇二〇年の躍進』へ　一〇年後を担う九人のリーダー達が描く『マルハン二〇二〇年』の設計図」『販売革新　臨時増刊　MARUHAN スタディ』二〇一〇年七月号、二〇頁、一一六～一一九頁）。

(118) 鍛治前掲『パチンコホール企業改革の研究』第五章、第六章。

(119) Ross Thomson, "Learning by Selling and Invention: The Case of the Sewing Machine," *Journal of Economic History*, 47 (2), 1987, pp. 433–445.

(120) 一九七五年頃、あるパチンコ店経営コンサルタントは、「これからパチンコ店を開業したい人は優秀なマネージャー〔本書での店長〕を見つけたら、もうパチンコ経営は百パーセント成功したといって過言ではない」とし、「パチンコ機械のメーカー、立派な〔大きなではない〕パチンコ屋などに相談」することを指摘する（斉藤忠平「いま盛況の商売研究　一兆円産業へ仲間入り経営安定のパチンコ店」『実業界』三〇（七）、一九七五年、七三頁）。その役割は釘調整の他「一日に出す玉の数、商品仕入れ、店員の教育・管理など」（七三～七四頁）、ホール営業の全般的責任を担っている。この指摘から、店長の責任の重大さはもちろん、彼らが一般的に外部市場から採用されていたことが分かる。このような採用の仕方だと、二〇〇〇年代以降のマルハンの年何十店舗のような積極的な展開は難しいだけでなく、本章で指摘したような一九九〇年代以降必要とされる能力を備えているかどうか、その保証はない。企業内部での人材育成が両側面から必要になると考えられる。

(121) 例えば、営業本部のなかに二〇〇一年に遊技機部、〇三年に営業戦略部、〇六年に出店準備部、〇六年に店舗業務部など、その他多数の組織や仕組みを多店舗展開に合わせて立ち上げている（同店の強さを活かしながら『M』のブランドを高める」『販売革新　臨時増刊　MARUHAN スタディ』二〇一〇年七月号、九二頁、マルハン前掲『The first 50 years 1957–2007』九〇～一二九頁）。

補論

(1) 姜誠『五グラムの攻防戦――パチンコ三〇兆円産業の光と影』集英社、一九九六年、一五二頁。

(2) 特に断りのない限り、韓載香『「在日企業」の産業経済史――その社会的基盤とダイナミズム』名古屋大学出版会、二〇一〇年、第三章による。

(3) 同上、第一章。在日韓国・朝鮮人の企業は、製造業、土木工事業などいくつかの主要な業種に集中する傾向にあり、ホール事業はそのなかの一つであった。また、一九五〇年代から七〇年代まで、多様な業種を含む製造業、土木工事業、焼肉レストランなど、他の事業の比重の方がより高かったことを強調しておく。

(4) 同上、一三三～一三八頁。マルハン、平和という有力企業としての成長と、在日韓国・朝鮮人という「民族」であることとの論理的つながりは明確ではない。両社の創業者は大卒であり、同じ学歴を持った日本人であれば異なる道が可能であったはずといえる限りで、職業選択という側面では「民族」としての条件が強く影響したであろう。しかし、それは特定の――限定された――事業を「選択」したことの社会環境を説明するものであり、企業の成長まで保証するものではない。

(5) 一九四〇年代後半から五〇年代まで、在日韓国・朝鮮人は政治団体を含めて様々な組織を立ち上げた。特に商工関係者たちは統制経済のもとで原材料の調達や事業継続において組合など団体への所属が不可欠であった。同業種の在日韓国・朝鮮人たちは自主的に組織化を進めていた（朴慶植『解放後在日朝鮮人運動史』三一書房、一九八九年、一一三～一三一頁を参照）。パチンコ産業の場合は、娯楽税課税に関する制度の度重なる変更が行われていたため、関連する情報収集や意見収集のため組合への加入率は高かった。

(6) 「広島　朝鮮人業者会合　県連と協力、危機突破へ」『遊技通信』

一九五五年三月一二日、七頁。

（7）創立三〇周年記念大会記念誌部会編『30th Anniversary 新たなる健全娯楽の道をめざして。広島県遊技業協同組合創立三〇周年記念誌』広島県遊技業協同組合、一九九三年、三九頁、「図　店舗の推移」より。

（8）県をまたがっていくつかのホールを営業し、パチンコ機械の製造分野にも進出するなど、事業を大きく展開して成功した事例がコミュニティ新聞で紹介されていることも、事業選択をする際の重要な情報となる（韓前掲『「在日企業」の産業経済史』一三五〜一三六頁）。

（9）他に、参入後の企業のパフォーマンスなど競争力について考えることも可能であるが、在日韓国・朝鮮人の企業とその他に分類して比較することは、方法論的にも、資料的にも困難である。また、在日韓国・朝鮮人のコミュニティへの関わりが参入段階において強く、参入後の成長段階においては相対的に小さかったことについては、同上、第三章、一五〇頁を参照。

（10）以下、ホール事業については、特に断りがない限り、同上による。

（11）杉山一夫『パチンコ誕生――シネマの世紀の大衆娯楽』創元社、二〇〇八年。

（12）例えば、東京都内で三店のチェーンを経営していた在日韓国・朝鮮人二世は、「……父がドブロクつくりをしながら、一九五二年にパチンコ屋を始めたんです。きつい商売でね（笑）、パチンコは社会的な信用がないからと、つい一〇数年前までは銀行もカネを貸してくれませんでした。そんな稼業を引き継いで……何で、稼業を継いだかって？　僕の年代ではまともな会社勤めなんて、夢のまた夢でしょ（笑）。パチンコ屋をする以外に、他に職業選択の自由がなかったからです」（姜前掲『五グラムの攻防戦』一五三頁）。

（13）韓前掲『「在日企業」の産業経済史』第二章、第三章を参照。

（14）前者については多くの研究があるが、日本についてはさしあたり樋口直人編『日本のエスニック・ビジネス』世界思想社、二〇一二年、後者については、鯵坂学『都市同郷団体の研究』法律文化社、二〇〇五年、特に第二章を参照。

（15）韓前掲『「在日企業」の産業経済史』一三三〜一三八頁。

（16）民族系金融機関の設立過程については、同上、第四章を参照。

（17）本節は、特に断りのない限り、同上、第七章、終章の第二節、韓載香「エスニック企業家」宮本又郎・加護野忠男・企業家研究フォーラム編『企業家学のすすめ』有斐閣、二〇一四年による。

（18）韓前掲『「在日企業」の産業経済史』、韓前掲「エスニック企業家」。

（19）韓前掲『「在日企業」の産業経済史』三〇〇〜三〇七頁。

（20）同上、三〇五頁、表7-7、表7-8を参照。

（21）同上、一四〇頁。

（22）同上、九四〜九五頁。

（23）同上、一四三頁。

（24）一九七〇年代後半から有力な中小企業金融機関は中小企業をめぐって大手金融機関と激しい競争を強いられていた（同上、二三〇頁）。

（25）「第〇五一回国会　大蔵委員会　第一七号　昭和四十一年三月四日〔金曜日〕午前十時五十一分会議」議事録によると、日本開発銀行法の改正問題に関わって、同行の融資先がパチンコ産業に及んでいるのではないかとの疑義が提示され、政府委員の答弁を求めたことがあった。珍しい事例ではあるが、現実に融資が実行されていたことは確認されず、政府委員の答弁も全面的な否定であった。この質疑で重要な点は、質問者も答弁者も日本開発銀行のパチンコ産業に対する融資は「あり得ない」との前提で論議を交わしていると受け止められるということである。それほどにパチンコ産業は、政策的な促進や支援からは遠い存在であった。

（26）鍛治博之「異業種企業によるパチンコ業界への参入実態」『社会科

学』八五、二〇〇九年、七九～一〇九頁。

(27)「低成長下、活況続くパチンコ業界　デジパチなど一連の技術革新が支え　レジャー」『中部財界』二五（一二）、一九八二年、三七頁。

(28)例えば、「トピックス　パチンコ進出で不況け飛ばす　いわきのスーパー藤越、相馬に二店目申請中」『財界ふくしま』一二（三）、一九八三年、一六〇頁、鍛冶博之『パチンコホール企業改革の研究』文眞堂、二〇一五年、第一〇章、三一四頁、三一八～三二〇頁、第一一章の株式会社ダイエーのホールへの参入事例を参照。他にホールの一般景品市場をターゲットとした大手企業や防犯設備関連など、各種分野が巨大市場化したパチンコを攻略する広範な動きが見られた（「フィーバー関連業界　五兆円パチンコ産業を狙え」『日本流通新聞』一九八四年四月一二日、一頁）。

(29)韓前掲『「在日企業」の産業経済史』第三章、第七章を参照。

(30)同上、第三章、第七章、韓前掲「エスニック企業家」を参照。

(31)金原左門・石田玲子・小沢有作・梶村秀樹・田中宏・三橋修『日本のなかの韓国・朝鮮人・中国人――神奈川県内在住外国人実態調査より』明石書店、一九八六年。

(32)東京都遊技業協同組合へのメールでの問い合わせに対する確認による（二〇一七年一〇月二〇日、二三日）。

(33)韓国の場合、少数ではあるが、南宮、東方、網切、司空、西門、鮮干、小峰、諸葛、皇甫などの二文字の苗字もある。名簿から、このような苗字は、発見できなかった。

(34)ちなみに、神奈川県調査結果の本名のみの使用三・五パーセントを基準にすると、二〇パーセントは相当高い比率である。

(35)長らく存在してきたみかじめ料について、発生しうる問題の解決のために払うリスク管理のコストなど、一種の保険として捉える見方がある（猪野健治『やくざ戦後史』ちくま文庫、二〇〇〇年、第四章）。ホールでは客の勝敗が景品獲得に直接関わるため、客とホール側の間に起こる揉め事やいわゆるゴト師――不正な方法を仕掛けて出玉を獲得する客――の存在は営業妨害につながることがある。盛り場においては縄張りをめぐる暴力団同士の争いがホールの営業に打撃を与えることがあり、みかじめ料の支払いはそうした問題を未然に防ぐ意味合いもある。警察の公権力が及びにくい地下経済では揉め事は日常茶飯事であり、それらの円満な解決において暴力団による仲裁が機能するという（スディール・アラディ・ウェンカテッシュ『アメリカの地下経済――ギャング・聖職者・警察官が活躍する非合法の世界』桃井緑美子訳、日経BP社、二〇〇九年）。

(36)例えば、一九六四年福岡市では、パチンコ店など遊技場関係全業者が集まり、警察の支援のもとで防犯連合会を結成し、みかじめ料追放運動を展開した。大きな成果は得られなかったとされながらも、特にホール業界の積極的な取り組みが注目され、福岡県警の取締り強化とのタイアップのなかで、引き続き運動が展開されており、成果が期待されていると報じられている（「暴力追放の関係記事」『遊技新聞』一九六四年一一月五日）。一九六〇年代前半において、『遊技新聞』には、このような暴力団追放運動に関する記事が他の時代に比べて盛んに報じられており、特にこの時代の課題として取り組まれた様子が垣間見られる。本書第1章の注121を参照。

(37)一九六五年には三九四四団体、約一五万六二三九人、八二年には二三九五団体、一〇万二三七人（猪野前掲『やくざ戦後史』二三一～二三二頁）。以下の同段落は、これによる。

(38)「暴力団に資金提供」『遊技新聞』一九六三年三月二五日、三～五頁、「盛り上がる、暴力団追放運動」同、五頁。

(39)「暴力団員による不当な行為の防止等に関する法律」の施行の後、暴力団の活動を排除するため、暴徘ローラー（暴力団員の不当な行為によって生じる資金獲得などを防ぐため、警察官が地域を巡回し営業所等を訪問する一連の活動のこと）などの活動を実施したが、例えば、宮城県では、暴徘ローラーの実施および業界の暴力団排除組織の結成・諸活動の結果、年間約三億円以上のみかじめ料の支払い実態が解明されたという（警察庁編『平成五年版警察白書』一九九三年）。一九九二年の警察庁の暴力団員調査によると、四四パーセントがみかじめ料の要求を拒むようになったと答えている（「増えた『みかじめ料拒否暴力団新法』の効果じわり――警察庁・組員面接調査」『毎日新聞』一九九三年二月一九日、二六頁）。

(40)「東京都内のパチンコ七〇〇店など　暴力団に上納年間一一三億円」『朝日新聞』一九九六年二月二四日、夕刊、一七頁。推計比率は、一九九六年のホール数一万八一六四軒、東京都七〇〇店のみかじめ料一一三億円、売上高三〇兆円より計算。

(41)パテント・プールの日本遊技機特許運営連盟の解散がその後の機械メーカーの競争条件を変えた可能性については、田中悟・林秀弥「『パチンコ機特許プール事件』再考」『社會科學研究』六一（二）、二〇一〇年、一三五～一六二頁を参照。

(42)韓前掲『「在日企業」の産業経済史』、韓前掲「エスニック企業家」を参照。

(43)韓前掲『「在日企業」の産業経済史』第七章で検討したことであるが、大都市の市内店のように投資額が大きい場合、コミュニティの金融機関の資金提供の能力には限界があった。

(44)一九八三年現在七七あった民族系金融機関は、九〇年代から合併を繰り返し、二〇〇〇年以降は有力な金融機関を含めて、全面的再編過程に入った。

終　章

(1)植草益『公的規制の経済学』NTT出版、二〇〇〇年、第一章、植草益編『社会的規制の経済学』NTT出版、一九九七年、八～一四頁。

(2)「風俗営業等の規制及び業務の適正化等に関する法律」第一章総則第一条。

(3)サービス業の規模の経済性に関する概念および実証的分析については、森川正之『サービス産業の生産性分析――ミクロデータによる実証』日本評論社、二〇一四年、第三章を参照。

(4)「㈱三共ほか一〇名に対する件」（公正取引委員会平成九年（勧）第五号）『平成九年八月六日勧告審決・審決集』四四、二三八頁、「パチンコ機新規参入妨害、製造一〇社に排除勧告――公取委、特許権乱用と認定」『日本経済新聞』一九九七年六月二一日、三八頁、「パチンコ産業白書　第二部　閉ざされた市場の苦悩　パチンコ機を自由につくれない不可思議」『エコノミスト』七五（三三）、一九九七年、八四～八七頁。

(5)田中・林前掲「『パチンコ機特許プール事件』再考」『社會科學研究』一三八頁。

(6)荒井登志夫「ぱちんこ機械製造業者の私的独占事件（事件解説）」『公正取引』五六四、一九九七年、六三～七〇頁、谷原修身「経済法判例研究会　ぱちんこ機械製造業者の私的独占事件――公取委勧告審決平成九・六・二〇」『ジュリスト』一一三〇、一九九八年、一一一～一一三頁、江口公典「ぱちんこ機メーカーの特許プールによる参入の排除」『別冊ジュリスト』一六一、二〇〇二年、一一一～一一三頁、村上政博「パチンコ機パテント・プール事件勧告審決をめぐって（上）」『公正取引』五六九、一九九八年、三七～四四頁、同「パチンコ機パテント・プール事件勧告審決をめぐって（下）」『公正取引』五七〇、一九九八年、五三～六二頁、鈴木満「パテント・プールと独占禁止法――パチンコ機メーカー私的独占事件を中心に」『桐蔭論叢』一〇、二〇〇三年、七～一三頁。大西宏一郎・伊藤隆史、田中悟・林秀弥は公正取引委員会の判決の根拠となった事実および判決を再検討し、経済学の観点から独占禁止法の運用に関わる有用な論点を提示している。大西・伊藤は排除措置後の市場状況まで視野に入れて経済的インパクトから審決の政策的意義に関する問題を提示した（大西宏一郎・伊藤隆史「パテント・プールによる私的独占——パチンコ機／パチスロ機事件」岡田羊祐・林秀弥編『独占禁止法の経済学——審判決の事例分析』東京大学出版会、二〇〇九年、二五一～二七二頁）。田中・林は、日特連に集積・委託された特許の活用度を計測し、告発された有力企業の特許が新規参入に重大な影響力を有していたとし、審決の実質的根拠を与えた（田中・林前掲「『パチンコ機特許プール事件』再考」一三五～一六二頁。

（7）田中・林前掲「『パチンコ機特許プール事件』再考」。

（8）同上、一四七～一五八頁。

（9）日特連の解散後、二〇〇八年に一般社団法人日本遊技機特許協会が設立されて今日に至っている。「遊技球を媒体とする娯楽機械の開発と健全な遊技機の提供並びに製造業を営む会員の相互扶助を図」る目的の下で、三三社（準会員一社を含む）が加入している（日本遊技機特許協会のホームページ「本会の目的」https://jamp.or.jp/、閲覧日二〇一七年一〇月二二日）。日特連のもとで取り結ばれたメーカー間の関係をいったん解消した上で、遊技機製造に不可欠な特許許諾およびその管理に重点を置いた特許プール組織としての再編と考えられる。

（10）橋本寿朗・武田晴人編『両大戦間期日本のカルテル』御茶の水書房、一九八五年。

（11）同上、武田晴人『異端の試み——日本経済史研究を読み解く』日本経済評論社、二〇一七年、五一八～五二〇頁。

（12）野地秩嘉『北浦和のパチンコ店が一〇〇〇億円企業になった——埼玉・ガーデングループの小さな奇跡』プレジデント社、二〇一六年。以下、ガーデングループに関する記述はこれによる。

（13）韓載香『「在日企業」の産業経済史——その社会的基盤とダイナミズム』名古屋大学出版会、二〇一〇年、第一章、第二章。

あとがき

パチンコに投影した、外国人としての自身の姿に気づいたのは、本書をまとめる最終段階に差し掛かったときのことである。

一九九四年二月、日本に来て最初のビザ延長申請のため、私は大阪の入国管理局にいた。来日前に許可された六カ月の滞在期限が近づき、当初の目的ではなかった大学受験のため、在留期間を延長してもらう必要があった。その時は知らなかったが、在留外国人数はバブル期の人手不足を背景に増加し始め、一九九〇年代に入って勢いづいたとされる。外国人でごった返す入国管理局が、そのことを物語っていた。館内には申請の順番がいつ回ってくるかも分からないような無秩序な列があった。外国人と書類をめぐって声高にもめているように見える職員の姿もあちらこちらにあった。

今思い出しても口の中がカラカラになるほど、緊張していた。というのも、延長の申請が認められる可能性は低かったからである。日本政府が進めようとする国際化はまだ動き出したばかりの時期——しかもその方向性は技術者など今日いうところの高度人材に限られていた——であり、外国人へのビザ審査が厳しくなったことや私のように二〇歳を過ぎたばかりの女性は厳しく制限すべき出稼ぎと見られるに違いないことが、すでに外国人の間で噂されていた。

やっと申請の順番が回ってきた私は、担当者から延長の目的、保証人についてなど、提出書類に関するいくつかの質問を受けた。何とかビザ延長を認めてもらうため、約四カ月間勉強した日本語のなかで知っている最も丁寧な表現を選んでは、ゆっくり、そして一所懸命説明した。目の前の担当者がその場で審査するわけでもなかったはずだが、書類が突き返されないように必死であった。私のぎこちない尊敬語とは対照的に、簡潔に、時にタメ口で、早口の質問が次々と投げかけられた。厳しさの滲み出る態度からは、少なくとも自分が歓迎されているわけではないということが、日本語理解に自信のなかった私でも感じとれた。自分自身が限りなく小さく、日本という国が限りなく大きく感じられた瞬間であった。

当時の申請は、複雑かつ多くの説明を求める様式となっていた。一番悩んだのは、私の在留目的がどう日本社会へ貢献できるかを述べることであった。生きるすべを探すだけでせいいっぱいだった私には、日本社会に役立つようなことなど、どう示せばよいのか分からなかった。日本に縁故のなかった私を信用してくれる人も当然おらず、ビザ延長を認めてもらうためには、自身が社会の弊害とはならないことを書類で示さなければならなかった。大学入学までの再度の更新、さらにその後もビザ満期のたびに延長を繰り返す経験のなかで、自分が日本にいることは当然ではなく、明確な目的と、いかなる貢献ができるかの説明なしには日本滞在が認められないという意識が、私の脳裏に焼きついた。それは人格そのものに関することではないかもしれないが、延長が自明ではない限り、在留目的や、自分が日本にいる意味・役割、貢献の仕方と一体化し、自らそれを内面化して意識するしかなかった。許可の最終的判断は、日本政府に委ねられているからである。

この間《かん》、パチンコ産業に携わる様々な人に出会った。パチンコホールや会社の規模もいろいろであり、在日韓国・朝鮮人の出資者もいれば、日本人の経営者もおり、社員として働いている方もいる。取材には応じるがオフレコにしてくれと、パチンコ産業に関わっていることを明かしたくない気持ちを表される方もいた。こうした控えめな態度は、社会の視線を意識したものであったように思われる。対照的に、パチンコホールを有望な事業と見て企業成長の希望に燃える若い経営者の姿もあった。さらには、パチンコの社会的地位向上も見据えつつ、全国展開を手掛けてきた歴史のある企業もあった。

それぞれの印象は異なったものの、これもまた、存在が社会的に自明ではない産業が社会にどう向き合うべきか、その役割の説明が求められることを自覚した「もがき」なのではないか、明日も存在し続けるための模索ではないのか、私にはそう映った。それが具体的にどのような実践につながったかは様々であろうが、パチンコ産業が定着する過程には、常に社会を意識するいくつもの試行錯誤が重なっているように思われる。

日本社会に私がいる意味は何か、滞在が認められてもよいほどのことをしているのか——誰に投げかけているのかも不明な空回りの問いは、いつしか、自分の研究の意義を問い直す姿勢へと変わった。研究者であれば当然考えるべきことかもしれないが、経済史研究において議論が活発とはいえないパチンコを主題とした本書が提示できるインプリケーションとは何かを考え、それを形作ることは、私一人の手には余る課題であった。

さらに、ある在日韓国・朝鮮人の方の私の研究への感想は、長年研究の意味について悩んでいただけに大きな試練となった。歴史や経済史を専門としない研究者以外の方々も多く集まっていた前著『「在日企業」の産業経済史』の最初の合評会で、私が本の内容紹介を終えたとき、その方は、私の顔を見ることもないまま、極めて暗く険しい表情を浮かべていた。そして、あなたは現実の厳しさを知らない、在日韓国・朝鮮人のなかでパチンコをすき好んでやっている人は誰一人いないと、感情を抑えながら静かな声で感想を述べられた。本書序章でも紹介したように、パチンコと在日韓国・朝鮮人の結びつきの背後には、ビジネスという意味合い以上の歴史を背負った方々の人生があるということであろう。在日韓国・朝鮮人にとって、パチンコ産業は、与えられたいくつかの事業機会のなかで特に積極的に選び取られてきた事業であり、主体的な関わりを示す象徴的な事業であるという私の解釈に対する、真っ向からの批判であった。もちろん共感してくださる在日韓国・朝鮮人研究者の意見もあり、また私の意図も、構造的限界を前提にしつつも新しい視点から歴史を再認識することにあったとはいえ、それでも指摘に反論することはできず、立ちすくんだ。自分の研究したことと社会との距離を感じた。学問は誰に対してどのような表現をすべきだろうか、この距離を埋める方法はないのか、そうした新しい課題を背負い、今回の出版に向き合ってきたことになる。

本書は、パチンコ産業に関する内在的な説明に必死になり過ぎているという印象を与えるかもしれない。それは外在的な先入観を乗り越えて、産業発展のダイナミズムがどこから始まってどこまで来たかを示そうとした結果である。こうして描き出された本書の道筋を通じ、パチンコ産業の行方が単なる過去の延長線上では理解できないものであり、いくつかの可能性をはらんだものであることを示唆できていればと願っている。

反面、本書は、固定的な観念から自由になり過ぎ、アンダーグラウンド経済をあまりにも大胆に切り捨てているとも思う。巨大な市場であるがゆえに、暴力団にとってパチンコホールが一つの資金源として注目されていたことについては、警察の調査でも、ジャーナリズムでも指摘されてきた通りである。ただ、この問題が長期にわたって続いたことを理解するには、みかじめ料など暴力団と経済界との関連性がパチンコのような特定の産業だけの問題ではなく、日本社会の構造的な問題でもあるという視点も必要であろう。暴力団とパチンコ産業の結びつきにある種の経済合理性があったとはいえ、本書が、両者の関連が弱体化する方向性に主として光を当てたことによって、依然として残っていたその陰の部分を覆い隠したに過ぎないという、ありうべき批判は真摯に受け止めたい。

パチンコ産業の研究は博士論文や前著の一環として始められ、指導してくださった橘川武郎先生をはじめ、武田晴人先生、岡田知弘先生、松島茂先生、和田一夫先生、鈴木義隆先生、柳沢遊先生には、このテーマの意義に悩む私に辛抱強く付き合っていただいた。本書の方向に関わる重要なご意見をいただいただけではない。私には雲の上の存在と言ってもいい方々に寄せていただいた関心と厳密な議論からは、いつも緊張感とともに、研究者としての原点に立ち戻って姿勢を正す機会を与えられた。感謝を申し上げたい。

二〇一五年から一六年までアメリカ・ハーバード大学イエンチン研究所、ライシャワー研究所に滞在したことは、それまでの視野を広げる機会となった。パチンコや在日韓国・朝鮮人の産業への関わりについて、ギャンブルや暴力団との関係に関心が集中するような質問に驚きながらも、意見交換は別の角度からこの題材の意味を眺めることにつながった。カーター・J・エッカート（Carter J. Eckert）先生、アンドリュー・ゴードン（Andrew Gordon）

先生、石田浩先生、ギャヴィン・H・ホワイトロー（Gavin H. Whitelaw）さんとの議論は、経済合理性の説明に逃げようとする私を、混沌とした社会との関連性を構造的に捉える視点に引き戻してくれた。

青山和佳さん、遠藤環さん、川上桃子さん、孫慧敏さん、日向祥子さんからは、本書に関わる貴重な助言をいただいた。神が降りてきたと、インスピレーションが湧いた瞬間を表現することがある。自身でそのような経験を引き寄せたことはないが、彼らとの対話は、彷徨う私を必ずどこかに連れていってくれた。また、このテーマに関連して、今泉飛鳥さんとホリー・スティヴンズ（Holly Stephens）さんがそれぞれ組織してくださった二〇一五年世界経済史学会（XVIIth World Economic History Congress, Kyoto 2015）、二〇一七年ＡＡＳ（The 2017 Association for Asian Studies Annual Conference）のセッションに参加できる幸運に恵まれた。その準備段階でセッションのメンバーと交わした議論から、本書は多くの示唆を受けている。本書から一貫した論点や筋がもし感じられるなら、それは以上を含むたくさんの仲間たちに刺激され、また周縁経済という視角にも導かれた成果であろう。

私には力の及ばない統計分析とＧＩＳ分析を導入することができたのは、鈴木広人助教（北海道大学大学院経済学研究院）、フェイ・カーンズ（Fei Carnes、ハーバード大学）さんとワン・ホンス（Hongsu Henry Wang、ハーバード大学）さんのご協力あってのことである。北海道大学大学院文学研究科の橋本雄一教授にもＧＩＳについての貴重なアドバイスをいただいた。また、慶應義塾大学法学部の杉田貴洋先生は、「風俗営業等の規制及び業務の適正化等に関する法律」など法律の理解でご助力くださった。ここに記して感謝の意を表したい。

出版企画の始まりは、先述した拙著の刊行準備が進んでいた二〇〇九年まで遡る。在日韓国・朝鮮人企業を対象とした同書の一部をなすパチンコ産業について、いつか歴史書として出版してはと、名古屋大学出版会の三木信吾さんに提案されたそのときは、冗談だと思って聞き流していた。パチンコ産業に関する学術的議論を求める声を、あまり聞いたことがなかったからである。パチンコ産業を調べ始めたのは、在日韓国・朝鮮人企業の特徴を知るために参照すべき歴史研究がなかったからであり、産業史としてまとめるつもりはなかった。産業史研究の蓄積は製造業、第二次産業を中心として良、質とも、凄まじい。それらの方法論を継承してパチンコ産業を分析することは、歴史資料の残存状況やサービス業という特性から、大きな難題であった。また何より、従来の研究状況に惑わされ、パチンコ研究の意義をめぐる空回りの苦悩を抱き、固定観念に縛られていたのは、他でもない私自身であった。

何度もこの企画を諦めたいと申し出て、刊行作業が動き出した後にもなお、ものにならないからと三木さんを脅かした。私を慰めることから内容構成への関わりまで、出版社の粘り強い説得がなかったとしたらこの本は生まれなかった。社会と研究の間の距離を意識させ、その間を埋める具体的なアイデアを出していただいたのも、三木さんである。私にとって日本語は依然として感覚的には分からない外国語であり、出来上がってこない原稿や宇宙語のように意味不明な文章を読み取って校正する難しさは、出版社の苦労を何倍にもしたに違いない。あらためて、三木さんはじめご尽力いただいた長畑節子さん、出版会の皆さんに深謝する。クリエイティブなアイデアを提示しようとする研究が「もの」になっていく創作活動において一番表に出るのは、恐縮ながら私の名前ではあるが、この本を誕生させたのは三木さんをはじめ、私の目の届く範囲を超えて本書の出版に関わった方々の辛抱強い「貢献」である。もちろん、内容の責任は全面的に私が負う。

最後にこの研究のために資料を提供し、また取材にご協力いただいた方々に心からお礼を申し上げる。パチンコホール、メーカー、景品会社、釘師の方々、その他聞き取り調査にご協力いただいた方々には、ここですべてを語りつくせないほどの恩を受けた。遊技通信社の佐々木龍幸さん、東京都遊技業協同組合の鈴木洋一さん、山田清一さん、神谷督次さん、日本遊技機工業組合、全日本遊技事業協同組合連合会、その他にもたくさんの方々に資料閲覧、取材に関する多大なご協力をいただいた。

資料に関して特別なご配慮をいただいたM商会と株式会社マルハンにはあらためて深謝したい。株式会社マルハンには、三回にわたる聞き取り調査およびメールでの質疑応答による取材に応じていただき、今回限りの特別な配慮による資料閲覧を許可していただいた。失礼ながら社名も知らなかったころ、パチンコ研究の最初の取材に応じてくださったのも同社であり、決定的な情報を活用することができたのも、社会貢献ができればという信念に基づいて研究協力を惜しまれなかった同社のおかげである。

パチンコ産業について調べ始めたのは、博士論文を準備していた大学院生のときである。資料発掘に焦っていた私の目に留まったのは、鈴木笑子さんの『天の釘――現代パチンコをつくった男　正村竹一』（晩聲社、二〇〇一年）に載っていた「統計帳」の写真であった。一九五〇年代初め、毎日の釘調整のために正村竹一が、ホール経営者に機械ごとの玉の出入りを記録させたもので、一台ごとに開け締めの釘調整の指導を行った正村の筆跡が残っている。「統計帳」がM商会所管のパチンコ博物館に展示されていることを知り、名古屋に駆け付けた。鈴木さんが企画したパチンコ博物館は、M商会の資料や機械を活用してパチンコの歴史を展示するものであった。統計帳の目的の釘調整が何を指すのかも知らなかったが、そこに行けば資料があるかもしれないという期待を膨らませていた。だが、諸事情で博物館は閉まっており、博物館の入場はもちろん、資料閲覧の懇願も努力むなしく固く断られた。私が自分の資料であるかのごとくしつこく頼み込むと、M商会の方から、鈴木さんに尋ねてみたらと、諦めさせるためだったかもしれない一言をいただいた。わずかでも可能性があるならと、連絡先を頼み込んで教えていただいた鈴木さんにさっそく電話で自己紹介の挨拶をし、その足でご自宅に押しかけた。社会性のない私の強引なお願いではあったが、理解をもって包容力で受け入れていただき、M商会と特別な関係にあった鈴木さんの紹介のおかげで、M商会の対応にも変化の兆しが現れた。

こうして、一九五〇年代の資料のみという一回限りの約束で資料を拝見させていただいて書いたのが第1章である。その後の時代についても少しずつは見せていただいたが、一九八〇年代以降の資料が利用できたのは、二〇一〇年六月、M商会が六〇年の歴史を終えたとき、残った資料を引き受けてからである。「現代パチンコをつくった男」と歴史に名を残した先代の思いを、世代を超えて伝えられなくなったことに苦しまれる当時の社長の後姿が無念を滲ませていた。この本の出版を誰よりも心待ちにしてくださっていたはずだが、完成を見ることのないまま二〇一七年に逝去された。社長はじめM商会のご家族、鈴木さんのご協力がなければ、この研究は存在しなかった。先代のパチンコへの思いを、残してくださった資料を通してこのようなかたちで伝えていくことができれば幸いである。M商会の資料は、整備が終わり次第、東京大学経済学部資料室を通して公開する予定である。

本書各章の初出は、以下の通りである（第5章・終章は書きおろし）。

第1章　「縁日娯楽の事業化への道——一九五〇年代におけるパチンコ産業の胎動」『経営史学』四一（二）、二〇〇六年、二七〜五七頁

第2章　「パチンコ産業における特許プールの成立」『経済学論集』七一（三）、二〇〇五年、四七〜七一頁

第3章　「一九六〇〜七〇年代におけるパチンコ機械メーカーの競争構造」東京大学COEものづくり経営研究センターDiscussion Paper No. 38, 二〇〇五年

第4章　「一九八〇年代におけるパチンコ産業の発展とM商会のホール事業の行き詰まり——フィーバー機がもたらしたこと」『経営史学』五〇（二）、二〇一五年、三〜二七頁

いずれの章も本書刊行にあたり、大幅な加筆修正を行った。また序章と補論はハーバード大学で行った二回の報告"Gangsters, Gambling, and the Korean Community in Japan?: Questioning the Economic History of the Pachinko Industry," "From Black Market to Mass Market: Regulation, Institutionalization, and the Struggle for Long-term Survival in the Japanese Pachinko Industry" の内容といただいたコメントがベースになっている。

この研究を断念することなく進められたのは、研究助成など様々な資金的サポートを受けることができたからである。科学研究費助成事業（「若手研究（A）戦後日本における在日韓国・朝鮮人の産業経済史」〔二〇〇七〜〇八年〕、「若手研究（B）日本における民族マイノリティビジネス——国際比較史の視点から」〔二〇一二〜一三年〕）に採択され、

東京大学ものづくり経営研究センターのサポートやハーバード大学イエンチン研究所のスカラシップを受けたことにより、資料調査や様々な場での意見交換ができた。なお、本書の刊行にあたっては、二〇一七年度科学研究費補助金研究成果公開促進費「学術図書」、二〇一七年度北海道大学大学院経済学研究院の出版助成の交付を受けた。

在留期限更新の季節がまたやってくる。入国管理局で職員と張りつめた思いで向きあう風景もひと昔前のこととなり、延長できないかもしれないという緊張感は、今はそれほど高くはない。それは他でもなく、私が籍を置いている北海道大学が日本社会において高い信用を得ているからであろう。安心して仕事ができるよう、研究に理解のある素晴らしい環境を与えていただいている経済学研究院に日々感謝している。ビザ延長の不安感からある程度自由になり、本書の刊行にたくさんの方々の力を借りてたどり着こうとしている今、あらためて、答えのない問いを投げてみる。どのような貢献ができているのかと。

韓　載　香

二〇一八年一月八日

《著者紹介》

韓《はん》　載香《じぇひゃん》

1971 年　韓国・ソウル市に生まれる
1999 年　京都大学経済学部卒業
2001 年　京都大学大学院経済学研究科修士課程修了
2004 年　東京大学大学院経済学研究科後期博士課程修了
現　在　北海道大学大学院経済学研究院准教授
主　著　『「在日企業」の産業経済史』（名古屋大学出版会，2010 年，中小企業研究奨励賞，企業家研究フォーラム賞，政治経済学・経済史学会賞）

パチンコ産業史

2018 年 2 月 15 日　初版第 1 刷発行

定価はカバーに
表示しています

著　者　韓　　載　香
発行者　金　山　弥　平

発行所　一般財団法人　名古屋大学出版会
〒 464-0814　名古屋市千種区不老町 1 名古屋大学構内
電話(052)781-5027 / FAX(052)781-0697

印刷・製本　亜細亜印刷㈱　　ISBN978-4-8158-0898-3
乱丁・落丁はお取替えいたします。

索　引

あ　行

か　行

さ　行

た　行

な　行

は　行

ま　行

や　行

ら・わ行

図表一覧